启真馆 出品

启真·人文历史

TREASURE NEVERLAND

寻宝梦幻岛

海盗生活的真实与虚构

REAL

AND

IMAGINARY

PIRATES

[英]尼尔·伦尼(Neil Rennie) 著　包安若 译

ZHEJIANG UNIVERSITY PRESS
浙江大学出版社
· 杭州 ·

图书在版编目（CIP）数据

寻宝梦幻岛：海盗生活的真实与虚构／（英）尼尔
·伦尼著；包安若译. -- 杭州：浙江大学出版社，
2025. 4. -- （启真·人文历史）. -- ISBN 978-7-308
-26022-0

Ⅰ. D59

中国国家版本馆CIP数据核字第2025FE9770号

寻宝梦幻岛：海盗生活的真实与虚构

［英］尼尔·伦尼 著 包安若 译

责任编辑	孔维胜
文字编辑	黎梦瑜
责任校对	黄梦瑶
装帧设计	伊 然
出版发行	浙江大学出版社
	（杭州市天目山路148号 邮政编码310007）
	（网址：http:// www.zjupress.com ）
排　版	北京楠竹文化发展有限公司
印　刷	北京中科印刷有限公司
开　本	880mm×1230mm 1/32
印　张	14.25
字　数	354千字
版 印 次	2025年4月第1版 2025年4月第1次印刷
书　号	ISBN 978-7-308-26022-0
定　价	88.00元

版权所有 侵权必究 印装差错 负责调换
浙江大学出版社市场运营中心联系方式：（0571）88925591；http://zjdxcbs.tmall.com

"海盗'黑胡子'",选自《关于最著名的杀人犯、强盗的生活与冒险通史 》
(*A General History of the Lives and Adventures of the Most famous
Highwaymen, Murderers, Street-Robbers, &c.* [London, 1736])

这本书既介绍了现实中的海盗，也描绘了人们想象中的海盗形象，因此它是历史和文学史的深刻结合。放荡不羁的18世纪海盗作为最经典的海盗形象，时至今日依然受到大众喜爱。尽管"黑胡子"和基德船长生活在三百年前，可他们的大名几乎无人不知，无人不晓。另外一些大家耳熟能详的海盗（比如朗·约翰·西尔弗和胡克船长）则在虚构的舞台上大放异彩。因此，海盗分为了两类——真实的海盗以及想象中的海盗。历史上真实存在过的著名海盗都具有一定的传奇性，同时也带有虚幻的色彩，与其说他们属于海上的狂风暴浪，倒不如说他们应该出现在书页和舞台上。这些翔实的研究依赖于一些手稿、信手涂鸦类的原始材料，它们收藏在英国国家档案馆（the National Archives）以及大英图书馆（the British Library）

中——其中包括证词、自述、法律声明、殖民报告和商业报告等——这些都是研究真实海上劫掠行为的第一手材料。当然，这些材料中的海盗形象，大多出自受害人和目击者之口，真实性有待商榷，但他们仍然明显区别于充满夸张色彩的文学作品中的海盗形象。在市面上流传的通俗海盗小说通过作者和读者的互动，创造出了一种看似真实但又充满了奇幻色彩的海盗形象，而这样的海盗从未存在于现实的世界。本书还原了 18 世纪海盗的真实生活，也阐述了这些"史实"对后世作家（比如笛福和史蒂文森）及各类虚构作品（比如历史小说、流行音乐剧、儿童探险小说和好莱坞电影）的影响。换句话说，本书尝试着梳理在几百年间海盗形象从基德船长到约翰尼·德普的演变轨迹。

　　研究海盗历史的学术作品（我指的是能够将历史文献记录与传说故事区分开的严肃专著）非常稀少，研究海盗文学史的学术作品同样少得可怜。但事实上，海盗形象已经形成了一种相关但又独树一帜的文学传统，斯科特、华盛顿·欧文、费尼莫尔·库珀、爱伦·坡、史蒂文森以及巴里都曾经创作过海盗小说。本书专注于探讨苏格兰－美国文学传统，同时对真实的海盗与想象中的海盗之间的内在联系进行分析——19 世纪的海盗小说便是建立在"黄金时代"的海盗历史记录的基础之上。1881 年，史蒂文森开始创作《金银岛》（*Treasure Island*），他说："我想要找到与海盗有关的最好的书。"最终他收到了那本内容精彩但却并不真实的《关于最臭名昭著的海盗抢劫和谋杀通史》*。

　　我在此声明，本书中出现的所有翻译错误和史实错误，均由我一人承担。我必须感谢以下这些朋友，正是他们不遗余力的支持，才让这本书变得更好：克莱尔、雨果、约翰、凯文、路易斯、玛里琳以及菲利普。

---

* 此书与首图来源《关于最著名的杀人犯、强盗的生活与冒险通史》为不同年代出版的不同版本的书，但基于其主要内容可视为同一本，以下简称《通史》。——编注

目录

第一章　海盗之首『埃夫里』

来吧，胆大勇敢的小伙子们

同我去冒险，我保证你黄金满袋

快，快到科鲁尼亚去，在那儿你们会找到一艘船

现在，它被称为"幻想号"，它会让你心潮澎湃

——亨利·埃夫里船长所作的歌谣

　　"海上劫掠"（Piracy）这个词语曾经有过很多种解读，但无论哪种解读，其最基本、最直白的意思就是发生在海上的抢劫。尽管海上劫掠的历史也许和航海一样悠久，但它的"黄金时代"却非常短暂（从17世纪末到18世纪初）。在这段时间里，海上劫掠这件事情在茫茫汪洋中变得神秘莫测，毕竟对生活在陆地上的普通人来说，它看不见也摸不着。然而，当这些发生在海上的神秘事件被写成故事，并最终变成印刷品时，它们的人气却开始节节攀升。这段时间属于历史上真正存在过的海盗们，而这些海盗直到今日还牢牢地占据着我们的想象之地。

　　海盗们同时栖居于历史上的"黄金时代"和我们的想象之中。他们的领袖是一个充满争议的人物，名叫亨利·埃夫里（Henry Every）。正是他，以开疆拓土的姿态，创立了"黄金时代"。埃夫里的双重身份——历史上的真实原型以及带有夸张色彩的传奇英雄——让他的形象变得非常模糊。埃夫里不仅鼓舞了相互竞争的海盗，也激励了小说家的创作。我们如果想要了解他，就应该去观察他留下的最清楚透明的线索——在那些小说之外，最接近他真实行为的只言片语。在重写埃夫里的故事之前，我们至少应该先看看来自亲历者的第一手资料（再不济，也应该找些间接资料）。当然，埃夫里真正的故事，也许根本没有抓人眼球的戏剧性；而那些接触过他的人所留下的话语，也不乏粗俗的外行之言。

2　　　1694年，本来打算前去西印度群岛探险的英国船只"查尔斯二世号"（Charles II），在科鲁尼亚滞留了几个月。这段时间里，这艘船的船员们并没有拿到工资。因此，该年5月，"查尔斯二世号"的船员们发动了暴乱。我们可以在当时庭审的证词中找到这次暴乱的证据。换句话说，我们最初关于海上劫掠的目击证人几乎全部在法庭上做了证——当然，这些证人无论如何都不可能保持客观的立场。1696年，在一次英国伦敦老贝利法庭（the Old Bailey，中央刑事法庭）对暴动嫌疑人的审判中，证人戴维·克雷回忆说，在暴动前夜，他与"查尔斯二世号"的吉布森船长结成同盟，并同一位名叫埃夫里的官员以及其他在船上的船员喝了一碗潘趣酒。那天晚上，克雷忽然听见甲板上传来一声巨响，之后他就被困在自己的舱室里。[2] 过了一段时间，船员带着克雷来到甲板上，然后，他看见埃夫里正操控着大船（在这里，克雷解释道，他的意思是埃夫里正在掌舵）。[3] "埃夫里抓住了我的手，"克雷做证说，"然后他问我是否愿意跟他走。"[4] 对于这个问题，克雷回答说："我并不知道他的计划。"[5] 提到这个计划时，克雷有些支支吾吾，但对埃夫里的两伙随从——埃夫里说他们是游戏中真正的"龙头"（Cocks）和"老运动员"（old Sports-men）[6]——来说，这个计划却是再清楚不过了。克雷继续说道，他被"老运动员"中的一个随从威胁："如果不听话，我就敲掉你的脑袋。"[7]

在克雷的证词中，他还描述了他听到的埃夫里和吉布森船长之间达成的协议，埃夫里对吉布森宣布："我是个幸运的人，所以必须追寻我的宝藏。"[8] 在有了选择余地之后，吉布森决定不再跟随埃夫里去寻找宝藏，而是选择上岸。他和证人戴维·克雷以及其他不到 14 个人一起上了一艘小船。埃夫里的计划到底是什么，直到今天也没人知道，不过两三个月之后，一些被拖欠工资的船员的妻子写了一封请愿书，而作为对这封请愿书的回应，"查尔斯二世号"的主要负责人封禁了一首民谣。据负责人所言，这首民谣是那些暴动者们遗留在科鲁尼亚的纪念品。除此之外，负责人还指出，这首歌谣暴露了船员们的海上抢劫计划，而亨利·埃夫里船长早已在大海中漂荡，去寻找他的宝藏了。[9]

无论他的计划是什么，在暴动之后，埃夫里的行动都是非常明确的。"查尔斯二世号"（此时已经更名为"幻想号"［Fancy］）先驶向非洲大陆西岸的佛得角群岛，然后去了几内亚（Guinea）的海边——在那里，他们俘获了一群黑人——最后驶向赤道几内亚的费尔南多波岛（Fernando Po，比奥科岛的旧称）和当时的葡萄牙殖民地普林西比岛（Principe）。在普林西比岛，他们遇见并最终俘获了两艘丹麦船，顺手牵羊地抢走了数量巨大的白兰地、差不多 640 盎司 * 的金沙和大量的象牙，此外，还有 14 名丹麦人愿意加入他们。[10] 之后，他们又驶向了葡萄牙统治的安诺本岛（现赤道新几内亚圣安东尼奥－德帕莱岛）。在那里，他们补充了生活用品。

3

他们接着绕过好望角，行驶到印度洋的马达加斯加岛。在马达加斯加，他们补充了船上的淡水和生活必需品，并且给船上的牛喂了盐。[11] 除了补充生活用品和淡水，他们还允许 14 名遇到海难丢了船的法国水手上船。在这之后，他们和一支法国海盗船队打了一仗，并最终让其中的40 个人登船。[12]

离开马达加斯加之后，"幻想号"的船员打算去红海。在驶向红海的路上，他们遇到了两艘美国船——"海豚号"（Dolphin）和"朴次茅斯冒险号"（Portsmouth Adventure）。[13] 红海的入口处就是著名的曼德海峡（Bab-el-Mandeb），另外三艘美国船——"苏珊娜号"（Susanna）、"珍珠号"（Pearl）以及"和睦号"（Amity）——怀有同样的目的，随后也加入了。"和睦号"是一艘单桅帆船，船长是托马斯·图（Thomas Tew）。尽管托马斯·图习性粗鲁，爱咒骂，之前还在红海进行过抢劫，[14] 但他的的确确是一名得到纽约政府推荐的水手。这些船都答应与"幻想号"合作，并且听从船长埃夫里的指挥。

还没进入红海时，海盗们就开始担心从穆哈（Mocha）回苏拉特的朝圣船（以及船上价值连城的货物）也许不会出现了，于是他们俘虏

---

* 基于本书内容涉及时间背景特殊，文中各计量单位等均以原文为准，不换算成公制单位。——编注

了一些驾驶着小舟的当地人。这些人告诉他们摩尔人的船（the Moors Ships）[15] 肯定会来。当莫卧儿舰队（the Mughal fleet）真正出现的时候，它们确实如传说中的那样来无影、去无踪。海盗们只能费尽心思去追赶这艘朝圣船。在追赶朝圣船的过程中，"海豚号"因为行驶得太过缓慢而被抛弃，该船的所有船员都登上了"幻想号"，而"珍珠号"后来也远落后于"幻想号"。与此同时，"和睦号"和"苏珊娜号"也被落下，只有"朴次茅斯冒险号"勉强跟上了"幻想号"。[16] 虽然这次追赶行动手忙脚乱，但这群海盗还是幸运地追上了他们早就盯上的"猎物"之一——一艘轻巧的船不小心进入了"幻想号"一个射程的范围；而"幻想号"劫掠了差不多 6 万英镑的金银。之后另外一艘武器装备更好的莫卧儿船来了，这艘船上有 40 架大炮和 800 名船员。[17]

这艘大船被人称为"珍宝号"（Gunsway）*，它是印度莫卧儿皇帝奥朗则布（Aurangzeb）拥有的一艘重要船只。[18] 在"珍宝号"投降之前，船员们和海盗们可能进行了一场 2 ～ 3 小时的激战。"珍宝号"的船员们向"幻想号"开火，并向它投掷火药，希望将它点燃。然而，"珍宝号"的一个船员的枪爆炸了，与此同时，一个海盗击中了它的主桅杆——这两件事鼓舞了海盗的士气。[19] "当我们登上'珍宝号'时，"一个参与劫掠的海盗回忆道，"他们四下逃散，然后又都跑到船的控制室，我们对他们喊话，答应给他们好的待遇（我们给投降者的待遇都很优厚）。"[20] 在这场战役里，"幻想号"没有损失一兵一卒，只有一个海盗在登上"珍宝号"时受伤。然而，根据后来的材料记载，托马斯·图船长最终停止了咒骂——他被摩尔人船上的一个枪手射杀了。[21] 之后的一则材料给出

---

* 该船的英文名为 Gunsway，当地语言称它为 Ganj-i-Sawai，意思是"装满财富的船"，故此处采用本地语言意译，译作"珍宝号"。——译注

了更加详细的描述："子弹射中了图的腹部，他用手兜着自己的肠子，直到他兜不住肠子掉下去为止。"[22] 一位当代的印度历史学家给出了这个事件的莫卧儿版本。"珍宝号"胆小的船长跑进船控室，那儿有他从穆哈带回的几个小妾，他将头巾和长剑交给她们，然后鼓励她们攻击对方，但之后这几个小妾就沦落到敌人的手里，这些敌人则变成了船的正主；敌人把船上的珍宝和犯人都运到了自己的船上。[23] 随后，事情进展如下：

> 他们花费了一个礼拜的时间到处抢劫。他们剥光男人的衣服，然后羞辱妇女——不管是年轻的还是年老的……一些自尊心较强的女人找到机会就跳海自尽以保全自己的清白之身，其他的女人则用刀或匕首自杀。[24]

一个"幻想号"上的船员报告说，他们只控制了那两艘莫卧儿船两天（而不是一周）：

> 他们试图将"珍宝号"上的财宝转移到自己的船上。尽管他们对"珍宝号"上的船员用了刑，但船员依旧不肯说出剩下的财宝在哪。他们拿走了数量巨大的珠宝，以及一副镶了红宝石、准备进献给莫卧儿王当贺礼的马鞍和马鞭子。男人们与印度女人们在那些船的甲板上躺着。[25]

这则资料表明海盗们不仅对他人用过刑，而且在抢劫的同时还强奸过妇女。另外一位"幻想号"上的船员随后否认了（或者是逃避）这样的事情："和之前那位说的不一样，船上并没有什么女人，长成什么样的都没有，也没发生什么强奸事件。如果有这样的事发生，那一定是其他船上的人干的。"²⁶ 这个船员的否认或许值得怀疑，但无论如何，穆斯林在孟买的东印度公司办事处听说了这个故事的莫卧儿版。他们无比愤怒，于是给位于伦敦的政府写信抗议：

> 可以肯定的是，这群海盗（几乎都被认为是英国人）对"珍宝号"和"阿卜杜勒·高弗斯号"*（*Abdul Gofors*，这是一艘商船，船的主人叫阿卜杜勒·高弗斯，他是第一个被海盗们劫走的人）上的人做了令人发指的事情。海盗们逼迫船员说出钱财的下落。并且，在"珍宝号"上，刚好有一位极其德高望重的乌姆布拉夫人（Umbraws Wife，莫卧儿王朝的一位重臣的妻子）。这位备受尊敬的年长女性与莫卧儿的皇帝关系紧密，正在从麦加（Mecca）朝圣返回的途中。她被非常残忍地侮辱了。这群海盗也逼迫其他女人就范。这些海盗的行为使得一个又一个女人自杀，因为她们不想让丈夫看到自己被强奸的一幕。这一切都会使我们的法庭乌云密布，而我们希望的是这密布的乌云不要演变成一场狂风暴雨。²⁷

海盗们才不理会这场狂风暴雨。参与行动的人都因为抢劫而获得了不少战利品，其中有数量庞大的金币银币、金盘银盘，再加上他们之前抢到的宝贝，每个人都能分到价值 1000 英镑的东西（他们一共有大概 180 人），而埃夫里分得的战利品是其他海盗的 2 倍之多。²⁸ 如何分配劫掠品是大家事先商定好的，偶尔出现一些意外也会及时得到解决。当"幻想号"上的船员发现"珍珠号"上的人都在飞快地抢夺金币时，他们便将"珍珠号"分到的劫掠品充了公，只留给他们 2000 枚

---

* 此处为译者音译。——编注

"八分币"*来补给船上所需。[29]

黄金满袋的海盗们在此分道扬镳——两艘船从圣玛丽岛（Saint Mary's Island）去往马达加斯加岛的东北部沿海，这是一条海盗们经常活动的路线。埃夫里和"幻想号"则去往巴哈马的普罗维登斯岛（Providence Island）。在航行的路上，一些船员又发动了暴乱，他们希望挟持"幻想号"前往卡宴（Cayenne，今法属圭亚那）。然而，埃夫里再一次降伏了他们，并且在将那些希望留下的人留在了印度洋上的一个法属岛屿留尼汪岛（Réunion）之后，他又回到了好望角。一位从事西非奴隶贸易的英国船长，在他1693年12月的日志中记录了这样一件事：接近非洲大陆海岸、葡萄牙人统治的圣托马斯岛时，埃夫里使用一张在伦敦可兑换的支票向当地政府支付了船上补给物资的钱，支票付款人却是约翰·诺克斯（John a-Nokes，口语中指傻瓜），或阿尔盖特（伦敦市中心的一个著名地标）的水泵。[30]这也许只是一个传说，或者一个真实性值得怀疑的故事，但可以肯定的是，埃夫里横越大西洋并最终到达了加勒比海。

在维尔京群岛中有一个被丹麦人控制的圣托马斯岛，岛上有一个自由港，来此访问的名为佩尔·拉巴（Père Labat）的法国传教士记录了他的所见所闻。在传教士的描述中，一艘满载赃物的英国海盗船抢劫了莫卧儿皇帝的大船，这艘大船满载着他成群的妻妾、数额巨大的财产和商品驶向麦加。[31]这也许是埃夫里的船，也许是希望将自己和埃夫里传说联系在一起的其他人的船，但确实从西印度群岛抢来了赃物（海盗的财宝）。根据这位传教士所言，这些珠宝、金币、印着阿拉伯字母的卢比从这艘海盗船流向了全岛。市场上充斥着棉布和上好的平纹细

---

* piece of eight，一种源于14世纪的古西班牙银币，为了找零，人们将银币切成8块，一枚银币价值8雷亚尔，故英国人称这类古西班牙银币为"八分币"。——编注

布。佩尔·拉巴借钱投资了这次赃物交易，他列出了他的所得：几床缝了好几层珍贵材料的棉被，每床 15 克朗，尽管这一床棉被在法国的价格为 100 克朗；蓝白条的布料，3.5 米长、1.25 米宽；上好的香料，包括肉豆蔻和肉桂，价钱是每磅 2 克朗。从同一个卖家那里（也许是同一来源），他还买了些不那么具有异域情调的东西，例如书。当然，拉巴这么做的目的是防止其他人读到这些书，"因为它们十分肮脏，充满了色情描写"，他这样解释道。拉巴在航行过程中阅读了这些书，读完便将它们扔进海里，因为他觉得它们不值得被更好地对待。[32]

离开了圣托马斯岛之后（也许），埃夫里便驶向了位于巴哈马的普罗维登斯岛。在那里，埃夫里用他抢来的大量"八分币"和其他不易携带的物品（例如"幻想号"船上的枪支弹药以及象牙）贿赂了当时的英国政府官员尼古拉斯·特罗特（Nicholas Trott），他希望能够获得在各海岸间自由往来的许可。[33]那位热情好客而又小心谨慎的政府官员在他家为海盗们接风，但是在接风宴上，一个人打碎了个水杯，他便让那个人赔了 8 个金币。[34]另一个海盗约瑟夫·莫里斯（Joseph Morris），在普罗维登斯岛发了疯，将所有的珠宝都用在压赌注上。[35]还有一名海盗，爱德华·肖特（Edward Short），被一个懒汉给杀了。[36]一些人购买了他们自己的船，驶向了卡罗利纳（Carolina），而埃夫里和其他 20 名船员入手了一艘单桅帆船，并向英格兰驶去。这时，埃夫里给自己起了个假名——布里奇曼。埃夫里（布里奇曼）在爱尔兰多尼戈尔郡的邓法纳希登陆。根据一名法庭上的证人的说法，埃夫里说他要去苏格兰，然而，在去苏格兰之前，他还要去一趟英格兰的埃克塞特，做一名普利茅斯人。这位证人是水手约翰·丹恩（John Dann），他在自己的家乡罗切斯特被捕，（人们）从一位不知名的女仆那里获悉，她在和大衣挂在一起的夹克上发现了缝在里面的金子。[37]水手丹恩的夹克和口袋里的金子被罗切斯特市的市长充公，而这些金子的价值差不多是 1045 英镑。[38]

　　虽然这场审判的法官——查尔斯·赫奇斯爵士（Sir Charles Hedges），在伦敦老贝利法庭上明确向陪审团指出，海上劫掠只是抢劫的一个海上术语，但是陪审团却回敬了一个他没有预料到的决定：来自"幻想号"上的 6 个人无罪。于是，这个审判就被拖延下去，随后又被翻出来重新裁定，最终的结果是其中的 5 个人终于被判绞刑，最后所有的人都死了。绞刑于 1696 年的 11 月在伦敦的沃平码头执行。[39] 在《一份关于海上劫掠行为、死前讲话和死刑的记录》（*An Account of the Behavior, Dying Speeches, and Execution*）中描述了他们的罪行："劫掠每一艘他们遇见的船，强奸妇女，然后剥光她们的衣服，将她们活生生地扔到岸边的岩石上。"[40] 即使人们忽略了这些从未听说过的野蛮行径，然而事实是：

> 他们抢劫了一艘印度皇室的大船，在那里，他们第一次获得了无穷无尽的财宝。他们却毫无人性地强奸了一位年轻的公主，以及她的女性随从们。之后，他们解除了这艘船的武装，并且摧毁了船体，任由这艘大船的残骸在海上漂流。[41]

　　这份向公众公开了的记录十分耸人听闻，因此，它也满足了普通大众对于海盗之野蛮的想象。

　　在他们的死前讲话中，这些被判死刑的人适当地表达了忏悔之情，但他们的船长——埃夫里，却逃脱了悲惨的命运：他被编进了永恒的幻想与传说之中。[42] 关于埃夫里行踪的最后的记录来自证人约翰·丹恩。根据丹恩的报告，在爱尔兰，埃夫里和另一位海盗的妻子在一起，这位埃夫里在普罗维登斯岛遇见的女士被称为亚当斯夫人。之后丹恩又在伦敦附近的圣奥尔本斯见到了她，那会儿她正在赶马车。她对丹恩说，她正要去埃夫里船长那，但是她不能说出船长的具体位置。[43] 几天之后，另外一个"幻想号"上的船员——威廉·菲利普斯，透露埃夫里的妻子（亚当斯夫人或者另外一个？）住在泰晤士河边的拉特克利夫公路旁，她在那里卖假发。[44] 也许是受到揭发有赏的鼓舞，菲利普斯向我们提供了唯一的关于这位隐秘英雄的信息："他身材很高，是一个穿戴讲究的男人，40 多岁，平时戴一顶灰白的假发，皮肤黝黑，鼻子扁平。"[45]

与此同时，"苏珊娜号"于 1695 年驶抵圣玛丽岛，并遇到了岛上的难民。难民的船翻了（船的外壳都不见了），他们在圣玛丽岛上一直待到 4 月中旬，靠贩卖一些赃物过活。在岛上，船长和大副以及他们的随从们都染上了一种奇怪的病，然后就死掉了。[46] "和睦号"也跟随"苏珊娜号"抵达了圣玛丽岛。在继续行驶 5 天之后，"和睦号"上的海盗抢劫了一艘名为"魅力玛丽号"（*Charming Mary*）的大船。"和睦号"控制了这艘船，并且打算将它改造成另一艘海盗船。[47] 这些发生在圣玛丽岛上的事情，都被当时一位岛上主要的所有者记录了下来，这个人名叫亚当·鲍德里奇。他于 1699 年在纽约发表了一次比较详细的讲话。根据他的这份信息量很大的（如果不带有偏见）关于海盗历史的描述，鲍德里奇（他在牙买加受流言蛊惑而枉杀一人之后，便化身成为海盗）在这个距离马达加斯加岛东北海岸几英里处的圣玛丽岛划地称王。1691 年 5 月，鲍德里奇带来了 70 头牛和一些奴隶，并且修建了一栋房子和一处用于守卫港口、装备了 22 杆枪的防御工事。[48] 一个名叫亨利·沃森（Henry Watson，他于 1696 年被海盗俘虏）的人向我们提供了一份报告。在这份报告中，沃森指出鲍德里奇与一个叫劳伦斯·约翰斯顿（Lawrence Johnston）的人合伙搭档，并且两个人同时是一个名叫弗雷德里克·菲利普斯（Frederick Phillips）的人的代理人。[49] 据沃森的讲述：

这两个人都娶了当地的女人，其他很多人则在马达加斯加结了婚。他们在圣玛丽岛修建了一个带有七八杆枪的防御工事。他们迎娶当地的女人只有一个目的，那就是融入"土著"圈子，然后和"土著"一起去攻打那些小国王。[50]

尽管不同报告中的枪的数量有所不同（沃森也许根据不同的情势做出了不同表述），但沃森正确地指出了一点：一位表面上看起来很受人尊敬的纽约商人为鲍德里奇提供了资助，这位商人名叫弗雷德里克·菲利普斯。在 1693 年他发往圣玛丽岛的货物中，除了鞋子、袜子、斑点衬衫、马裤、帽子这些日常穿戴物品，还有些木匠工具、朗姆酒、葡萄酒和烈性酒、磨石、锯子、罐装油、火药、书和圣经，以及花园里用的种子和工具。这些物品暗示了岛上居民的需求非常多样。最终，鲍德里奇运回了 1000 枚"八分币"…… 34 个奴隶、15 头牛和 57 根铁条。[51]

在鲍德里奇对纽约殖民局的陈述中，他表示曾于 1693 年 10 月 19 日在托马斯·图的陪同下造访过圣玛丽岛。托马斯·图后来在劫掠"珍宝号"的过程中死去。根据鲍德里奇的说法，托马斯·图和他的随从们 1693 年在红海俘获了一艘摩尔人的船……他们将这艘船洗劫一空，然后每个人都分到了 1200 英镑。[52] 其实与埃夫里相比，图更早地抢劫了摩尔人。在圣玛丽岛劫掠了"和睦号"又补充了船上物资之后，图于 1693 年 12 月 23 日驶向了美国。[53] 一位美国海关官员抱怨图是如何顺利到达罗得岛（Rhode Island）的："1694 年，海盗托马斯·图从红海来到这里，并带来了 10 万磅的金银。"[54] 也许是因为这次胜利，当他们加入埃夫里的海盗舰队时，图和"和睦号"确实希望在 1695 年的红海打劫中获得更多的战利品。但是在 1695 年 12 月 11 日那天，返航的"和睦号"带来了死亡的消息："单桅帆船'和睦号'靠岸了，船上并没有船长。它的前船长托马斯·图已经被一艘摩尔船上的人射杀了。"[55] 一个前海盗提供了另外一则信息。他想起他曾在马达斯加岛上听到过 14 个海盗的一次争吵，其中一些海盗就是图的随从：

> 他们同意将 14 个人平均分成两伙，两伙人为他们拥有的战利品进行对决（可见，他们这次海上抢劫所获物资其实不够所有人分）。两伙人中的一伙（7 个人）全部战死了，而另外一伙死了 5 个人。于是，所有的战利品都被剩下的 2 个人瓜分了。[56]

圣玛丽岛的港口想象图，这是一幅从喷水池的壁画上粗略临摹下来的草图

我们并不知道这次海盗团伙内斗的具体日期，或许这仅是一个反映了海盗公正的传说，而不是史实。当然，这种说法增加了鲍德里奇报告的可信度。

拥有天然港口的圣玛丽岛便在埃夫里 1695 年的海上大捷之后接纳了

无主的"和睦号"和"苏珊娜号"。事实上，鲍德里奇的生意一直都进行得很顺利，直到 1697 年他离开了自己占地为王的小岛去更远的地方接手一些生意。在鲍德里奇离开圣玛丽岛的时候，一些马达加斯加人发动了起义，反对他一手建立起来的白人政权，屠杀了很多他的手下，并且洗劫和毁掉了圣玛丽岛。[57] 在鲍德里奇的陈述中，他对此做出了解释：那些马达加斯加人反抗的其实是白人海盗的暴行、偷盗和奴隶贸易，而他自己只不过被迫卷入了当地部落的争斗。[58] 尽管鲍德里奇在圣玛丽岛的事业结束了，但他作为一名海盗头目越来越出名。他采用了新方法去管理他的属下，紧接着这群马达加斯加海盗便名声在外，四方皆知了。

一项关于招降这些海盗（这群人中大部分是英国人）的提议于 1707 年被提交给英国国会下议院进行处理，之后这项提议以《减少马达加斯加海盗的理由》（ *Reasons for Reducing the Pyrates at Madagascar* ）为名公开出版。[59] 这项提议的倡导者认为，与海盗们谈判并最终招降他们要比直接的武力镇压更加有效。为了支持自己的提议，他非常小心谨慎地列举了许多理由，他认为，海盗的宝物不会回到它们原来主人的手里，因为它已经从那些远方的权贵、印度人和穆斯林手中被抢夺过来了（就算不是全部资产，也已然是大部分了），并且据说被掩埋在马达加斯加岛及其周围。我们应该允许这群海盗们带着这批宝物平安回到英格兰，在这里，宝物会比一无是处地躺在地下发挥更大的功效。[60]

因此，那些近乎浪费了的、被掩埋在泥土里的海盗们的宝物应该被送回英格兰，在这里，它们会被好好利用。

1707 年 10 月 18 日，丹尼尔·笛福在《评论》（ *The Review* ）中表达了对《减少马达加斯加海盗的理由》的支持，但也表达了讽刺与嘲弄。笛福承认了海盗们愈发显赫的名声："近年来，马达加斯加岛已经成为海盗们的避风港，世界上大部分国家的绝大部分人对他们的巨额财产都有

所耳闻。"[61] 笛福指出，这群海盗大部分是英国人，并且他们回报了给予　11
他们免罪符的人和英格兰一大笔钱财。因此，如何能够理性而实际地宽
恕海盗，并解决他们带来的问题，成为笛福心头的忧虑。当然，这种折
中的办法实际上也表明了，海上劫掠与任何一种受到法律保护的商业行
为并无殊异。

查尔斯·赫奇斯爵士曾经参与过伦敦老贝利法庭对"幻想号"上海
盗的审判，他认为最后的裁决是很容易解释的："海上劫掠只是抢劫的一
个海上术语。"如果这样，那么海上劫掠一定是和人们出海的历史一样
长的。在古埃及，一篇记录某次庆功活动的文章被骄傲地刻在了卡纳克
神庙的墙上。这次活动的举办目的是庆祝法老图特摩斯三世（Pharaoh
Thutmosis III）强而有力的海上抢劫。刻在墙上的铭文无比炫耀地声
称："（我们）获得了两艘船，并且（这两艘船上）装载了各式各样的物
品：男女奴隶、铜、铅、刚玉粉，以及（其他）各种好东西。"[62] 这是非
常恶劣的行为，这次海上抢劫发生在公元前 1475 年，被人们称为第一
次被记录下来的海上劫掠，但海上劫掠的历史肯定比这记录的时间更加
久远。[63]

海盗"pirate"这个词是从拉丁文的"pirata"演化而来的，而拉丁
文的这个词则来自古希腊文的"πειρâν"（peiran），意思是"诱惑、攻击、
袭击"，但是希腊文"πειρατής"（peirates），直到公元前 3 世纪才有人
使用它。[64] 古希腊诗人荷马使用"ληστης"（leistes）这个词来表示"海
盗"的意思，它经常被用在非常正式的疑问句中。例如，在《奥德赛》
（*Odyssey*）中，涅斯托耳造访忒勒马科斯时，"ληστης"就出现在了他
的问话中。同样的，奥德修斯和他的将士们拜访——或者说是侵略——
库克罗普斯（Cyclops，意为"独眼巨人"）的洞穴时，库克罗普斯也用
"ληστης"询问道：

> 陌生的人啊，你们是谁？你们从何处跋涉迢迢水路而来？是来做生意（κατὰ πρῆξιν, for trade）吗？还是只在海里漫无目的地航行，如海盗（λῃϊστῆρες, leisters）那样危及他人生命并将邪恶带给他们？[65]

这个问题暗示了，为贸易而进行的和平航海与为邪恶而进行的暴力劫掠有所不同，但其中的差别十分模糊，库克罗普斯的询问便试图将这种模糊性说清楚。如果不到最后关头，海上的和平贸易和暴力劫掠是很难区分的，海上战争和海上抢劫则更难判定——这是关乎观念和定义等方面的问题。在西方古典世界里，所有关于海上劫掠的证据都必然是文本性的，但我们既不能在时过境迁的文献中获悉具体的海上劫掠行为，也不能通过船上那些略显牵强的人工制品去了解当时航行在海上的船只到底是商船还是海盗船，又或者二者兼而有之。[66]

荷马史诗中的英雄在其他人看来可能就是海盗。在伊萨基岛（希腊西部爱奥尼亚海中的群岛之一，它是希腊神话中智多星奥德修斯的故乡），忠诚的猪倌欧迈俄斯就讲述了他儿时是如何被腓尼基水手拐骗并带到该岛的，但奥德修斯本人和那些残暴的水手并无二致。他告诉欧迈俄斯说：“我最喜欢带桨的船，还有战争、打磨光亮的矛和箭。”[67]甚至在特洛伊战争之前，奥德修斯说道：“我曾九次带领将士和快船对抗异族，然后巨大的灾难就落在了我的掌心。”[68]智多星奥德修斯在伊萨基岛隐瞒了他皇族的身份，伪装成克里特岛人和欧迈俄斯说话。“克里特岛人都是骗子。”圣保罗这样说道。这句话是圣保罗引述的公元前 6 世纪克里特诗人埃庇米尼得斯的诗句，然后他又愉快地指出：“他说了实话！”[69]埃庇米尼得斯说的是谜语，但奥德修斯是个实实在在的骗子和冒名顶替者，这才有了荷马编写的故事。

在之后的叙事性虚构文学中（爱情和旅行故事、希腊浪漫主义题材小说等），海盗成了一类被定型的角色，他们会俘虏男女主人公，从而让作者推迟大团圆式结局的到来。在公元 3 世纪的小说《达夫尼斯与克洛伊》（*Daphnis and Chloe*）中，提尔海盗（Tyrian）不费吹灰之力地俘虏了牧羊人达夫尼斯，直到他被正在游泳的奶牛救起。然后这群奶牛又掀翻了海盗们的船，海盗们因为穿着重重的铠甲而淹死在海里。达夫尼斯和这群奶牛一起安全地游到了岸边，这时候，他第一次看到了牧羊女克洛伊洗澡时的裸体：

> （这女子对自己身体的）清洗对达夫尼斯来说却要比海上的经历更为可怖。达夫尼斯觉得自己的生命还在海盗（ληστais）的手里攥着。因为他还很年轻，并且一直住在乡下，所以直到现在他也不了解海盗的爱情（Ερωτος ληστήριον）是什么样的。[70]

在这里，爱情和海盗被同时提及，就像奶牛和游泳一样。

在 14 世纪中叶，意大利作家薄伽丘在他的《十日谈》（*The Decameron*）中描述了这样一群有海盗之实却无海盗之名的人，特别是一位因为贫穷而无法迎娶心上人的小伙子："他开始沿着北非巴巴里海岸航行，并进行海上掠夺。"[71] 在《十日谈》中的另一个小故事里，海上劫掠和女人也联系在了一起。一位性事节制的丈夫带着他的妻子去海上航行找乐子，在那里，妻子被一艘臭名昭著的海盗船劫持了。船上的海盗和这位女子交合了很多次，给她带来了极大的快乐，最后这位女子拒绝和她丈夫一起返航。[72]15 世纪，法国诗人弗朗索瓦·维庸在他的《大遗言集》（*Le Grand Testament*）中记载了这样一则将海盗重新定义为贫民英雄的逸事。在这则故事中，亚历山大大帝在审判一个海盗时，询问这个被枷锁束缚着的犯人："你为什么被称为海盗呢？"海盗回答他说：

13 　　就是因为你看见我在海里划小船么……如果我有你那样的武器装备，我会和你一样成为一位君王。[73]

　　维庸描写的逸事的主角是 5 世纪的奥古斯丁，他并没有评断海上劫掠是否正确，而是认为"正义"是区别帝国行动与犯罪行为的一项指标。奥古斯丁说："如果移除了'正义'这一维度，那什么是帝国的国家行为，什么是团伙的犯罪行为呢？"[74] 奥古斯丁显然更喜欢帝国行动而不是海上犯罪行为，但是法律在确立两者各自的权利方面存在困难。一般国家是通过法律和政权去加强公平正义的实施的，然而，当法律和政权延伸到了那荒芜一人的汪洋大海时，它们还受任何国家管控吗？奥古斯丁的逸事源于 1 世纪的西塞罗。西塞罗认为，海盗们并没有超越法律，依旧受法律条文约束。[75] 国家能够控制法律无法企及的大洋，因为海盗是一个法律上认定的敌人——并不仅仅是其中一个具体的国家或者另外一个国家——是所有人共同的敌人。[76] 西塞罗控制那无名海盗的方法就是将他作为人类的公敌纳入国家法律能够管束的范围，这个方法在 17 世纪得到了回应与支持。当时航海业兴旺的欧罗巴诸国将他们的法律管控的范围延伸到了海盗那里：海盗就是在汪洋之上畅行无阻的公敌。[77]

　　《堂吉诃德》（*Don Quixote*）提到了地中海海盗和海盗船，其中一个情节便是法国海盗（corsair Franceses）抢走一位被俘女士的珠宝，但这珠宝并不是她最值钱的财物。[78] 1575 年 9 月 27 日，塞万提斯本人被乘着单层甲板大帆船的海盗劫走，然后失去了"上帝给予人的最珍贵的礼物之一"——他的自由。[79] 在《戆第特》（*Candide*）中，伏尔泰提到了另外一个沿摩洛哥海岸线航行的海盗，这名海盗袭击了另一个海盗团伙的无比奢华的单层甲板大帆船，抢走了船上的女俘虏——这种情况出现在小说中的概率要远高于现实生活——并将手指探寻性地插入她们最宝贵的部位，"看看那里是不是藏着钻石"。[80]

　　与地中海海盗同时存在的还有英国海盗，例如，托马斯·沃尔顿和克林顿·阿特金森。他们不小心越过了本来就定义模糊的合法私人劫掠（legal privateering）和非法海上劫掠（illegal piracy）的界线。他们在海上被打得落花流水之后被逮捕，并于 1583 年在伦敦的沃平码头被处死。这个地方在约翰·斯托于 1598 年创作的《伦敦调查》（A Survey of London）中被描述为"一处经常用于处死海盗和海上游荡者的地方。该地经常位于水平面以下，死刑执行者将犯人扔在那里，然后三个大浪打过来将犯人全部淹死"。[81] 在执行死刑和"浪刑"之前，沃尔顿走向绞刑架，他撕裂了自己猩红色的塔夫绸威尼斯马裤，并把它分发给了那些站在他周围的老相识们。[82] 斯托还注意到，阿特金森已经给他的朋友们分发了他在海上穿过的紫红色的天鹅绒紧身衣……以及带有黄金蕾丝的威尼斯样式披风，而这些衣服对海上游荡者来说太过奢华。[83]

　　这些被历史浓墨重彩地记录下的人物，穿着对于海上游荡者来说过分奢华的衣服，从绞刑架走上了舞台。在海伍德和罗利的戏剧《海陆珍宝》（Fortune by Land and Sea）中，海盗是为国家利益而战的英雄，并且被剧作家赋予了骑士精神。在剧中，沃尔顿和阿特金森因为犯下重罪而被处死（这和现实的结局完全一样），他们最后的动作就是将海盗服分发出去。"做这些衣服的工匠从未想过将它们从绞刑吏那里取回，"[84] 沃尔顿说，"我们的衣服从来就不是给绞刑吏穿的，所以'为了我们，穿上它们，然后不要忘记我们'。"[85] 沃尔顿和阿特金森的朋友特意穿上这些衣服来纪念这两位充满勇气的海盗（他们这样称呼自己）。随后，戏剧的主角得到了沃尔顿和阿特金森通过海上劫掠而获得的财产。[86] 在这里，英雄与海盗并无区别。1639 年出版的小册子《关于最著名的两个英国海盗珀泽和克林顿的生死实录》（A True Relation, of the Lives and Deaths of two most Famous English Pyrats, Purser, and Clinton）在道义上谴责了这两个人的海盗生涯，却赞扬了他们赴死的勇气。当克林顿·阿特金森和托马斯·沃尔顿（别名珀泽）在梯子上转过身时，对在场的众人来说，这是两位海盗一生中最勇敢决绝的时刻：他们就一直在那里吊着，直到海水完全淹没了他们。[87]

一些英国海盗加入了北非的海盗团体，例如约翰·沃德，他被剧作家罗伯特·戴博恩写进一出名为《一个变为土耳其人的基督徒》（A Christian turn'd Turke*）的戏剧中。在剧中，沃德因为受到一个名叫弗阿达（Voada）的穆斯林女人勾引而从基督徒变为穆斯林——他的这种行为用现在的话来说就是叛教。弗阿达对沃德说："变成穆斯林，我就是你的。"然后沃德就顺从地接受了割礼。然而，这个女人之后却变了心，爱上了沃德手下的一个船员——这个船员其实是一个年轻的女孩，为了女扮男装而穿上了水手服。[88]"我从未在一个男人身上看到过这样的美丽。"弗阿达说。毫无疑问，沃德报复了弗阿达——他直接用刀戳死了她，弗阿达命中注定难逃此劫——然后沃德和那位女扮男装的船员也挥刀自尽。[89]在戴博恩的戏剧之前，沃德的故事被宣扬与赞颂，同时也遭到反对和抨击，这些都收录在 1609 年的伦敦所卖的一本小册子和一些民间歌谣中。其中一首名为《著名海盗沃德船长的海员之歌》（The Seaman's Song of Captain Ward, the Famous Pirate）的歌谣赞颂了沃德的社会交往能力，这种能力使他从一个英国的朴实的渔夫摇身一变成为突尼斯的穆斯林王子。尽管后来他的地位如此显赫，他却希望他在异域的荣耀能够像写在沙滩上的字一样。[90]

---

* Turke，译为"土耳其人"。在当时的欧洲方言中，"土耳其人"可指代任何穆斯林，包括北非的摩尔人，这是当时一种带有偏见的称呼。——编注

珀泽和克林顿，选自《关于最著名的两个英国海盗珀泽和
克林顿的生死实录》

真实的沃德可不像剧里的沃德那样深情——他既没有为情接受割礼
（他从来没有接受过割礼），也不存在什么女扮男装的船员，据一位名叫
威廉·利思戈的苏格兰旅行者所言，这位传奇海盗当时正在突尼斯颐养
天年。这位旅行者说，他和沃德在一座精美绝伦、以大理石和石膏为装
饰的豪华宫殿里共进晚餐。沃德充满仁爱之心，他与15个受过割礼的英
国逃亡者共享这座豪宅。[91] 他修建了一栋非常奢华的房子，远远超过王
子的宫殿，但他确实是一个海盗——根据一本伦敦发行的小册子《两个
臭名昭著的海盗》（*Two Notorious Pyrates*）可知。[92] 像民谣《著名海盗沃
德船长的海员之歌》传唱的那样，这本小册子里也认为沃德没有死，并
且在突尼斯像王子一样养尊处优，颐养天年（小册子甚至直接从民谣中
照搬了一些内容）。然而，小册子也指出："这些荣耀如同写在沙滩上的

16

字，会在风来时被吹散，而这最终也只证明了他内心的悲伤。他作恶多端，饱受心中万千思绪折磨，同时又被良知噬咬。"[93] 这本小册子，以及那首歌谣和戴博恩的剧作都认为海上劫掠是不道德的——财产的重新分配让海盗变成了王子——而这种不道德就像割礼和性诱惑一样，被混淆为对国家的欺骗和对宗教的背叛。

17 世纪，一个全新的海盗团登上历史舞台，他们被称为"Buccaneer"，他们的形象已经成为一种原型，最初出现在英法及其他国家对加勒比群岛的殖民活动中（同一国家或同一民族的人一般一起行动）。他们神出鬼没，能力超凡，经常侵犯那些教皇御赐的西班牙神圣领土（弗朗索瓦一世曾经无比讽刺地要求查看亚当遗嘱中的相关条款）。[94] 在法属圣多明各岛（Saint-Domingue，伊斯帕尼奥拉岛的旧称）和邻近的托尔图加岛（Tortuga），早已没有了国籍限制的欧洲人要么种植，要么狩猎，要么当海盗。他们抢劫西班牙船只，并且在西班牙的美洲殖民地上大肆掠夺。对冒险家来说，海上的大船往往运送着那些将要来到美洲大陆的凶残打手。这些凶残的打手在野外捕捉野牛和野猪，然后像当地的印第安人那样保存这些野物的肉——他们先把肉支在一个叫"Barbacoa"（现代英语是"Barbecue"，烧烤之意）的架子上，下面点上火，之后再用烟熏。这个用烟熏制的过程在当时被称为"Boucaner"（在现代英语里是"Buccaneer"，已经变成了"海盗"之意 *）。[95] 这群人中的大部分是英国人和法国人，他们是来自不同地方的以勇猛善猎著称的流氓，但最终被西班牙人毫不留情地捕获了。[96] 因为害怕那些凶残的敌人，这群海盗

---

* Buccaneer 一词指 17 世纪和 18 世纪加勒比海特有的自由水手或私掠者，多适用于海盗、私掠者，也被称为"海岸兄弟会"。随着时代变化，"buccaneer"常与英语中"pirate"一词混用，因此本书在一般意义上均将"buccaneer"译为"海盗"，特殊情况会注明。——编注

连吃饭的时候都要背对背地坐着，机枪上膛，群狗环绕。[97]一位谨慎的人类学家将他们称作变成了美洲野蛮人的欧洲人——开化的野蛮人。换言之，这是一个遍布流浪汉的世界，作为侵略者并重新定义自己为殖民者的欧洲人，在这里其实是被野蛮人"殖民"了，他们被部落化，并且在文化上被重新改造。[98]海盗们期待成为初建的盎格鲁－美利坚殖民地上的白种野人，他们没有被之前身处的国家和民族性束缚——他们能够入乡随俗，并且重新塑造自己的性格。以新世界颠覆旧世界既是海上革命的动力，又是其基础。

17

"海盗和他们的生活场景"，选自《冒险家的历史》
(*Histoire des Aventuriers Flibustiers*)

海盗们平常习惯穿着的服饰是一件被动物的血渍和油脂污染的衬

衫，他们的裤子更脏，只用一根带毛的条状牛皮束起，挂在腰一侧的鞘里插了好几把刀，另一侧则是一个子弹筒。[99] 他们穿猪皮鞋，再用荆条将鞋捆住；他们戴着沿帽，但帽子前面的沿会被剪掉一些。他们还会在腰上绑一个大口袋。晚上他们就会爬进帐篷里逃避蚊虫的叮咬。[100] 除了弗兰芒刀和西班牙大砍刀之外，他们还装备了一种被称作"boucaniers"的枪（这是他们根据自己名字起的名），这枪的枪筒长 4.5 英尺，海盗可以用它在 120 步之外射中一枚硬币。[101] 因为没有妻儿，所以海盗自行安排两两一组，组成"船上伴侣"。换句话说，"船上伴侣"这样的称呼就是来自水手这个词，意思是"旅途中的伴侣"（companion de couche），或者"共享吊床的人"（hammock-sharer）、"睡伴"（sleeping partner）、"床伴"（bedfellow）等。[102] 海盗自称为"海岸兄弟会"（brotherhood, frères de la côte），他们不遵守任何国家的法律，但恪守自己规定的风俗条例。这群海盗认为，在穿越了赤道之后，他们之前所有的义务与责任都一笔勾销了。[103] 他们首先是彼此的兄弟，然后才是根据他们的性别、民族结盟和亲缘关系重新组成的部落。某些人对海盗（buccaneers）和非法武装者（flibustiers）做出了区分（他们的名字都来源于英语中的"freebooter"）：两种人都在同一区域——法属圣多明各岛和临近它的托尔图加岛——进行活动。非法武装者是两栖海盗，而海盗就只在海上行动，他们憎恨全部人类，尤其以西班牙人为甚。[104] 除了打猎，他们还会造船或者偷一艘小船，然后前往海上，要么寻死，要么寻宝。他们互相推挤，饱受痉挛折磨，暴晒在太阳下，忍受风吹雨打，希望能够偷到一艘好一点的小船以及获得一些可以让他们立即去花天酒地的战利品。[105] 这群人是永恒的极端主义者，一个报告人指出，他们要么享受极大的快乐，要么承受不堪忍受的痛苦。[106]"死亡或发财，同时自娱自乐：这就是他们全部的哲学。"[107] 这些关于典型海盗的报告塑造了世界各地读者钟爱的海盗类型，具有重大意义。就像野蛮人那样，这群在海上肆无忌惮航行的欧洲人是人类全新权利的发现者：他们在殖民掠夺中获得了心中所愿。为达成心愿，他们使用暴力而非出卖体力，统御大海而非陆地。在海上，他们可以获得崇高的地位，也会因为僭越自己本来的地位而死去。他们能获得财富，也能取得胜利。

　　敏捷快速、射击准确、贪得无厌、居无定所，这些海盗逐渐将他们的打猎和生存技能用在了抢劫西班牙殖民地上。一个名叫巴兹尔·林格罗斯（Basil Ringrose）的英国海盗描述了一场斗争。这场斗争于 1680 年发生在巴拿马，斗争的一方是 68 个拥有各种大型小型船只的海盗，另一方则是 228 个拥有 3 艘三桅帆船的西班牙人、黑人和黑白混血守卫。一个海盗的子弹非常凑巧地打中了对方最大一艘西班牙帆船的舵手，于是那艘无人控制的大船便开始随风摇摆，并且乱晃着向返航的方向驶去。一艘海盗的小船撞上了那艘大船的船尾。此时，海盗们射杀了船上每一个试图去操控船舵的人。而另外一艘海盗的独木舟紧随第二艘西班牙大船，剩下的两艘海盗船负责第三艘，不过第三艘西班牙船甩掉了海盗船，最后逃脱了。在最大的那艘西班牙船船尾，海盗们破坏了它的舵，并杀死了船上包括船长和领航员在内的三分之二的人，直到剩下的人全部投降为止。海盗们登上这艘被打败了的大船，并且又派了两艘小船去增援跟踪第二艘西班牙船的独木舟。海盗们又一次得到了命运女神的垂青——第二艘西班牙船上的火药桶爆炸了，炸毁和烧死了船上的许多人。海盗们趁一片混乱之际登上了这艘船，并在船上大肆屠杀，之后便接管了它。林格罗斯在船上发现西班牙的武装力量已是混乱不堪，溃不成军，船员不是被杀死就是受了重伤，并且被爆炸的火药烧得不成样子。[108] 林格罗斯随后又登上了最大的那艘西班牙船，并且发现原来船上的 86 个人中只有 25 个人还活着，而活着的人中只有 8 个人还有力气继续战斗，剩

19

下的所有人都受了极重的伤。[109] "他们在甲板上血流如注。" 林格罗斯这样写道。[110] 虽然林格罗斯活到了他能够写下所见所闻之时，但他没能撑过6年之后的那场灾难。1686年，一群西班牙人偷袭了一伙海盗，并把他们砍杀得几乎看不出人样。威廉·丹皮尔（William Dampier）回忆道，[111] "我们有50个弟兄被杀了，其中就有我聪明的朋友林格罗斯先生"。[112]

一个国籍不明的人（或许是法国人，或者是荷兰人）以海盗为主人公写了一本简史。这个人一般被叫作埃斯奎默林（Exquemelin），他使用荷兰语写的简史《美洲海盗》（*De Americaensche Zee-Roovers*）很快被翻译成德语、西班牙语、法语，之后又从西班牙语被译成英语。埃斯奎默林声称自己是以目击者的身份进行写作的，但是他的这个身份饱受争议。不过他的记述和其他人提供的资料，以及殖民地记录大体上（并不是全部）吻合。[113]

这本书用游记体开篇，全景式地介绍了当时加勒比诸岛的情况：受过文明熏染的欧洲竞争者们被逐离海岛，于是那些明目张胆劫掠的野蛮人获得了更多的空间。埃斯奎默林描写了当时白人侵略者与当地的印第安人、用来驱逐印第安人的野狗群，以及内部人群之间的斗争。他也仔细刻画了当地的动植物，其中包括能夺人性命的鳄鱼、蚊子以及给他带来光明的萤火虫。"（它们）是如此的闪闪发光，以至于我能够轻而易举地在它们的光芒下读任何一本书，尽管书上的字看起来前所未有的小。" [114] 埃斯奎默林特意描绘了当地可食用或有益的动植物。例如，他介绍了烟草种植技术以及那些经常在岛屿出没的拥有可靠的方向感的海龟，迷失方向的船只可以跟随它们找回大陆。埃斯奎默林还指出，为了适应环境，海盗们会选择种地、打猎或从事海盗活动。他们居无定所，因此，不管是单纯地为了好玩还是牟利，与种地相比，他们更喜欢打猎。他们野性难驯，又满怀绝望，于是经常孤注一掷地以身犯险——有时候甚至不惜刺穿他们那些空间狭小又过于拥挤的小帆船或者独木舟以确保自己下一次能掠夺到更好的船，而不是在海里淹死。[115] 他们的性格就是这样凶狠和残暴。据说一个名叫弗朗索瓦·卢奥隆奈（François L'Olonais）的海盗首领曾经徒手撕下一个西班牙俘虏的舌头，然后像一匹贪婪的狼一样用牙嚼碎了它。卢奥隆奈这样做的目的是警示其他海盗：他们应该害怕并服从他。[116] 海盗使用酷刑折磨俘虏的目的是找到被藏匿的宝藏。犯人们的指缝里插着燃烧的火柴，绳子被扭成一束勒在他们的脑袋上，直到他们的眼睛被挤出眼眶。[117] 人们将绳子系在一些犯人们的睾丸上然后把他们吊起来……直到他们摔到地上，生殖器从身体上被撕裂出去……另外一些犯人们的脚被放进火里，被活生生烤熟了。[118] 在贪婪的驱使下，这群海盗很快将抢来的金钱挥霍在小酒馆和炖肉上，体验着命运的大起大落。[119] 一些人一夜之就花掉 2000 ～ 3000 比索，到了早晨，剩下的钱甚至还不够为自己买一件衬衫遮羞。[120] 埃斯奎默林见过他们其中的一个人，一次就给了一个姿色平平的妓女 500 枚"八分币"，只是为了看一眼她的裸体。[121] 另一个海盗在 3 个月的时间里花光了 3000 枚"八分币"，而这只是为了还清他欠的一个小酒馆的债。[122] 残忍的卢奥隆奈罪有应得地死掉了，因为万能的上帝终于借达连湾的印第安人之手将他撕成两半。他的残体被烧毁，骨灰在风中飘洒，这个邪恶的人永远消散了。[123]

　　海盗们不受原属国法律管束，又生活在正式殖民地建立之前的无主土地上，于是他们自己给自己制定法律。其中某些自定条款在不久后被收入海盗公约。海盗的基本原则是群体的和超越国籍的。他们可以根据大部分人的需要来更换首领。战利品则必须被全体成员瓜分，这是他们唯一的报酬来源。"不'打猎'，无'收获'"——他们的一句口号这样说道。[124] 补偿计划也得到全体认可："失去一条右臂获赔 600 枚'八分币'，或者 6 个奴隶……失去一只眼睛获赔 100 枚'八分币'，或者 1 个

21

奴隶。"[125]

　　埃斯奎默林记叙了许多海盗的生平，其中包括来自大西洋海边城市莱萨布勒－多洛讷（Les Sables d'Olonne）的法国海盗卢奥隆奈，来自葡萄牙的海盗巴塞洛缪（Bartholomew），以及来自荷兰的海盗罗克·布拉西利亚诺（Roche/Rock Brasiliano）。在卢奥隆奈成名之前，他曾经取得过很大的成就，并且备受尊崇。威尔士人亨利·摩根（Henry Morgan）曾经在陆地上（不是海上）以抢劫获利，曾经组织了几百个奸邪而又贪婪的海盗集体袭击和掳掠西班牙殖民地的中心城市：1668年的波托贝洛（Portobello），1669年的马拉开波（Maracaibo），然后是最著名的1671年巴拿马大抢劫。在跨越了中美地峡之后，这群海盗在相对安全的太平洋沿岸与西班牙人对峙。尽管埃斯奎默林认为，这场斗争之后，每个普通的海盗只奖励200枚"八分币"实在太少，并且这还是因为摩根对他们撒了谎才给的，但毫无疑问的是，摩根的抢劫计划影响广泛，并且自然而然地在初建的英属加勒比殖民地上（尤其在小酒馆和妓院里）广为流传。当然，这些事情后来也传到了英国。[126] 在摩根为大肆宣扬自己的胜利而写的布告中，他骄傲地吹嘘说，巴拿马是从新世界向旧世界运送殖民地矿产的重要交通枢纽，因此这里拥有全世界最大的金银市场。[127] 尽管牙买加总督认为摩根是一个忠诚又勇敢的伙伴，但摩根还是于1672年被捕并且遣送回英格兰，这主要是因为英国政府想取悦西班牙人。正如当时的总督所写："我必须将他送回家去，这样他就不会那么令人厌恶。美洲已经井然有序，那么西班牙人也应该满足了。"[128]

　　在英格兰，人们欢庆摩根归来。约翰·伊夫林（John Evelyn）与摩根共进晚餐之后，在日记中将他描写为一个勇敢地从上帝之城（Nombre de Dios）去往巴拿马开疆拓土[129]的男人。实际上摩根是英国殖民利益的非官方代理人，他于1675年被授予了"骑士"的称号，并且被任命为牙买加副总督。虽然他成了一个享有尊荣又家财万贯的大人物，但是他深陷老年痴呆的痛苦，日复一日地躺在自己的吊床上。他被疾病折磨的身体状况让汉斯·斯隆（Hans Sloane）医生震惊，这位传奇人物的生命已经走到了尽头："（他）瘦得只剩下皮包骨，脸色蜡黄，眼睛也有些发黄，腹部微微隆起，（并且）天天喝酒熬夜。"摩根死于 1688 年，官方为他举行了公悼。[130] 他在掠夺上取得了军事式的胜利，而非航海或者海盗式的成功，并且这种胜利也显示了长期以来英国殖民者与欧洲主流殖民力量——西班牙殖民者——在美洲大陆上的竞争。实际上，那些海盗越来越不相信组织的力量和英法两国的殖民政策，因此他们更希望能够合法地定居下来，真正地融入正在不断巩固和加强的殖民安顿计划。

　　海上劫掠的历史几乎和虚构文学的历史一样悠久，并且它也和旅行以及航海这两个陪伴人类已久的老伙伴一样诞生于蒙昧时代。然而，无论是在现实世界还是小说里，海上劫掠都拥有一个鼎盛时期，即所谓的"黄金时代"。"黄金时代"差不多介于 17 世纪末和 18 世纪初，当时连接着世界的大洋第一次暴露在不安于现状又有冒险精神的欧洲人眼前。在这个航海时代，这群热衷在海上游荡的人拥有很多名字——例如西印度群岛周围的海盗们，他们在西班牙的美洲殖民地上进行捕猎活动；再比如地中海区域的海盗们，他们在北非巴巴里海岸抢劫，即那些剥夺了塞万提斯自由的海盗。然而，"黄金时代"海盗的概念也是由当时的历史环境所定义的：在世界大洋被后来的殖民者们统治之前，开放的大洋为殖民时代之前的竞争、和平时代的敌视以及中途夺取被转运的殖民掠夺品（例如丝绸、珠宝、奴隶、黄金等）提供了空间。中途抢劫殖民掠夺品这一事实（海盗们的所作所为）也展现了当时以航海为主业的欧洲诸国的繁荣程度。这些特殊时期的海盗形象是所有时代（包括他们的时代和我们的时代）的理想海盗形象。人们想象中的海

22

盗同时拥有文学和航海双重意义，他们既出现在城市作家笔下的小说中，同时也航行在开放的汪洋大海上和殖民者的视野之内。历史的巧合孕育了所谓"黄金时代"的海盗们：彼时的大海和陆地上的环境成就了他们。

在海上，开放的世界大洋给抢劫和偷盗提供了无穷无尽的机会；而在陆地上，人们往往会被那些理直气壮地破坏法律、到处横行劫掠、具有爆发力的海盗吸引，一方面觉得海盗令人恐惧，另外一方面又因为刺激的海盗故事而获得了极大满足。读者对海盗故事的兴趣让这些出版物获得了很高的利润。人们不断编造海盗的形象，有些来自伦敦后街的写手，有些来自在马达加斯加改变航线的水手。

诗人荷马描述的大海是酒红色并充满危险的。在他的吟唱中，大海是奥德修斯和家乡伊萨基岛之间的巨大障碍。伊甸园里没有海。上帝使用洪水来惩罚人类。长老派牧师约翰·弗拉维尔曾经热情洋溢地使用隐喻的方式对 17 世纪的水手们说："你们应该航行在巨大的深渊之上。"（这并不是公开反对基督教）"巨大的深渊"指的不仅仅是"大海之底（the Bottom of the Sea），同时还有地狱"，因此，"……有咆哮的海浪和滚滚的波涛……将你们分开"。[131] 在浪漫主义时代之前，人们一直觉得大海是虚空而荒芜的。更糟糕的是，人们往往认为大海是一种束缚，而非自由。1773 年，约翰逊对博斯韦尔说："先生，知道为什么没有人愿意去当水手吗？因为在船上和在监狱里没什么不同，没有人会想方设法让自己进监狱，如果运气差一点，水手甚至还可能会被淹死。"[132] 约翰逊解释道，除了更加安全之外，人们在监狱里还拥有更大的空间、更好的食物以及在群体里他人更好的陪伴。然而，对很多人来说，大海仍然是他们的逃生之路。[133] 18 世纪，人们征服了曾经令他们憎恶并且极度空旷的大海，开始在海上航行。人们发现，这汪洋之上还有唾手可得的宝物。[134]

当然，这些在海上航行的人的生活都是极度危险的，与生相比，他们离死更近。正如约翰·弗拉维尔的沉思录《精神航行》(*Navigation Spiritualized*)记载的那样，"在海上航行的人无论过去还是现在都被视为第三类人。人们不知道应该将他们按照活着的人还是死了的人来计数，他们的生命始终处于一种悬而未决的境地"。[135]爱德华·巴洛在他的日记中详细地描述了航海人的危险生活：

> 在暴雨天气里，当船左右摇摆、上下浮动得就像巨石滚上山再滚下来时，我们只能紧紧抓住船上的短绳来稳住身体，否则就会掉下船去。当船被推到巨浪中间时，我们必须又推又拉才能稳住船，这时除了头顶的空气和脚下的水，我们什么都看不见。海上狂风暴雨肆虐，每一片浪都是为我们准备好的坟墓。[136]

在浪尖上摔一跤就来到了坟墓里，来到了黑线鳕鱼的住处——一个冷酷无情的水手这样说道。另一个水手则说，这会让他变成鱼的食物。[137]机智的理查德·布拉思韦特说，在海上航行的人，人生的必然归宿不是肉身的寿终正寝，而是与鱼群共舞*。[138]尽管这是一个与死亡有关的笑话，但对很多水手（例如约翰·莫里斯）来说，他们对在码头旁边的小酒馆游荡，每周花 3 先令 6 便士用来住宿和买食物的生活已经厌倦了，海上的生活既危险又不稳定，不仅要与恶劣的环境作斗争，还要与人斗，

---

* 原文：goes not the way of all flesh, but the way of all fish。这句话的前半部分有"离开人世、寿终正寝"的意思，后半部分指"在鱼群中"。这是一个用英文表达的笑话，故做此解释。——译注

在这种生活下，可观的报酬和潜在的危险两者并存。[139] "要么是一条金链子，要么是一根木头腿。"莫里斯在给兄弟写的信中这样写道（写这封信时，莫里斯正在一家小酒馆里）。[140] 不幸的是，莫里斯最终丢掉了性命，而不只是一条腿。尽管如此，许多水手还是打算用命在大洋上赌一回。[141]

　　"查尔斯二世号"（得名于西班牙国王卡洛斯二世）上的水手本来是被雇用打捞西印度群岛附近西班牙大帆船上的财宝的，他们后来却成了"幻想号"上的海盗。"这会让你心潮澎湃。"他们期望成为像船长埃夫里那样在冒险中寻求宝藏的人。爱德华·肖特被鲨鱼咬死；詹姆斯·莫里斯在一个赌局中输光了他的珠宝，同时也失去了他的理智；另外5个"幻想号"上的船员在伦敦行刑码头被绞死；但是，"幻想号"上的绝大部分船员都逃脱了早死（或者发疯）的命运并获得了财富。人们虽然能够在大海上航行并跨越万里波涛，但大海也不受他们控制。大海为探索者们打开了新的世界，国家和殖民地的界线再也无法阻挡这些人去寻找新的机遇。"幻想号"抢劫了一些丹麦船只，于是这成了丹麦人发动一场蓄谋已久的盎格鲁－丹麦战争的借口，但某些丹麦水手加入了"幻想号"——这可是他们的假想敌。[142] 大概有12个法国人在非洲的科摩罗弄丢了他们的船，并被带到了"幻想号"上，他们一直以英国国旗为掩护在这片海域上进行劫掠活动。[143] 接着，"幻想号"从那支被打败了的法国海盗船队招进来40个人。[144] 一个"幻想号"上的英国人在航行中大概记录了一下当时的船员组成："此时船上有170个人，其中14个丹麦人，52个法国人和104个英国人。"[145] 之后，两艘从美洲来的船扩充了他们的队伍，于是船上又有了另外3个从美洲来的英国人。[146] 海上劫掠突破了国家疆界和法律条款的限制，海盗受利益驱使，在欧洲政权触碰不到的遥远海岛上不断发展壮大。修建于尚未被殖民的马达加斯加岛上的海盗港口就是一个很好的例子。

　　大众关于海盗的看法形成于 17 世纪末 18 世纪初。这种看法表达了一种矛盾的态度，这种态度与个人如何通过努力去超越他或她所处的环境，并取得性自由、巨额的财富以及完成政治上的重大变革有关。因此，这是对传统的关于浪漫、经济和政治的观念的改写，并通过暴力手段，将英雄主义的理想重铸为个人自我肯定的意识形态，以实现完全的个人自我满足。海盗是能够在浪漫主义题材小说中的幻想性和合理性之间穿梭往来的可靠形象。实际上，海盗是笛福小说中的完美人物，从杰克上校到莫尔·弗兰德斯（Moll Flanders），笛福的小说描写了诸多这样的主人公：他们离经叛道，视道德如粪土，被边缘化，居无定所。这些以他们的传奇人生为主要内容的伪自传，提供了一种私人性质的道德意识，可以消解叙事中那些令人毛骨悚然的犯罪行为。[147]

　　1709 年，一本小册子在伦敦匿名出版发行。它那模糊的标题含蓄地表达了这些意识形态的重置。这本小册子名为《约翰·艾弗里 * 船长的生平与冒险，一个著名的英国海盗（从船上侍者到国王），现在马达加斯加是他的了》(*The Life and Adventures of Capt. John Avery, the Famous English Pirate,* [*rais'd from a Cabbin-Boy, to a King*] *now in Possession of Madagascar*，以下简称《生平》)。小册子的扉页说明了《生平》这本书的创作者是一个从马达加斯加出逃的人，随后的前言则给出了关于作者更加详细的信息：他名叫阿德里安·范布洛克（Adrian Van Broeck），是一个被艾弗里俘虏并带到了马达加斯加的荷兰商人，艾弗里信任他，并

25

---

* 小册子中约翰·艾弗里（John Avery）的经历取材于真实的海盗船长亨利·埃夫里，在文艺作品中有所修改和调整。艾弗里可视为从埃夫里衍生出来的海盗船长形象。——编注

和他建立了深厚的友谊。[148]

根据范布洛克的日记所言（并不可靠），艾弗里于 1653 年出生在普利茅斯，他曾经在许多不同的海上活动中取得成功并收获颇丰，他获得的报偿与其付出的努力不成正比。而更令艾弗里感到丢脸的是，他本应从他父亲那里合法继承的为数不多的财产却让人骗走了。在一些关于他早先事业的叙述之后，作者描述了艾弗里是如何为自己人生的新起点进行准备的：

> 他中等身材，略微发福，总带着快乐的神色……他的性格和他的身材一样，勇敢又不失幽默（在没有被激怒的情况下），傲慢又不安。如果有人强迫他去做一件事，他总是斤斤计较，睚眦必报。[149]

艾弗里既令人着迷又让人害怕。他足智多谋，让我们对他由衷赞美；他被人骗走家产却又让人心生怜悯，但现在，他之所以被人们关注和评价，是因为他正处在人生的一个转折点上——他开始认为自己是一个行事踏实稳重的伟大人物。当祸事颠覆了他的好运，他便顺从了机缘巧合，加入了海盗的团伙，和那些曾经侵占了……他的家产[150]的人一起生活。"祸事"指的是艾弗里被一个农民的女儿吸引，但她的父亲从未给过应许的嫁妆，而这个女子也为一个粗俗的当地小酒馆店主生了一个儿子。

受到这等欺骗，艾弗里终于被激怒了，于是他自己也成了一个骗子。艾弗里劫掠了一艘船，并向船员们保证，他们将获得数额巨大的个人财产，而不是像他那样承受不公的悲惨命运。为了避免这不幸的命运，艾弗里保证，终有一天，船员们可以通过坚定的战斗让下半辈子衣食无忧。[151]在印度洋上航行了一段时间之后：

命运……在他的航行过程中扔给他一艘满载货物的船。这艘船上有无穷无尽的来自东方的商品，并且船上还有一个让它熠熠生辉的事物——莫卧儿皇帝奥朗则布的孙女。[152]

印度人很快就被英国人打败了，英国人要求，印度人应该满足他们这些海盗的胃口：

这艘船上的货物数额巨大，它们甚至可以满足大部分贪婪的水手。这些水手可以分得他们在船上发现的数以百万计的银币和其他物品，并且他们也将那位异常美丽、和蔼可亲的女士列入了讨价还价的范围。[153]

当艾弗里看见那位女士泪流满面时，他忽然变得多情起来，而且他并没有像很多报告记载的那样强奸了公主，而是彬彬有礼地将她请上了船。[154]印度船上装载的数量巨大的稀世珍宝其实是这位公主的嫁妆，她将要嫁给一位波斯（Persia，伊朗的旧称）的权贵。于是对艾弗里（他妻子的嫁妆曾被别人抢走了）来说，获得这些嫁妆并且迎娶公主就是顺理成章的事。艾弗里征得了公主的同意，并且按照那些外国人[155]的方式举行了婚礼。船员们没有艾弗里这般罗曼蒂克，他们强行拉来一些公主的女性随从，却有礼貌地压抑着他们的欲望……直到同一个牧师为他们送上祝福。[156]伴随着带来财富和妻子的好运气，这群海盗远远地看到了马达加斯加岛。[157]

在马达加斯加岛，艾弗里和当地的一位国王结成同盟，并且一起讨论了其中一个港口的安全问题。这座港口，不知是有人刻意为之还是机缘巧合，似乎和鲍德里奇在1691年修建的那个海盗港湾有些类似。[158]艾弗里向水手们保证，他会将近期掠夺的战利品予以平均分配，根据海盗法，尽管他们各自以掠夺其他人为业，但是他们仍然严格遵守自己的公平"法则"。[159] 以马达加斯加港为基地，艾弗里开始重操旧业，劫掠了另外一艘摩尔人的船和一艘英国人在东印度的船，除此之外，他还找到了额外的奖励——满满一船的法国人。[160] 艾弗里给这些船上的人提供了两个选择：一个是他们可以乘一艘小船逃生，另外一个则是加入艾弗里在马达加斯加的"海盗共和国"。[161] 其中一个名叫蒙斯·德萨尔（Mons de Sale，这个名字有不祥之意）的法国人成了艾弗里的副手，并接到了一个抢女人的任务。德萨尔带着一艘船出海，很快便载了一船女人回来。这些女人虽然没有一个拥有白人的面孔，但仍然非常有吸引力。[162] 于是艾弗里以全新结构的共和国为旗号宣传自己，通过吸引来自世界各地的海盗[163]不断壮大自己。

不幸的是，德萨尔因觊觎艾弗里的妻子和他的地位，煽动了一场法国革命。然而，他的计划事先就被叛徒透露给了艾弗里，然后暴乱被平息，而参与暴动的人也被判了死刑。艾弗里的权力和地位因此得以保全并加强，但他开始思考如何才能回到他的母国，以及在神圣的法庭中他会得到怎样的判决。[164] 受到这些想法的鼓舞，艾弗里给当时的东印度公司写了一封充满爱国情怀的信。在信里，艾弗里说他希望获得宽恕，并且打算提供"一笔数额巨大的资金"[165]作为回报。东印度公司并没有回复艾弗里的信，于是他只能继续留在马达加斯加岛上。在那里，他不断巩固自己的政权，并且驱逐了法国殖民力量，甚至攻打了曾经是他的同盟者的马达加斯加国王。他统率着一支15000人的军队，并且拥有40多艘战舰。[166] 这本小册子在结尾处提到，马达加斯加一方建议不列颠政府要么使用武力去镇压这群海盗，夺回这座珍宝岛的所属权，要么就按照艾弗里说的那样，跟他谈判并赦免他。[167]

"马达加斯加岛上的艾弗里船长"，选自《最臭名昭著的海盗和他们的船员之历史与生平》(*The History and Lives of all the most notorious Pirates, and their Crews*)

　　这本关于艾弗里的虚构报告试图让大众对某一种特定类型的海盗有更多了解，而不是为了记录或揭露真实的埃夫里不为人知的人生。尽管这本书唤起了世俗之人关于命运的思考并且探讨了人肉体的贪欲，但它并没有描写令人痛苦的暴力细节。这本书认为，艾弗里在海上取得合法事业的成功是理所应当的，他值得从父亲那里继承遗产，值得娶到他深

28

爱的忠贞的女人。只是因为社会剥夺了他应该获得的一切，艾弗里才会选择通过海上劫掠来获取更好的补偿，才会在海上旅行并从一个船上侍者变为一个国王。尽管艾弗里是一位国王，但是他领导着一个平等的共和国。海盗们都是乌托邦主义者：他们虽然打破了法律的束缚，却为自己制定最严格的公平"法则"，并矢志不渝地遵守条约。[168] 艾弗里公正地统治属于他的海盗共和国，甚至对自己偏离了虔诚、故国和为国尽忠的责任而感到懊悔不安。《生平》一书将他变成了海上劫掠政治传奇里的英雄。这里其实讲述的是一些先前活动在加勒比的海盗的故事，这些故事如今却被塑造成了能卖钱的小说—— 一部伪装成事实的虚构小说，并且许多现代的历史学家对它深信不疑。[169]

那些关于海上劫掠的法律手稿后来变成商业印刷品的基本资料来源，口头证词和水手陈述则让这些具有创新意义的虚构文学——也就是现在我们熟知的小说——最终成形。这些记录海盗生平冒险的传记性文本往往是解释性的，有些甚至带有为他们犯下的罪行辩护的色彩——它们为解释海盗英雄的行为提供理由。海盗英雄是一个个孤立的个体，他们的冒险经历和传奇命运影响了小说家笔下的情节发展，同时也对陆上社会的不公平做了某种纠偏（这个社会骗取他的爱和金钱）。在陆地上，人们为了金钱和爱情而欺骗艾弗里，而在大海上，他能够获得成倍的报偿：一个充满异域风情的公主以及超出想象的大量财富。这些财富既神秘又奇异，同时数量巨大。英雄之所以能从一个普通人变成一位异邦的殖民国王，是因为他流溢的天赋凑巧得以发挥与施展，而不是因为他采取了残忍的暴力行为。在这虚构却能让人开心的故事里，人们往往是看不到暴力的。一般来说，这种浪漫主义题材小说的主题是爱情与勇气（而不是肉欲和暴力），它以粗糙的、未经加工却栩栩如生的普通人的语言进行创作，而这种文学形式提升了浪漫主义题材小说的可信度。这些普通人在经历了一场渴望英雄的热潮之后，最终变成了现今的读者和书商。可见，浪漫主义题材小说普遍采用这种文学形式的目的并不是让人停止怀疑，而是彻底抹杀怀疑。

一些关于马达加斯加海盗的报告并不是那么讨人欢喜。在发现并拯救了塞尔扣克的航程中，伍兹·罗杰斯（Woodes Rogers）船长于1711年在好望角报告说："（我看见）一个穿着羊皮的男人，这个男人要比他们的第一个主人更强壮。"

> 我和一个英国人还有一个爱尔兰人交谈，他们二人都曾经接触过马达加斯加海盗，而现在他们已经被赦免并且被允许居住在这里：他们告诉我，那些曾经将世界搅和得动荡不安的人现在都六七十岁了，又老又弱，贫穷且可鄙，甚至连和他们通婚的当地人都鄙视他们。这两人补充道，那些海盗只有一艘普通的船和一艘沉在水底的单桅帆船，也没有再次登船的打算，他们已经变得无足轻重，不值得再被人提起。[170]

尽管如此，海盗还是继续被人们提起。在罗杰斯的《扬帆远航》（*A Cruising Voyage Round the World*）出版的1712年，查尔斯·约翰逊（Charles Johnson）的戏剧《成功的海盗》（*The Successful Pyrate*）在伦敦德鲁里街皇家剧院上演，观众听到了这样的开场白："在马达加斯加岛上，你要相信自己。"[171]一个名叫阿维拉古斯（Arviragus）的演员在剧中遭遇了与《生平》里类似的经历之后变成了一位国王。阿维拉古斯在海军中表现勇猛、功绩卓著，却没有得到任何奖励，因为他杀害了一位上级军官——正如《生平》提到的那样——这位军官欺骗了他，夺走了他的财产和妻子。在前往印度冒险的途中，阿维拉古斯又迎娶了一位穆斯

林贵族（omrah）的女儿，她还给他生了一个儿子。阿维拉古斯非常珍惜
这个儿子，当儿子离开他时，他觉得异常悲伤，并且希望有朝一日能够
找回儿子，让儿子成为马达加斯加岛的继承人。[172] 这就是阿维拉古斯的
一生。这出戏里的第一个事件是阿维拉古斯获得了一个能带来好运的新
战利品："伟大的莫卧儿国王的孙女被阿维拉古斯擒拿，她带上船的所有
嫁妆和随从们也全部被阿维拉古斯抢占。"[173]

　　阿维拉古斯深爱扎伊达（Zaida）这个莫卧儿皇帝奥朗则布的孙女，
但扎伊达爱着另一个人——她自己船上的船长阿兰内斯（Aranes）。就在
此时，阿维拉古斯国王的一些手下打算发动一场由一个名叫德萨尔的人
领导的暴乱。对于阿维拉古斯取得的成就，德萨尔妒火中烧，发誓要夺
取他的扎伊达和王位。[174] 尽管阿维拉古斯是一位仁慈的君王，但他还是
希望他的对手——阿兰内斯——死无葬身之地，此时正处于萌芽状态的
暴动也因叛徒的出卖而被镇压。然而，可爱的扎伊达却一直为即将死去
的阿兰内斯悲伤哭泣，这让阿维拉古斯感到很没面子。但好消息很快就
传到了阿维拉古斯的耳中——阿兰内斯很幸运地活了下来，并且他有一
个能证明阿维拉古斯是他失散多年的父亲的手镯。于是阿维拉古斯将扎
伊达和他的王位赐给了这个失而复得的儿子和继承者。阿维拉古斯非常
想念他在不列颠的家乡，当他希望通过贿赂当权者以取得回乡的许可时，
当权者却拒绝了他。这出剧在收场白中解释说，虽然他们并不完全相像，
但是阿维拉古斯的原型其实就是历史上著名的海盗艾弗里。阿维拉古斯
毫无疑问继承了小册子《生平》里的英雄形象并最终来到了舞台之上。
虚构的艾弗里显然被塑造成一个在爱情和事业上不断进取并获得成功的
男人；他创立了一个异域的皇室家庭并且以一个国王的身份公正地统治
着他在异邦的国度——只不过他依然思念自己的故乡旧国。

　　《成功的海盗》作为戏剧本身并不是很出彩，但是它引起了批评家

（同时也是剧作家）约翰·丹尼斯（John Dennis）的注意，并且迫使他创作另一出剧来反对它。丹尼斯创作的戏剧讲述的是一个无名水手和一个真实海盗：

> 作为无足轻重的小人物试图在那个腐化堕落的年代里过上奢侈的生活。然而，让一个现实中的水手和流氓成为悲剧的主人公合适吗？他们就这样在悲剧中不知廉耻地出现，同时也无所事事地和一群喝得醉醺醺的还被太阳晒黑了的妓女们一起躺在马达加斯加岛上，喝着鸡尾酒。[175]

让这样一个人（喝着水手们的混合了啤酒和白兰地的鸡尾酒）成为悲剧的主人公，确实是将一个行刑码头上的英雄带到了舞台上。[176]

虽然有着审美和道德因素的抗议，却并没有阻止其他作家把艾弗里创作成艺术形象，并获得潜在的收益。海盗们的"黄金时代"同样也是海盗在舞台上和书本中活跃的时代。真实的海盗瞬间变成了虚构的人物。他们成了连接作者与市场的载体和中间人：简而言之，海盗变成了产品。因此，海盗在海上的商机与他们虚构的替身——大众英雄——的商机是一致的。人们看不到大海上的埃夫里本人，但他象征性的形象在陆地上随处可见并受人欢迎。这个形象被乔装打扮成真实的海盗，声称自己就是埃夫里本人。舞台上或者书本中的艾弗里已经取代了真实的埃夫里——真实的埃夫里已经消失了。也许是在乔装打扮之后，可能还取了一个假名，艾弗里戴着和普通人一样的浅色假发，英俊潇洒，皮肤黝黑地出现在我们面前，他拥有一双灰色的眼睛和一个稍显平凡的鼻子。真实的埃夫里……已经逃走了。

1720年，在《鲁滨孙漂流记》（*Robinson Crusoe*）出版后不久，另外一本据说是笛福编著的书（看似合理却不能全信）在伦敦出版了。[177]
这本书的全名是《海盗之王：记录艾弗里船长——马达加斯加岛无冕之
王的显赫事业。本书记录了他的遨游和私掠行为；并且细查了此前出版
的所有虚假记录。本记录来自他亲笔写下的两封信：一封写于马达加斯
加岛，另一封则写于他出逃之后》(The King of Pirates: Being an Account
of the Famous Enterprises of Captain Avery, The Mock King of Madagascar.
With his Rambles and Piracies; wherein all the Sham Accounts formerly
publish'd of him, are detected. In Two Letters from himself; one during his
Stay at Madagascar, and one since his Escape from thence)。此书声称在出
版前细查了所有的伪造记录，所以它的宗旨是利用事实去修正虚构。在
虚构的小说中，处处可见彼此竞争的形象，艾弗里一个接一个地出现，
每一个都说自己比之前那个更真实。书的前言重申了它的宗旨，强调这
份记录会向读者表明之前的记录是如何把一个荒谬可笑又奢侈浪费的艾
弗里强加给他们的。[178] 通过对比艾弗里亲笔信和之前老生常谈的奢靡故
事，读者们自会判断哪个艾弗里更贴近事实。[179] 需要特别注意的是："关
于艾弗里船长如何抢占并奸杀了莫卧儿皇帝的女儿以及她的随从们的报
告和这份记录没有关系。"[180] 之前的记录并不是真实的，而且前后不一
致，"所谓的'真实记录'只不过将先前出版过的资料胡乱堆砌在一起，
这些资料有的说他强奸了她，有的说他杀了她，也有的说他娶了她"。[181]
这个新版报告和之前的报告有所不同，它剔除了之前记录中所有浪漫的、
不太真实和完全不真实的部分，因此，它看起来比任何之前的出版物都
更像是艾弗里船长的历史。[182] 揭露小说的虚构性已经成为艾弗里传奇的
重要组成部分，似是而非的现实性则成了揭露小说的虚构性的媒介。

　　"第一封信"的开篇又提到了这个主题：艾弗里憎恨一本名为《我的
生平和冒险》(My Life and Adventures) 的极其荒谬的书。[183] "第一封信"

的前半部分与人们已知的、真实的埃夫里的海盗劫掠生涯毫无关系。[184] 这个崭新的艾弗里开展了很多私掠活动——他和当地真正的海盗（例如夏普和索金斯）一起在西班牙的南美洲殖民地上打砸抢烧。在当地海盗结成的、不断变化的联盟中，艾弗里积累了大量战利品，并获得了崇高的地位。直到有一天，这个联盟决定撤到马达加斯加岛去："在那里，我们的生活将不受打扰。"[185] 信中对他们如何在马达加斯加岛安营扎寨的情况介绍得比较简略，只说他们在岛的西部或北部沿岸的一个并不特别的地方安定了下来，而这地方也并不是之前提到的距离马达加斯加东北岸不远的圣玛丽岛——真正的海盗聚居地。在伦敦做短暂的停留之后，艾弗里的人生轨迹与真正的埃夫里开始重合。在回到马达加斯加岛之前，这个也许是笛福笔下的艾弗里在西班牙沿海领导了一场暴动。这场著名行动的地理位置在不同的记录中有所不同。这一次，当艾弗里听说有两艘莫卧儿王朝的船到来时，他正在苏门答腊岛的一个港口处，而这两艘大船是载着莫卧儿皇帝的孙女前去与缅甸南部的勃固国王结亲的。艾弗里坚持说他并没有强奸王后：[186]

> 我是第一个进入船舱的人，发现她全身都是金银珠宝，但她很害怕，泪如雨下，一看到我就开始发抖，好像自己马上就要死了一样……她全身佩戴着钻石，而我像一个真正的海盗一样。我很快就让她知道，与她本人相比，我对珠宝更感兴趣……我已经听说，在英格兰有人说我强奸了这位女士，并且无比野蛮地用她泄欲；但是他们都误会我了，因为我从未对她做过那样的事情。我向你保证。[187]

为了证明自己的清白，艾弗里说："我并不喜欢她，而且事实上，她的一个随从更符合我的口味。"[188]艾弗里对珠宝的兴趣远胜于这位女士，可见，与强奸相比，他更倾向于抢劫。这个故事的其他版本也告诉我们，与即将成为王后的公主相比，艾弗里更喜欢待字闺中的姑娘。东方世界和伦敦同时流传着埃夫里和穆斯林女人的故事。水手爱德华·巴洛于 1697 年在他的日记中记录了他在孟买听说的事情："一个叫埃夫里的海盗……强奸了一位莫卧儿王朝的贵族女性。她曾经到穆哈朝拜先知穆罕默德的陵墓。"[189]一个名叫亚历山大·汉密尔顿的船长在《一份关于东印度的新报告》(*A New Account of the East Indies*)一书中这样写道："(埃夫里)带着一个年轻的莫卧儿女人和她的女性随从们，这是为了履行他当初在麦加于她母亲临终前立下的誓言。"[190]但《海盗之王》一书并没有秉承求真的态度去修正传说，它的重点是想通过反驳之前已出版的小说来营造一种看似真实的假象，而不是为了将艾弗里塑造成一个风度翩翩并有操守底线的男人（他本来也不是一个绅士），他与下属的关系也只是出于利益，没有友谊，更没有忠诚。

艾弗里回到马达加斯加岛上的海盗大本营之后，另外一个传说也悄悄改变了——他并不像许多报告描述的那样在马达加斯加岛上拥有数不胜数的财宝和呼风唤雨的能力：

> 正像我听说的那样，他们告诉伦敦政府，我们人数不少于 5000 人，不仅修建了防御工事，而且还制造了 20 艘船……但这些都不是真的。在他们看来，我们其实应该拥有比这更多的物资。但这些都不是真的，就如我们向英国政府上缴一亿达克特*来让他们宽恕我们这件事一样，都不是真的。[191]

---

* Ducats，一种当时在欧洲许多国家中流通的金币。——译注

　　艾弗里发现这些故事甚至都已经传到马达加斯加岛了。造访该岛的水手们谈论着他拥有的军队和战舰，他强奸了莫卧儿皇帝的女儿，他的下属强奸了公主所有的女性随从，并且逼迫她们和公主一样就范，泄欲后要么把她们扔进大海，要么割断她们的喉管。[192] 作为回应，艾弗里以他者的身份向这个来访者讲述了自己的故事，并且说明了岛上可预期的军事力量有 20000 人，并且他也许会为自己的免罪符上缴 500 万～ 600 万达克特。[193] 此时，艾弗里已经成为他自己的传奇的作者和否定者，他向读者提供了这样的信息："你在伦敦听到的那些谣言其实就是在这次谈话的基础上被编造出来的。" [194]

　　艾弗里在自己写的《海盗之王》中提到了一些私人感受。他觉得马达加斯加岛上的人并不团结，他也不太相信那些和他一起抢劫的同伴们。艾弗里不想被野蛮人和原始人（我这样称呼他们，他们可能是海盗，也可能是当地的土匪）活埋。[195] 艾弗里最关心的是如何带着财产逃到一个能享用它们的地方。艾弗里和他精选的一队人乘着单桅帆船先到了巴索拉（现为伊拉克的巴士拉）。从那里出发，他们又逆流而上到了巴格达。在巴格达地区，艾弗里和他的随从们乔装打扮成亚美尼亚商人，之后他和一个旅伴又去了波斯的伊斯法罕，不过这次出行原因不明。然后艾弗里经陆路去了君士坦丁堡（Constantinople，伊斯坦布尔的旧称）。在君士坦丁堡，艾弗里写了第二封信。艾弗里在信中保证："这封信是从法国马赛寄出的。我要离开这里到一个内陆的城镇去居住，也许他们对大海没有概念，所以他们不会打听我们过去的事情。" [196]

　　这些有关艾弗里的叙事性作品的一大特点就是，作者要么匿名，要么借用假名，作品内容介于现实和虚构之间，而这种写作风格标志着小说作为一种新的文学形式的诞生。这种商业化写作出现在正处于城市扩张期的伦敦，它是一种由普通民众创作并在其中间蓬勃发展的文学形式。

迄今为止，这些普通民众仍不被视为值得尊敬的作家或者文学受众。虚构小说中的海盗们是伦敦那些写手对大海的一种幻想，他们重新改造了这些海盗，以满足新兴读者们在政治和商业上的需求。他们鼓动读者将钱花在这些想象的海盗身上，而读者对于海盗传说的狂热追求和坚信不疑会给他们带来丰厚的利润。

与这些匿名海盗报告关系最紧密的作家应该是丹尼尔·笛福（不论这种关系正确与否），尽管没有一部关于艾弗里的作品署了他的名字。笛福的作品几乎都没有署他的名字，例如《鲁滨孙漂流记》，就是鲁滨孙他自己写的。笛福，这位匿名的作者，一生都生活在伦敦的一条街上，而他自己将这种生活描述为："（对周围的一切）都毫不关心，不论是房子还是邻居都很无聊，而且四周的法院和大街小巷也让人烦乱。"这条街被称为格拉布街（Grub Street），它的名字来源于"Grube"，意思是"沟渠"或者"排水道"。[197] 在笛福死后，"绳匠街"（Ropemaker's Alley）出了名（"绳匠街"在格拉布街的转角处），因为世界上最伟大的虚构小说就诞生于此，它由此获得了人们的尊重。笛福一直是格拉布街上最具有象征意义的城市居民，因此，格拉布街在《约翰逊字典》（*Johnson's dictionary*）里被定义成"一条在伦敦穆尔菲尔兹区（Moorfields）的小街，那里住满了书写历史、词典和当代诗歌的作家们"。[198]

于是，那些出自无名写手笔下的海盗就出现在这样一条伦敦的小街上，他们作为商品被有能力的读者买去，而这些读者最终读到的是一些结合惊险恐怖的海盗故事、历史资料与现实写成的虚构小说。那些海盗从格拉布街扬帆远航，他们那似是而非的邪恶的人物形象，既不能被证实，也不能被证伪，充满令人毛骨悚然但又恰如其分的邪恶。故事里的海盗形象几乎都起源于同一个地方——他们都来自那些价格只有几便士、号称自己讲述了真实的故事的小册子。除了海盗们的恶行，这些小册子也会写一些大家耳熟能详的小流氓传奇——它们不过是迎合作家和读者对于地痞无赖以及海盗的想象的产品。[199] 这些以耸人听闻的犯罪行为和臭名昭著的海盗为主题的虚构作品,逐渐与现实生活交相辉映。这些小说的现实主义创作倾向集中体现在旅行文学上。在这类文学作品中,个人主义的价值往往通过冒险而得到彰显:一般来说,一个人离开自己的家园和祖国,远渡重洋,开阔眼界,在获得无忧无虑的自由的同时,也一定会遇到艰难险阻。小说产生于虚构的现实,正如我们看到的关于艾弗里的记载一样,虚构成分是真实而令人信服的,它与现实情况混合在一起,我们无法真正做出区分。这些虚构成分并非来自罪犯的供词或者他们的审判记录(这些材料本身就值得怀疑),而是来自那些唯利是图的写手们的想象。这些写手们住在人情冷漠又纵横交错的小街上,这些小街与笛福曾经住过的格拉布街十分相似。

海盗的经历与小说的写作宗旨不谋而合,谣传、传奇、胡编乱造的事实则为他们蒙上了一层虚幻的色彩。小说故弄玄虚的叙事手法更是给那些幸运的寻宝英雄增添了传奇的魅力:他们在苍茫大海上自由航行,最终逃脱了人们的追踪,这既是他们自己的海上人生,同时也是陆地小说中经典的剧情。笛福的《著名船长辛格尔顿的生平、探险和海盗生涯》(*The Life, Adventures, and Pyracies, of the Famous Captain Singleton*,以下简称《辛格尔顿船长》)紧接着《海盗之王》出版发行,很快就被划分成两个部分。第一部分是一部虚构的自传,讲述了小时候的辛格尔顿(Singleton)在一个距离伊斯灵顿很近的小酒馆里被人拐走(当时他大概只有两岁),接着被一个女乞丐收养,然后又被一个吉卜赛人以 12 先令的价格买走。辛格尔顿随着吉卜赛人辗转多地,颠沛流离,来到海上后,又被土耳其的海盗和葡萄牙水手俘虏。那时他只是一个迷失自我的孩子,却和其他人一起被扔在马达加斯加岛上。辛格尔顿并不是他的真

35

名，但孤独（single）是他的命运。在马达加斯加岛上，辛格尔顿成了众人的领导，不久之后，他与那群和他一样被抛弃的人一起驶向了非洲东海岸。在俘虏的非洲人的帮助下，他们完成了从东向西横穿非洲大陆的壮举，最终到达非洲大陆西海岸。辛格尔顿听从了一个没有穿衣服的伦敦人（这个人物似乎真的有原型，名叫弗里曼［Freeman］）的教导，开始积攒金子和象牙，并因此获得大量财富。[200]

　　变成富翁的辛格尔顿回到了英格兰，但在那里他没有认识的亲戚和朋友，而且他还将在非洲积攒下来的财富挥霍在一些愚蠢和邪恶的事上。[201]《辛格尔顿船长》的第二部分很像《海盗之王》的扩展版。与埃夫里在历史上的海上劫掠行为一样，在《辛格尔顿船长》第二部分的开头，辛格尔顿在格洛恩（Groyn）参加了一艘英国轮船上发生的叛乱（与埃夫里在科鲁尼亚经历的事情类似）。[202] 于是辛格尔顿开始了他的海盗生涯，并且他还找到了一个有自己做事原则的贵格派信徒威廉和海盗头子威尔莫特（Wilmot）伴随左右。基于以往的经历，辛格尔顿认为他们应该在马达加斯加岛上建立一个活动据点。接下来，辛格尔顿进行了一系列探险活动，并且遇见了传说中的艾弗里——他劫掠了一艘载着莫卧儿皇帝的女儿以及无数钱财珍宝的大船。[203] 因为没有呼应书名《辛格尔顿船长》的内容，这本书又特意增加了一章"与艾弗里船长一起冒险和抢劫的记录"（"An Account of his many Adventures and Pyracies with Captain Avery"）。在这一章中，辛格尔顿和威廉一队，艾弗里和威尔莫特一队，两队分头行动，展开了许多重复出现的海盗抢劫成功的情节，而这些情节是为中心情节（所谓的财产积累）服务的。除此之外，《辛格尔顿船长》还描写了一些与土著人的战争——这些土著人或许是塔斯马尼亚人，或许是奥斯特拉尔人，亦或许是锡兰人。书中有不少打仗的情节，其内容能够有效缓解重复出现的海上劫掠行为及战利品列表的单调乏味。人们常常将罗伯特·诺克斯（Robert Knox）的《锡兰岛的历史渊源》（*An Historical Relation of the Island of Ceylon*）与辛格尔顿的传奇经历进行对比，认为辛格尔顿的人生与诺克斯的人生非常相像。[204]

威廉和辛格尔顿原本考虑回到他们熟悉的港口（马达加斯加），但是威廉突然开始向辛格尔顿忏悔。于是，这本书又再次回到宗教主题上，回到发生在"我生命前半部分"的事情。[205]辛格尔顿严肃地回应了威廉的忏悔（这种回应就像是一个角色内心不同声音的争辩）中的忧虑：男人是否天生就渴望返回故乡，尤其是在获得了财富之后？[206]辛格尔顿说他对自己的出生地毫无感觉，甚至对马达加斯加岛也没什么依恋之情，"这对我来说只不过是一块寻宝之地罢了"。[207]虽然他们谈论的主题是忏悔的必要性，但实质上他们考虑的是如何保存他们偷来的财宝（读者可以敏锐地察觉到这种显而易见的虚伪，就跟莫尔·弗兰德斯虚伪的忏悔一样）。[208]辛格尔顿和威廉模仿《海盗之王》中艾弗里和他手下的逃跑路线，扮成波斯商人和亚美尼亚商人，从巴士拉辗转到巴格达，然后途径叙利亚的阿勒颇，最后到达威尼斯。[209]在威尼斯，威廉给一个住在英国的妹妹写信，给她寄了些钱，并叮嘱她对此事保密。辛格尔顿也给威廉的妹妹寄了钱。几年之后，这两个前海盗带着数额巨大的财宝回到了英国，辛格尔顿也娶了威廉的妹妹，并且告诉读者，他不会就现在的生活再多说什么，除非有人穷追不舍地跟鲍勃船长打听他的消息。[210]《辛格尔顿船长》从未像《鲁滨孙漂流记》那样流行，但可以确定的是，在那时，海盗已经成了某一类小说中的经典人物。

笛福在他的《新环游世界》（*A New Voyage Round the World*）这部小说中，再一次写到了马达加斯加岛。这本书里的海盗也到过马达加斯加岛，而船上的军官们听到了当地人的一些说法：

37   马达加斯加岛上的当地人对他们的了解都是来自英格兰的报道，他们对海盗本身并没有什么概念，只知道他们非常有钱，海盗团伙中的艾弗里船长曾经是岛上的国王，他的手下有将近 8000 人，并且他还控制着许多艘坚船利舰。[211]

船长知道更详细的细节，然而他的故事情节大多与海盗的反叛之心有关。这些海盗都非常希望能够变成合法的水手，然后带着笛福的《新环游世界》一起航行，所以你无法通过船长找到任何关于艾弗里的蛛丝马迹。

1724 年初，《关于最臭名昭著的海盗抢劫和谋杀通史》（*A General History of the Robberies and Murders of the most notorious Pyrates*，以下简称《通史》）一书出版，早于《新环游世界》几个月。印在这本书封面上的作者是无法被查实并且很可能使用了笔名的查尔斯·约翰逊船长，但很多人认为这是笛福的小说。无论在那时还是现在，这个设想都被人们广泛接受：海盗就应该是笛福的财产，因为笛福最擅长创作这种具有现实色彩的虚构文学。于是，这种混乱就在关于海盗的流行观念里横空出世。在这种观念中，海盗作为角色，栖居在一种既真实又虚幻的文学世界里。尽管《通史》一书从 1988 年开始就因为一些令人信服的证据而不被继续列在笛福的作品中，但在很多图书馆里，这本书依旧被放置在笛福作品的类别之下。[212] 不论《通史》的作者是谁，它确实是一本关于海盗历史的重要文献，并且它记录了一些耐人寻味的细节，例如，在这本 1724 年版本的扉页上写着这样一句话："这是一部关于著名船长艾弗里及其同伙的记录，同时它也记叙了艾弗里在英格兰去世的经历。"确实，《通史》开篇第一章就讲了"艾弗里船长和其他船员"的故事。于是，我们再一次读到了关于艾弗里的流行却错误的描写：

他在欧洲被认为是一位与国王一样高贵的人物，他还似乎创立了一种崭新的君主政体；正如人们谈论的那样，他拥有无穷无尽的财富，并且娶了从印度船上劫掠来的莫卧儿皇帝的女儿……；作为一队坚船利舰的总指挥，他花费了大量时间和资金去修建防御工事和弹药库。[213]

38

在英格兰，人们写了一部关于他（艾弗里）的戏剧，名字就叫《成功的海盗》。戏剧的剧情是这样安排的：艾弗里使用武力逼迫那些船员屈服，或者引诱他们带着财宝回到英格兰。[214] 但这些剧情不过是一些错误的谣言罢了：

> 有传言说，他立志要当国王，以获得钱财；也有传言说他在马达加斯加拥有巨额的财产；同时又有传言说，他在英格兰快饿死了。[215]

这份新的记录，与之前的其他记录一样，试图用事实取代传说，因此，它给出了一些在科鲁尼亚发生的暴动的细节，以及一些被收录在1696年出版的《审判》（*Tryals*）一书中的对话（但其中的一些对话很明显是编造的）。在这份记录中，关于埃夫里与其他船只相遇的部分是不准确的。尽管在《审判》中存在一些令人信服的证据以及其他人的证词，但这个故事本身与后来出现的更令人信服的说法互相矛盾，例如莫卧儿皇帝的女儿被说成是他的奖赏之一，她当时正要去往麦加，而不是像书中说的那样从麦加回来。[216] 通过这本书的叙述，人们可以知道，莫卧儿皇帝的奋力反击以及东印度公司接下来给出的警报才是这一事件引起巨大骚动的真正原因，而这也是造就了艾弗里浪漫传说的根本原因。[217]

　　尽管这份新记录最能体现历史事件的真实面貌，但人们无法将它们拼凑成一个完整的故事。它的创新点在于其对埃夫里归来的关注——它准确而详细地记录了埃夫里从普罗维登斯岛出发，途径爱尔兰，最后到达英格兰的过程。接下来作为补充的描写则没有那么可靠，这些内容可能来自道听途说，也可能是由作者编造而成的。埃夫里也许（很有可能）在变现那些他偷来的钻石时遇见了困难，于是他和一些商人签订了协议，让他们帮助他卖掉那些钻石。与此同时，他更名改姓，搬到比迪福德（即德文郡的贝德福德）来居住。[218] 当他在商人那里拿不到一分钱时，他愤怒地质问商人，这些商人则威胁要揭发检举他。于是我们的商人成了陆地上的海盗，就像埃夫里曾经在海上做的那样。[219] 在这充满诗意的公正审判之后，他在贝德福德病死了，连口棺材都买不起。[220] 这很可能是真实的埃夫里的最终结局，但这看上去更像是被一个关注道德报应的叙述者讲述出来的故事，这个叙述者对因果报应的关注远高于对真实历史的关注。我们也许永远都不会知道埃夫里的真实人生经历到底是什么，但我们可以确定的是，毫无疑问地，他成了传奇。

第二章　一杯波波酒

岸上许多人结盟

我杀死了威廉·摩尔

将他扔在自己的血泊中，而我已经扬帆远航

因为他说错了一个词，

我摔碎一只桶

他的头还在一支悲伤的桨上，而我已经扬帆远航

——"基德船长向大海说再见"[1]

虽然埃夫里在他活着的时候非常出名，但他最终还是消失了——不是消失在人们的追踪和逮捕中，而是一时盛名被时光湮没。现在，我们应该将注意力放在一些比埃夫里具有更持久声名的海盗身上。这些海盗跟随着埃夫里一起进入了"黄金时代"——17世纪的最后10年和18世纪的最初20年。与埃夫里不一样，这些船长现在依旧被人们熟知，一些家喻户晓，而另一些虽然没有那么有名，但也一而再，再而三地出现在印刷品中，他们的故事和传奇经历依然被人们传颂。他们是那些自"黄金时代"以来一再被讲述的海盗故事的原型——那时的海盗正是我们想象中的理想海盗形象的典型代表。

人类学家克洛德·列维-斯特劳斯（Claude Lévi-Strauss）对这样一个问题产生过兴趣：为了满足另一个人类学家弗朗茨·博厄斯（Franz Boas）对夸扣特尔（Kwakiutl）文化的好奇心，一个夸扣特尔印第安人频繁地往返于他的居住地和纽约，向博厄斯讲述他们的文化。与此同时，这个印第安人在心中留下了诸多好奇：彼时纽约时代广场展出的侏儒、巨人和长胡子的女人。[2]

而列维-斯特劳斯对此的解释是，在纽约所有的异域"文明"中，只有这些怪人被夸扣特尔印第安人纳入了他自己的文化，这对他有着巨大的吸引力，同时也是他在纽约寻找的东西。[3] 对于列维-斯特劳斯而言，这个夸扣特尔印第安人是专业人类学家的潜在类比对象，因为人类学家在面对需要使用科学方法研究的对象时，也许只对"他者"文化中那些与人类学家自身有直接、神秘联系的方面感兴趣。在一部关于迪士尼公司制作的《加勒比海盗》（*Pirates of the Caribbean*）的纪录片中，我们选取了一个替身演员来扮演博厄斯笔下的夸扣特尔印第安人，他叫斯图尔特·贝蒂（Stuart Beattie），他是这部电影的编剧。他在幕后报道中说道：

当我遇到"黑胡子"时，就像……（他暂停了一下，想了想该说些什么）灯泡突然亮了一样，你知道我的意思。这家伙完全在好莱坞电影选角的考虑之外。我的意思是，如果他不是出现在一本书里，你根本就不会相信这家伙的所作所为。这简直太棒了，你都编不出来。[4]

这位好莱坞的编剧将18世纪的"黑胡子"带到了21世纪的好莱坞。虽然"黑胡子"不是好莱坞选主角时考虑的对象，但也确实被写进一本书里，因此，他是真实的。就像那个夸扣特尔印第安人一样，这位好莱坞编剧在这个18世纪的海盗身上只看到了与他自己——以及取得了巨大商业成功的迪士尼文化——相呼应的东西。

在我们评估这些让海盗声名远扬的小说之前，我们要尽最大可能去弄清楚这些埃夫里的继承者的似是而非的事实。这些事实不仅包括他们自己的历史时刻，他们因亡命天涯而短暂的生命，也包括他们在接下来的几个世纪中依然活跃在文学和人们想象中的文化现象。海盗们真实的生活配不上他们经久不衰的赫赫威名，却为他们之后在虚构文学作品中的长期存在和广为流传提供了一个起点，一个导言性的开始。这些事实不仅是关于海盗本身的重要信息，同时也塑造了他们的光辉形象。毕竟事实和虚构作品都要求具体的时间和地点，真理和神话都提供了人类学所需的证据。夸扣特尔印第安人对纽约"怪胎秀"（the freak shows）的兴趣就是一种人类学上的事实，就像他们夸扣特尔人的传说一样，都与他自身有关——例如在纽约，他突然意识到他自己也许是个……怪胎。海盗传说一直深深吸引着那些并不是海盗的读者，这大概是因为我们莫名其妙地就进入了情境，我们可以深刻感觉到这些传说与我们同在。因此，在探讨这些传说之前，我们必须先仔细分析那些事实。

海盗们大都拥有一个晦暗不明的开始，威廉·基德（William Kidd）也不例外，但可以肯定的是，他出生在格里诺克，是个苏格兰高地人。他是一个长老会牧师的儿子。[5]尽管没人知道他海上生涯的起点是什么，不过，他登上历史舞台的时间大概是 1689 年，当时他正在加勒比海进行私人劫掠（privateering——另外一个可以用来形容这种行动的单词则是 buccaneering——这是一种合法的，或者说得到当权者认可的劫掠行为，因为这种行为往往与国家利益一致）。作为一艘偷盗而来的船，这艘船也被称作"天佑威廉号"（Blessed William），基德成功地（同时也是具有爱国情怀地）击退了法国人，直到他的船员们将他丢弃在海滩上后开船离岸而去。[6]基德在私人劫掠（维护国家利益）和海上劫掠（piracy，代表着犯罪）的夹缝中争扎，他代表了一种处于变化阶段的海盗形象。当时的欧洲强权正在争夺殖民地、奴隶以及其他的劫掠物，私人劫掠在国家竞争和单纯的抢劫之间保持着微妙的平衡。查尔斯·赫奇斯爵士在老贝利法庭的一场审判中对"海上劫掠"进行了明确定义，但随着英国建立起越来越多的专属殖民地，英国政府便开始频繁打压海上劫掠，甚至是私人劫掠（除非是在一些特殊的战争时期）。英国政府逐渐在陆地、海洋以及法律上占据了主导地位。

基德于 1691 年结婚，并且在纽约体面地安顿了下来，他遵守当地的法律，依靠在当地贩卖远方的货物及劫掠品（其中一些劫掠品来自马达加斯加）为生。[7]1695 年，基德前往伦敦，因为他想和当地的一些贵族财团进行交易来洗白自己（贵族则想通过瓦解海盗组织来赚上一笔）。基于这个目的，基德获得了一艘名为"加利探险号"（Adventure Galley）的船，并配备了一群不怀好意、打算再次抢劫劫掠品的船员。在纽约与妻子和女儿们团聚后（并且招募了更多的船员），基德开着"加利探险号"驶往印度洋，那是一个遥远的地方，在那里，已经有海盗从英法的加勒比海殖民地逃过去，并效仿亨利·埃夫里的成功经历进行海上劫掠。

　　在与海军船舰和一些殖民地官员接触几次后，他们都怀疑，基德更像是一个海盗而不是抓捕海盗的人，基德一行人于 1697 年 1 月抵达了位于马达加斯加岛西南海岸的图莱亚尔（Tulear，图利亚拉的旧称）。[8]在这之后，他们既没有离开马达加斯加岛前往圣玛丽岛，也没有进行海盗该做的海上劫掠活动，基德命令手下驶向临近的科摩罗群岛，在那里，他驾驶的"加利探险号"倾覆，大量的船员（不少船员都患上了恶疾）被丢下海去。[9]基德接着向北行驶到非洲海岸，然后到达红海，但在他对自己真正意图的叙述中，他遗漏了一次袭击。基德的意图其实非常明确，他寻找的并不是海盗，而是海盗们正在寻找的东西——穆斯林朝圣舰队。当那艘备受期待的朝圣舰队从吉达（Jeddah）出发时，一些欧洲船只一直在左右护航，这是为了回应莫卧儿皇帝对埃夫里掠夺的愤怒——爱德华·巴洛是其中一艘船只的指挥官，他在航海日志中记录下当时靠近"加利探险号"的情形："（这艘船）看不出什么颜色，只有一面红色的、有些宽的三角旗伸出船身，而旗上除了颜色什么符号都没有。"[10]巴洛的船追逐并攻击了"加利探险号"。"但是基德的驾驶技术比我们高超得多，"巴洛写道，"然后他逃跑了，并驶向印度。"[11]在非洲西海岸，基德和他的船员劫掠了一艘小型的英国货船。他们动用武力迫使一些阿拉伯或者印度船员上船，并且使用弯刀击打他们的脸，试图从他们口中套出藏钱的地点。[12]自此，基德真正走上了一条海盗之路，而且明目张胆地向南行驶，前往位于印度海岸的加尔瓦尔（Kārwār）和卡利卡特（Calicut，科泽科德的旧称）的港口。他们在那里向不断产生怀疑的政府官员解释了所谓的抓捕海盗的任务。[13]基德手下的船员也产生了越来越多的怀疑，因为基德在战利品的分配上令他们十分失望。1697 年 10 月 30 日，正当船上的炮手威廉·摩尔（William Moore）在甲板上与别人探讨

43

如何袭击一艘附近的荷兰船时，基德与他产生了矛盾。盛怒之下，基德喊他"路易狗"（Louise Dog），而对此，摩尔反击道："如果我是一条路易狗，那也是你造就的。"[14] 基德拿起一个桶就扣在了摩尔的脑袋上。第二天摩尔就死了，死因是颅骨严重受创。

1697 年 11 月，基德劫掠了一艘本来属于荷兰人的商船（他将自己的船涂上了代表法国的颜色，让荷兰商船的船长上当受骗），并骗船长向他出示法国通行证。因为在基德签订可以在海上合法进行私人劫掠的合同时，英法两国正在交战，这就意味着基德可以劫掠法国船只。当拿到法国通行证时，基德笑出了眼泪："上帝啊！对英格兰来说，这真是一份免费的大奖。"[15] 这艘荷兰船装满了货物，这些货物除了在陆地上出售，还有一部分作为报酬分配给基德的船员，但这些东西最多只是一些补给，并不能满足基德和他船员的饕餮之欲。1698 年 1 月，"加利探险号"袭击了一艘大商船——"古达号"（*Quedah Merchant*）。这艘船装载了更多有价值的商品，同样，这些商品中的一部分会被卖掉，另一部分则作为保护费被海盗们瓜分。与此前一样，基德给大船涂上了象征法国的颜色伪装成法国船只，欺骗了"古达号"的船长，并再次得到了一张法国通行证（当时这艘船租给了莫卧儿皇帝的穆斯林随从们）。[16] 带着新劫掠来的"古达号"以及之前的荷兰商船，基德迅速驶向马达加斯加的海盗们的避难所——圣玛丽岛。

当"加利探险号"靠近圣玛丽岛上狭窄的海盗港口时，一艘满载欧洲船员的小船靠近了它。他们知道基德的目的是抓捕海盗，但他们也了解基德。基德向这群人保证，他不是来捉拿或吊死他们的。[17] 基德说根本没有抓捕海盗这件事，因为他和所有的海盗们一样坏。[18] 他们一起来到圣玛丽岛的港口，在那里，基德向船长罗伯特·卡利福德（Robert Culliford）再次保证，他一定会遵守之前与欧洲船员的约定。有趣的是，这个卡利福德就是之前"天佑威廉号"上的一个船员，他于 1690 年在安提瓜岛离开了这艘船。基德和卡利福德用一杯朗姆鸡尾酒庆祝他们的重逢。据一位医生所言（当时的见证者），基德喝光了一杯波波酒（Bumbo），并且发誓和他们说的都是实话。[19] 卡利福德登上"加利探险号"，并且亲自指引它进入圣玛丽岛的港口，他热情地欢迎了基德一行人。基德一行人则因为获得了另一笔买卖的劫掠品而弹冠相庆，这批劫掠品包括钱和衣物等，它们可以被爱德华·威尔士（Edward Welsh）换成酒或者其他商品。据说，当这个爱德华·威尔士还是一个孩子的时候，就从新英格兰来到这里，他在鲍德里奇离开之后成为一个海盗岛的管理者。[20] 基德的一些手下承认，当时基德正密谋拿下卡利福德的船——"穆哈号"（Mocha），但大部分船员都对他说，如果他这样做，他们就会用两把枪打死他，然后马上离开"加利探险号"，迅速登上"穆哈号"。[21] 一百号人（差不多是基德全部的船员）决定背叛基德并听从卡利福德的指挥，他们希望能够参与更多的海上劫掠并获得更丰富的战利品。于是，他们登上了"穆哈号"。[22] 其中一个船员还一直抱怨，"基德船长将航行搞得很糟糕"。[23]

基德自己之后关于圣玛丽岛的叙述与前面提到过的有所不同。当他来到圣玛丽岛的港口时，那里已经停靠了一艘海盗船，这艘海盗船听命于罗伯特·卡利福德。卡利福德和他的船员们等基德一靠岸，就跑进了树丛中。[24] 基德提出要追赶卡利福德一行人，但是基德的叛变的船员们拒绝了，其中 97 个船员弃船而逃，[25] 紧接着就加入了卡利福德的队伍，并且打劫了"加利探险号"以及它的战利品——"古达号"，还试图杀掉基德。虽然他们打算趁天黑实施这一行动，却因为基德的机警只能放弃：夜里，他（基德）把自己锁在船舱中，四周围绕着大货物箱以加强防护，同时，除了几把手枪，他还准备了 40 件小型武器。[26] 在基德的叙述中，这些逃兵的贪念实在太过强大，他们又再次洗劫了"古达号"，基德也因此没有记录下当天的事情。[27] 在贪念的驱使下：

> 他们不知疲倦地走了 4 英里，前往一栋属于爱德华·威尔士的房子，那里存放着基德的箱子。他们破门而入，拿到了 10 盎司的金子、40 磅铜板、370 枚"八分币"，以及基德的日志和大量属于他的文件。[28]

此外，这些逃兵还剥夺了基德对摩尔人（被俘虏的阿拉伯或者印度穆斯林水手）的指挥权——在这之前，基德经常让这群人去给"加利探险号"注水，在摩尔人的努力下，"加利探险号"才能浮在水面上，但最终它还是在港口沉到了水底。[29] 基德和他被抢得一干二净的船员们不得不转移到"古达号"上，并且为了等待季风，他也只好在船上停留了五个月，之后他驶向了纽约，又或者先去了英国（因为他要向财团解释自己的行为，除此之外，他还要讲些故事来满足掌权者对印度莫卧儿王朝的好奇），然后才驶向美国。[30]

基德手下的船员已经所剩不多，他们从圣玛丽岛上的奴隶那里获取了补给。"古达号"最终在 1699 年 4 月驶向了位于西印度洋的安圭拉岛，基德和船员们在那里获得了第二次补给，并且基德还听说英国政府（在东印度公司的怂恿下）已经宣布他是海盗。[31] 于是他又改变方向，前往更为安全的丹麦的圣托马斯岛，之后又去了位于波多黎各和圣多明各岛之间的一个小岛。[32] 基德在岛上卸了货，并且将他从"古达号"上劫获的大宗布料卖给了对此有兴趣的船主。[33] 基德购买了其中的一艘船——"圣安东尼奥号"（*Saint Antonio*），遗弃了"古达号"以及船上剩余的货物，然后驶向了必将在他生命中留下浓墨重彩的北美殖民地。[34]

"圣安东尼奥号"在特拉华湾（Delaware Bay）与另一艘从纽约来的船交换了货物（这可能是偶然，也可能是刻意安排）。[35] 随后基德和他的妻子及女儿们在长岛（Long Island）重逢。他开始小心翼翼地与纽约及马萨诸塞湾殖民地的管理者贝洛蒙特勋爵（Lord Bellomont）谈判。这位贝洛蒙特勋爵曾经是财团中的一员，但他现在对基德来说，既令人可怕，又不可信。基德通过一位中间人，向贝洛蒙特勋爵夫人赠送了数量庞大的礼物，包括 3 件小珠宝，1 个 5 磅重的绿色丝绸袋子，里面装满了金条，2 个在圣玛丽岛买下的孩子（一个黑人女孩和一个叫邓迪的男孩），但这些礼物都没有被接受。[36] 与此同时，基德来到了长岛的东端（加德纳斯岛附近），通过不同渠道出手了自己的货物。[37] 基德手下的一些奴隶被留在岸上，受约翰·加德纳（John Gardiner，加德纳斯岛的所有者）监管。约翰·加德纳向基德提供了 6 只羊以及 1 桶苹果酒，并且收到了基德作为回报赠送的一些穆斯林和孟加拉衣料。[38] 几天之后，基德让加德纳帮他保管更多的货物，包括更多的穆斯林衣料、塔夫绸质地的手帕（romal）以及印花丝绸，还有一个装有金子的盒子（这个盒子的重量超过了 50 磅）。[39]

1699 年 7 月，贝洛蒙特饱受贪婪、恐惧和痛风的折磨，开始算计被遗弃的"古达号"上的货物有多少，他认为这艘船上的货物应该值 70000 英镑。于是贝洛蒙特决定逮捕基德，并且要求基德向马萨诸塞地方议会汇报他的情况。[40] 基德逐条写下了他在加德纳斯岛上卸载的掠夺品——这是一份由基德本人签字承认的书面文件，一份真正的海盗财宝箱的清单。在之后的日子里，这份清单引来了人们无穷无尽的幻想和猜测：

威廉·基德船长声称他在加德纳斯岛上留下了 1 个箱子，箱子中有3个（或以上）小袋子，袋子里装着安东尼奥玉或者果阿石（Stone of Goa，一种由加斯帕尔·安东尼奥在印度发明的治疗发烧的药），几片混着金丝和银丝的丝绸，一些和肉豆蔻混杂在一起的丁香，几捆优质白棉布，一些穆斯林衣料，以及一些印花丝绸……更多的掠夺品他记不起来了。这个箱子被铁链锁着，被钉子固定在地上，而且还捆了绳子。但实际上，箱子里既没有金子，也没有银子。[41]

威廉·基德船长的声明

与此同时，贝洛蒙特为了坐实基德的罪行而搜集了不少材料，其中就包括一份来自约瑟夫·帕尔默（Joseph Palmer）的声明。约瑟夫·帕尔默是美国纽约人，大概 30 岁，曾经当过水手，并且在圣玛丽岛上背叛了基德，之后参与了卡利福德劫持"穆哈号"的行动。[42] 帕尔默在声明中指出：

47

> 1699 年 7 月 29 日，在纽波特（Newport）的罗得岛上，基德愤怒地用一个铁箍桶砸向了他的炮手，结果这个炮手很快就死了（不到 24 小时）。然而，实际发生这件事时，帕尔默并没有在甲板上。[43]

由此可见，帕尔默并没有亲眼看见基德杀害炮手摩尔，但是贝洛蒙特将这样一份声明寄给了位于伦敦的贸易与殖民委员会（Council of Trade and Plantations），并附上了他的评论："有人指控基德杀死了他的炮手，阁下也许会对此感兴趣，但关于这件事，之前我闻所未闻。"[44]

48

罗伯特·布拉丁汉姆（Robert Bradinham），"加利探险号"的船医，是另一个跟随基德的船员，他参与了基德在圣玛丽岛上对"穆哈号"的袭击，之后他驾船回到美国。美国政府认为布拉丁汉姆是一名囚犯，并且将他的掠夺物全部没收。这些掠夺物包括许多当时流通的货币，一些金银、丝绸衣服和手帕，但布拉丁汉姆说这些战利品是他行医所得。[45] 贝洛蒙特认为布拉丁汉姆是他们之中最顽固和最难搞的，但是威廉·佩恩（宾夕法尼亚州的州长）告知伦敦政府："我和他有过很多次谈话，并且他还进行了一次坦诚的忏悔。"[46] 此时，基德被关在波士顿监狱，和他之前的船员约瑟夫·帕尔默、黑人男孩邓迪，以及一位不知道名字的黑人女孩一起等待被押往伦敦。最终，他于 1700 年 4 月抵达伦敦。

在押送的轮船"意见号"（Advice）上，基德给之前属于财团一员的奥福德勋爵（Lord Orford）写信，证明自己的清白，并且也提到"古达号"上的货物，根据他的估算，货物价值 90000 英镑，他对将这些货物毫发无损地带到英格兰充满信心。[47] 在 4 月中旬，基德被要求去海军部的一群首领面前证实这件事。后来他被关在纽盖特监狱，并且在 1701 年的 3 月被下议院再次约谈了两次。基德手下的黑人男孩和女孩被来自高等海事法院的法官们再三审查，但是法官无法从他们身上得到什么信息，因为他（邓迪）根本不懂英语。[48] 约瑟夫・帕尔默和罗伯特・布拉丁汉姆于 4 月 25 日被更加严格地审查。[49] 在 5 月 8 日和 9 日，基德和他的一些船员以及其他一些人在伦敦老贝利法庭受审。这些所谓的其他一些人是一些事件的目击者，他们回来参加审判是希望通过做证来减轻刑罚。基德被指控谋杀他的炮手——威廉・摩尔，以及伙同他人劫掠"古达号"。一开始，基德请求将他的审判延期，因为他还没有将劫掠来的两张法国通行证还回去，并且他也没准备好如何为自己辩护，但他被告知审判必须如期进行。约瑟夫・帕尔默和罗伯特・布拉丁汉姆被传唤上庭，帕尔默详细地描述了基德如何使用木桶砸伤了摩尔的头，而船医布拉丁汉姆证实了摩尔的死因。帕尔默绘声绘色地描述了无辜遭害的摩尔被抬进军械库时的情景，摩尔说道："再见了，再见了，基德船长结束了我的生命。"帕尔默和布拉丁汉姆的描述基本一致，这种巧合也许是之前串通好的，又或者是某种密谋。在这之前，帕尔默曾经说过："当'爆头'事件发生时，我并没有在甲板上。"然而当他在伦敦老贝利法庭被问道"你是否亲眼看见这个囚犯使用木桶打爆别人的头"时，他的回答却是："是的，阁下。"[50] 布拉丁汉姆也被问了这个问题：

> "当'爆头'事件发生时，你在场吗？"他却回答说："不在。"[51] 帕尔默也许作了伪证，但是基德并没有否认谋杀，他为自己辩护说摩尔是死于船上的叛乱。[52] 叛乱只是一种假想，说服力不足，

于是基德又开始为谋杀指控辩护，他说："这不是事先有预谋的谋杀，只是一时冲动杀人，而且我为此深表遗憾。"[53]

陪审团正在考虑其裁决时，第二次审判开始了，这一次基德被指控劫掠了一艘名为"古达号"的船。[54]一份关于基德航海记录的材料被呈交给法庭和一个新的陪审团（第一个陪审团已经带着指控谋杀并且罪名成立的裁决回去了）。[55]作为证人的帕尔默和布拉丁汉姆再次被叫上法庭，但这次法庭审判的罪行是海上劫掠，于是布拉丁汉姆描述了基德劫掠红海上"摩尔人的舰队"并且依靠伪造法国船只以打劫"古达号"的全过程。[56]帕尔默和布拉丁汉姆指证基德对一群在印度海岸抓捕的俘虏使用了私刑——这是海盗们的惯用伎俩。帕尔默做证说基德使用武力逼迫水手将另外一群人挂起来，然后使用弯刀敲打他们（"使用弯刀敲打他们"这一句是布拉丁汉姆说的）。[57]当被问到基德为什么这么做时，帕尔默回答说："他们之所以被弯刀击打，是因为基德想知道船上的钱在哪里。"[58]真正触犯法律的并不是基德的残暴，而是他像海盗一样追逐钱财的行为。布拉丁汉姆就基德和圣玛丽岛的海盗们喝的"一杯波波酒"给出了自己的证词，[59]帕尔默则指出基德觊觎"麦加舰队"（Mecca Fleet）——"我听到他（基德）说，来吧，伙计们，我要从那支船队那里搞到一笔钱"——之后帕尔默又非常形象地描述了基德和卡利福德在圣玛丽岛会面的场景。他引述了基德在卡利福德船上说出的温暖人心的话语：

> 在甲板上他们推杯换盏，一起喝了几杯波波酒，之后基德船长说："在我对你做任何坏事之前，我的灵魂会在地狱里饱受煎熬，如果我真的这么做了，那就诅咒我不得好死。"然后他拿起自己的杯子，说如果他不能给所有人带来好处，那么这也许会是他的最后一票。[60]

50 　　帕尔默真的在卡利福德的船上亲眼见到这一幕了吗？这段对话是不是他编造出来的？又或者，这其实是一部海盗小说中的情节？当被当庭问到"你当时也在那里吗？"帕尔默的回答是他并不在场。[61]"当时我在卡利福德的麦加船队上。"他回答说。[62]当布拉丁汉姆被当庭询问那个浮士德式的"波波酒条约"时，他回答说："我在甲板上，并且我听到了这些话。"[63]

　　在为自己辩护的过程中，基德一直声称"古达号"是法国船，并且他有义务打击法国船。[64]当被问到他为什么要对卡利福德说"在我对你做任何坏事之前，我的灵魂会在地狱里饱受煎熬"时，他回答说："这没有什么特别的意思。"[65]半个小时之后，陪审团带着他们的审判结果回到庭上，他们宣布：除了三个仆人以外，基德及其同伙因施行海上劫掠而有罪。法庭当天休庭，然后第二天再继续前一天关于基德在海上劫掠其他船只的审判。虽然只是困兽之斗，但基德还是指控了布拉丁汉姆。基德指出当布拉丁汉姆逃到卡利福德的船上时，他偷窃了原手术医师的箱子，基德还质问布拉丁汉姆："布拉丁汉姆先生，难道你没有发誓要杀死我吗？"[66]布拉丁汉姆却被告知不必回答这个问题，事实上，布拉丁汉姆和帕尔默都被特别赦免了，因为他们提供了能够指控威廉·基德船长的有力证据。[67]基德最后被判死刑，判决宣布：这个罪大恶极的罪犯应该被绳子勒着脖子直到死去。[68]基德留下了他的遗言，他说："神啊，这是一项非常残酷的刑罚。我可以算是他们之中最无辜的人，可是只有我因为伪证而被指控。"[69]与其说这是一场法庭审判，不如说是一种历史现象：无论基德是不是因为海上劫掠而有罪，事实情况就是，在一场暴力性的劫掠活动中，海盗的身份以及其行为的正义性总是很难断定。

　　基德仍未放弃，他在纽盖特监狱再次将财宝作为诱饵，给罗伯特·哈里写信。罗伯特·哈里是英国下议院的发言人，基德请求他告知下议院：

> 我在印度洋附近放置了差不多价值 10 万英镑的货物，我希望英国政府能够享用这些财宝。而我本人对重获自由不抱希望，只是希望能够作为一名囚犯被押解上这艘寻找那些财宝的船。[70]

关于基德临死前几天的情况，我们可以从一位名叫保罗·洛兰的纽盖特监狱牧师发表的通告中得知，洛兰耐心地照看了这个囚犯（基德），还建议他虔诚地忏悔，但直到行刑那天（1701 年 5 月 23 日），牧师还是对基德船长坚如铁石般拒绝忏悔之心感到不安。[71] 于是洛兰更加努力地向基德宣读训词，但他发现，当基德到达位于沃平的刑场时，他已经喝得醉醺醺。酒精使基德的大脑极度混乱，并且处于无法正常思考的状态，所以他那时非常不适合听取这些伟大的训词。[72] 洛兰没有提及基德的临终遗言，他怀疑基德的诚意并注意到基德有为自己开脱和辩解的倾向。[73] 死刑的施行就像审判一样，我们可以从不同的角度来审视它。有一位不知名的作者在另外一本出版物中向我们提供了更多的细节：在法庭上，基德指控那些指控他的人在撒谎，并且就自己打爆了威廉·摩尔的头部一事进行辩解，说这是他盛怒之下的行为，并且他对自己不能去探望妻子和孩子而感到痛苦。[74] 达比·马林斯（Darby Mullins）是基德之前的一名船员，现在他作为和基德同罪的海盗被押到了行刑码头。对洛兰来说，这个人的临终遗言显然更合他的胃口，他引述了马林斯的供词：

> 近来他已经放弃了宣誓，沉溺于诅咒、谩骂、亵渎安息日等，现在他承认自己罪有应得。[75]

51

晚上 6 点左右，基德被推上了沃平的绞刑架，却没死成。用来绞死他的绳子断了，然后他掉到了地上，"这预示了，"洛兰说，"他有机会再考虑一下他即将投身的来世。"[76] 这时，洛兰发现他的脾气比之前好多了，于是洛兰鼓足勇气跟着基德走上了绞刑架的梯子，这时基德又掉了下来，这一次，他真的死了。[77] 基德死后，他的尸体被人用锁链包裹着，吊在泰晤士河畔下游的蒂尔伯里角（Tilbury Point）以示警告。为了找人干这活，人们花费 10 英镑雇了一个木匠，另用 4 英镑雇了一个铁匠（外加这两个人在小酒馆消费的 19 先令 3 便士）。[78]

"基德船长被执行绞刑"，选自《海盗之书》（*The Pirates Own Book*）

有关基德的民谣开始流传起来，例如《基德船长对大海的告别》

（*Captain Kid's Farewel to the seas*）。当然，他那充满神秘色彩的财宝也依然充满诱惑，在那些不知疲倦的寻宝者的想象中闪闪发光，并且代代相传。基德和莫卧儿皇帝女儿的故事已经成为作家笔下用来吸引读者的传奇小说。[79]《海盗之书，或者关于最著名的海上劫掠者的生平、探险和刑罚的真实叙述》（*The Pirates Own Book, or Authentic Narratives of the Lives, Exploits and Executions of the Most Celebrated Sea Robbers*，以下简称《海盗之书》）是一本 1837 年出版的通俗小说，它在书中告诉美国读者（美国读者十分迷恋这个故事）："关于他（基德）在被逮捕前埋藏了数量巨大的金银财宝的报道，让那些沿海地带的人头脑发热，为之疯狂。"[80] 任何一艘在泥土之下腐烂的大船都有可能是消失的"古达号"，不久之后（1844 年），借助当时先进的技术手段，毫无疑问，人们发现了金子和刻有摩尔人铭文的钱币。[81] 这些传说在 19 世纪的美洲海岸以及各个小岛之间流传，一位评论者在 1871 年这样说道，"人们憧憬着那些从未得到的，像海盗一样的自由"。[82] 有关基德船长及其没有用完的巨额财富的故事在 20 世纪依然深得人心，甚至跨越了大西洋。1935 年，人们在一个海滨小镇发现了一个木头箱子，上面刻着"基德船长的箱子"这几个字，并且他们在底部一个夹层中发现了一张藏宝图，指向位于远东地区海域的一座小岛（这个岛没有名字，就像那个无名的海滨小镇一样）。[83] 这就是属于基德的永恒——直到现在也没有被遗忘。

基德最初以海盗捕手之名起家，之后又沦为海盗，最后被绞死的故事深受读者喜爱，这个现象表明当时的国家已经开始打击海上劫掠（尤其在和平时期）。[84] 在和平时期，国家更愿意去维护海上通商的垄断地位，海盗会被视作敌人，而不是资本主义和殖民主义的盟友。人们试图去影响政策的制定者，因为这些政策制定者可能会支持或者容忍海上劫掠（例如巴哈马的地方长官特罗特，他曾经被埃夫里公开收买，从而帮助后者重返文明社会；又或者是纽约的弗莱彻，他也曾经被基德的伙伴和俘虏者贝洛蒙特成功收买）。[85] 人们制定严格的法律是为了能够在当地或殖民地对海盗进行审判和处决，并且从原则上来说，这样的决定也是为了保证殖民地水域在和平时期能受到海军保护。为了保护商业贸易及其母国在该地的殖民利益，海军在北美和西印度洋的固定站点停泊了几艘大船。

在这样的环境中，海盗的海上劫掠周期性地起起伏伏。一本由东印度公司船上的官员编写的小册子于 1701 年正式出版，这正是基德被判死刑的那一年。小册子记录了海盗从东方掠夺的丰厚战利品的清单，它解释了印度洋海上劫掠猖獗的原因：

> （这则新闻）引领着"老海盗帮"（Old Buccaneer Gang）向东行进（他们发现，现在抢劫西班牙人比之前更难，除此之外，他们能够在西印度洋获取的财宝少之又少）。他们成功达到了预期的目标，他们的财产因为这则关于丰厚战利品的新闻与日俱增，之后他们又将这些财宝藏在了马达加斯加岛上。[86]

这群在世界范围内到处流窜的海盗暂时停留在了西印度洋，他们在很多岛屿之间不断更换据点，并且还在北美洲海岸到处打劫（他们尤其喜欢劫掠南、北卡罗来纳州，因为那里的殖民统治相对薄弱）。实际上，从 1715 年到 1725 年这 10 年是海上劫掠的顶峰时期。这一方面是因为海上劫掠确实利润丰厚，另一方面则是因为《通史》这本书十分流行，以及当时高产量的报纸使得有关海盗活动的新闻频繁进入公众视野。

海盗们本身也意识到自己是一个协作的海洋共同体，他们引发了大众的恐惧，又吸引着大众的注意力。因此，他们利用各种方式传播自己的文化，例如他们经常把象征死亡的标志印在旗帜上：弯刀、沙漏、人体骨架、头盖骨、交叉腿骨（通常画在头骨之下）。到了 1720 年，因为笛福笔下的辛格尔顿，人们已经非常熟悉海盗的标志了——辛格尔顿经常提及："很快就能让他们知道我们从前是干什么的，因为我们升起了一面黑色旗，上面画着两根交叉的腿骨。"[87] 红色旗和黑色旗表达的含义相同。辛格尔顿后来说道："我们在船尾挂起黑色旗或古旗，然后在船头的桅杆处挂上血色旗。"[88]1723 年，在纽波特的罗得岛，人们吊死了 26 个海盗，而这种带有复杂标志的海盗旗也出现在了死刑执行现场：

> （这26个海盗被吊在）他们自己的海盗旗下。旗帜被挂在他们的绞刑架上，旗帜的中间是一具骨架，它一手拿着沙漏，另一只手握着一个被飞镖刺中的心脏，并且这个心脏上有 3 滴血。[89]

他们将这面旗称作"老罗杰"（Old Roger），并且经常说他们要和它生死与共。[90] 海盗们所说的"老罗杰"是现在"魔鬼"一词的黑话，但更多的时候，这个词语指的是"Jolly Roger"——几经推测，这个词其实是法语"jolie rouge"（意思是鲜艳的红色）的英文发音。[91]

巴哈马地区当时的情况十分复杂，海盗们在那里的势力得以不断加强。正如一位当地的殖民官员于 1716 年抱怨的那样，这些海盗频繁骚扰普罗维登斯岛，给那座岛屿带来了巨大的混乱，他们抢劫当地人，烧毁他们的房子，强奸他们的妻子。[92] 海盗们不受法律约束，并且一而再，再而三地以普罗维登斯岛上的拿骚港（Nassau）作为据点以控制海滩。使用这一策略最多的是霍尼戈尔德船长（Captain Hornigold）和一位名叫托马斯·巴罗（Thomas Barrow）的船员，他们吹嘘自己已经成为普罗维登斯岛的领主，并且还要将它变成第二个马达加斯加。[93]某艘船的船长在巴哈马的另一座小岛上遇见了一群逃亡者，这些人离开了普罗维登斯岛，因为他们无法忍受海盗的嚣张无礼。[94]这些逃亡的殖民者说，一些海盗船长将普罗维登斯岛视作他们的集结点：本杰明·霍尼戈尔德要求一艘单桅帆船上必须装备 10 支枪和 100 个人，而另外一个人的名字记不太清楚了，可能是萨奇，他要求一艘单桅帆船必须装备 6 杆枪和 70 个人左右。[95]

爱德华·萨奇是在"黄金时代"让公众对海盗产生深刻印象，并且将这种印象扩散开来的主要人物。在那个时代以及现在，他都以"黑胡子"（Blackbeard）的名号著称，并且在 18 世纪 20 年代挂起了他的黑色旗帜。[96]实际上，我们对他早年的经历和事业几乎一无所知。我们能够知道的，也无非他人生中最后年月里的一些事迹。"黑胡子"并没有受审，因此，官方关于他的罪行以及相关指证的法律记录是不存在的。据说他出生于英格兰的布里斯托尔，但我们找不到相关证据。[97]背风群岛（Leeward Islands）的地方长官于 1717 年乘风破浪地驶入"黑胡子"的水域，并遭遇了一艘货船和一艘单桅帆船的攻击。他向伦敦方面的报告称：

> 这艘货船由萨奇船长指挥，单桅帆船则由邦尼特少校（一个来自巴巴多斯的当地人）带领，但另外一些人说邦尼特同时指挥货船和单桅帆船。据说这位萨奇的妻子和几个孩子住在伦敦，他们一起做了许多残暴的事情。[98]

"黑胡子"（没有人知道他是否在伦敦拥有家庭）被看见与斯特德·邦尼特（Stede Bonnet）在一起。这个邦尼特是一个不太常见、具有绅士风度的海盗，他虽然是"黑胡子"的手下，却不必听从他的指挥。[99]《波士顿新闻信》（The Boston News-Letter）报道了 1717 年 10 月的海盗行动："一艘名为'复仇号'（Revenge）的单桅帆船上装载着 12 门大炮、150 个人，他们都听命于萨奇船长（也就是'黑胡子'）。"[100]那时候"黑胡子"在英国和美洲之间的商业航道上打劫，抢劫船上的货物，他的人打劫了一艘从利物浦驶向都柏林的船，并将船上的大部分货物扔到水中，但保留了一些他们感兴趣的小东西。[101]一个商人在船上装了 1000 磅的货物，其中大部分被扔到了海中，他恳求海盗留下一套衣服，但海盗拒绝了他。[102]"黑胡子"和他的人接着打劫了一艘来自布里斯托尔的船——"海中女神号"（Sea Nymph）。这艘船满载着要运往波尔图的小麦，而这些人将小麦扔到海中，然后升起了海盗旗。[103]他们还从一艘马德拉的单桅帆船上抢走了 27 桶葡萄酒。[104]《波士顿新闻信》也报道了出现在"黑胡子"船上的邦尼特：

> 邦尼特少校出现在了海盗的单桅帆船上，但是他并没有指挥，他穿着睡袍，在船上走来走去，之后便沉浸在他的书中，他在船上专门打造了一个图书馆。[105]

这段关于邦尼特的表述——与其说他是海盗，不如说他是"哈姆雷特"——可能是想象的，也可能是真实的（据说他当时正处在伤口恢复期。邦尼特在与西班牙人的战斗中受伤，并且情况不太好）。然而，几个月之后，法国殖民地的记录提供了一份更加详细的"黑胡子"活动报告。报告显示，1717 年 11 月，"黑胡子"打劫了一艘名为"协和号"（Concorde）的船只。这是一艘名不副实的法国船，载有 516 名奴隶，当时它正从几内亚沿海出发，准备驶向马提尼克（Martinique）。[106]在西印

56

度洋附近，"协和号"被两艘英国海盗船袭击，其中一艘装备有 12 门大炮，而另一艘装备有 8 门大炮，两艘船共载有 250 个人，由爱德华·萨奇指挥。[107]"黑胡子"将法国船员和大部分奴隶都留在一个临近的岛上，他只带走了 14 个奴隶（10 个是通过暴力逼迫带走的，4 个是自愿的）。

在截获了"协和号"之后，"黑胡子"重新命名了这艘船。受詹姆斯党人性情的影响，"黑胡子"决定叫它"皇后安妮复仇号"（*Queen Anne's Revenge*）。它是一艘大船，上面有 36 门大炮和 300 个人。"黑胡子"及其手下在接下来的一个月里，依靠"皇后安妮复仇号"和另外一艘海盗单桅帆船，截获了一艘单桅帆船——"玛格丽特号"（*Margaret*）。[108]正如"玛格丽特号"的船长亨利·博斯托克（Henry Bostock）后来汇报的那样，"我被迫登上'皇后安妮复仇号'，萨奇船长拿走了我在船上的所有货物——包括牛、猪、武器、书籍和一些仪器。[109]海盗们并没有虐待我和我的手下，却强制要求留下两个人，另一个名叫罗伯特·毕比（Robert Bibby）的水手自愿加入了他们的团队"。[110]

几个月之后，1718 年 5 月，"黑胡子"伙同邦尼特攻击了位于南卡罗来纳州的查尔斯顿港，并且绑架了几个人。除此之外，也许出于什么理由，他们还专门要了一箱子的药，并威胁几个人质，如果不给药就杀死他们。[111]在这件事发生不久之后，"黑胡子"无意地（或者故意地）让"皇后安妮复仇号"搁浅，并最终决定将邦尼特和一些船员抛弃在一个北卡罗来纳州海域的小岛上，那是一个小沙丘或河岸，一个远离大陆的联盟，那座岛上没有居民，也没有补给。[112]

在那年的 9 月底，一些被"黑胡子"抛弃但随后获救的船员为邦尼特和他的船员补充了补给。当时他们正在被一支来自查尔斯顿，由雷特上校指挥的探险队追赶。邦尼特的人最开始还嘲笑雷特上校："这些海盗居然在血色旗上画了一个琴鲟属鱼的标志（Wiff〔a whiff, a hoisted

signal〗），然后挥舞着帽子向我们示意，妄想让我们登上他们的船。"[113]
但没过多久，他们就被勇于冒险的雷特上校打败了，并且沦为阶下
囚。1718 年的 10 月和 11 月，邦尼特及其手下在查尔斯顿受审。他们
被指控抢劫了两艘单桅帆船——"弗朗西斯号"（Francis）和"幸运号"
（Fortune）。一份关于抢劫物的清单被作为证据宣读，清单上写着："25
桶蜜糖……一对银扣，值 10 先令。"相关证人也出现在庭审上，其中包
括"弗朗西斯号"的大副，[114] 他详细描述了海盗们在他们船上的劫掠
行为：

> 　　当他们进入船舱，一下子就注意到了菠萝，于是他们就用随身
> 带着的弯刀将它切下来了……他们问我，船上有什么酒？我告诉他
> 们，船上有朗姆酒和糖酒。于是他们喝了好多碗潘趣酒，举杯为僭
> 君的健康干杯……他们还唱了一两首歌。[115]

　　一些邦尼特的手下声称自己是被"黑胡子"胁迫的，"随后他将我们
遗弃在一座岛上"。然而，邦尼特在 10 月 24 日逃走，并且藏身于沙利文
岛（Sullivan，兰比岛的旧称）的丛林中。11 月 6 日，他在那里再次被不
知疲惫的雷特上校抓获。[116] 在审判中，邦尼特说："我从来没有抢劫过任
何船只，只是跟着萨奇船长。"[117] 法官驳回了他的辩解，说他劫持了"幸
运号"，而且这次行动"黑胡子"并没有参与，对此邦尼特无力地回答
说："这和我本来的打算背道而驰。"当时邦尼特被人胁迫，并且那时他
非常想睡觉。[118] 由于他那令人厌恶的、既文雅又像海盗的行为，邦尼特
仍被判有罪并被教训了一顿，最终于 1718 年 12 月 10 日在临近查尔斯镇
的怀特角（White Point）[119] 被吊死。

58

"斯特德·邦尼特少校被吊死"，选自《英国海盗史》
（*Historie der Engelsche Zee-Rovers*）

与此同时，普罗维登斯岛的地方长官伍兹·罗杰斯（他以前是一个私人劫掠者）正在向伦敦方面汇报：他于 1718 年 7 月 26 日到达首府的拿骚港口，并且在一堆摇摇欲坠的木头房子、教堂、监狱和破败的港口

59 中，找到了一艘被掠夺的法国船，这是海盗的战利品，但最终这艘船被海盗查尔斯·文付之一炬。查尔斯·文乘坐一艘单桅帆船逃走，船上挂着黑色的旗子，除此之外，他还放炮以示轻视。[120] 海盗本杰明·霍尼戈尔德当时已经获得了英国国王乔治一世最新的海盗特赦，之后被罗杰斯派去追捕查尔斯·文，但最终罗杰斯并没有从霍尼戈尔德船长那里打听

到更多的消息。罗杰斯担心他（霍尼戈尔德）要么是被查尔斯·文捉到，要么就是重新开始他海盗的老本行。[121] 正如罗杰斯在报告里提到的那样，查尔斯·文在远方继续放纵自己，并给新总督捎了口信，"我预期能够很快遇到邦尼特少校或者其他什么海盗，然后就可以大打一场"。[122]

霍尼戈尔德船长的老船伴儿"黑胡子"也从北卡罗来纳州地方长官伊登（Eden）那里得到了官方赦免（这种赦免隔一段时间就会出现一次），并且在当地的首府巴斯镇（Bath Town）找到了体面的住处。但他实际上并未放弃海上劫掠（带着那艘打劫来的法国船），并且在大西洋和帕姆利科湾（Pamlico Sound）中间的奥克拉科克岛（Ocracoke Island）停泊下来，悠闲度日。[123] 弗吉尼亚州的地方长官斯波茨伍德（Spotswood）则认为自己比伊登长官更加适合担任殖民地的保护者，他同时还非常担心当地会变成另外一个马达加斯加：

> 这是一项会给殖民地之间的贸易往来带来最坏结果的计划，它会让海盗们将奥克拉科克湾（Ocracoke Inlet）的一座小岛视作一处防御工事，并且强盗们会经常在那里集合。[124]

于是斯波茨伍德在两艘当时正停泊在弗吉尼亚州詹姆斯镇的海军船的帮助下制订了一个名为"终止海盗之巢"[125] 的计划。最后，两艘名叫"珍珠号"（Pearl）和"莱姆号"（Lyme）的单桅帆船，在梅纳德中尉的指挥下，于1718年11月驶向萨奇所在的奥克拉科克湾。

梅纳德在一封信里记述了发生在这段时间里的事情，这封信被刊登在英国的《不列颠公报》（The Weekly Journal or British Gazetteer）上，它可以被视为对《波士顿新闻信》上的一则二手资料的补充，同时也可以被视作对斯波茨伍德叙述的补充。据梅纳德所说，"萨奇在诅咒了我和船员之后就冲了过来，我们在他看来都是胆小如鼠的小狗，他既没宽恕我们，也没让步"[126]。梅纳德讲述了接下来的战斗过程：当他的船接近萨奇的船时，另一艘跟随而来的单桅帆船却不小心翻了船，船上的许多人都受伤了。就像《波士顿新闻信》描述的那样，"萨奇用几支装着猎枪子弹、细钉子和旧铁片的小枪向梅纳德射击，他杀死了 6 个人，打伤了10 个人"。[127]《波士顿新闻信》也报道了梅纳德所采用的战略：他让几个船员藏了起来，使用空荡荡的甲板来诱惑萨奇登船，之后再进行近距离攻击。[128] 关于这场战斗，《波士顿新闻信》给出了更多的细节：梅纳德和萨奇用剑刺向对方，萨奇折断了梅纳德的剑柄，并且刺伤了他的手指，梅纳德一下子就跳了出去，扔掉了剑，然后开枪打伤了萨奇。[129] 而在这关键时刻，一个苏格兰高地人（Highlander）袭击了萨奇：

> 他在萨奇的脖子上砍了一刀，萨奇说："小子，干得好。"苏格兰高地人回答说："我其实还可以做得更好。"说着，他就给了萨奇第二击，这一击切掉了萨奇的脑袋——萨奇的脑袋落在了他的肩膀上。[130]

梅纳德的版本并没有这么详细，并且也缺少砍头这一情节以及对话，尽管他也精确地提到"黑胡子"因中了 5 枪而倒地，并且身上中了20 多刀。[131] 这个简要的回答和报纸宣称的"砍头行为"大不相同，"砍头行为"明显比"中了 20 多刀"更让人印象深刻。而且，那个苏格兰高地人砍下了"黑胡子"的头，并将它挂在单桅帆船上，他希望能够将它带回弗吉尼亚州。[132] 波士顿的报纸还指出："（无头的）萨奇尸体被扔下船，投入了奥克拉科克湾。"[133] 斯波茨伍德的记录提到，萨奇其实还有一个计划，他想毁掉自己的船，但这个计划因为一个囚犯的偶然行为而不得不中止。[134]

　　与传说中的悲惨结局（敌人砍下了"黑胡子"的头颅，然后将它挂在单桅帆船上）相反，"黑胡子"在好莱坞的影片中，在被印刷出来的小说里活了下来，他的海盗船——"皇后安妮复仇号"（之前的"协和号"）很有可能会被发现，而不是像基德那艘虚无缥缈的"古达号"一样消失无踪。20 世纪和 21 世纪的海洋考古学要比 19 世纪的精细复杂得多。在北卡罗来纳州海域底部，潜水员们找到了许多有意思的东西——其中包括一些法国和英国的大炮，一些非法得来的橡木条，一些装着金沙的铁盘等。这些发现均表明，这艘沉船也许就是"黑胡子"的船。[135]

　　"黑胡子"于 1718 年 11 月 22 日命丧北卡罗来纳州，邦尼特则于同一年 12 月 10 日在南卡罗来纳州的查尔斯镇被施行绞刑，但本杰明·霍尼戈尔德没能铲除查尔斯·文，不过霍尼戈尔德却捉捕了另一小队人——约翰·奥格尔（John Augur）和他的海盗船员们，于是罗杰斯又能在拿骚举行一次海盗审判。这次审判不仅能将海盗绳之以法，同时也是一次向公众展现其实力的机会。1718 年 12 月 13 日，犯人们被押解到拿骚已经废弃的防御土墙的顶部。地方长官和近 100 个官员、士兵以及其他观众正在那里等待他们。观众和海盗们齐声朗诵了几篇祈祷词和圣歌，之后海盗被押送下了阶梯，来到防御土墙的底部。在那里，一个绞刑架被架了起来，上面挂起了黑色的旗帜，而绞刑架下面是一个台子，由三个基座支撑着，人们需要通过另一个梯子才能爬上去。[136] 当时，海盗们花费了 45 分钟的时间，站在绞刑架下面歌唱诗篇，除此之外，他们还进行了其他表演，这些都被一个官方指定的观察员详细地记录下来。[137] 约翰·奥格尔船长一直都表现得非常具有忏悔之意。[138] 当有人递给他一杯葡萄酒时，他一边喝一边说着对巴哈马群岛及其地方长官的良好祝愿。[139] 丹尼斯·麦卡锡，28 岁，曾经是当地军队的一个少尉，他非常希望能够

61

逃脱死刑：

> 那个早晨，他期待的免刑消息并没有到来，他想到自己就要
> 死了，于是换上干净的衣服，使用蓝色缎带来装饰脖子、手腕和膝
> 盖。当他站在防御土墙上时，他高高兴兴地审视着四周并说道，他
> 知道时候到了，他相信岛上的勇士们不会折磨他，让他像野狗那样
> 死去。与此同时，他脱掉了鞋子，并将鞋子扔向土墙……他曾经许
> 过愿，希望死的时候能够不穿鞋子。[140]

托马斯·莫里斯，22 岁左右，曾经是一个屡教不改的年轻人，当过
海盗……在他临死之前，他说他也许会是一个伟大的强盗，他现在的愿
望就只有这个。[141] 说完遗言之后，台子下面的人给海盗们的脖子拴上绳
子，然后将他们吊起来，接着台子就塌了，一共有 8 个人被吊死。[142]

查尔斯·文从霍尼戈尔德和罗杰斯那里逃脱了，并且在之后的时
间里劫持了一艘又一艘商船，一直持续到 1718 年的 11 月 23 日。那一
天，他试图以打劫来的双桅帆船袭击一艘法国战舰，结果被打败了。何
西阿·蒂斯戴尔（Hosea Tisdell），一个在牙买加首都金斯顿（Kingston）
做生意的小酒馆店主，他曾经被查尔斯·文劫持。根据他的汇报，查
尔斯·文被打败之后，海盗之间发生了争吵，结果舵手被选为这艘双
桅帆船的船长，接着他们又打败了查尔斯·文和他的 16 个支持者，并
将查尔斯·文丢进了一艘很小的单桅帆船里。[143] 查尔斯·文被他的舵
手约翰·拉克姆（John Rackan，即"棉布杰克"）罢免并驱逐了，但直
到 1718 年底他依旧从事海盗活动。1719 年，因为受到台风袭击，查尔
斯·文在一座荒无人烟的小岛遇险，虽然他成功获救了，却被人认了出
来，并且作为囚犯被押往牙买加。他于 1721 年 3 月 22 日在牙买加受审，

并于该年 3 月 29 日在皇家港口（Port Royal）被实施绞刑，之后他被吊在甘盖（Gun-Key）这个地方的绞刑架上。[144]

约翰·拉克姆曾经有一次和查尔斯·文一起到奥克拉科克拜访"黑胡子"，那时他还是查尔斯·文的舵手，又名"棉布杰克"（Calico Jack），因为他的夹克衫和内衣都是用印花布做的。[145]1720 年的 4 月 22 日，拉克姆驾驶着一艘偷来的 12 吨重的单桅帆船离开拿骚港。这艘名为"威廉号"（William）的单桅帆船上装备有 4 台大炮和 2 杆能转动的机枪。根据地方长官伍兹·罗杰斯的一项声明，以下这些人须被逮捕：拉克姆和其他 5 个男人，以及 2 个女人，一个名叫安妮·富尔福德，外号"邦尼"（Bonny），另一个是玛丽·里德（Mary Read）。[146]他们凭借这艘偷来的船，抢劫了一艘要驶往普罗维登斯岛的船以及一艘在贝里群岛间航行的单桅帆船。[147]罗杰斯正式宣布："约翰·拉克姆和他的随从们是海盗，是大不列颠的敌人。"[148]罗杰斯派出了一艘载有 45 人的单桅帆船去追捕拉克姆，并且于 9 月 2 日又追加了一艘载有 54 个人和 12 杆枪的单桅帆船。[149]第二天，即 9 月 3 日，拉克姆和他的海盗船员们从 7 艘停在哈伯岛（Harbour Island）的渔船上偷走了鱼和渔网，然后逃往巴哈马群岛中的一个岛屿——狭长的伊柳塞拉岛（Eleuthera）。[150]接下来，他们又驾驶着"威廉号"在海上向东南方向行驶了一段距离，到达圣多明各岛，在那里，他们又劫持了两艘商用单桅帆船。[151]不仅如此，他们还劫持了约翰·贝斯奈克（John Besneck）和彼得·科尔内利亚（Peter Cornelian）这两个在法属圣多明各岛西部猎捕野猪的法国人。[152]带着这两个法国人，拉克姆于 10 月 19 日向牙买加挺进。在牙买加附近，拉克姆向一艘纵帆船"海神号"（Neptune）开火。"海神号"的船长是托马斯·斯本罗。[153]从斯本罗和他的纵帆船那里，海盗们偷走了 50 个雪茄卷，9 袋甜辣椒（多香果粉）以及 10 个黑奴，价值 300 英镑。[154]关于这些黑奴，我们不知道更详细的信息，但拉克姆将斯本罗和他的纵帆船继续扣留了48个小时，于是斯本罗亲眼看见了海盗们的下一步抢劫行为。

63   10月20日，在牙买加北部的德赖港（Dry Harbour），他们又抢了一艘商用单桅帆船"玛丽萨拉号"（Mary and Sarah）。在进入海湾时，"威廉号"向"玛丽萨拉号"的主人托马斯·狄龙开火。虽然"玛丽萨拉号"的船员迅速抛弃了这艘船，却遭到了更猛烈的攻击。[155] 狄龙在岸上向"威廉号"求饶，然后一个曾经帮助拉克姆夺取"威廉号"的海盗乔治·费瑟斯顿回答道："我们是英国海盗，所以你们（狄龙和他的船员）不必感到惊恐，我们希望狄龙能够登船。"狄龙照做了，上船后发现是拉克姆在指挥。[156]

接下来"威廉号"在牙买加的北部沿海遇见了一位单打独斗的女士——多萝西·托马斯（Dorothy Thomas）。当时，她正乘坐着一艘带有一些货物和补给的小船。[157] 多萝西报告称，海盗们夺取了小船，拿走了她放在里面的大部分东西，之后就让她划船走了。[158] 大约一天以后，即10月22日，这天很不吉利，"威廉号"遇到了麻烦，他们在牙买加西边的内格里尔角（Negril Point）碰到了9个人正乘着小船在捕海龟。他们说服了这几个人上船来喝一碗潘趣酒，然后这些人就带着枪和弯刀上了"威廉号"。[159]

与此同时，牙买加的地方长官，尼古拉斯·劳斯爵士（Sir Nicholas Lawes）派出了一艘追捕"威廉号"的船。这艘船由乔纳森·巴尼特（Jonathan Barnet）指挥，他在内格里尔角看见了载着9名捕龟人的"威廉号"。拉克姆强迫这几个人去帮助他的水手将锚拽起来，并试图驾着"威廉号"逃跑。[160] 巴尼特向这艘船喊话以确认它是不是"威廉号"，对方回答"我是来自古巴的约翰·拉克姆"，并射出了几发子弹。[161] 巴尼特立即反击，根据当时在巴尼特船上的詹姆斯·斯巴舍尔斯（James Spatchears）

对这次战斗的全景描述，在"威廉号"连射两发子弹的情况下：

> 巴尼特要求他的手下向这艘单桅帆船的侧面开火，他手下的人照办了，并将敌人的单桅帆船拖走。然后他们向巴尼特索要了 25 美分，巴尼特给了他们后便拖走了那艘单桅帆船。[162]

"威廉号"见大势已去便迅速投降，其间没有发生近距离的抵抗和战斗，那些待在损坏了的"威廉号"上的人，以及那 9 个捕龟人，全都被带去了牙买加。他们在理查德·詹姆斯少校（一个军队长官）的监管下，被押往西班牙镇的监狱。[163]

11 月 16 日，拉克姆和他的 8 个手下在牙买加的圣哈戈-德拉维加镇（St. Jago de la Vega）受审，审判由地方长官尼古拉斯·劳斯爵士主持。这场审判被记录在一本名为《关于约翰·拉克姆船长和其他海盗的审判》(The Tryals of Captain John Rackam, and Other Pirates，以下简称《关于拉克姆的审判》）的小册子中。这本小册子出版于 1721 年。起诉书宣读了这些海盗在其被指控抢劫的两艘渔船、两艘商用单桅帆船（名字未知）、斯本罗的"海神号"和狄龙的"玛丽萨拉号"上所犯下的罪行。[164]囚犯们请求判他们无罪。[165]证人们出庭做证：托马斯·斯本罗、两个法国人（他们还带着一个翻译），以及詹姆斯·斯巴舍尔斯和巴尼特的手下。法庭裁定所有的囚犯都是有罪的，于是尼古拉斯爵士宣布判处他们死刑。[166]

第二天，另外两个拉克姆的手下，托马斯·布朗和詹姆斯·芬威克因打劫"海神号"而受审。"海神号"的主人——托马斯·斯本罗，作为证人指控了他们。他们无话可说，然后就被带离了法庭。他们同样被宣布有罪，并且处以死刑。[167]11 月 18 日，拉克姆和他的 4 名船员在位

64

于皇家港口镇的盖勒角（Gallows Point）被吊死，之后拉克姆和他的 2
名船员被铁链吊在绞刑架上示众，以便恐吓群众让他们远离这样邪恶的
行为。[168]11 月 19 日，星期六，拉克姆的另外 4 个手下被处死——不知道
为什么，他们的行刑地在金斯顿。最后，11 月 21 日，星期一，布朗和
芬威克也在皇家港口的盖勒角被处死。

　　一周之后，尼古拉斯爵士和他的全体出庭人员再次聚集在一起，开
始审判玛丽·里德和安妮·邦尼。[169] 她们同样被指控抢劫了渔船，以及
两艘商用单桅帆船——斯本罗的纵帆船和狄龙的单桅帆船，两人请求判
她们无罪。[170] 但托马斯·斯本罗证明，在拉克姆夺取纵帆船"海神号"
之时，这两个女人也在拉克姆的单桅帆船上。托马斯·狄龙更加详细地
指出：

　　　　法庭上的这两名罪犯，当时就在拉克姆的单桅帆船的甲板上，
　　其中一名囚犯安妮·邦尼，手上还有一杆枪。这两个人行为都不检
　　点，经常骂骂咧咧，在船上什么事儿都愿意做。[171]

　　其中一位女海盗拥有武器，并且两人都喜欢骂人。在自己的小船上
被抢劫的多萝西·托马斯，也描述了这些女人的衣着以及她们的行为。
她报告称：

65　　　　这两名女人，也就是法庭上的这两个囚犯，一直跟随我们之前
　　提到过的那艘单桅帆船航行，并且她们经常穿着男式夹克和长裤，
　　头上系着手帕，她们每人手里都有一把弯刀和一支手枪。[172]

　　她还做证说，这两名持械的女人因为船上的男人放过了多萝西·托

马斯，所以对他们破口大骂，并说他们应该杀了她，不然她就会反过来对付他们。[173] 这些女海盗确实持有很多武器，却想让男人们去杀了多萝西，结果男人们并没有这样做。正如事情发展的那样，多萝西确实来到法庭对付她们。在结尾处，多萝西说："我之所以知道并且确信她们是女性，是因为我看到了她们的胸部。"[174]

当时的法庭认为多萝西的话是真实的，这两名拥有武器的囚犯确实参与了海上劫掠，但我们也可以从另一方面去解读她的证词：这是一个关于这两个女人在男人堆里发挥什么作用的现代问题，她们在之后的岁月里正是因此而闻名于世。她们穿的衣服并不是伪装，只不过是一般的水手服。一本出版于 18 世纪，关于航海用语的词典对水手服做了如下定义："一种臀部宽松、使用帆布做成的长裤，水手们很爱穿。"[175] 水手们还经常穿着一件短夹克，为的是不与绳子等索具缠绕在一起，并且他们会在脖子上或者头上系一块手帕。[176] 另外两个目击者，法国人约翰·贝斯奈克和彼得·科尔内利亚，他们曾经被"威廉号"的海盗生擒上船，并且在之后的日子里目睹了这两个女人参与了海上劫掠，也注意到了她们的穿着。通过他们的翻译，他们报告称：

> （这两个女人）在船上非常活跃，并且愿意做任何事情；法庭上的其中一名罪犯安妮·邦尼，负责将火药运送给男人们。她们在战斗时身着男装，平时则穿女装。她们看起来并不是因为受暴力逼迫而留在船上，而是出于自己的自由意志并且同意这样做。[177]

因为这两个法国人在"威廉号"夺取"海神号"和"玛丽萨拉号"时随它一起航行，所以他们的证词毫无疑问地与法庭希望的判决结果一致——它们都指向这两个女人自由地参与海上劫掠，尤其是安妮·邦尼，她作为一名军火贩子，向男人提供了大量火药。与此同时，法国人的证言也提供了关于随船女人的装束：作为女人，她们在参与行动时穿着水手服。安妮·邦尼和玛丽·里德伪装成男人，这是事实。罗杰斯在 9 月 5 日的正式公告中，称她们为"两名女性"，据说她们参与了从拿骚港驶离的"威廉号"的偷盗行为，并且任何一个目睹了这件事的人都毫不怀疑她们的性别。

对这两位女海盗的审判于 1720 年 11 月 28 日在牙买加圣哈戈－德拉维加镇上举行。面对法庭上的证词，安妮·邦尼和玛丽·里德都说她们没有任何证人，也没有任何问题要问。[178] 她们被带离法庭，然后法庭进行匿名投票，最终的结果是，大家认为两个人都有罪。[179] 当她们被带回来并被告知了审判结果时，她们说自己没有什么要说的，也没有什么要提供的。为什么法庭要对她们格外开恩？她们本来应该根据判决被处死，但因为两个犯人都跟法庭说，她们怀孕了并且马上将要生产，所以以她们希望能够暂缓执行死刑。[180] 于是法庭要求上述死刑延期施行，并且再进行一次检查。[181] 关于那次检查结果，以及邦尼和里德之后的消息，除了一份牙买加教区登记册中的关于 1721 年 4 月 18 日埋葬玛丽·里德的报告外，再无其他报道。[182] 我们知道她们的死刑只是被延期了，而不是被取消了，但我们没有找到任何关于她们受刑的记录。除此之外，作为这一故事的边缘事件，对那 9 名在"威廉号"上喝潘趣酒的捕龟人的审判也于 1 月 24 日举行。他们的发言人称拉克姆使用暴力逼迫他们屈服……并让他们帮忙提起单桅帆船上的锚。两个法国证人则说，在巴尼特开火时，这些人全都躲到了甲板下，但是法国人也提供了其他确凿的证据，为了赶紧逃离巴尼特，一些人（他们没有说到底是谁）在单桅帆船上划桨，并且他们齐心协力——换言之，这些人和海盗们一起做事。[183] 9 名捕龟人都被认为犯有海盗罪和重罪并且被判处死刑，但最终只有 6 人被处决了。[184]

　　这些琐碎又悲惨的事实——盗窃渔具以及 6 名被处死的捕龟人——看似与海盗"黄金时代"的浪漫相去甚远。那些创作者也从不对此进行解释，例如，在 20 世纪出版的 2 部戏剧和 7 本小说（以及至今为止，21 世纪又出版了 4 本小说）都声称它们完全改编自邦尼和里德的真实历史。[185]　67　这些"黄金时代"的著名海盗，几乎都不是那些传说和文学作品中英勇潇洒的寻宝者。那么我们想象中的，直到今天仍在我们脑海里的永恒的海盗形象从何而来？是从 18 世纪的哪些事实中衍生而来的呢？正如我们将要看到的那样，与其说他们来自真实的故事，倒不如说来自流传下来的只言片语。

第三章 杂乱无章的生命

"她们的生命由一系列杂乱无章的巧合组成，就像这本书记叙的那样，一些人也许会觉得整个故事不如一部小说或浪漫故事来得更好……"

——《关于最臭名昭著的海盗抢劫和谋杀通史》[1]

上一章提到的事情发生几年之后，这些海盗——基德、"黑胡子"、拉克姆、邦尼、里德——以及他们的海上劫掠行为被更为广泛的观众们接受，这都是因为一本书的出版:《关于最臭名昭著的海盗抢劫和谋杀通史》。这本书的作者据说是一位名叫查尔斯·约翰逊的船长，他于1728补充了第二卷并予以出版。基德在民谣中被人传唱的现象，也被记录在了第二卷中，而这一记载的出处是曾经出版过的当庭审判的记录——《关于威廉·基德船长的提问、审判和定罪》(The Arraignment, Tryal, and Condemnation of Captain William Kidd，以下简称《关于基德的审判》)。这本庭审记录的内容被《通史》的作者引用了多次，例如著名的"麦加舰队"："到现在为止，我们并不是很成功，但鼓起勇气来，我的小伙子们！我们会在这艘船上获得我们的宝藏。"[2] 基德劫持了印度海岸的其他船只之后，社会上出现了一份不知道是不是更准确的记录，这份记录讲述了他在印度海岸附近袭击其他船只，耍花招骗过法国船长，设计夺取"古达号"，以及杀死了摩尔人的故事。基德在马达加斯加岛上遇见了之前的船员，他向他们发誓，说他和他们一样坏，因此提议大家一起喝一杯波波酒。[3] 即使这样，基德的船员还是潜逃到了卡利福德的船上。基德在返回纽约的途中被捕，随后直接被押送回英国，最终在伦敦老贝利法庭受审。这次审判是公开的，并且留下了十分明确的记录。这是一份关于基德航行及其最后结局的客观记录（当然，这份记录也不是完全准确的），而《关于基德的审判》这本书就是这份记录的正式出版物。

"黑胡子"出名的时间比基德更早，他在《通史》的第一卷里就已经登场。在霍尼戈尔德的领导下，"黑胡子"开始了他的事业——将战利品重新命名为"皇后安妮复仇号"，并且与邦尼特结盟，邦尼特热衷海上劫掠，这其实源于他的精神紊乱……据说是他在结婚之后遇到某种不快所引起的。[4] 我们可以从性心理的角度来解释邦尼特绅士般的海盗行动：他

（曾经）被"黑胡子"领导，"黑胡子"通过对他（邦尼特）采取一种类似海上劫掠的活动 [5] 夺取了邦尼特的指挥权。"黑胡子"迅速地封锁了查尔斯顿，就像他曾经做过的那样。他抛弃了一部分船员（这部分人后来被邦尼特救走），然后从伊登长官那里获得了赦免。这些事情都被记录在一本书上：《关于斯特德·邦尼特少校和其他海盗的审判》（*The Tryals of Major Stede Bonnet, and Other Pirates*）。然而，"黑胡子"在卡罗利纳奔放的行为却很少有人听说过，这十分可疑："黑胡子"与一个 16 岁女孩结婚，并说这是他的第 14 任妻子，根据习俗，他邀请了五六个残暴的同伴，强迫她和他们交合，一个接着一个，就当着他的面。[6] 这种与婚姻有关的行为并没有被单独记录（当然，《通史》这本书也可以被视为一份记录）。[7]《通史》一书在记叙"黑胡子"各种海上劫掠活动的中间还穿插了他的"奔放"行为，例如，他和他的同伴们经常与殖民者的妻子和女儿交合。[8] 斯波茨伍德长官亲自组建了他的探险队，并且梅纳德和他的两艘单桅帆船也于 1718 年 11 月驶向奥克拉科克岛，[9] 他们都打算和"黑胡子"来一次正面交锋。

　　这公开的对话与报纸登出来的内容几乎相同："黑胡子"和梅纳德之间虽有唇枪舌剑，但他们还是彬彬有礼地邀请对方上船，并且"黑胡子"还和梅纳德干了几杯："该死的，要是我将舵手让给你，或者从你那里带走几个船员，那么就让魔鬼抓走我的灵魂吧。"[10]《波士顿新闻信》提到了梅纳德的策略：为了引诱"黑胡子"上钩，梅纳德提前在船舱里藏了几个人。在《通史》这本书里还记录了另外一个细节，那就是萨奇的手下往船上扔了好几个新研制的手榴弹，这些手榴弹威力惊人。[11] 这本书描述的近身搏斗与《波士顿新闻信》所述的细节基本相同："黑胡子"折断了梅纳德的剑，却吃了梅纳德一枪，并且被梅纳德的手下砍了几刀。然而，关于"黑胡子"是怎么死的，《通史》和《波士顿新闻信》的描述

70

略有不同。《波士顿新闻信》认为最后杀死"黑胡子"的是那个苏格兰高地人，并且他口出狂言："我其实还可以做得更好！"梅纳德的信件中却没有提到这个情节，《通史》中也没有。《通史》认为，"黑胡子"被砍了 16 刀（第 2 版是 25 刀，这与梅纳德的形容一致），虽然仅说他倒地身亡，却也特别说明了："这就是那个勇武的嗜血者的结局，如果他是为一份正义的事业效力，凭借他曾经的所作所为，本可以成为一名真正的英雄。"[12] 这一评价，成为日后塑造"黑胡子"形象的最关键的因素。另外一个细节也被加了进来："黑胡子"派一个人守在船上的军火库里，试图将它炸毁，但此人被 2 名（斯波茨伍德说是 2 名）偶然出现在船上的囚犯说服，放弃了炸毁军火库的任务（这一细节来自斯波茨伍德长官的官方记录）。[13] 总而言之，《通史》这本书描述的场景和新闻报道中的场景十分相似（尽管不是完全一样），除此之外，它还记录了一些新的细节。这些细节可能是准确的，也可能是不准确的，它们来自不同的资料，甚至是被人编造而成的。《通史》对"黑胡子"的评价成了日后小说、戏剧塑造"黑胡子"性格的关键文献资料——"那个勇武的嗜血者本可以成为一名真正的英雄"。

与梅纳德简明扼要的说明"他（萨奇）被人称作'黑胡子'，是因为他留着胡子，并且他还将胡子编成了小辫"相比，[14]"黑胡子"在《通史》一书中被描写得栩栩如生。在这本书里，"黑胡子"以我们今天所熟知的可怕又狂热的海盗形象被呈现出来，他是一个奇怪的英雄：

> 我们的英雄，萨奇船长，也被人叫作"黑胡子"，茂密如流星般的胡须盖满全脸，他威震美洲，比其所处的时代中的任何人都耀眼。
>
> 他的胡子是黑色的，过长的胡子给他带来了不少麻烦。当他呼

吸时，胡子经常会进到他的眼睛里。他已经习惯将胡子扎成小辫并用缎带绑起来，然后别在耳朵后面，这大概是在追赶我们这个时代关于拉米伊假发（Ramellies Wigs）的潮流（也就是在脑后编一个小辫）。在作战时，他经常在肩膀上背一个吊袋，里边装着三把手枪，手枪的枪托让他看起来像班德利尔人（Bandelier）；他经常戴着一顶皮草帽，并且在两边别上燃烧过的火柴。在皮草帽的下面，他的脸和眼睛自然显得凌厉而狂野。这些全部加在一起构成了一个鲜明的形象，一个谁都无法想象出来的、理想中的地狱怒者的形象。这简直令人不寒而栗。[15]

令人不解的是，在 1724 年出版的《通史》第 2 版中，"黑胡子"失去了他的皮草帽——它曾经在第 1 版的插图中被画出来，然而在第 2 版里，这顶帽子却变了常见的三角帽。这一变化虽然令人不解，却与第 2 版中删除的"他经常戴着一顶皮草帽"[16]的描述相符。这些插图——从那时候起就不断被复制，仿佛它们是真实的画像——与文本细节一致，它们同时也强调了那些与众不同并且引人注目的特点。下面两张分别来自第 1 版和第 2 版《通史》的关于"黑胡子"海盗的插图，都特别突出了在他脸颊的两边[17]燃烧过的火柴。

为了保持这样一个来自地狱的暴怒者形象，人们之间还流传着一些逸事。"黑胡子"的一个手下在船舱里畅饮时，被"黑胡子"从桌子下面无端端地射中了腿，然后就瘸了，直到现在还在伦敦以乞讨为生。[18]"黑胡子"对这种随意施暴的解释是，"如果现在我不杀掉其中一个人，他们就会忘了'黑胡子'是谁"。[19]这个故事所暗示的是，"黑胡子"关心的是如何戏剧化地呈现他自己，或者是作者想戏剧化地展现"黑胡子"，或者两者兼有之。另外还有一个重要的故事，它是为了树立"黑胡子"的

"海盗'黑胡子'"，选自
《关于最臭名昭著的
海盗抢劫和谋杀通史》第 1 版

"海盗'黑胡子'"，选自
《关于最臭名昭著的
海盗抢劫和谋杀通史》第 2 版

海盗形象——"他的一些邪恶的嬉戏是如此夸张，就好像故意想让他的手下相信，他就是魔鬼的化身"。[20] 于是，在海上的一天，他喝了一点酒。"来啊，"他说，"让我们建造一个属于自己的地狱，然后看看我们能在其中忍耐多久。"[21] 为了建造一个地狱，"黑胡子"和其他人将自己封闭在船舱里，并在里面点燃了一些硫黄，他们忍受硫黄的味道，直到快要窒息，"黑胡子"则因为在里面待的时间最长而获胜。无论这些故事是否真实，《通史》一书对它们的选择和呈现都非常明确地表明，此书试图将"黑胡子"妖魔化为撒旦的海盗化身，一种引人注目同时又骇人听闻的产物，一种持久的残忍恶魔形象的典型。"黑胡子"作为一个真实的邪恶哑剧表演者，在他邪恶的嬉戏中将残忍与玩耍混为一谈，他确实就具有这样一个鲜明的形象，"一个谁都无法想象出来的、理想中的地狱怒者的形象。这简直令人不寒而栗"。

《通史》的第一卷也有关于约翰·拉克姆的记录，简单描画了他在西印度洋上的劫掠行为，最终他也因此受到审判。之后《通史》又将关注的重心转向他船上的两个女人，《通史》的扉页上就画着这两个女人的形象，这是为了给《两个著名女海盗，玛丽·里德和安妮·邦尼的非凡行动和探险》(*The Remarkable Actions and Adventures of the Two Female Pyrates, Mary Read and Anne Bonny*) 一书做广告。她们的故事被认为是完整的个人传记，分别被命名为《玛丽·里德的生平》和《安妮·邦尼的生平》，这两个传记合在一起，构成了一段充满了转折和惊奇的探险历程。[22] 实际上，我们被作者警告说：

> 　　她们的生命由一系列杂乱无章的巧合组成，就像这本书记叙的那样，一些人也许会觉得整个故事不如一部小说或浪漫故事来得更好。但她们的故事得到了成千上万人的支持和见证，我指的是牙买加人，他们亲历了对她们的审判，亲耳听到她们的性别首次被发现的故事。故事的真实性毋庸置疑，世界上就是有这样的人，就像海盗罗伯茨（Roberts）和"黑胡子"。[23]

如果你怀疑《通史》中记录的邦尼和里德的真实性，那么这就和怀疑穿着猩红色绸缎衣壮丽死去的巴塞洛缪·罗伯茨和"黑胡子"的存在一样。[24] 这样的怀疑无疑是荒谬的，因为当这两个女人的性别首次被发现时，有成千上万的牙买加殖民地居民见证了她们的故事，并参与了对她们的审判，《通史》的作者如是说道。

玛丽·里德（对她的审判并没有出现在任何牙买加出版物里）在《通史》中首先登场，同时她也是在这本书里出现得最早的人物。她出生在英国，是个非法的私生女，并且没有父亲。为了骗取更多的钱财，她伪装成祖母先前已故的合法儿子，从小被当成男孩养大。她思想独立，渐渐变得大胆，身体又强壮，并且拥有一颗向往和探索外面世界的心。里德先是在男人外表的伪装下成了一名水手，后来又成了一名士兵。[25] 她与自己的一位战友相爱，并向他揭示了自己的身份，她重新穿起女性服装，然后和他结了婚。[26] 在他死后，她又穿回了男性服装，再次成为一名士兵和水手，她登上了一艘海盗抢来的船，这群海盗邀她同行。[27] 她在男装的掩护下继续开展她的海盗事业，并最终和拉克姆以及安妮·邦尼（或安·邦尼，她的教名拼写有含"e"和不含"e"两个版本）同船，这时她依然穿着男装。[28] 尽管《通史》一书着重说明，玛丽经常声明她憎恨海盗生涯，但无论如何，在对她的审判上，许多证人（他们大部分是同船的人）都宣誓做证说：

> 在行动时，他们之中没有人比她和安妮·邦尼更果决，更愿意承担危险的任务。她们非常适合航海，尤其是当她们被袭击和被劫持时——除了玛丽·里德和安妮·邦尼，以及另外一个人，这时候没人继续守在甲板上。在关键的时刻，她——玛丽·里德，冲那些躲在甲板下面的人大喊大叫，让他们像男人一样登上甲板。而当她发现这群男人被吓得无法动弹时，她就向船舱里的男人们开了枪，杀死其中一个人，并且打伤了其他人。[29]

这段内容没有在公开的审判记录中作为证词出现。如果这段话是由

74

证人说出来的，那么它很有可能被记录在对里德的审判记录中，庭审材料没有理由省略这种关于她参与海盗行动的证词，更不用说里面提到了杀人。这也与斯巴舍尔斯关于巴尼特夺取"威廉号"的描述记录不相符：在这场战斗中，"威廉号"的侧面被炮弹炸出了一个洞，并且发生了短距离射击。他们最后投了降，向巴尼特求饶，巴尼特放过了他们，最重要的是，他们之间没有发生近身肉搏。不管怎么说，对《通史》的作者来说，他显然更愿意将他的两个女性人物描写得比那些男性海盗（玛丽·里德曾经鼓舞过这群人，让他们像男人一样战斗）同伴更加暴躁和暴力。

与公开出版的对她们审判的记录相反，在这份记录里，玛丽·里德和安妮·邦尼的胸很大，能明显看出来是女性，并且她们只在行动时才穿男人的衣服。《通史》将玛丽·里德描述为：

> 船上从没有人怀疑过她的性别，直到安妮·邦尼对她产生了好感……总而言之，安妮·邦尼给自己找了一个帅气的同伴，并且出于某种原因，她最先将自己的性别告诉给了玛丽·里德。玛丽·里德清楚地知道自己要面对的是什么，并且她相信自己能够解决这件事。于是，玛丽·里德告诉她其实自己也是个女人，这令安妮·邦尼大失所望。[30]

75

在创作了这样一个令人惊奇的误解之后，《通史》的作者又在书中描写了一段三角恋——原来拉克姆才是安妮·邦尼真正的恋人和骑士。[31] 于是，拉克姆对玛丽·里德这个假装的男人又妒又恨，并且他向安妮·邦尼发誓，他要切断她新恋人的喉管，为了平息他的怒火，安妮·邦尼则将玛丽·里德是女人这个秘密告诉了拉克姆。[32] 尽管知道了这件事，但拉克姆船长并没有将这个秘密透露给其他船员。[33] 紧接着上演了另外一出爱情剧，玛丽与另外一名招募来的海盗陷入情网，她不小心露出了自己的乳房，让他知道了自己的秘密。[34] 为了拯救恋人的生命，她还代替恋人去同另外一名真正的海盗决斗，并且用剑杀死了那个海盗。她的恋人让她怀孕了，而这成为她后来请求死刑延期的重要理由。[35]

在介绍《安妮·邦尼的生平》时，《通史》的作者说自己对这两个女人的生平比对其他海盗的生平更有兴趣，所以他有必要从她们的出生开始讲起，[36] 他也确实这么做了。安妮·邦尼的父亲是爱尔兰的一名律师，而她是一名非法私生女。这是一个复杂的故事，和海盗无关。就种类而言，它更像是一首讽刺类寓言诗，或者一部流浪汉浪漫主义题材小说——虽然它在人物塑造方面有缺陷，却拥有丰富的情节，充满了巧合和误会。安妮·邦尼出生前的故事篇幅几乎和讲述她生平的故事一样长。

安妮父亲的家里有一位颇具姿色的女仆，当时她被一个年轻的制革工人追求，然而工人从家里偷走了 3 把银勺子。女仆发现勺子不见了就开始质问那个年轻的工人。当时，工人将那 3 把勺子藏在女仆的被子里，他猜女仆会找到它们，然后他就可以趁此机会告诉女仆，所谓的偷盗只不过是一个玩笑。他没想到，当他离开这栋房子时，女仆报了警。警察为此进行了专门的抓捕行动，这个年轻工人只能东躲西藏。他觉得女仆一定找到了这 3 把勺子，却决定自己留下，因此栽赃嫁祸于他。

正在那时，律师的妻子带着她的婆婆回来了。女仆向女主人报告了年轻工人偷勺子的事情，可女主人在这之前已经见过了年轻工人。工人向女主人承认，这只是一个玩笑而并非真正的偷盗。根据工人的说法，律师的妻子在女仆的床上找到了这 3 把勺子，于是她开始怀疑女仆。当然她不是怀疑女仆偷勺子，而是怀疑女仆并没有在自己的床上睡觉。她怀疑自己不在家的这段时间里，女仆睡到了律师的床上。为了打消自己的怀疑，妻子决定睡在女仆的床上（这就是一般戏剧里经常出现的换床戏）。女仆重新铺整了她的床以备女主人之用，并顺利地找到了勺子。当晚，妻子睡在仆人的床上，她的丈夫前来与她交合。此时，他成了一个精力充沛的恋人，但是这份爱显然不是为妻子准备的，这让她兴致尽失。[37]

妻子深深地嫉妒女仆，为了报复，第二天她就报了警，警察在女仆的箱子里找到了 3 把勺子，并将女仆收监，就在那时他们发现她肚子里有了一个孩子。[38] 由于缺少证据，女仆被当庭释放，并且后来生下了一个女孩。[39] 这就是安妮在《通史》中海盗生涯的起点。她知道她出生前的这一切吗？她自己相信这一切吗？我们应该相信这一切吗？

这个复杂的故事还没完，不久后，人们发现在律师没有与妻子亲近的情况下，妻子也怀孕了，之后，妻子生了一对双胞胎。[40] 律师的妈妈最终将遗产给了妻子和双胞胎，而不是让儿子继承遗产。妈妈死后，律师只能从已经离婚了的妻子那里领取津贴。至此，我们大概也就能够理解为什么安妮·邦尼经常换装了。律师父亲希望能够和他非法的私生女生活在一起，因此他给她穿上裤子，将她装扮成一个男孩，然后假装她是一个亲戚的儿子，而不是他的女儿。[41] 妻子怀疑这个男孩的身份，于是雇了一个私家侦探来打探这件事，侦探同这个孩子聊天之后发现她是个女孩。[42] 妻子借此机会停了丈夫的津贴。那时候，律师一直和女孩的母亲（也就是那个女仆）公开同居，但这件丑闻带来了很坏的影响，因此他只能带着女仆和女儿一起移民到卡罗利纳。在那里他成了一名重要的殖民者，成为他妻子的女仆却突然死掉了，而他的女儿——安妮·邦尼，现在已经长大成人，认真地打理父亲的家。[43]

安妮非常暴躁易怒，她在没有征得父亲同意的情况下，就嫁给了一位名叫詹姆斯·邦尼且身无分文的水手，并跟随他坐船来到巴哈马的新普罗维登斯岛。在岛上，安妮第一次遇见了约翰·拉克姆，他对安妮一见钟情。《通史》第二卷（1728 年）的附录提供了她和拉克姆婚外恋的更多细节：拉克姆用掠夺来的财宝打动安妮，他的所思所想只有安妮·邦尼。[44] 安妮向她的丈夫詹姆斯·邦尼提议，他应该正式地把她卖给拉克姆，可当时的地方长官（很有可能是伍兹·罗杰斯）却不同意，并威胁安妮如果她敢这样做，就把她关进监狱，并鞭打拉克姆。作为回应，安妮和拉克姆计划一起偷盗一艘单桅帆船，安妮一手握剑一手拿枪地登上了这艘船，威胁守卫帆船的水手们，如果他们负隅顽抗，她就会打爆他们的头。[45]

从此，在这艘偷来的船上（也就是"威廉号"），安妮和拉克姆一起开始了她的海盗生涯（《通史》一书将船的吨数从 12 吨夸大到 30 ～ 40 吨）。[46] 根据附录提供的信息，在偷取"威廉号"之后，安妮决定报复那个出卖她的人（这个人偷偷向地方长官报告了拉克姆将要从詹姆斯·邦尼手上买下安妮的计划）。拉克姆认识这个泄密者，他常年居住在一个小岛上。虽然拉克姆驾驶"威廉号"来到了那座小岛，却没能找到这个人，因为他藏到树丛中去了。为了惩罚他，安和拉克姆夺取了他的单桅帆船，并且绑架了他的 3 个手下——理查德·康纳、约翰·戴维斯和约翰·豪厄尔。这一事件（这同时也是安妮和拉克姆的浪漫故事的一部分）与之后对他们的审判记录有所出入，没有人知道这些事情是否真的发生过。因为在罗杰斯的声明中，他认为约翰·戴维斯和约翰·豪厄尔应该对 1720 年 8 月 22 日在拿骚港丢失的"威廉号"负责。而安妮·邦尼和拉克姆接下来的海上劫掠，从偷盗"威廉号"到被巴尼特逮捕，一共持续了大概两个月，《通史》一书简单记录了他们这两个月的行为：

> 在这些征程中，安妮一直都陪伴着拉克姆，当他们将要进行任何行动时，尤其当他们将要被劫持时，没有人比安妮更勇往直前。她和玛丽·里德，以及另外一个人一起在甲板上守卫大家，直

到最后。[47]

公开发行的审判记录中并没有这样的证词，上述话语包含了能够指控安妮进行海上劫掠的证据。在《通史》中，安妮的故事以一则表明她钦佩男子气概的逸事作为结尾：

> 拉克姆要被处决的那天，他得到了特别优待，被允许见她一面。安妮却告诉拉克姆，她很遗憾在这看到他，如果他能够像男人一样战斗，他就不会像一条狗一样被吊起来。这是安妮能够给予的所有安慰。[48]

《通史》中关于安妮·邦尼和玛丽·里德生平的描写并没有以我们熟知的材料作为基础——这些材料包括了罗杰斯的声明以及她们在审判过程中的证词。《通史》的作者自己也说："她们的生命由一系列杂乱无章的巧合组成，就像这本书记叙的那样，一些人也许会觉得整个故事不如一部小说或浪漫故事来得更好……"她们生命中的那些充满了转折和惊奇的探险历程，与其说是真实人生，倒不如说是小说里的情节。[49]《通史》这本书出版时，小说也才刚刚诞生。作者也清楚地意识到他笔下的邦尼和里德的故事，或许与这种新的文学形式产生了一些联系。他在《通史》的序言中反复提到两位女海盗的生平：

> 如果她们的生命中有一些偶然和转折，这些偶然和转折可能会让她们的生平带有一些小说的色彩，但它们并不是出于那个目的被创造或者编造出来的，这不是这位作者熟悉的一种阅读方式。只是当他读到这些故事时，他自己觉得非常有趣，于是他想到这些事情

也许会对读者产生同样的影响。[50]

　　既然如此，那传说中身份不明的查尔斯·约翰逊船长，也是作者这样创造出来的吗？

　　关于玛丽·里德和安妮·邦尼的生平，我们可以确知的部分——除了人们在 1721 年 4 月埋葬了玛丽·里德之外，就是她们跟随拉克姆在"威廉号"上度过了两个月，并且参与了那段时间的海上劫掠。她们有时候身着男装（水手服），但并不是真心想要伪装成男人。在《通史》中，扮成男人的安妮·邦尼爱上了同样扮成男人的玛丽·里德，而这与众所周知的历史细节不相符，它更像是虚构文学中的戏剧性情节。我们甚至不知道，在充满风情的拿骚港或者在"威廉号"那狭窄的船舱里，安妮和拉克姆是否真的有过一段情史。《通史》的作者声称他记录下的邦尼和里德的真实性"得到了成千上万人的支持和见证，我指的是牙买加人"，他们亲历了对她们的审判（但肯定没有成千上万个人），并"亲耳听到她们的性别首次被发现的故事"。[51]《通史》中某段关于邦尼和里德的记录逐字逐句直接引用自《关于拉克姆的审判》一书，因此我们可以确信《通史》的作者曾经看过《关于拉克姆的审判》，并且他知道怎么将《关于拉克姆的审判》里的情节变成小说内容。[52] 他对我们的喜好也同样了解，《通史》并没有通过她们的审判来讲述整个故事，也没有突然揭示她们是女人。[53]

　　《通史》成了经典，直到今天这些故事仍然被一遍又一遍地反复传诵，甚至在《牛津国家人物生平词典》（*The Oxford Dictionary of National Biography*）中，这个故事的主干还被保留着：两个装扮成男人的女人，比男人还凶狠。[54]

　　《通史》的作者不断将邦尼和里德引入典型的男性海盗的故事情节，让她们的旅程充满了转折和惊奇。她们并不是简单地象征了野蛮的魔鬼

形象（例如"黑胡子"），而是跨越了一般属性的颠覆性存在。因为在人
们的想象中，她们经常穿男装。她们的传奇故事具有文学性，带有浪漫
色彩，其背景设定基于性别虚构、乔装打扮和狸猫换太子的寓言、经典
套路和丢失的银勺子等文学手法，这些文学手法都来自伦敦。伦敦可以
说是这些故事以及畅销书《通史》的发源地，而《通史》被误认为是小
说家笛福写的。

"安妮·邦尼和玛丽·里德"，选自《关于最臭名昭著的
海盗抢劫和谋杀通史》第 1 版

　　女海盗是一种独特的海盗形象变体，是一种悖论，是女性气质与暴
行的结合体。这些特点体现在《通史》第 1 版的插图中：当时邦尼和里
德都穿了裤装水手服。她们并没有假扮成男人，而是以女性形象出现，
她们都留着披肩发（参见荷兰语版本的《通史》以及《英国海盗史》中
的插画）。在这幅插图中，她们不仅展示了乳房，同时也摆出了具有攻击
性的动作——作者既想展现出她们女性气质的一面，也想展现出她们作

"安妮·邦尼"，选自《英国海盗史》

为海盗的一面。在英语版《通史》的插图中，两个女人都配备了武器，她们炫耀着自己的弯刀和斧头。在荷兰语版《通史》的插图中，她们带着手枪和斧头，玛丽手里有一把弯刀，邦尼则用枪指着什么地方，与此同时，两个女人都袒胸露乳——显然，她们都没有扮成男人，反而尽情地展示身上的女性特质。她们是女海盗之悖论的代言人，是一种难以解释的矛盾，就像她们同时展现的胸部和武器。这些插图与《通史》记录的故事有很大不同：《通史》强调她们伪装成男性海盗，所以更具阳刚之气，更粗暴，更具有进攻性，甚至比男海盗更像海盗。邦尼和里德这两个核心人物在文本中的创新之处在于她们虽然伪装成男人，但是她们比男人更阳刚。在《关于拉克姆的审判》一书中，那些目击者做证说邦尼和里德有时候穿着男人的衣服，但并没有伪装成男人，而且这些目击者也没有说这两个女人比男人更残暴（或者更具有男人气概）。事实上，我们对邦尼和里德的爱情故事一无所知，甚至都不知道邦尼是拉克姆的情人。我们最终知道的信息简单明了：她们两人参与了男人的海上劫掠，并且因为一些独特的女性特征被延缓执行死刑——不是因为她们的胸部特征，而是因为她们的大肚子（怀孕）。身为女海盗，她们既是矛盾的，又是双重离经叛道的。她们像男海盗一样，打破了所有权的惯例，同时也打破了性别的界限，至少她们让男性和女性的故事情节混合在一起——为海盗探险带来了浪漫的气息。

81

"玛丽·里德"，选自《英国海盗史》

当然，伪装成男性的女性航海者不只有她们，但毫无疑问，她们是最出名的两位。1693 年 11 月 18 日，托马斯·菲利普斯船长在他的航海日志中写下了一段话："那天刮着西南偏南的风。"英国皇家非洲公司的一位名叫约翰·布朗的非洲士兵患上了非常严重的疾病，不得不接受手术。在这次手术中，外科医生的助手对他使用了灌肠剂，却发现裂口比他想象的更多。[55] 那位非洲士兵，其实是一名 20 岁左右的非洲女性。性别暴露之后，她就被菲利普斯船长指派去做更合适的工作，事实证明，她将船长的亚麻床单清洗得非常干净。[56] 另一个被发现的人是一名 18 世纪的水兵，他在一艘名为"亚马逊号"（*Amazon*）的船上工作，但其实她是一名来自威尔士的 18 岁的女子。根据船上医生在日记中的记录——这位化名为威廉·普罗瑟罗的年轻人是跟随着她的恋人来到海上的。[57]在同世纪稍晚的几年里，一个自称让·巴雷（Jean Baré）的法国人被人发现她其实是一个叫让娜·巴雷（Jeanne Baré）的法国女人，当 1768 年探险家布干维尔（Bougainville）驾驶船只来到塔希提岛（Tahiti）时，岛上的塔希提人发现了这个秘密，[58] 她也是因为情人而登船。这些故事都是真实的，有的甚至还有浪漫而迷人的解释，类似于虚构文学中的情节。而在《通史》中，那两位女海盗一直女扮男装，因此，周围的男海盗一直不知道她们的性别，这类情节变成了一种戏剧表演惯例，它比所谓的真实历史更常见，传播的范围也要广得多。事实上，根据人们的详细计算，从 1660 年到 1700 年，在伦敦上映的大概四分之一的戏剧中——375 部剧中的 89 部——都有女性穿着男装的角色。[59]

早在《通史》这本书出版之前，就已经有人在舞台上扮演女海盗了。在托马斯·海伍德的《西方的窈窕淑女》（*The Fair Maid of the West*）中，这位窈窕淑女就是一个海盗首领，她经常穿着像船长一样的衣服出现在甲板上，她装扮男人过于成功，以至于她的恋人都认为她是一位年轻的绅士。[60] 罗伯特·戴博恩的《一个变为土耳其人的基督徒》则是另外一部引起我们注意的剧作。故事里的一个年轻女孩穿上男性水手服，把自己伪装成了一个男孩。她成功地骗过了船上的男人和一个年轻女人，而这位女人深深地爱着她，戏剧化的反讽由此而来。这种反讽因为满足了观众的小聪明而取悦了观众，同时也扩大了女性角色的适用范围。[61] 在弗莱彻和博蒙的《双重婚姻》(*The Double Marriage*)中，虽然海盗公爵的女儿马蒂娅(Martia)并没有伪装成男人，但据海盗的水手长所言，她是一个勇敢的女子。[62] 而"女战士"这一称呼给人的感觉，总是像拥抱一样香软甜蜜，同时又像男人一样凶残粗暴。[63]在所有的女性角色都由女演员完成表演之后，在威廉·威彻利的戏剧《老实人》(*The Plain-Dealer*)中，曼利船长由一位女士保护，这位女士与曼利相爱，并且跟随他上了船，还穿上了男性服装。[64] 这位将自己献身给船长的女士，以菲德利奥的名字闻名远近，骗过了曼利，让他以为自己是个男人。与此同时，她也骗过了一名被曼利追求的不贞洁的女子，女子爱上了看起来就像是男人的菲德利奥。菲德利奥在很久之后才被发现是一位女士，但她是一位女英雄，一位与曼利门当户对并且始终忠诚的新娘。不用说，邦尼和里德的虚构形象不乏先例。

　　半个世纪之后的一出轻歌剧也讲述了一个女扮男装的故事。这出轻歌剧名叫《波莉》(*Polly*)，出自约翰·盖伊之手，是著名戏剧《乞丐的歌剧》(*The Beggar's Opera*)的续集。（我们应该注意到，在笛福创作《生平》这本书时，那些潇洒的海盗，例如盖伊想象出来的麦希思，是那个时代最令人着迷的英雄形象。）盖伊的女主角波莉是麦希思的妻子之一，她跟随丈夫去了西印度洋，并伪装成一个黑人，然后成为海盗。在《乞丐的歌剧》中，盗贼团伙与受人尊敬的当权者呈现出讽刺性的对应关系，这种道德上的模糊性被一种更简单的对比取代，一方面是不道

84

德的殖民当局和海盗；另一方面是那些有原则的高尚的野蛮人，即当地的印第安人。波莉假扮成了男人，以便保护自己免受因性别可能遭受的暴力和骚扰。波莉被海盗们抓获后，又和一名同样被抓获的囚犯一起逃走，这名囚犯就是印度王子卡沃基（Cawwawkee）。[65] 这部剧以大团圆结尾，波莉喜欢上了有原则的高尚的印第安人，尤其喜欢他们的王子（这位王子很高兴能够知晓她的性别），而不再喜欢两面三刀并且娶了很多个妻子的麦希思。在一个现代海盗历史学家看来，波莉应该从未当过海盗，但是从戏剧角度来说，她那狂野的女扮男装带给了这部剧一个耐人寻味的反讽，例如，她曾经被麦希思的最后一任妻子——珍妮·戴弗（Jenny Diver，在英语黑话里，diver 指的是贼，行话叫"扒手"）——追求并亲吻。[66] 这一出戏当然有它的对应点，那就是《通史》一书中邦尼被里德吸引的一幕，但波莉并不是海盗，并且盖伊塑造的西印度洋海盗总体来说像是伦敦盗贼的转化版（只不过盖伊改变了他们活动的场景）。因此，与其说盖伊塑造在戏剧中虚构的情节来自有关海盗的故事，倒不如说《波莉》和《通史》的相似来自一种对于戏剧惯例的遵循。在真正的女海盗诞生之前，她们都存在于虚构文学中。

1728 年，《通史》第二卷面世了，开篇就是"米松船长（Captain Misson）的生平"。与之前那些海盗不同的是，米松是法国人，并且他的故事被记录在一个私人藏品中，而这个藏品是一份手稿，手稿的作者详细地描述了他自己（米松）的行动。[67] 开篇就从米松船长的出生讲起——他出生在普罗维登斯岛上一个古老的家庭，[68] 受到游记类书籍的影响，米松登上了由他亲戚指挥的"维克图瓦号"（Victoire）。[69] 这位船长允许米松访问罗马，在那里，米松亲眼见到了教会的奢靡和放荡，于是他领悟到宗教是不信教者用于管理弱者的阴谋。这个思想得到了卡拉乔利先生（Caraccioli）的肯定。卡拉乔利坚定地认为教堂的管理与世俗中公国和王国的管理并没有什么不同。[70]米松为这个观点所折服，他建议卡拉乔利也在海上找一份工作，于是他们一起驾着"维克图瓦号"扬帆远航。

在他们的航行中，卡拉乔利将米松转化成一个完美的自然神论者，并同时让他确信，所有的宗教都不过是人类的策略。[71]卡拉乔利用相同的理由说服了船上的其他人改变了自己的宗教信仰，并且申明每个人都生而平等。[72]当"维克图瓦号"在马提尼克与英国的战船"温切尔西号"（*Winchelsea*）进行战斗时，"维克图瓦号"上的船长和高级官员都被杀了，于是米松和卡拉乔利成为全船的指挥，并且领导船员打败了"温切尔西号"。"温切尔西号"被炸毁后沉入大海，船上所有人都随着船只一起沉入大海，想必他们死的时候和出生时一样自由。[73]《通史》的作者声称："在我得到这卷手稿之前，没有人知道'温切尔西号'是怎么沉没的。"但在历史事实里，这艘船于1707年消失在一场飓风中。[74]在这场虚构的胜利（作者也试图将历史事实渗入这虚构的情节）之后，卡拉乔利鼓励米松宣布自己就是"维克图瓦号"的船长。卡拉乔利给出的理由与之前他陈述的自由与平等原则完全不一致，因此，他这一次暴露了自己的虚伪。他对米松说，"一旦整条船上的水手都听命于他，那么米松就可以藐视欧洲的政权，并且拥有任何他想要的事物，成为统治南方海域的最高领导者，合法地进行世界大战"。[75]米松被这个理由说服了，他让船员在继续跟随他还是上岸之间进行选择，船员用一声不知是谁发出来的呐喊"米松船长和卡拉乔利中尉万岁"[76]欢迎这位新船长就职。米松船长认为他们应该升起黑色的旗帜，但卡拉乔利从政治的角度反对这项提议，他认为，"我们不应该和海盗们沆瀣一气，因为他们是既放荡又没原则的人，我们应该鄙视'使用他们的颜色'这种行为"。[77]卡拉乔利继续说道："我们是一个勇敢、公平、纯洁和高尚的团体，因此，我们应该用白旗，并且在随风飞扬的旗尾处印上'自由'这个词。"[78]

86　　第一个受害者是一艘英国船，他们从那艘船上抢来了一些朗姆酒和糖，但是并没有伤害船上的水手。只有一个从牙买加来的英国海盗被他们捉住，没过多久，这名倒霉的海盗就被释放了。他们接着遇见了两艘荷兰船，米松下令击沉其中一艘商船。他（米松）向船的一侧开炮，炮弹在这艘荷兰船上轰开了一个裂口，之后它直接沉入海底，船上的每一个人都死了。[79]米松重申了海上航行的原则，但这些原则明显和他的海上劫掠行为相反。另一艘荷兰船也被攻击了，这艘船被洗劫一空，就连船体本身也被当作奖赏而卖掉了。

　　米松决定让"维克图瓦号"驶向西非海岸（这一决定通过了船员的民主表决），在那里他们截获了一艘荷兰船，而这艘荷兰船最终成为"维克图瓦号"的副船。船上的奴隶重获自由，并且加入了海盗的行列。米松对他们说，"那些有宗教信仰的人将人当作野兽来卖……这证明了他们的宗教不过是装模作样"。[80]"维克图瓦号"和它的副船（副船的船长由卡拉乔利担任）驶向了马达加斯加岛。当他们靠近科摩罗群岛时，卡拉乔利建议米松去激化约翰娜岛（Johanna island）和莫西拉岛（Mohilla island）两座小岛之间的矛盾，一旦计划成功，那么米松就可以毫不费力地平衡它们之间的权力。[81]米松听从了这个建议，他迎娶了约翰娜皇后的妹妹，与此同时，卡拉乔利迎娶了皇后哥哥的女儿，他们手下的很多海盗也在当地娶妻生子。[82]不管是巧合还是刻意为之，这一幕和鲍德里奇在圣玛丽岛的经历非常相似——鲍德里奇这样做的目的是融入当地人，并且可以和他们一起去攻打其他小领主。[83]当莫西拉岛的国王前来攻打约翰娜岛时，米松和他的手下成功地击退了他们，并趁机反攻，展开报复行动。米松试图培养岛和岛之间的竞争关系，因此，他克制冲动，没有完全消灭莫西拉岛（我们应该注意到，米松和卡拉乔利之间的关系有点类似于辛格尔顿与他那伪善的朋友威廉之间的关系）。

"关于米松船长"（"Of Captain Misson"）一章是以米松在马达加斯加岛建立他的殖民地来结尾的。米松称他的殖民地为"自由之地"，并且保证故事一定会继续下去。接下来的故事则发生在下一章"关于托马斯·图船长，以及他的船员"中。[84] 我们并不知道米松到底生活在哪个时期，但 1707 年与 1708 年间发生的真实事件，则为他的生平提供了一个模糊的历史背景，他的生活经历偶尔与历史上真实的事件联系在一起（例如"温切尔西号"的失踪）。尽管拥有这样一个历史语境，关于米松的叙述也混杂了事实真相和早期的海盗形象，例如死于 1695 年的托马斯·图船长。[85] 于是，在《托马斯·图船长》（"Of Captain Tew"）那一章里，米松遇见了托马斯·图的船，这艘船与"维克图瓦号"及其最新的战利品—— 一艘葡萄牙船汇合，一起驶向"自由之地"。这时候关于托马斯·图的事业的描绘是散点式的，在某种程度上与《通史》第一卷《艾弗里船长》（"Of Captain Avery"）里的一些记录互相重复，甚至扩写了这一卷。这位著名的托马斯·图船长是一个真实人物，但他的故事也带有浓厚的虚构色彩。

为了巩固不断扩张的殖民地，米松派遣托马斯·图前去俘虏一艘奴隶船。托马斯·图最终夺取了一艘荷兰弩炮战船和一艘更大的英国船，船上载着 240 名安哥拉奴隶。米松下令立刻解放他们，并让他们加入马达加斯加的殖民地（米松并不想直接将他们送回安哥拉）。不久之后，卡拉乔利在马斯卡雷尼亚什（Mascarenhas）夺取了一艘荷兰船，米松和托马斯·图在同一时间轻而易举地劫掠了一艘开往吉达的莫卧儿朝圣船。他们将乘客和船员扔到岸上，只留下了船只和上面的货物，以及 100 个 12 到 18 岁之间的女孩，之后他们将这些女孩运到"自由之地"。这和《生平》一书描述的场景十分相似：被俘虏的妇女们在艾弗里虚构的"海

87

盗共和国"里繁衍生息。[86] 正当米松的殖民地欣欣向荣时，武装精良的葡萄牙船只对它造成了巨大的威胁，不过这些船被立刻驱赶并最终被打败。这应该是米松的战斗，但人们经常将它与另外一场艾弗里的战斗弄混，正如《通史》作者所说，"艾弗里早就获得了自己的国家和国王的头衔，这是我们在第一卷中就已经提到的问题"。[87] 作者接下来开始摊牌：他戳穿了艾弗里在马达加斯加岛建立的乌托邦神话，并使用另外一个虚构的版本代替了它，那就是米松的马达加斯加乌托邦。

　　《通史》里的乌托邦很快就失败了。"维克图瓦号"和它的船员在一场暴风雨中失踪。当米松的殖民地被岛上的当地人袭击时，米松抛下所有人，逃离了这座岛，而这群当地人在那里进行了大屠杀，也杀死了卡拉乔利，他（卡拉乔利）到死都不知道这是为什么。[88] 这与马达加斯加人袭击鲍德里奇在圣玛丽岛的殖民地如出一辙。托马斯·图建议去美洲，米松却考虑回到欧洲，虽然他无法做出决定，但是他（米松）的厄运已经扼杀了他关于未来安顿下来的所有想法。[89] 他们驾驶不同的船出海，在一场暴风雨中，米松和他的船员沉入大海，托马斯·图则带着几个法国人驶向美洲。这几个法国人拥有关于米松生平的手稿，这份手稿后来又辗转流传到了拉罗谢勒（La Rochelle），最后到了《通史》作者的手里。托马斯·图在美洲过上了安静而惬意的生活，直到被他的手下胁迫进行另一次航行，这场航行最终带他走向了真实的历史命运——他被一艘属于莫卧儿人的大船[90] 射杀。

　　一些历史学家粗略地看过米松的整个故事，并且在没有完全理解的基础上对故事进行复述，休伯特·德尚（Hubert Deschamps）的《马达加斯加的海盗》（Les Pirates à Madagascar）[91] 就是一个很好的例子。J. R. 摩尔对米松的身份更加关心，并且他也非常熟悉整部《通史》，于是他无中生有地编造出了《笛福的抨击和其他研究》（Defoe in the Pillory and

Other Studies）中的一个案例。摩尔声称笛福就是米松这一形象的创造者，而这个小诡计被 P. N. 福尔班克和 W. R. 欧文斯在他们合著的《丹尼尔·笛福的封圣过程》（*The Canonisation of Daniel Defoe*）[92] 一书中揭穿。一些始终相信米松就是笛福创造出来的人物的人，也认为这部手稿是笛福最值得注意却被忽视的虚构作品。他们试图解释为什么笛福将主人公写成一位神明，却没有注意到米松在那些马基雅维利式（Machiavellian）的狡诈原则中流露出的伪善。[93] 后来一些人犹豫地承认了米松是虚构的，但他们也指出乌托邦是真实存在的，并且这是对海盗政治理想的真实反映。[94] 他们也同样没有察觉到米松是虚构的（他们忽略了乌托邦里那些看似正义的谎言和建立殖民地这一实际行为）。显然，米松的虚构的"自由之地"就是海盗政治主题的延伸，从加勒比的海盗（"海岸兄弟会"）的历史现实开始，然后在埃夫里于马达加斯加岛建立的"海盗共和国"中得到呼应，而现在这段历史属于米松。

据说笛福专门为《通史》写过一篇评论（这有可能是真的），在评论中，笛福说他被海盗们的政治理想感动得神魂颠倒，并且他认为这些政治理想与柏拉图的共和国一样精彩，一样具有说服力。[95] 书中那些吸引眼球的东西，有时候是海盗们大胆冒失的行为，有时候是出奇制胜的掠夺之术，又或者是两个女人参与血腥掠夺的奇异情节。但是最有吸引力的一定是海盗们乌托邦式或反乌托邦式的尝试，海盗们在马达加斯加岛上安家，不管是出于好目的还是坏目的，他们在那里自封为王。[96] 非黑即白的伦理道德和海盗们的政治理念令人印象深刻，他们不仅是横行世界的海盗，对彼此来说他们也都是可敬的人。[97] 不论笛福到底写没写过《通史》一书（并没有证据表明这本书就是他写的），他能成为这本书传说中的作者，以及他专门为这本书写过相关评论，这些都证明了海盗的另类政治是各大作品公认的主题。我们既不需要关注笛福写了什么，也

89

不需要知道那位匿名作者，即虚构的查尔斯·约翰逊船长到底是谁——在那个时代，霍尔本的小酒店里，一张床上就能躺着 3 个这样的写手。[98] 我们只需要知道，《通史》对米松的虚构来源于历史上真实的埃夫里，以及他想象中的马达加斯加王国。

实际上，《通史》的第二卷以米松的故事作为开篇，接着讲述马达加斯加岛上的故事，这种刻意的情节设置提供了一条延续性的线索，而线索勾连着那些同时代的、分散在各个地区的海盗。历史上真正的海盗（如今我们已经拥有更丰富也更可信的资料来追踪他们的踪迹）似乎生活在马达加斯加岛上和格拉布街上，确实过着相互关联的生活，通过变动的联盟、船只、岸上的基地、复杂的社会制度不可避免地交织、纠缠在一起。在那些历史上真实存在过的海盗的只言片语中，我们或多或少能够感受到当时的海盗亚文化——从另外一个角度来说，他们就是最初的殖民者。在《格列佛游记》（*Gulliver's Travels*）中，斯威夫特充满讽刺地写道：

> 一艘船上的海盗们被暴风雨吹到了未知的地方。最后，一个男孩爬上最高的旗杆，发现了一块陆地，于是他们迅速上岸并抢劫了当地人的财产……这群恶劣如屠夫般的船员受聘于一个探险队，他们建立了一个现代殖民地……[99]

这是我们可以窥探到的真实、没有虚构的海盗历史：他们的航海生涯，他们互相结成的同盟，他们精心制作出的关于商贸和掠夺品的货物清单，还有他们最后被收监的结局。在 1712 年出版的《海上航游》（*A Cruising Voyage Round the World*）一书中，伍兹·罗杰斯在二手资料中报告说，"马达加斯加的海盗们，这些可悲又不幸的人，竟然对世界造成这样巨大的影响"，并且就在同年，他们的故事被搬上了舞台，即在皇家剧院上演《成功的海盗》。与此同时，居住在马达加斯加的海盗们穷困潦倒，甚至被当地人瞧不起，[100] 他们只拥有一艘完好的船和一艘被击沉的单桅帆船。[101] 现实情况是这群海盗微不足道，人们很少提起他们。[102] 因此，马达加斯加岛海盗的真实生活和他们在伦敦享有的声誉并不相配。罗杰斯的信息来源于他的线人提供的第一手（而非二手）资料。这些真实的海盗与我们想象中的海盗形象有所区别，这些海盗并不像起源于伦敦那条不起眼的格拉布街的海盗故事中的主角那样神出鬼没，他们之间的关系也没有那么复杂。

90

当基德于 1690 年被抛弃在安提瓜岛（Antigua，危地马拉的旧称）上时，那艘抛弃他的船由威廉·梅森指挥，船上至少有两名水手——塞缪尔·伯吉斯和罗伯特·卡利福德，他们将在圣玛丽岛再次相遇。[103] 在加勒比海击退了几个小海盗之后，这些人获得了 400 枚"八分币"，很多盒价值 30 英镑的糖果蜜饯，除此之外，他们还带走了 8 个黑奴，并以 20 英镑一个人的价格卖掉了他们。他们接着又在纽约卖掉了基德的船（"天佑威廉号"），然后转移去了另外一艘抢来的船——"雅各号"（Jacob），一切准备就绪后，他们驶向了印度洋。据卡利福德所说，伯吉斯在马达加斯加下了船，因为他发现这完全是个骗局，而卡利福德在印度的门格洛尔（Mangalore）叛变。[104]1696 年，当卡利福德跟随东印度公司的船"约西亚号"（Josiah）出海时，船上的水手发动了暴动，此时他以船长的身份出现。接下来，他又神奇地和其他两名水手一起出现在一艘靠近尼科巴群岛（Nicobar Islands）的独木舟上。一艘船经过时抓获了他们，于是卡利福德变成了一名俘虏，但没过多久，他们遇到了"穆哈号"。"穆哈号"上的海盗解救了卡利福德，于是他便和"穆哈号"上的海盗一起踏上征程。[105] 船上的海盗船长拉尔夫·斯托特（Ralph

Stout）和舵手詹姆斯·凯利都曾经被一个印度行政长官俘虏，这名长官让他们改信伊斯兰教，还可能让他们接受了割礼。[106] "这艘'穆哈号'曾经是东印度公司的船（1696 年，船上出现暴动），原本的船长在睡梦中被杀掉了。"詹姆斯·凯利这样说道。船上的炮手威廉·卡思伯特（William Cuthbert）表示，"他那时已经成为摩尔人，并且接受了割礼"。[107]

与此同时，一个名叫理查德·奇弗斯（Richard Chivers）、住在纽约的荷兰人被一群海盗选中担任"决心号"（Resolution）的船长。1696 年 11 月，人们报告说这艘船在印度卡利卡特抢劫了其他船，船长傲慢地声称，他和他的人不承认任何同胞，他们已经出卖了自己的国家，如果被抓到，肯定会被处以绞刑，他们不会手下留情，而是会竭尽所能去做坏事。[108] 虽然夸下的海口不可能全部实现，奇弗斯还是驶向了荷兰控制的毛里求斯岛（Mauritius），之后又去了圣玛丽岛。

在尼科巴群岛，由拉尔夫·斯托特指挥的"穆哈号"加入了"魅力玛丽号"（Charming Mary）的船队。"魅力玛丽号"和托马斯·图的手下一起进行海上劫掠活动。这两艘船在 1696 年 1 月击沉了一艘 500 吨的英国船——"心满意足号"（Satisfaction），船上有大量的糖。不久后，他们又抢劫了一艘荷兰船，这艘船的船主报告称"穆哈号"上有 125 名英国人、荷兰人和法国人。[109] 威廉·威洛克——被击沉的"心满意足号"的船长，在"穆哈号"上被关押了 11 个月，直到 1697 年 12 月 22 日才被放出来。他后来报告称，"穆哈号"和"魅力玛丽号"在 1697 年 2 月夺取了一艘葡萄牙人的船，这艘船装载了很多货物，至少有 100 磅金子和 2300 匹丝绸。[110] 当月晚些时候，他们又俘虏了一艘摩尔人的船，并驶向了马尔代夫。据威洛克称，在那里，他们洗劫并烧毁了很多村庄，而他们也开始互相争吵，结果就是同年的 4 月底，"穆哈号"和"魅力玛丽号"彻底分道扬镳。[111]6 月 5 日，"穆哈号"劫持了一艘葡萄牙人的船，船上的货值 40000 美元。然而，就在那艘船被打劫之时，拉尔夫·斯托特船长和 12 个人上岸取水，他和其中 7 个人被马来人（Malay）割掉了脑袋，于是，科利弗（Coliver）……被选为新船长。[112]

1697 年 6 月，由卡利福德领导的"穆哈号"在马六甲海峡（Malacca Straits）遇到了一艘英国船"多里尔号"（*Dorrill*）。威洛克回忆起当时发生的事：

> 海盗船上的场面从未如此混乱过，一些人主张挂起法国旗帜作战，一些人主张不挂旗帜，另外也有人主张不开战。船长（卡利福德）因为这种混乱而放弃了他的指挥权。随后他们重选了另外一位船长……最后他们决定开战，船长（卡利福德）也重登宝座。[113]

威廉·雷诺兹——"多里尔号"上的押运员（负责船上的货物和商业交易），描述了他见到的这些人的怪异举动："'穆哈号'先是靠近'多里尔号'，并且在船的主桅杆上升起了英国的米字旗。[114]接着，他们突然转向，然后又过了 3 个小时，他们再一次接近'多里尔号'。"两艘船互相试探着问了一些并不具有明显敌意的问题，例如他们船的名字以及前往的目的地，之后"穆哈号"告知对方他们的船长叫卡利福德。[115]

第二天"穆哈号"继续威胁"多里尔号"，雷诺兹趁机记录下两船之间交换的更多的信息。"一个佩着剑的'地狱顽童'（Hellish Imp）出现在'穆哈号'的甲板上，嚷着'你们这群狗，投降吧'，但他这种行为可能并没有得到大家的普遍赞同，因为他很快就被叫走了。"[116] 作为回应，"多里尔号"的船长愤怒地向那个不知道是谁的傻瓜跑去，并且警告他，"我们不会殴打你这样的狗，但你记住，海盗埃夫里和他的同伙都被吊死了！"[117] "多里尔号"的船长重新确立了权威，他问那个"地狱顽童"："你为什么说我们是狗？"[118] 另外一个"穆哈号"上的人上前一步，搓着手说："先生们，我们既不需要你们的船也不需要你们的人，但我们需要钱。"[119] "这很好，""多里尔号"的人回答，[120] "过来拿吧！"[121] 此时"穆哈号"上嗜血的小流氓们抽出了他们的弯刀，并且声称他们要么拿钱，要么让对方的心脏流出鲜艳的血。[122] "你们知道我们'穆哈号'吗？"他们问。[123] "知道，当然知道。""多里尔号"上传来回答。[124] 这群海盗为此欢呼了三声，然后两艘船同时开火。雷诺兹说，"'多里尔号'将'穆哈号'打得太惨了，尤其是船的旁边一侧"：

> 这个结果被威洛克看在眼里，海盗们都失去了勇气和信心。他们说："在这里，除了破碎的骨头，我们什么都拿不到，如果我们失去一根桅杆，我们要到哪里获得另一根桅杆！"结果他们遭到了更猛烈的攻击，一个炮弹打在了前桅的中间，前桅直接变成了碎片。海盗船长（卡利福德）说："现在的风足够大，所以我们要登上那艘船，夺走它，它就是为了我们而出现在那里的！"另外一个人说："你可以让风听你指挥，但是我不想继续战斗了。""我也不想战斗了。"另外一个人说完，大家都开始叫喊起来。[125]

"多里尔号"幸免于难，但也付出了一些代价："多里尔号"的后桅被击得粉碎，它的大部分索具都坏了，同时它的主帆桁也被轰出了一个8英寸深的口子，另外一炮直接打穿了船上储存面包的房间，导致大部分面包被毁。[126] 船员伤亡的情况也不容忽视：炮手的儿子托马斯·马修斯和舵手长各失去了一条腿，而水手长的儿子——13岁的乔治·莫普被击中了大腿，子弹穿过了他的大腿，打碎了他的骨头。[127] 在接下来的几天里，炮手和水手长的儿子都死了，另外两个水手也重伤不治。在"穆哈号"，有两名船员被杀掉，卡利福德则驾驶着船只去寻找新的猎物。他释放了威洛克，并且向他讲述了自己的故事。"穆哈号"于 1698 年 3 月再次回到圣玛丽岛，卡利福德去见了基德一面，然后和他一起喝了一杯波波酒。结果，基德的大部分手下都叛逃到了"穆哈号"上，但"穆哈号"至少有一名船员——詹姆斯·凯利（化名吉勒姆）转投为基德的手下，接受他的指挥。

1698 年 5 月或 6 月，一个名叫西奥菲勒斯·特纳（Theophilus Turner）的人，在约翰娜岛登上了一艘法国船。不久之后，这艘船被"穆哈号"袭击，并被抢了大约 2000 英镑的现金，此外还有酒、衣服和帽子，这些货物被运到卡利福德的船上。由于新加入了很多船员（基德的手下），这艘船的力量大大加强。当"穆哈号"在印度洋沿岸遇上另外一艘由理查德·奇弗斯指挥的海盗船时，特纳正是"穆哈号"上的一名俘虏。[128] 这两艘船相伴而行，并且一起于 1698 年 9 月 23 日在苏拉特打劫了一艘土耳其船——"伟大的穆罕默德号"（*Great Mahomet*），根据卡利福德自己的说法，他们从这艘船上抢走了以下物品：

> 4000 万个阿拉伯金币，价值 6 万英镑；1000 盎司的金子，价值 3 万英镑；25 万枚"八分币"，价值 1 万英镑；3 箱子珊瑚，价值 300 英镑；两大箱子珍珠和龙血（红色松香），价值 200 英镑。[129]

两个背叛者后来作为证人出席了对基德的审判——布拉丁汉姆和帕尔默，他们也参与了打劫"伟大的穆罕默德号"的行动，帕尔默在伦敦监察厅报告称，他们在装运俘虏的船上发现了马匹。帕尔默说：

那些海盗将马匹带上船，然后将船上的大部分人都扔到了岸上。他们扣留了印度水手（这些人可能是土耳其人，可能是摩尔人，也有可能是阿拉伯人）和很多女人……[130]

帕尔默在庭上并没有描述那些被俘虏的男男女女之后的命运，但在东印度公司工作的塞缪尔·安斯利将"伟大的穆罕默德号"船主的抱怨转述给了他的公司。船主说，"那些在他船上的朝圣者全都被扔进了没有船桨、水手和补给的逃命小舟上，并且差不多有 60 位女性乘客被囚禁在甲板上，并遭遇了非人的对待，其中 5 人挥剑自刎"。[131] 他又说，"经过计算，船上的货物和马匹价值 1850000 卢比"。[132] 这段话的可信度并不高，因为被夺走船的船主可能会为了寻求赔偿而故意夸大自己的损失，但可以肯定的是，帕尔默说过这群海盗夺走"伟大的穆罕默德号"是为了用它来替代奇弗斯原本的船（因为这艘船沉没了），并且也有报告称，船上的海盗瓜分了掠夺物，平均每个人得到了重达 700 磅到 800 磅的物资。[133] 这艘奇弗斯从土耳其人那里夺取的船，一共配有 22 把枪，并且比"穆哈号"大得多，那个犹犹豫豫的特纳驾驶着"穆哈号"驶向圣玛丽岛，并于 1698 年的圣诞节前后抵达了那里。[134]

与此同时，卡利福德在"雅各号"上的旧船伴——塞缪尔·伯吉斯，在马达加斯加岛重新加入了"雅各号"，这艘船的船长曾经因为他的欺诈行为而解雇了他。他驾驶着"雅各号"回到纽约，并且将它当作一个礼物（以示安抚）献给地方长官弗莱彻，[135] 伯吉斯接着就被弗雷德里克·菲利普斯雇用。菲利普斯是一位有钱的纽约商人和奴隶贩子，在菲利普斯的安排下，伯吉斯当了"玛格丽特号"的船长，并且驾船驶向马达加斯加岛。他给鲍德里奇带了一封菲利普斯的信，信里充满了菲利普斯对 1693 年委托鲍德里奇所办之事的埋怨和抗议，尤其在奴隶买卖方面，菲利普斯说：

"我的主要收益来自奴隶贸易。顺便说一句，我也盯着其他生意。"[136] 然而鲍德里奇并没有送来 200 个或者更多的奴隶，他失败了：

> 船上的 34 个奴隶里，15 个奴隶是小孩，还有 3 个吃奶的婴儿。并且你（鲍德里奇）送来的铁几乎生满了锈，合金则一点用都没有，因为没有人愿意用东西来交换它们。[137]

伯吉斯在 1695 年到 1697 年间的航行满足了菲利普斯的需求，因此，菲利普斯要求伯吉斯再次于 1698 年驶往圣玛丽岛。[138] 为了获得更多的奴隶，伯吉斯在纽约购买了很多货物，清单如下：一把大口径短枪…… 24 顶黑帽子…… 100 双低跟轻便舞鞋…… 11 桶大桶的朗姆酒……两大桶青柠汁。[139]

菲利普斯并不是圣玛丽岛上唯一的商人。在伯吉斯于 1699 年抵岛之前，一个名为贾尔斯·谢利的海盗就已经造访了这座岛，他是"拿骚号"（Nassau）的船长。他向纽约的雇主或者代理人史蒂芬·德莱尼报告说：

> 马达加斯加附近的圣玛丽岛……我在那里帮你卖了 17 捆穆斯林布，24 捆白棉布，1 捆印花棉布，1 吨象牙，以及 2～3 英担鸦片。船上的其他货物也都卖出去了，有好有坏。[140]

当伯吉斯回到纽约之后，地方长官贝洛蒙特被告知（不知道消息准确与否）：

> 谢利在圣玛丽岛上卖朗姆酒，价格是 1 加仑 50 先令，这种酒

95

在纽约 1 加仑只需要 2 先令，在马达加斯加岛上则是 1 加仑 3 英镑。一种管装的马得拉白葡萄酒，在纽约的价格是 1 管 19 英镑，在圣玛丽岛上却可以卖出 1 管 300 英镑。烈酒、火药和炮弹在那里最为畅销。[141]

"通过马达加斯加的贸易，"伯吉斯抱怨道，"纽约将会被金子包围。这是我听过的最能获利的贸易，马达加斯加岛上的海盗应该也知道，而且我相信走这条路比成为海盗和抢劫更有利可图。"[142]

谢利本质上就是一个商人，而不是海盗。他载过一些乘客，并从他们手里挣点钱："通过收取路费，他得到了将近 12000 枚'八分币'，以及 3000 枚里昂银币 *。"[143] 在这些乘客中，29 个乘客是去往美洲的，其中包括了两个不情愿的海盗——西奥菲勒斯·特纳以及达比·马林斯——他们跟随基德来到了圣玛丽岛（后来，这两人与在伦敦老贝利法庭指证基德的布拉丁汉姆和帕尔默一起被处以死刑）。一部分乘客在到达新泽西州的开普梅（Cape May）时，被当地的副执行长官杰里迈亚·巴斯（Jeremiah Basse）抓捕。巴斯报告说，这些乘客承认自己在印度洋沿岸劫掠了一些货物。[144] 其中两个人分到了赃物，巴斯仔细检查了这些物品："他们的箱子里有 7800 枚里克斯银币和威尼斯金币 **，还有大概 30 磅熔化了的银子，一包属于阿拉伯人和基督徒的黄金，一些琥珀和珊瑚制成的项链，以及各式各样的印度丝绸。"[145]

---

* Lyon dollars，里昂银币是 18 世纪在法国里昂铸造的一种银币，主要用于国际贸易和殖民地交易，名称来源于其铸造地——法国里昂（Lyon）。——编注
** Rix dollars，里克斯银币是 16 世纪至 19 世纪在欧洲广泛流通的一种银币，名字源自德语 "Reichsthaler"，意为"帝国的货币"；Venetians，威尼斯金币是中世纪和文艺时期由威尼斯共和国铸造的金币。——编注

　　贝洛蒙特怀疑杰里迈亚·巴斯试图将这些战利品据为己有（可能贝洛蒙特是对的），然而在这一年稍晚的时候，这位勤勉的地方长官又抓捕了传说中杀死东印度公司"穆哈号"船长的凶手。詹姆斯·凯利到达圣玛丽岛后，从"穆哈号"下船，然后居住在岸上，之后随基德一起前往美洲，后来于1699年在马萨诸塞州的波士顿被捕。人们寻着他骑的母马的痕迹，发现这匹母马被绑在波士顿一家酒馆的院子里，然后，通过一位曾经的马达加斯加海盗的妻子，人们发现了詹姆斯·凯利的行踪。[146]这实在需要一些运气，贝洛蒙特也不得不承认这一点。传说中杀死"穆哈号"船长的人在黑暗中被抓捕，当时他搞完女人正准备返回，然后贝洛蒙特让城里的一名外科医生和一位犹太人检查了他的身体，以确认他是否接受了割礼，两人都发誓他已经接受了割礼，[147]这才最终确定了他的身份。詹姆斯·凯利与基德同船被带回到伦敦，他否认自己曾经进行过海上劫掠，也否认是自己杀死"穆哈号"的船长，但都失败了。他被认定有罪，并且被要求在纽盖特监狱简单写下自己的故事，在故事结尾，他的签名是这样的："不幸的詹姆斯·凯利。"最终，1700年7月12日，詹姆斯·凯利因海盗罪被施以绞刑。[148]

　　1699年回到马达加斯加岛时，谢利告诉他在纽约的代理人："伯吉斯船长到达圣玛丽岛的那天，我离开了那里。"[149]说这句话时，谢利的语气很轻快。当"玛格丽特号"在1699年1月9日抵达圣玛丽岛时，伯吉斯发现鲍德里奇已经不在岛上，他便驾驶一艘双桅帆船离开了那里，并最终抵达纽约。伯吉斯却发现了一位老相识——"穆哈号"护卫舰，这艘船由罗伯特·卡利福德指挥。后来，卡利福德买下了"玛格丽特号"上的大部分货物，包括各种类型的小型军火，并且支付了6800枚"八分币"。[150]根据"穆哈号"上的乘客（西奥菲勒斯·特纳）所称，当时另外一艘海盗船也在场，那便是奇弗斯的战利品——"伟大的穆罕默德号"。

96

特纳直接描述了发生在圣玛丽岛上的事情：

> （岛屿附近）有一艘搁浅在岸边的船，据说它是被基德船长开
> 到那里的。也有人说这艘船是从摩尔人或者土耳其人那里夺来的，
> 被停时由一名荷兰人指挥。这艘船的船底与基德船长从纽约开来的
> "加利探险号"类似，并且与另外一艘霍尔船长（Capt. Hoare）或者
> 格洛弗船长（Capt. Glover）截获的土耳其船一样，拥有一根显眼的
> 桅杆。圣玛丽岛上并没有设防，但爱德华·威尔士（鲍德里奇的接
> 班人）在他的房子里准备了6杆枪，无奈却射不到船的搁浅处。卡
> 利福德船长守在圣玛丽岛的要塞，奇弗斯船长则假扮成一个荷兰
> 人。岛上有一个名叫约翰·斯旺（John Swann）的人，他是卡利福
> 德的伴侣（传说卡利福德是同性恋），和卡利福德住在一起；同时，
> 还有将近100个英国人、法国人和荷兰人生活在岛上。[151]

当伯吉斯再次驶离马达加斯加岛时，"玛格丽特号"上载着许多购买
了船票的白人乘客（其中就包括理查德·奇弗斯）和超过100个用来卖
钱的黑奴。[152] 在这次回程中，"玛格丽特号"听从马修·洛思（Matthew
Lowth)的命令，于1699年12月18日在好望角停留了一下。这个洛思
是东印度公司的"忠诚商人号"（*Loyal Merchant*）的指挥者，他拥有一
份执照，一份抓捕海盗的委任状。伯吉斯称他是一个合法的奴隶贩子，
但在"玛格丽特号"上，正如洛思觉察到的那样，船员都是白人，数量
和黑人几乎等同。[153] 于是洛思逮捕了伯吉斯和"玛格丽特号"上所有的
白人，用铁链锁着他们，并将他们安置在"忠诚商人号"的甲板上。这
一举动给未来的历史学家们留下了一份宝贵的财富——成堆的文献证据
充分证明了海盗的官僚作风，并且洛思也对这些文献做出了自己的贡献，

他整理了一份"玛格丽特号"在 1699 年 12 月 19 日的战利品清单，这份清单里包括：

> 大量的钱币……1 个英国船铃……1 块非常大的英国铜……100 个黑奴……3 桶胭脂虫。[154]

两天之后，12 月 20 日，在好望角附近，根据洛思断句不清的记录：

> 海上又出现了另一艘驶向我们的小船，我拦截了它，并且找到了它的船主托马斯·沃伦。这艘船名叫"爬藤花号"（Vine pink），是一艘船尾狭窄的小船，当时它正载着 14 个海盗或者乘客离开圣玛丽岛，其中一人是卡利福德船长。[155]

沃伦在洛思面前扔下一份陛下赦免海盗的公告，作为回应，洛思给他看了抓捕海盗的委任状并且命令他戴上镣铐。[156] 第二天，洛思想从沃伦嘴里获得更多的证言，于是给他解开铁链，并将他和乘客放回自己的船上。就这样，洛思和沃伦成了好朋友。[157] 与此同时，好望角附近开始频繁发生军事和商业冲突。

英国贸易与殖民委员会于 1698 年 1 月 13 日给国王威廉三世写信，报告他们已经分别与沃伦船长及东印度公司进行过谈话，但都没有获得关于圣玛丽岛的更多信息（这或许是因为沃伦船长从来就没去过圣玛丽岛）："我们未能从沃伦船长那里获得任何关于圣玛丽岛的防御或者人员安置状况的信息。"[158] 他们总结说，"如果对这种人员安置的情况感到满意，那么陛下应该派遣一个海军小分队去招抚所有会投降的海盗，并且攻击那些拒绝招安的海盗"。[159] 委员会于次月重申了他们的决议，因为他们听说东印度洋上的海盗将马达加斯加岛旁的圣玛丽岛当作据点，而一个名叫鲍德里奇的人向他们提供补给（鲍德里奇就是这群乌合之众的头儿）。[160] 当国王和委员会正仔细考虑他们的新决议时，1698 年 9 月，他们听到一些言语模糊的新闻说，"当地人于 1697 年 7 月攻击了圣玛丽岛（这一信息来自鲍德里奇的汇报），防御处一共有 40 个人，岛上的当地人将他们切成了碎片，并夺取了他们巨额的财产"。[161] 在这种情况下，1699 年，一支由沃伦领导的小分队被派遣出海，并且带着一项混淆视听的任务：护送一名大使去印度。尽管目标并不相同，沃伦还是派他的儿子登上"爬藤花号"和继续留在圣玛丽岛上的海盗余孽们商谈招安事宜。沃伦的儿子（也叫托马斯）汇报说他于 1699 年 8 月登上圣玛丽岛，第二天，一个名叫罗伯特·卡利福德的人带着一群黑奴来到"爬藤花号"并且请求赦免。[162]1699 年 9 月 8 日，罗伯特·卡利福德和 16 个船员（其中包括他的伴侣约翰·斯旺，以及其他 8 个不识字的人）在请愿书上签名或盖章，并且恳求道："将我们带到陛下统治范围内的任何区域吧，让我们能够尽快向他证明我们的忠诚。"[163] 当洛思注意到沃伦的海上权威时，卡利福德已经摆脱了洛思在好望角的掌控。然而，伯吉斯为纽约的菲利普斯运送的黑奴在好望角被洛思卖掉了（其中一些黑奴被他用来贿赂当地的荷兰官员，这些官员也在这次争斗中渔翁得利），伯吉斯和他的白人乘客不得不跟随洛思的"忠诚商人号"前往孟买，在那里，他们被关押在城堡监狱（Castle Prison）中。奇弗斯则在伯吉斯返回英国，于 1701 年 8 月 29 日被收入马歇尔希监狱（Marshalsea Prison）之前死去。[164] 尽管卡利福德一帆风顺地回到了英国，并没有受到孟买航行的影响，但对他的赦免被认为是有问题的（因为当他签字时，这份赦免已经过期了）。结果卡利福德被关进纽盖特监狱，并且因海盗罪而受到审判。[165] 官员们也特别指出，虽然还没找到指控伯吉斯的证据，但是卡利福德船长并不能成为指控他的证人，除非他先被赦免。[166]卡利福德本人也非常清楚整个审判的过程，1701 年 10 月 2 日，他在纽盖特监狱的审讯中表示："我和伯吉斯很熟……我从伯吉斯那里收到了一封信。伯吉斯在信中表示，因为他（伯吉斯）正被关在马歇尔希监狱里，所以他希望我不要承认我们两人互相认识。"[167]一位法律顾问在 1702 年 4 月 2 日向海军大臣写的信中称：

99

> 经女王的拥护者和委员会证实，人们提到的卡利福德就是指控其他被拘留海盗的必要证人，如果没有他的证词，那么这些海盗就不会被审判。因此，我的观点是，为了能让他为我们所用，我们应该赦免卡利福德。[168]

女王安妮最终同意了这项请求，卡利福德被赦免了。然而几个月之后，伯吉斯在菲利普斯家族的帮助下也被赦免了。[169]从此之后，卡利福德在人们的视野中消失了。伯吉斯则在一艘或两艘由威廉·丹皮尔指挥、去往太平洋的船上获得了中尉的职位，后来他又被分配到一艘在加那利群岛（Canarias）的特内里费岛（Tenerife）附近被截获的法国船上担任指挥。这件事发生在 1703 年 11 月的特拉华湾，虽然看似不合理，但从那时起，他也在人们的视野中暂时消失了。[170]

与此同时，英国另一次讨伐远征收效甚微。1703 年被派出去对付马达加斯加海盗的两艘船抓获了一些人，其中包括戴维·威廉斯和一个荷兰人约翰·普罗，但他们两个人偷偷地乘小船逃离了科摩罗群岛。[171] 1703 年，另一艘船出了一些事故，并且向我们提供了更明确的信息。这艘船从孟加拉驶离，在归程路上漏了水，之后不得不停靠在马达加斯加岛的南端。但没过多久，船上的大部分船员被杀了，只剩下一小部分幸存者，其中包括一个名叫罗伯特·德鲁里（Robert Drury）的小男孩。这个小男孩与马达加斯加当地人打成一片，并且往返于不同的部落，经常走很远的路，他唱着马达加斯加的歌曲，因为他已经忘记了怎么用英文唱歌。德鲁里在 1716 年被一艘名为"德雷克号"（*Drake*）的贩奴船解救，在这之前，他一直像马达加斯加人一样生活。[172]

德鲁里重新穿上衣服，理了发，又变回一个英国人，他和新船长威廉·马克特一起，驶向了马达加斯加岛西北海岸的马瑟拉吉（Masselage）。他们希望能从当地的国王德恩·托阿科夫（Deaan Toakoffu，也被称为"Long Dick"或"King Dick"）手里买到一些奴隶。[173] 德鲁里跋山涉水来到河流上游的城市，却听说国王出去打仗了，不过有 4 个白人住在那里，他们来自圣玛丽岛。[174] 除此之外，德鲁里还打听到，这些白人已经在城里住了些年头，他们的名字是伯吉斯船长、扎卡里（Zachary）、约翰·普罗和尼克。[175] 德鲁里见到了其中的两个人，他们提供了一张某个退休了的海盗的画像，而这个人在 1703 年的讨伐远征中被抓捕，又于 1704 年逃脱：

100

　　那个荷兰人名叫约翰·普罗，他能说一口流利的英语。他穿着一件系着宽大纽扣的短衫，并且也戴着和他衣着风格相配的配饰，但他并没有穿鞋或者袜子，腰上别着一把手枪，手里也有一把手枪……（他）过得非常体面潇洒，他的房子里摆满了锡制的餐具，放着一张带床帘的立式床。除了精美的椅子，房间里剩下的东西都取之于自然。他有一间专门留给厨师和奴隶的房子，一间用来当仓库的房子，以及一座在夏天度假时居住的房子。这些房子都被栅栏围起来，就像这个国家里那些大人物的房子一样。他很有钱，还有很多头牛和奴隶。[176]

当德鲁里和另一个人接触时，这个人也带着三把手枪——"尼克热诚地看着我的脸，最终抓起了我的手说：'罗伯特·德鲁里，你这些年都干吗去啦？'"[177] 这个人名叫尼古拉斯·达夫（即尼克），他是 13 年前和德鲁里一起在那场屠杀中被救的其他 4 个男孩之一，当时船上的大部分船员被杀害了。达夫跟德鲁里讲起了他这些年来的海盗生活，他大部分时间都在追赶摩尔人（穆斯林的船），并且获得了很多战利品，他们将这些战利品都运到了圣玛丽岛上："那是一个非常好的港口，也是我们日常集结的地方。"[178] 他们变得富有，船已经变得很旧，破损也很严重，于是他们就停留在了马达加斯加岛上。他们让一个木匠——托马斯·科林斯来当他们的头儿，并且在当地建造了一个小型防御工事，与此同时，他们过着一种放荡和邪恶的生活，经常强抢和玷污当地人的妻子与女儿。[179] 在托马斯·科林斯的带领下，在搬去德恩·托阿科夫的领地之前，他们已经有整整 9 年没有出海打劫了。[180]

德鲁里也见到了扎卡里和塞缪尔·伯吉斯，当时伯吉斯刚刚离开马歇尔希监狱，并打算前往马达加斯加岛，不过德鲁里并没有透露太多关于这两位海盗的信息，我们只知道伯吉斯拥有一艘单桅帆船，而他利用这艘船来运送奴隶。[181] 德恩·托阿科夫在一个月后从战场回到家里，举行了很多仪式，送给了德鲁里一个 12 岁的女孩，但德鲁里立刻将她卖给了约翰·普罗。[182] 罗伯特·德鲁里于 1717 年回到伦敦，随后写作并于 1729 年发表了他的著作——《杂记》（*Journal*）。这部《杂记》最终被认为是笛福的作品而流传于世，它不仅由后人做了许多修改，还增加了很多编造的情节。不过最近几年，《杂记》里这些杂七杂八的内容都被删掉了。[183]

德鲁里的回忆可信度较高，我们从中可以了解 1716 年到 1717 年间的海盗生活。尽管《通史》一书的内容也不是一贯可信，却能够证实德鲁里海上经历的一些细节。《通史》第二卷中关于海盗生活的描写有些令人疑惑，不过这大概是因为其涉及的联盟、地区和船伴等都经常发生变动。发生在马达加斯加岛上的故事本应该继续下去，但中途又出现了一个伯吉斯，而这一时间又恰好与德鲁里到来的时间对应得上。根据《通史》的记载，伯吉斯回到了马达加斯加，并且在之后的几个月里一直住在圣玛丽岛上，但后来他又打算以马瑟拉吉为据点进行奴隶贸易。[184] 德鲁里提到，伯吉斯与马克特船长的生意往来和另外一艘名为"亨利号"（Henry）的船有关，同时，《通史》这本书也讲述了类似的故事。《通史》提到，"亨利号"的船长派伯吉斯去向国王德恩·托阿科夫投诉奴隶供给不及时。[185] 根据《通史》的记载，德恩·托阿科夫憎恨这种不礼貌的行为，因此伯吉斯的结局可能是：

> （他）被一些黑人首脑带去吃晚饭，并与他们一起喝了很多蜂蜜酒（Honey Toke，一种当地的酒精饮料）。据推测，酒里被下了毒，因为没过多久，他就一病不起，并且很快去世了……[186]

这个关于塞缪尔·伯吉斯船长的猜测并没有得到证实，它悬而未决，所谓的海盗历史大多是这样。[187]

1719 年 4 月，在非洲大陆的另一边的塞拉利昂，威廉·斯内尔格罗夫（William Snelgrave）船长的"飞鸟号"（Bird）被一群尾随他的海盗夺取。这件事发生时，斯内尔格罗夫本人也在船上。围攻他的海盗船一共有 3 艘，分别由托马斯·科克林（Thomas Cocklyn）船长、豪厄尔·戴维斯（Howell Davis）船长和一个叫拉布斯（La Buse）的法国人[188]领导，他们组成了一个松散的联盟。《不列颠公报》报道过这群海盗的事迹，以及他们闻所未闻的残忍暴行。他们曾经将"公主号"（Princess）

的普拉姆船长吊起并杀死，冷静得就好像自己置身事外一样。他们也曾经将黑人倒着吊起来，然后射杀至死。[189] 实际上，普拉姆船长并没有被吊死，那些关于黑人的报告也可能是错误的。不过斯内尔格罗夫的经历却是第一手材料。他记录的这些事件很值得我们注意，这份记录充分展现了海盗文化的无序性，同时也展现了斯内尔格罗夫发现自己处于一个颠三倒四的世界，并为此感到震惊。"我不愿提及这些琐碎的事情，"他说，"但我认为这些事情能够说明这群人的性格。"[190] 例如，他观察到了海盗们如何处理他们劫持的"飞鸟号"上的酒：

102

> 他们在甲板上吊起很多装有红葡萄酒和法国白兰地的木桶。他们将这些木桶的盖子打开，然后用罐子和碗在里面舀酒喝：他们要么将装满酒的水桶扔向对方，要么一桶接一桶地喝酒。当甲板上的酒都喝光了，他们又吊起更多的酒桶；到了傍晚，他们就用桶里剩下的酒清洗甲板。[191]

那些瓶装酒也像桶装酒一样被随意处理了。海盗们不愿意费力去打开瓶塞，而是直接用弯刀将瓶颈敲掉。[192]

当斯内尔格罗夫仅剩的计时器——一块非常好的金表，被送到海盗的舵手长那里时，舵手长拽着表链，很快将它放在甲板上并踢了一脚，说："这是一个漂亮的足球！"[193] 斯内尔格罗夫的两大箱书也都被清空了：

> 书被扔得满船都是。当一个海盗打开它们（那两只大箱子）时，表示这些破烂玩意儿都够一个国家用了。这个海盗建议把这些书都扔到海里去，因为他害怕某些书会引起船员之间的争端，还会让他们当中的一些船员放弃这段旅程，甚至他自己都有可能受到影响。

念及此，这些书都被扔出了船舱。[194]

斯内尔格罗夫剩下的物品的命运和这些书差不多，都被扔到海里去了，除了一个放着一套黑西服、一顶很好看的帽子和假发[195] 的包裹。其中一个海盗打开了这个包裹，他用一把宽刃剑的剑柄重重击打了略微抗议的斯内尔格罗夫的肩膀，警告他不要怀疑海盗的意志。[196] 斯内尔格罗夫感谢他的提醒，之后这个海盗将那套衣服穿在身上，但不到半个小时，他就脱了下来，然后把衣服扔进海里，因为一些海盗看见他穿成那样，往他身上泼了几桶法国白兰地。[197] 那个晚上，斯内尔格罗夫只从海盗的手里救下了他的帽子和假发，但他没有预料到的是："很多海盗给我拿来了酒，以及切片的烤火腿，我的盘子里还有一片饼干，他们为我的处境感到难过。"[198] 过了一会儿，另外一个海盗进到船舱里。"我将保留下来的帽子和假发挂在船舱里的钉子上，差不多到晚上八点的时候，一个喝得醉醺醺的人进入我的房间，戴上了我的帽子和假发。他告诉我，他是岸上的一名成功的商人，他的名字是霍格宾。"[199] 这个戴着斯内尔格罗夫帽子和假发的霍格宾之后被海盗的舵手长打得非常惨，因为他擅自拿了他没有权利拿的东西。[200]

海盗舵手长（一个小官）只是一个粗鲁的小角色，但抓捕斯内尔格罗夫的人——这艘船的托马斯·科克林船长，却对舵手长很有礼貌。斯内尔格罗夫同时也指出，另外一艘船的船长豪厄尔·戴维斯是一个非常慷慨和有人味的人（但他很快就死掉了）。约翰·泰勒——戴维斯的手下，则被斯内尔格罗夫认为是一个敏锐而勇敢的人。但他并没有描述另外一个海盗船长——法国人奥利维耶·勒瓦瑟尔（Olivier Le Vasseur），这位船长也被叫作拉布斯，外号"秃鹫"（the Buzzard）。[201] 戴维斯建议用一艘多出来的海盗船与斯内尔格罗夫交换"飞鸟号"，斯内尔格罗夫接受了这项提议，并就此扬帆远航，开始编织自己的故事。在这之后，这群海盗的名字经常被人提起，尤其是在印度洋上。然而，他们的船还没绕过好望角，戴维斯就意外去世了。"公主号"上的一名水手加入了他的队伍，这是一个将会在未来大放异彩的凶猛海盗——巴塞洛缪·罗伯茨。在戴维斯被几内亚湾普林西比岛的葡萄牙地方长官下令杀害之后，罗伯茨接手了戴维斯的工作。[202] 另外一个海盗船长爱德华·英格兰也加入了这个松散的联盟，约翰·泰勒则成了另外一艘战利品船"胜利号"（Victory）的船长。法国人拉布斯开始在印度洋打劫，但不幸的是，他的船在马达加斯加岛附近的科摩罗群岛中的马约特岛（Mayotte）附近沉没了。[203]

当法国人拉布斯在昂儒昂岛（Anjouan）重新造船时，另外两艘海盗船于 1720 年 8 月出现在了海平线上——爱德华·英格兰率领着"幻想号"（这艘船的名字来自埃夫里的船），约翰·泰勒率领着"胜利号"。麦克雷船长在他自己的船上——"卡桑德拉号"（Cassandra）看到了这些抵达昂儒昂岛的船，之后他决定与他们战斗一番。虽然他没能得到昂儒昂岛上其他船只的支援，但也取得了一点胜利。"胜利号"在狂风巨浪之间被打坏了，据麦克雷船长称，为了修补损坏的部分，它不得不从战场上撤退。但"幻想号"还在猛烈还击，麦克雷船长打算背水一战——他决定将"卡桑德拉号"搁浅上岸。由于"卡桑德拉号"被"幻想号"无情地追赶，当它搁浅时，"幻想号"比它冲得更深，在更高的地方搁浅了，这就出现了一个令麦克雷船长感到开心的场景——"幻想号"的船首出现在"卡桑德拉号"有枪的一侧。[204] 但没过多久，"胜利号"就前来支援"幻想号"，它不仅带来了三艘船的水手充当战斗力，自己也重新加入了战局，于是麦克雷和他的手下只能弃船逃生，那艘长长的船遭受攻击并被火力完全笼罩。[205] 尽管麦克雷头部被毛瑟枪子弹擦伤，但他还是像其他人一样，游泳（或者乘船）回到了岸上。[206] 海盗们瓜分了"卡桑

104

德拉号"上的战利品，又继续驶向孟买。他们带走了价值 10000 英镑的羊毛，以及价值 25000 英镑的银币，希望能够在印度买到好东西。[207] 在陆地上游荡了一段时间之后，麦克雷打算和那些取得胜利及丰富战利品的海盗进行谈判，这群海盗同意用已经损坏的"幻想号"来交换"卡桑德拉号"。

麦克雷驾驶"幻想号"前往危险的孟买，但他的手下理查德·莱辛比（Richard Lasinby）继续作为俘虏被英格兰困在他的新海盗船上。莱辛比目睹了这群海盗接下来在不同航线上展开的劫掠行动，以及他们对一些摩尔水手（印度人或者阿拉伯人）的折磨——为了知道钱财到底藏在何处，他们毫不犹豫地使用钳子钳住了这些水手的关节。[208] 在莱辛比并不友善的目光中，这群海盗又驶往拉克代夫群岛（Laccadive Islands）中的一个小岛。海盗们入侵了那里，当地的男人都连夜逃亡：

> 被留下的人基本都是女人和小孩。一两天之后，（海盗们）在树丛中发现了他们，并以特别野蛮的方式强迫他们满足自己的欲望。海盗们还砍掉了岛上的可可树和任何一样他们见到的东西，并且放火烧了当地的房子和教堂。[209]

英格兰和泰勒接下来去了科钦（Cochin），他们在那里劫掠了一艘小型的英国船，船上一名喝得醉醺醺的船长告诉了他们一个错误的信息：麦克雷准备了一艘船，打算在海上追捕海盗。于是这群海盗就拿背叛了麦克雷的莱辛比撒气，莱辛比后来说，泰勒船长拿起他的手杖无情地抽打他，直到其他更有同情心的海盗们再也看不下去，于是劝阻了他。[210]

海盗们并不在意国与国之间的界限，他们不仅一路上畅行无阻，还勾结各种商业权势，建立属于自己的殖民地。欧洲国家在 18 世纪主要是通过国家商业公司——例如英国的东印度公司及葡萄牙、荷兰和法国等类似的公司——来对东方贸易进行管理。这些公司都与当地的政治军事政权有所联系：在这些政权的帮助和支持下，他们互相交换本国产的货物（例如英国的羊毛）以及一些用来购买印度商品的硬货币（例如银币），购买的货物主要有印度棉布、平纹细布、丝绸，还有珍贵的阿拉伯咖啡、马拉巴尔胡椒，以及中国茶等（正如伏尔泰观察到的那样，那些堆积如山的货物和生活必需品，将被分割成两个半球的世界联系在了一起）。[211]

当英格兰和泰勒再次回到科钦时，荷兰人已经在那里建立了他们的殖民地。因此，荷兰人也是当地海盗的资助者，荷兰人带来了一艘满载着亚力酒的大船，海盗们欢天喜地地接受了它。[212] 海盗们贿赂了与他们合作的地方长官，给了他一座做工精良的台钟，这座台钟是从"卡桑德拉号"上劫掠来的。他们也心甘情愿地向那位乐善好施的荷兰人支付了一大笔钱，于是他们高呼三声并向他的船舱扔了几把杜卡顿[*]（从"卡桑德拉号"上得来的银币）。[213] 后来，海盗们为下一步计划而争论不休，一部分人希望返回马达加斯加岛，另一部分人则希望继续在海上打劫那些有利可图的摩尔人商船。在决定继续打劫摩尔人商船之后，他们用海盗的方式庆祝了圣诞节——他们狂欢纵饮了将近3天。[214] 他们于1721年抵达了毛里求斯岛，并且法国人拉布斯也加入了他们（莱辛比在报告中并未提及）。同拉布斯一起，他们又驶往马斯克林群岛（Mascarene Islands）中的一座小岛——一座离他们很近的由法国人控制的小岛，这座岛现在被叫作留尼汪岛。[215]

---

* Ducaton，16世纪至17世纪在低地国家（今荷兰、比利时等）铸造的一种银币，名字源于"Ducat"，但它是银币而非金币。——编注

4 月 8 日，驾驶"卡桑德拉号"的泰勒和爱德华，以及驾驶"胜利号"的法国人拉布斯出现在留尼汪岛的圣丹尼斯港。据莱辛比后来回忆，他们在那里只发现了：

> 一艘装备了 70 杆枪的葡萄牙船，这些葡萄牙人稍微抵抗了一会儿之后就缴械投降，因为这艘船在暴风雨中失去了它所有的桅杆和大炮。他们自己的情况也并不好，在经历了一场暴风雨之后，他们也只剩下 21 杆枪……当他们打算夺取这艘葡萄牙船时，他们发现船上有许多乘客，其中一位乘客是果阿总督（Vice Roy of Goa）。[216]

一个法国人——弗朗索瓦·杜瓦尔（François Duval），清楚地记录下了整个事件。他写道，"在总督本人的帮助下，埃里塞拉（Ericeira）伯爵勇敢地保护了自己的船。这艘船名叫'卡博圣母号'（*Nostra Senhora de Cabo*），它不仅被飓风破坏了，非常需要整修，而且还缺少船员。两艘海盗船在风中全速驶向他们，画有骷髅头的黑色旗帜在风中高高飘扬"。[217] 在"卡博圣母号"的驾驶台上，一群幸存下来且没有投降的人加入了战斗，勇敢的总督穿着危险的、吸引敌人注意的猩红色衣服站在最前方。他像个落败的英雄，一群海盗围着他，折断了他的剑，还将他打翻在地。但他依然顽强地使用手杖来抗争，如果不是约翰·泰勒大吼一声制止了海盗们对他的围殴，他可能就自尽了。总督被带到"卡桑德拉号"上并被彬彬有礼地对待，与此同时，法国人拉布斯和英格兰一起商量让人将总督赎走。英格兰提出赎金要 2000 皮亚斯特*，总督则说他要给留尼汪岛的法国地方官写信才能拿到这笔钱。于是法国人拉布斯就递

---

* Piastres，一种西班牙和西属美洲地区的货币。——编注

送了这封信。赎金很快就送到了，海盗们也按照约定将总督放回了岸上。为了显示他那昂贵的自由，海盗们派了一艘华丽的小船送总督上岸，同时还鸣礼炮 21 响。

　　海盗们的另外一个俘虏——理查德·莱辛比，也同总督一起被释放。他描述了一场在甲板下进行的谈判，这场谈判由海盗中的一个极具威望的人主持，他们讨论的主题是如何处理总督，一些人希望将他随船带走，这样可以提高潜在的赎金，另外一些人则建议向法国当局索要一笔能即刻支付的小额赎金。最后，海盗们决定赎金的金额是 2000 美元。[218] 然而，莱辛比表示，总督告诉他，有些东西的价值远超过总督的赎金：总督私自运送了一批钻石。海盗们在"卡博圣母号"上发现了它们，总价值在 300 万到 400 万美元之间。[219] 无论这些人真实的经济状况如何，在 18 世纪的第一个 25 年里，在印度洋的中央，不论是以皮亚斯特还是以美元进行结算，"卡博圣母号"都算得上是一个传奇。或许，它真的是海盗们在"黄金时代"中夺取的价值最高的战利品。

　　关于抓获总督这一事件，各种资料的记载各不相同。这些记载很快便衍生出了各式各样的传说，例如《保罗和维尔日妮》（*Paul et Virginie*）一书的作者贝尔纳丹·德圣皮埃尔（Bernardin de Saint-Pierre）就不断将传闻逸事当作真实的历史来讲述。尽管他没有指名道姓，但他详细地描述了法国人拉布斯的外貌。根据贝尔纳丹·德圣皮埃尔在《航海》（*Voyage*）一书中的描述，在总督和法属留尼汪岛的地方官一起吃饭时，海盗船长（圣皮埃尔暗示这人就是法国人拉布斯）闯了进来，并且礼貌又友好地宣布，总督现在是他的囚犯了，他希望能够得到一笔 1000 皮亚斯特的赎金。[220]"那太少了。"地方长官回答道。他建议要么以更多的赎金赎回总督，要么一分都不给。[221]"那就一分都不给吧！"这个海盗大胆地回答说。[222]

　　1721 年的留尼汪岛上并不存在这样勇敢的行为，但那里确实很富　107

有，这些钱是那些驾驶着"胜利号"、"卡桑德拉号"和"卡博圣母号"的海盗赚来的。这群海盗还带着从"卡博圣母号"船主那里抢来的 200 名奴隶——200 名来自莫桑比克的非洲人，船主最初打算将这群奴隶运送到葡属巴西殖民地，但自从"卡博圣母号"被迫易主之后，他们的新目的地和接下来的命运就没人知道了。[223] 与海上劫掠不同，当时的奴隶贸易既合法又能获取暴利。在圣玛丽岛，海盗们烧掉了"胜利号"，摧毁了"卡桑德拉号"，然后重新整修了"卡博圣母号"。根据一位目击者的描述（这位目击者是某个海盗船上的二副），"这一次他们（海盗）在圣玛丽岛上埋了 80 个人，却没有给出原因"。[224] 那个时候，船长、船只和船的名字都在不断变动，所以我们很难将事实整理清楚。通过麦克雷公开发表的信件和莱辛比没有发表过的报告，《通史》讲述了英格兰船长的故事。这个故事类似于一个想象中的逸事。其中一个情节是这样的：某个海盗得到了一块巨大的钻石，相当于其他海盗获得的 42 块小钻石，最后，这名海盗将他的大钻石分割成 43 块小钻石，从而在数量上超过其他海盗。在爱德华·英格兰身上发生的具体事情，其实并没有什么可靠的记载，所以我们真正知道的也不多。但有一件事是明确的：1721 年 5 月，泰勒和法国人拉布斯驾驶着"卡博圣母号"和"卡桑德拉号"从圣玛丽岛的港口驶出，并在马达加斯加岛南端劫持了一艘法国船——"诺瓦耶公爵夫人号"（*La Duchesse de Noailles*）。当时，这艘船正停泊在港口，船长打算将船上的奴隶运送给当地的国王。[225] "诺瓦耶公爵夫人号"被洗劫一空之后就立刻被焚毁，为此，留尼汪岛的法国殖民政权当局不愿意宽恕法国人拉布斯。[226]

1722 年 4 月——也许是为了避开一队搜捕马达加斯加岛海盗的英国海军——泰勒和法国人拉布斯一起在莫桑比克攻占了一处荷兰人的防御工事，绑架了荷兰官员雅各布·德比夸（Jacob de Bucquoy）。德比夸在报告中称他与泰勒住在一个船舱，并且目睹这位海盗船长：

> 他（泰勒）时常在睡梦中被惊醒，一脸惊恐，喃喃自语，说一些令人毛骨悚然的诅咒，伸手抓起他放在手边的枪，然后坐起来，看看四周，发现没有威胁之后，他才躺下。[227]

雅各布·德比夸第二年就被释放了。1723 年 5 月，泰勒和"卡桑德拉号"又再次出航，在等待获得赦免的这段时间里，他们驶向了加勒比海。他们抱怨说："如果我们瓜分了银子和金子，那么每个人差不多能得到 1200 英镑……还有一些钻石。"[228] 一个月之后，从巴拿马的波托贝洛传来一个英国船长的消息，消息称，这群"卡桑德拉号"的海盗得到了西班牙（而不是英国）的赦免，并且他们正在出售钻石和印度商品。[229] 泰勒之前的俘虏——雅各布·德比夸报告说接下来的消息（不知真假）来自一个告密者：泰勒（毫无疑问，他变现了钻石）娶了妻子，并且生了 4 个孩子。他在古巴开辟了一片种植园，还购买了一艘用来做生意的船，不过 1744 年他仍过着悲惨的生活，这是那些著名海盗最终的命运。[230] 泰勒的命运并没有像道德守卫者想象的那样悲惨，但是爱德华·英格兰——根据一个叫唐宁的水手并不可信的描述——死于马达加斯加岛，死因是突发心脏病，法国人拉布斯的命运更为曲折。[231] 他的结局是由一个被法国殖民地高官厌弃的官员记录下来的：作为为数不多幸存下来的海盗，他很不开心，但又没有船只，于是只能日趋堕落，虽然他还带着一些完全不能用于交换生活必需品的钻石生活在圣玛丽岛上，但这些也无法让他摆脱悲惨的命运。拉布斯最终被一艘法国船"美杜莎号"（Méduse）俘虏，接着于 1730 年 7 月 17 日在留尼汪岛的沙滩上被绞死——他曾经在那里劫持了"卡博圣母号"和总督。这次绞刑正式为海盗的"黄金时代"画上了休止符。[232]

通过对这些"黄金时代"真实海盗的观察研究，我们可以得出以下结论：这群海盗并不像"黑胡子"或者基德船长那样有名，但他们干了两件大事，一件是劫持了"伟大的穆罕默德号"，另一件则是洗劫了"卡博圣母号"，这两艘船就像曾经被抢劫和击退的"穆哈号""多里尔号"。他们的确进行了打劫，而且还强奸了许多女人，他们很暴烈，却没有抗争到底的勇气和精神。为了获得传说中的宝藏，他们折磨俘虏，而这种行为和那些掠夺土地、买卖奴隶的殖民者并无不同。一些现代的历史学家认为海盗是政治上的革命者，但事实并非如此——尽管有时候海盗们会通过选举来更换他们的船长。[233] 他们看起来充满孩子气，并且无法对自己的幽默和火暴脾气进行适当的管理，因此他们很危险。就像威廉·斯内尔格罗夫报告的那样，他们用桶装的红葡萄酒和白兰地互泼，将斯内尔格罗夫的书扔到海里，还穿着他制作精良的西装，然后往上面倒更多的桶装红葡萄酒。那个偷了斯内尔格罗夫帽子和假发的海盗却被另外一个海盗痛打，只因为他擅自拿了他没有权利拥有的东西。

海盗们并不是组成联盟的同性恋（尽管卡利福德据称是同性恋），他们也不是女扮男装的女性主义者（例如虚构故事里的邦尼和里德），更不是在音乐剧里扮演魔鬼的人（例如格拉布街的"黑胡子"）。据我们所知，他们没有让那些受害者"走木板"，也没有掩埋这群人的财宝。他们的生命与故事就像海水一样不断流动：与其他水手或殖民商人相比，他们更像是海上漂浮的废料，或者船只遇险时被丢弃的货物，但我们也可以通

---

* "走木板"（walk the plank），这是海盗、叛乱者或其他船员在特殊场合下采用的一种处决方法。为了取悦加害者并对受害者进行心理折磨，俘房被捆绑住，以至于不能游泳或踩水，被迫从延伸到船舷的木板或横梁上走下来。——编注

过他们的结局猜到他们的生命历程。一些被我们当作例子来讨论的马达加斯加海盗被毫不留情地处死，例如不幸的詹姆斯·凯利，以及法国人拉布斯——他的钻石并也没能拯救他。一些人被关押进监狱后又被赦免了，例如卡利福德和伯吉斯，但卡利福德消失在伦敦的街巷之中，而伯吉斯死在马达加斯加（也许是因为中毒）。奇弗斯死在孟买的监狱中，泰勒则经常从他可怕的噩梦中惊醒，最终将所有钻石都卖给了西班牙人，并在古巴过上了庄园主的幸福生活。他们中的一些人活了下来，成了马达加斯加岛上的殖民者。他们的经历令人感伤，就如那些在世俗的现实中被罗伯特·德鲁里遇见的人。德鲁里看见约翰·普罗就像马达加斯加当地的首领那样生活，养着牛，拥有一群奴隶，袋子里装着几把手枪，却没穿鞋袜。

海盗和殖民者在本质上并没有什么不同，只不过他们更加不守规则，更加肆无忌惮。当然，他们既不是充满男子气概的有原则的革命者，也没有偶然出现所谓的女性特质，更不是同性恋者。[234] "黄金时代"的海盗形象不是现代历史学家寻找的形象：他们不是同性恋，不是虐待狂，不是马克思主义者，他们更像有事业心的机会主义者，凭借英雄主义精神，抓住了属于自己的机遇，摆脱了卑微的社会和经济地位，然后利用更多的机会在殖民地进行合法掠夺（例如奴隶和果阿总督）。18 世纪的海上劫掠其实可以被视作一种亚文化。虽然这群海盗（他们的国籍各不相同）和欧洲的其他海上谋生者与殖民者是如此相似，但一些现代历史学家宣称他们根本不像 "海岸兄弟会" 那样残暴。现代历史学家—— 例如 18 世纪《通史》一书的作者，神话化了 "黄金时代"的海盗们。他们将这群海盗塑造成了某种固定的形象——充满性欲，并且在政治上渴望自由，但这些历史上的海盗并不是政治乌托邦的梦想家和造梦人。认为他们是梦想家或者造梦人的历史学家，就像那个来到纽约的夸扣特尔印第安人

110　一样，他们追寻的背影其实就是他们自己。我们也许可以用一些报告来结束关于海盗的叙述，这些报告向我们证明了这群马达加斯加海盗到底是谁——他们要么是最初的殖民主义者，要么是纯粹的虚构人物。

　　1721 年，一小队英国海军——泰勒和法国人拉布斯极力想避免的那个大麻烦——在海军准将托马斯·马修斯的指挥下离开英国。在进入印度洋之前，马修斯的船队于 1722 年回到马达加斯加岛附近，并造访了圣玛丽岛。克莱门特·唐宁（Clement Downing）——"H. M. S.*索尔兹伯里号"（Salisbury）上的一位水手，在几年之后出版了一份他于 1722 年抵达海盗岛的报告，并描述了当时的情况，"在那里，我们发现了一些海盗遗弃的船只的残骸，船上有瓷器、药品以及各种香料，海盗将这些货物堆放在沙滩上"。[235]一两天后，一位白人男子向唐宁打招呼：

> 他说他的名字是詹姆斯·普兰廷（James Plantain），出生在牙买加的岛上。他一直从事着海盗的营生，但现在已经金盆洗手了。他现在搬到离海岸六七英里的一处高地上居住——兰特湾（Ranter-Bay），一座位于安通吉尔湾（Antongil）附近的北方小镇。他在那里筑起了防御工事，并且被当地人称作"兰特湾之王"。[236]

　　海军小分队造访了普兰廷居住的地方，并且发现那里有大量的奴隶，其他一些白人和他一起过着一种渎神、堕落又放荡的生活，他们沉迷于各种邪恶的行为中。[237]

　　普兰廷有很多个老婆和仆人，他对这些人有着绝对的权威。他给她

---

* H. M. S. 是 Her or His Majesty's Ship 的缩写，用于舰艇名称之前，意为英国皇家海军舰艇。——编注

们按照英国的方式取名字，例如茉莉（Moll）、凯特（Kate）、休（Sue）或者佩格（Pegg）。这些女人穿着绫罗绸缎，一些人还戴着钻石项链。普兰廷经常前往圣玛丽岛，他在那里整修艾弗里船长留下来的防御工事。[238]

这些大多是传说而非事实：真实的埃夫里很可能从未到访过圣玛丽岛，也没有在岛上修建过防御工事。尽管普兰廷的手下过着渎神又放荡的生活，海军小分队还是卖给他们好多大桶的亚力酒和葡萄酒，他们为此支付了很大一笔钱（用钻石和金片）。他们养了许多头牛……普兰廷亲自运送货物……海军小分队的人也同样卖给他们帽子、鞋子、袜子以及他们想要的其他生活必需品。[239]

唐宁很开心地在报告中提到，"这群海军小分队成功地欺骗了普兰廷，让他花大价钱买光了船上的酒，还买了几个黑奴来看守这些亚力酒"。[240] 不过唐宁也很失落，因为海军小分队没能镇压这些海盗。海盗们在这件事情之后就全部搬到了岸上，和一群逃难者住在一起，在各种恶习中放纵自己。[241]

唐宁描述的关于海盗的故事，也被其他水手予以证实。这群人住在离伦敦不远的沿海地带，正如一位观察家评论的那样，"在那里，每个人都怀疑自己生活在另外一个国家，他们的生活方式、说话习惯、穿着打扮和行为方式完全不同"。[242] 塞缪尔·诺伯——住在拉特克利夫与马里纳高速公路之间的卡农街的日出之地附近，于 1724 年 10 月 21 日证实说："1722 年 4 月，'H. M. S. 狮子号'（Lion）驶向了临近圣玛丽岛的查诺克角（Charnock Point），它带来了很多桶烈酒，由一个黑人负责看守，他后来将酒搬到了'H. M. S. 狮子号'的甲板上。"[243] 马格努斯·德森（Magnus Dessen）水手——一位住在伦敦南华克区布莱克曼街，年龄约 40 岁的"H. M. S. 索尔兹伯里号"上的炮手，他给出了更多的信息："（人们偷了）2～3 桶亚力酒，差不多 100 袋糖，以及好多打瓶装啤

111

酒。"[244] "这些都是在夜里被'H. M. S. 索尔兹伯里号'的送货船和一艘来自'H. M. S. 狮子号'的八桨小船从岸上运走的，在第二天破晓的时候，这群人带着大桶的葡萄酒和亚力酒，驾驶'H. M. S. 狮子号'从马达加斯加岛起航。"[245]

　　唐宁对海军小分队和普兰廷做生意的记录于 1737 年发表，虽然删掉了与黑人有关的内容并加上了 100 袋糖这一细节，但我们依然可以看出，并且相信普兰廷在马达加斯加岛上建立的并不是"自由之地"。唐宁笔下谦虚的普兰廷的平凡故事，与他后来所讲述的普兰廷在马达加斯加岛的冒险经历并不一致，而普兰廷爱上一个名叫埃莉奥诺拉·布朗（Eleonora Brown）的女人的情节更是离奇。这个女人是马瑟拉吉国王德恩·托阿科夫的女儿跟一个英国水手生下的孩子。迪克国王，即德恩·托阿科夫在穆洛托·汤姆的帮助下，拒绝了普兰廷和他外孙女的婚事。这个穆洛托·汤姆应该是埃夫里的某个儿子，曾经被这个迪克国王率军打败过，之后成了俘虏。但埃莉奥诺拉在此时被另一个当地海盗侵犯，还怀了孕，于是普兰廷怒气冲天并残忍地杀死了迪克国王（当国王在烧红的木炭上跳舞时，他将手里的长矛掷向国王），并且很浪漫地和埃莉奥诺拉结了婚。尽管公主坚持用自己信仰的基督教来劝导普兰廷，但他还是在马达加斯加岛登基称王，当然，那个穆洛托·汤姆也为此提供了帮助。[246] 即使相信米松的存在的马达加斯加历史学家，也不能相信这一切，因为这些故事虽然可能起源于与前海盗建立的殖民地的短暂接触，但这些故事发展得过快，已然太过背离其起源。[247] 这个关于普兰廷的故事，却让我们走出那些被住在伦敦沿河地区的水手证实的历史事实，走向一个发生在"黄金时代"，并被人们不断讲述的关于埃夫里或艾弗里的传奇：在这个传奇里，我们看到了海盗国王、充满了异域风情的公主，以及让人热血沸腾的感人情节。

第四章　海盗，永远在路上

"在他的冷嘲热讽中，一只大笑的魔鬼露出真容。"

——《海盗》(*The Corsair*)

　　约翰·高（John Gow）于 1724 年的 6 月上旬，在阿姆斯特丹被"乔治加利号"（*George Galley*）的指挥官奥利弗·费诺（Oliver Furneau）雇用为二副。他们此次航行的目的地之一是加那利群岛的圣克鲁斯（Santa Cruz），他们会在那里装上蜂蜡，然后前往意大利的热那亚（Genoa）。1724 年 11 月 3 日，他们从圣克鲁斯启程。那天晚上 10 点，船上发生了一场暴动，一些人被杀了，一些人被扔进海里。在约翰·高之后的描述中，他并没有清楚说明自己在这场暴动中的作用。尽管暴动时他正在甲板上，"但那天晚上非常暗"，他说，"我没能看清楚谁是凶手"。[1] 暴动发生之后，立即有人提议约翰·高应该成为指挥官，这是因为剩下的人里除了他谁都不懂航海那一套。[2] 其他水手的目击证词则更为详细。船上的水手长詹姆斯·贝尔宾早在阿姆斯特丹就听说这是一场设计好的阴谋，

"约翰·高杀死船长"的虚构插图，选自《海盗之书》

目的是带着船逃跑。另一个瑞典水手彼得·罗尔森也说:"这是约翰·高与其他人商量好的,他们打算杀死船主、神父、大副和随船医生。"³罗尔森还听说了坏脾气的詹姆斯·威廉斯威胁年轻的迈克尔·摩尔:"如果你没能让船主、大副、医生和神父去那日月同辉的地方,那么我就会让你前往那日月同辉的地方。"⁴

　　在那个暴动之夜,晚上 10 点,詹姆斯·贝尔宾睡在主桅杆前的缭绳挽桩上,突然就被一阵哭声吵醒。⁵他向船尾走去,准备一探究竟,接着他看见温特(Winter)、彼得森和其他人正在试图把船主费诺扔进海里。费诺死命挣扎,他想要继续留在船上,而大副博纳德文图尔·耶尔夫斯来到甲板上询问发生了什么。没过多久,耶尔夫斯就逃到了下层的船舱去避难。⁶之后,贝尔宾又看见温特和彼得森用长刀刺向费诺。他看见温特捅了船长几刀,并割破了船长的喉咙,二副约翰·史密斯(也就是约翰·高)用枪打死了船长,最后,船长被他们扔进海里。⁷当费诺苦苦挣扎时,船上的医生也跑到了甲板上来,然后一起被割喉了。⁸威廉·梅尔文看见重伤的医生被推倒在地上,然后被扔进海中。⁹梅尔文之前听到威廉斯威胁迈克尔·摩尔,然后又看见摩尔……用枪打了大副,大副试图逃离甲板,但没有成功。¹⁰瑞典人彼得·罗尔森(他并不是一个无辜的人)目睹神父躺在一张吊床之下,被打成了重伤,神父请求拿着枪的威廉斯给点他时间,让他说完最后的祈祷词。¹¹威廉斯对神父说:"讲完你的祈祷词吧。"然后就射杀了他。¹²没过多久,牧师也被扔进了海里。所有这一切结束之后,还在船上的人进行了新的安排,根据贝尔宾的说法,威廉斯让约翰·高去填补船长的空缺:

　　詹姆斯·威廉斯将船长的手表和宝剑递给了约翰·史密斯(约翰·高),欢迎他成为这艘船的指挥人。他们将这艘船命名为

114

115

"复仇号"。[13]

约翰·高的证词也证实了威廉斯的确给他看过船长的手表和宝剑，但他声明所有人都邀请他来指挥这艘海盗船，他们提出这个要求……的目的是让这艘船成为一艘海盗船。[14]

"复仇号"于是成为一艘海盗船，它成功俘虏了"欢乐号"（Delight）——一艘从普尔（Poole）来的单桅帆船，于11月12日绕过圣维森特角（Cape St. Vincent）。没过多久，"复仇号"又得到了一些战利品，例如新英格兰的木材，又或者加的斯（Cadiz）的水果。[15]约翰·高原本打算让那些被俘虏的船只沉入大海，但后来又决定把它们作为工具，用来运送那些不愿意成为海盗的囚犯，也用来运送从圣克鲁斯获得的大量蜂蜡。他注意到了一艘在"复仇号"周围徘徊，船上的武装火力又胜过"复仇号"的船。他让自己的船尽量避免与其正面交锋，但这让威廉斯非常不高兴，威廉斯扬言要杀掉他们所有人（约翰·高及其手下），并且三次将手枪上膛表示抗议……他发誓说一定要炸掉这艘船。[16]威廉斯后来被镇压了，他被送上一艘破旧的船，最后是生是死，只能听天由命。

没有人能解释为什么约翰·高决定接下来要去奥克尼群岛（Orkney），或许是因为约翰·高对这片区域十分熟悉。他刚出生没多久，全家就从苏格兰北部的威克（Wick）搬到了这里，他从小生活在这些岛屿之中。[17]1725年1月中旬，"复仇号"正式抵达奥克尼群岛的斯特罗姆内斯港（Stromness）。他们假装是合法的海上商人，但是一群不服约翰·高的人乘坐一艘小船潜逃了。他们来到苏格兰，并且在斯特罗姆内斯招募到一些新人，罗伯特·波伦格尔（Robert Porrenger）就是其中之一。波伦格尔后来说他是在不情愿的情况下被强留在船上的。[18]

海盗们抢劫了霍尼曼先生的家，而这个霍尼曼先生正是奥克尼群岛柯克沃尔郡（Kirkwall）的郡长。[19] 这次抢劫是在约翰·高的特别指挥下完成的。亚历山大·罗布（参与抢劫的一位水手）后来向《帕克便士报》（*Parke's Penny Post*）透露了抢劫的细节。那天霍尼曼本人并不在家，但房子里的一个年轻女人悄悄穿过海盗的重重防守，带着钱逃走了。[20] 约翰·高告诉他的手下，他们一定会找到几千英镑，然而，他们只找到大概 7 英镑现金和一些便宜的银勺子。[21] 当海盗们带着这些战利品回到"复仇号"上时：

> 约翰·高非常生气，因为他们没能从那个年轻女人的手上取下钻石戒指，他发誓说，那枚戒指价值超过 50 英镑。罗布告诉约翰·高，他不忍心那样做，可约翰·高诅咒他应该被绞死。[22]

另外一个被俘虏的海盗指责水手长贝尔宾把这次陆上抢劫行动搅和得一团糟。这群海盗抢到的战利品太少，因此，他们只带着一名风笛手和三个女人回到船上。[23] 罗布否认自己曾经参与过打劫活动，他也没有带年轻女人上船。[24] 更多的消息我们不得而知，但那名被劫持的风笛手，不论他情愿与否，他最后都会变成一名海盗。

几天之后，约翰·高驾驶"复仇号"离开了斯特罗姆内斯港，前往奥克尼群岛中的埃代岛（Eday）。波伦格尔回忆道，"约翰·高要求我将船带到一个合适的地方，然后给船装上压舱物，但是他很有可能有着另外的目的"。[25] 实际上，在 2 月 13 日那天，领航员波伦格尔驾驶这艘船，在无人居住、邻近埃代岛的卡尔夫岛（Calf）搁浅（他声称这是故意的）。[26] 卡尔夫岛的一位商人詹姆斯·莱恩（地主詹姆斯·菲亚的朋友）事先得到了警告——有人说约翰·高计划给菲亚先生一个惊喜，而菲亚的家正好在卡尔夫岛对面的大陆上。[27]

现在我们能够看到一些复杂的却保存完好的往来信件，以及有关海战战略的文字记录。前者充满了绅士的浪漫情感，后者则带着诡计和愚弄的色彩。2 月 13 日上午 10 点，约翰·高的船出现在了地平线上（和预期一样）。詹姆斯·菲亚马上以老同学的名义写信给约翰·高，让他发发善心，不要用枪来进行友好的问候，因为他的老婆生了点小病。[28]

117 当"复仇号"搁浅时，约翰·高派遣了他唯一的一条小船前去传话，约翰·高希望能够得到一艘菲亚的船，从而打赢一场海战。作为回应，菲亚派詹姆斯·莱恩带着他的信来到了"复仇号"上，莱恩告诉约翰·高，菲亚最大的船其实不适合航海，而且那艘大船还被弄坏了。莱恩带着约翰·高的消息回到大陆，约翰·高表示他需要一艘有用的船，并且他许诺——按照莱恩的话讲——他会回报一份大礼。[29]

那天傍晚五点多，约翰·高派出的小船又来到了岸上，上面有五个全副武装的人，然而菲亚没有带任何武器，他和另外三个人会见了这群不速之客。这五个海盗说之前向菲亚一方请求过帮助，但现在要来硬的了。[30] 他们将菲亚故意弄坏的船推下了水，这艘无桨船很快就盛满了水。菲亚接下来邀请这几个海盗——水手长贝尔宾、罗布和其他三个人——去一家小酒馆喝上几杯。[31] 菲亚偷偷告诉自己的手下，在那群海盗喝酒时，先去船上撤了他们的桨，然后给他传消息，就说让他回家去照顾生病的妻子。菲亚被事先安排好的人叫走了，他对客人们说他去去就回。菲亚让四五个全副武装的人在路边准备偷袭，然后又回到小酒馆，他说服水手长跟他一起回去，因为他那个胆小又生着病的妻子很想见见他们其中一人。[32] 贝尔宾就像计划的那样中了埋伏，他被人五花大绑，嘴里又被塞了一块餐巾。这时菲亚带着那几个全副武装的人再次回到小酒馆。这些人埋伏在酒馆的两个出口，出其不意地袭击了海盗，并解除了他们的武装。罗布之后抱怨道："我明明没有做任何不好的事，也并没有对人很粗鲁，结果还是被抓了。"菲亚的海盗抓捕队队员和海盗一样，他们不仅拿走了海盗的钱，而且还鞭打海盗，将他们剥得一丝不挂，好像这样残忍地对待海盗就能找到更多的钱一样。[33]

第二天，"复仇号"上的海盗们想开船起程，却发现他们的船被困住了。于是他们又派了一个人上岸，这次菲亚以友谊之名回信给约翰·高：

> （那艘捉拿你的护卫舰）会在明天或者后天抵达你那儿。所以，出于对你父亲的尊敬，我为你与这样一队人同流合污而感到遗憾，我希望你能从我这得到在其他人那里无法获得的好处：如果你投降，你可以成为污点证人。[34]

没过多久，约翰·高又给菲亚写了一封信，这封信在请求派几艘船来支援他的同时，还承诺可以提供几个人作为借船的人质，以及付给菲亚价值 1000 英镑的英国银币作为报酬。然而，在信的最后，约翰·高威胁说，如果不借，那么他就会将所有付之一炬，大家同归于尽。[35] 当天下午 2 点，菲亚同意了约翰·高的请求，表示自己有一艘老船，并建议约翰·高带着木匠上岸来对船只进行修理。约翰·高拒绝了菲亚的提议，并重申了自己的要求是提供一艘船。[36]

2 月 16 日下午 5 点，菲亚（通过一个大喇叭）向"复仇号"喊话。他说，如果约翰·高能在卡尔夫岛上岸（上文提到的那艘船也停在卡尔夫岛），他则愿意商谈借船一事。约翰·高同意了，但菲亚不信任他，安排莱恩监视他，要求莱恩一旦发现任何可疑情况，就赶紧发信号。菲亚的疑虑是有依据的——莱恩看见 4 个海盗偷偷爬上了菲亚的船。尽管莱恩提醒了菲亚此去危险，但是菲亚还是留下来等约翰·高的消息。一位水手带着一面白色的旗子和两封信来见菲亚：一封是给菲亚妻子的信，约翰·高随信奉上一件白色棉布质地的长袍；另一封信则是给菲亚本人的信。约翰·高提出，如果不让莱恩来当人质，那他拒绝上岸同菲亚谈判，并且再一次提出了他关于船的请求——这次是为了逃跑——并且承诺他会完好无缺地归还船只和船上的货物。[37]

第二天早晨，约翰·高来到了卡尔夫岛的岸上，但那些由菲亚派去捉拿约翰·高的人或死或伤。他们并没能捉到高，反而同意他带着菲亚的朋友（同时也是人质）威廉·斯科莱回到船上。[38]菲亚远远地看到了这一切，他只能派另一艘船去接约翰·高。菲亚试图按照计划，先将约翰·高带回到卡尔夫岛上，然后再逮捕他，但无论如何，菲亚还是希望能让斯科莱毫发无损地回到陆地。在温特和彼得森的护送下，斯科莱回来了，温特和彼得森却被抓了。菲亚派人在"复仇号"的视线范围内假装修理船，他们还要了一些小花招来引诱约翰·高。菲亚也猜到了约翰·高的小算盘——他说服剩下的 7 个海盗晚上到岸上来，结果他们被仔细搜查，并被一群强壮的看守扔进了监狱。[39]

我们可以在报纸中看到这个海盗故事的后续。"乔治加利号"上发生的充满血腥气的暴动在当年 2 月就被《伦敦期刊》（*The London Journal*）察觉到了。[40]3 月 1 日，《每日邮报》（*The Daily Post*）从爱丁堡收到了来自奥克尼群岛的消息，消息称当地能力卓越的指挥官和管理者詹姆斯·菲亚先生无情地逮捕了"复仇号"上所有的海盗。[41]海盗们被关押在岛上的监狱里，等待政府的处置，而海盗船上满是货物，其中有无花果、铜和蜂蜡。[42]正如后来报纸报道的那样，那些海盗被一艘名为"H. M. S. 灰狗号"（*Greyhound*）的船接走。这艘船把他们带到了泰晤士河，然后将他们关进了马歇尔希监狱。[43]在监狱里，他们遇见了老朋友——被驱赶出"复仇号"的威廉斯。[44]

这群海盗于 4 月 2 日（以及 4 月 10 日）在圣保罗教堂旁海军部

附近的法院正式受审，该法院被称为伦敦民事律师公会（Doctors'
Commons）。约翰·高在法庭上假装说暴动那天晚上太黑了，他并没有
看清谁是凶手，并且声称他是自愿向詹姆斯·菲亚投降的。[45]5 月 26 日，
约翰·高和其他 11 个人在伦敦老贝利法庭接受判决，但他依然拒绝承认
被指控的罪行。[46]法庭警告了他不承认罪行的后果，约翰·高立刻变得
安分。《每日邮报》这样写道："约翰·高的拇指被现场的行刑官和另一
名助手绑住、撕扯，而这种行为在类似的法庭审判中十分常见。"[47]"这
样一种逼供行为给约翰·高带来了巨大痛苦，"《每日新闻》（The Daily
Journal）又说道，"但他依然固执己见，于是法庭下令将他压死，换句话
说，这次逼供几乎将他逼死，他的身体渐渐地被沉重的石头和铁块压扁
了。"[48]法庭给了他一晚上时间考虑。第二天开庭时，根据《伦敦期刊》
的报道，"出于对被逼供的恐惧，约翰·高的脾气好多了……他虽然被诱
导说出自己的罪行，但他依然为自己的无罪辩护"。[49]约翰·高最终还是
被判了谋杀罪，再加上剩下的 11 个人，所有人都被判了死刑。

　　死刑在审判之后不久就实施了，迈克尔·摩尔的死刑却延期了。[50]
除此之外，约翰·高和威廉斯还有一个明显的区别："他们的行刑
地点并不相同，一个在格林尼治（Greenwich），另一个在德特福德
（Deptford）。"[51]之前一直照顾约翰·高的监狱牧师，出版了一本名为《关
于约翰·高的死前谈话实录》（A True and Genuine Account of the Last Dying
Words of John Gow）的书。牧师写道："在行刑前的几天里，约翰·高一
直非常恼火，因为他读了一些报纸，上面说他的尸体将会被挂在铁链上
示众。"[52]尽管这份记录名为《关于约翰·高的死前谈话实录》，但牧师
没有提到约翰·高死前的话，他只是告诉我们约翰·高不断地抱怨一
个名叫菲亚的人，因为菲亚违背了自己的诺言，依靠欺骗的手段逮捕
了他。[53]

120

那个逮捕他的人，曾经是他的同学，是他亲密的朋友。但这个人误解他是一个野蛮人，认为他在奥克尼群岛上玷污了一些年轻的女人……事实上，他根本没有这样做。[54]

《每日新闻》于当年的 6 月 9 日打出广告："明天《通史》一书即将出版第 3 版……这一版将收录史密斯（也就是约翰·高）的故事，而这位著名海盗的行刑日期是这周五。"[55] 第二天，报纸又称，"4 个曾经指证过那些明天要在行刑码头被施刑的海盗的人，已经被移送至纽盖特监狱"。[56] 关于行刑的细节，《每日邮报》告诉读者，"1 点钟左右，这 9 个人会被从纽盖特监狱提出来，绞刑架已经在岸上架设好，行刑的时间应该选在 2 点到 3 点之间，这正是退潮的时候"。[57] 与此同时，《每日新闻》依然重复打出了关于《通史》新版本的广告："价格 5 先令，新版本包括了史密斯的故事。"[58]

在去往行刑码头的路上，海盗们（根据第二天报纸的描述）依然表现出平常的样子……并没有感觉到死亡的气息，好像他们对死刑一点都不恐惧。[59] 他们被押入三驾在前面镶有银桨（代表海军部的权威）的马车，约翰·高和威廉斯同乘最后一辆马车，但没有人知道为什么这么安排。不久之后，这两人的尸体被吊在了同一根铁链上。[60]《每日邮报》报道了一个发生在行刑过程中的小插曲：

> （约翰·高要求）施刑者尽快让他脱离痛苦。于是行刑者吊起了他的双腿，但由于绑得太紧，绳子最后断了，他摔落在地。没过多久，他又被绑了回去，最后被施以绞刑。[61]

《米斯特每周新闻》（*Mist's Weekly Journal*）并没有报道约翰·高和

威廉斯同坐一辆囚车的事,却报道了"他们死后被铁链吊在了河岸边:一个被挂在泰晤士河边的黑墙上,另一个则被挂在德特福德新竖起来的绞刑架上"。[62]

虽然一共有 12 个人被指控,但迈克尔·摩尔的刑罚被延期了。另外一个登上了"复仇号"战船的亚历山大·罗布也曾经被给予了类似的希望。在纽盖特监狱里,罗布被从死刑犯的牢房转到普通牢房,但上面又下达了对他执行死刑的通知。7 月 2 日那天,罗布乘坐银桨车来到行刑的码头。[63] 虽然约翰·高死前的话没有被记录下来,但是罗布的被记录了下来。他特意对围观的水手说:

> 水手兄弟们啊,如果将来有一天你们被海盗捉住,宁可被枪毙,也不要和他们一起作恶,因为这就是今天我即将被毁灭的原因。我原谅这个世界,上帝也会原谅我。[64]

约翰·高被执行死刑的那天,正好也是新版《通史》的发行日。《通史》关于他人生经历的讲述基本准确,并且大部分消息都来自纽盖特监狱里的囚徒,尤其来自那些因为指证了海盗而被释放的人。指挥官费诺提供了一些关于暴动的证据,虽然费诺是一个脾气暴躁的老头,曾克扣水手们的口粮,但他也认为参与这场暴乱的凶手是不可原谅的。在书中,威廉斯明确地表示,神父临死前的祷告比法庭上的宣判还令人不悦。[65] 威廉斯说:"去你的,现在可没空让你念完祷词。"接着就将牧师一枪打死。[66] 在这群海盗受审时,罗尔森描述了当时发生在威廉斯身上的事情,威廉斯给了神父时间祈祷,并且他的原话是:"说完你的祷词就死吧。"这和摩尔无意中听到的"去你的,说完你的祷词就去死吧"互相吻合。[67]

约翰·高在《通史》中解释了他去奥克尼群岛的原因——那是他的祖国，而且那里很安全。据说（不知道是真是假）：史密斯船长（也就是约翰·高）倾慕许久的女人就生活在斯特罗姆内斯。他想以指挥官的形象出现在她面前，并且告诉她关于他如何勇猛地得到这艘船的故事，而这就不展开讲了。[68]

埃代岛上发生的那些具有转折意义的事件被简化及戏剧化了。约翰·高被捕之后，"复仇号"上剩下的所有人花了三四天的时间，喝光了船上所有的葡萄酒和白兰地。约翰·高在法庭上死不认罪被写入了《通史》，同时被记录下来的还有他的大拇指被人掰坏，他被刑讯逼供，以及为了避免被压死这种死法，约翰·高最后选择了绞刑的细节。[69]那天他的穿着打扮很正常，没有穿颜色夸张的衣服，也没有非常个人化的举动和言语，他非常安静。一个年轻女人陪伴着他，这也证实了他前往奥克尼群岛的真正原因。他的故事没有更合理的解释，因为所有的海盗船员都在法庭上表现得迷迷糊糊，哪怕他们即将面对死亡。海盗们会被送回自己的国家，那里的地方长官会决定是否立即审判这群恶棍。[70]

《通史》详细地描写了约翰·高与这位年轻女人之间的风流韵事，这是一个创新之处，但实际上，并没有证据能证明这段故事——除了两封信。一封信写于 1725 年的 4 月 22 日，那是审判的前几天，一个名叫伊丽莎白·穆迪的女人给逮捕约翰·高的詹姆斯·菲亚写了一封信。她在信中写道："（我）听说你（菲亚）在约翰·高那里找到了一些信件，而这些信件揭示了他和一位女士及其同谋之间的关系。"[71]菲亚的回信于当年 5 月 4 日从伦敦寄出。菲亚表示他已经将所有他知道的从"复仇号"上找到的文件都交了上去（这可能是一项法律程序），但这些信件并未提到任何一个特别的女士。[72]

一份由无名氏创作的《已故约翰·高的生平实录》（*An Account of*

the Conduct and Proceedings of the late John Gow，以下简称《高的生平实录》）在 1725 年 7 月 1 日公开发行。虽然没有令人信服的证据，但有人认为这份《高的生平实录》出自笛福之手。[73] 这家出版商在不久前出过一本关于《关于已故乔纳森·怀尔德的生平实录》（*The True and Genuine Account of the Life and Actions of the Late Jonathan Wild*，以下简称《怀尔德的生平实录》），我们应该稍微在这里暂停一下。《高的生平实录》和《怀尔德的生平实录》都于 1725 年 6 月在《每日邮报》上打出了广告。《高的生平实录》的广告向读者保证这本书里包括了其他所有海盗的生平经历及他们所犯下的残忍罪行，而价格只要 1 先令。这篇广告就出现在《怀尔德的生平实录》广告的下面，而《怀尔德的生平实录》只卖 6 便士。[74] 虽然某些证据证明《怀尔德的生平实录》一书是笛福所作，但这目前仍然存在很多争议。[75]

乔纳森·怀尔德是一个假装捉贼的贼，有勇有谋。他的所作所为一方面令人佩服，另外一方面也足以让法庭判他重罪。他像个商人一样，拥有一栋房子，或者一间办公室。他是一个罪犯，却像侦探一样行动。他是传说中的英雄，而他的自我认知和各种罪行就像硬币的两面，不可分离。[76] 他是个精明狡猾的商人，经商的计划既吸引人又令人恐惧，他也是一个被魔鬼附身的人，就连《怀尔德的生平实录》的作者都想让上帝惩罚他，让这个恐怖且无比邪恶的生命在绞刑架上消亡。[77] 这个非法但又极其吸引人的故事应该被道德审判，但这种虚伪的道德感又带给了作者和读者共同的满足感。这些罪犯的传记资料来源有很多：报纸上极其简短的犯罪故事、审判公告、报告犯人被绞死的消息，以及来自纽盖特监狱工作人员的记录和对死刑犯死前训示的记录。这些都可以被视作某种参考文献。[78] "当一个臭名昭著的贼将要被绞死时，我就是记录他回忆的普卢塔克（Plutarch，古希腊历史学家）。"理查德·萨维奇（诗人，

123

同时也是个贼）在他的《未来作家之书》（*An Author to be Lett*）中这么写道。[79] 海盗传记和犯罪报道是如此相似，它们拥有同样的作者、读者和出版者。

《高的生平实录》记录了高更多的信息（差不多是《通史》记录的5倍多），它详细地介绍了约翰·高在奥克尼群岛上的行动。最初的叛乱杀戮场面因其残酷而令人触目惊心：受害者们被切了喉，在甲板上和甲板下爬行，被捅了几刀并中弹的船长为了活命，紧紧地抓着绳子。这些描写被那些见证了暴行的水手证明是真实的。那天晚上，无辜水手们怀着巨大的恐惧躺在吊床上，安静地等待死亡来临，他们不敢惊扰任何人。[80]水手们也记录下了威廉斯的疯狂反抗："（威廉斯是）这个世界上最不顾一切的惊天大恶棍。"[81] 海盗们对酒精饮料的狂热成了小说中反复出现的经典画面。除此之外，他们还喜欢将船上的蜂蜡做成礼物送给那些被他们打败并臣服于他们的船只上的船员。

值得注意的是，虽然那个无名作者对约翰·高抢劫霍尼曼家以及菲亚的相关活动描写得十分准确（很明显，他认真地阅读了一手材料），但这本书并没有提及约翰·高在奥克尼群岛上的风流韵事。作者专门写到了菲亚用修船作为借口来愚弄海盗的全过程：

124
> 为了监视海盗的大船，菲亚要求他的手下到岸上的一艘船上假装工作。在那艘船上，这群人各种敲敲打打，弄出声响，好像他们真的在修理船，给船填补裂缝。[82]

菲亚给约翰·高写的信件已经出现在了《高的生平实录》这本书中——全文一字不漏。[83]《高的生平实录》的作者对莱恩、斯科莱和菲亚的关系十分了解，这或许是因为他曾经看过莱恩和斯科莱在法庭上的陈词——至少听说过菲亚与约翰·高通信往来的实质性内容。这位作者对审判和行刑的细节十分熟悉，而这些细节被收录在第 3 版《通史》之后的版本中。

《高的生平实录》讲述的与其说是对历史事实的描述或者解释，倒不如说是对应该发生的事情和接下来将要发生的一系列事情的关注。作者将威廉斯描写成一个失去理智、比约翰·高还要邪恶的人，在他的笔下，威廉斯是一个没办法进行任何深度思考的人。[84] 我们知道，约翰·高确实是个超级资本恶棍，但是他并没有表现出特别明显的性格，没有思维过程，没有对话，也没有心理活动，[85] 因为约翰·高的海盗行为已经足够说明一切了，不需要再解释什么。因此，《高的生平实录》并没有对约翰·高进行直接描写，换句话说，约翰·高在自己的海盗生涯中是隐形的，正如他在《通史》中一样。与约翰·高相比，威廉斯的性格则更加饱满鲜活，他带领众人造反，甚至用枪指着约翰·高。最终，约翰·高和其他船员决定放逐威廉斯，让他以一个囚犯的身份在海上漂泊，这样做的目的是想让人们以海盗的罪名处死他。[86]

威廉斯是这个世界上最不人道、最残忍也最悲惨的生物，与他相比，约翰·高和其他海盗都显得更温和一些（尽管这群人本身也是海盗和杀人犯）。威廉斯如此野蛮，如此恶毒，毫无怜悯之心，甚至连海盗们都说，他应该在有生之年被处以死刑。[87]

因此，尽管约翰·高被称为最高等级的恶棍，但他没有被刻画成一个海盗——这个角色由威廉斯来担任。在《高的生平实录》中，约翰·高的个性不突出，他甚至不是一个有抱负的绅士及情人，而且故事的重要情节也不是由他来推动的。约翰·高和他的手下最终在一场智斗中被看得见的天堂之手惩罚了，以至于不知不觉落入了菲亚先生的手掌心。[88] 作者既点出了道德的力量，同时也说明了菲亚无比的勇气及英明指挥，让《高的生平实录》一书既有娱乐的成分，也饱含道德的判断。[89]
"好了，达什先生，你写完谋杀那章了吗？"在亨利·菲尔丁（Henry
Fielding）讽刺粗劣作品的小说《作家的闹剧》（*The Author's Farce*）中，
出版商这么问道。[90]"写完了，先生，"这位枪手回答，"谋杀的部分已完
成，我只需要在前面再加一些道德反思的内容。"[91]

《通史》的新版本（第 4 版）于 1726 年发行，在这个新版本中，约
翰·高的故事很明显被修改过，其中的一些新情节就来自《高的生平实
录》这本书。《高的生平实录》曾经出现过地理上的错误——有两座岛
被错误地写成"卡夫桑德"（Calfsound）（在第一座岛上，海盗们绑架了
三个女人，她们遭受了非人的对待），而这个错误与《通史》里的"卡
尔夫"和"卡尔夫岛"互相呼应（在第一个岛上，两位年轻的女人被以
最没人性的方式残忍对待）。[92]这些被残忍对待的女人，很可能就是那三
个从霍尼曼家里被绑走的女人。1726 年出版的《高的生平实录》和《通
史》都提到了一个被绑架的风笛手。《高的生平实录》中提及海盗们雇用
这个风笛手为他们吹笛开道，而《通史》描述当海盗们回到船上时，一
个风笛手在他们前方为他们吹笛子。[93]两本书都提到那天（2 月 14 日）
吹的是西北风，并且风很大，这是一个微不足道但暗示了文本互相借用
的例子，并且这两本书都有一个关于"复仇号"搁浅时间的错误。在
《高的生平实录》中，约翰·高说："他们都是死人。"而在新版《通史》
中，约翰·高当时说的是："我们都是死人。"[94]

然而，这些说法存在很大差异，1725 年版《通史》提到的约翰·高
的浪漫故事，在 1726 年版《通史》中被详细阐述和进一步升级，变成了
他前往奥克尼群岛的主要动力。约翰·高认为这是他自己的私事：

事情是这样的，史密斯（也就是约翰·高）一直在追求一位淑

女，这位女士是 G 先生的女儿，住在奥克尼群岛。史密斯在奥克尼群岛长大，并且被这家人照顾得很好，但因为他的经济条件并不是很好，所以这位女士的父亲虽然同意了他们的婚事，却要求他先成为船长，然后才能举行婚礼。[95]

这位 1725 年版《通史》提到的年轻女人成了 1726 年版《通史》中的一位年轻淑女，而她的存在也说明了为什么约翰·高在解决了所有事情之后，又回到了自己的国家，因为他要在隐瞒海盗身份的情况下，让未来的老丈人实现诺言。[96]"虽然约翰·高认为这段秘密爱恋是他的私事，但与他当前采取的行动并不一致。"《通史》这样写道。[97]个人的爱与海盗的生活并不兼容，但真实的爱情（也可能是虚构的爱情）不会与之后的故事不一致，爱情将会成为海上劫掠的辩解理由（因为爱是有理由的，海上劫掠却没有）。当约翰·高到达斯特罗姆内斯时，他继续按照计划行事，很明显，他成了一艘船的船长，所以他和那位淑女的婚事也被同意了。不知道为什么，《通史》并未提及约翰·高这桩婚姻之后的事，可能在几个水手逃跑之后，约翰·高担心自己的行为被发现，他也越发恐惧，因此，《通史》放弃了它新编的但非常不连贯的爱情故事。[98]约翰·高最终实施了洗劫绅士之家的计划，他成功地洗劫了霍尼曼家和菲亚家。[99]1726 年出版的《通史》再次回到了这些真实事件，也更加详细地写出了菲亚的计划——这个计划提到了一个小酒馆和一次伏击。[100]约翰·高被俘虏之后，他的船员们喝光了船上所有的酒，然后投降。新版本的《通史》站在了历史事实这一边，它准确地记录了约翰·高的受审过程以及行刑之后他的尸体被挂在绞刑架上的场景（作者对这一做法颇有微词）。[101]1725 年的《高的生平实录》缺少浪漫的故事，但执行死刑的一幕在《高的生平实录》里被描绘得如此真实。它是这样结尾的：

注意，N. B. 约翰·高犯下的罪过是双重性质的，而且都是重罪，因此，上帝需要将他吊死两次：他刚被关起来就从绞刑架上摔了下来，有人拉着他的腿想把他从痛苦中解救出来，绳子也因此被扯断了，尽管他被吊了 4 分钟，但那时他还活着，神志清醒。第二次爬上绞刑架的梯子时，他毫不担心地走着，于是他再次被吊了起来。在那之后，在格林尼治对面，他第三次被锁链吊起来示众。[102]

约翰·高将再次复活，但是要在近一个世纪之后。1814 年的夏天，斯科特——当时最新出版的小说《韦弗利》（*Waverley*）的作者，和北部灯塔委员会的委员们参与了一个为期五周的视察项目。他们将要在泽特兰群岛（Zetland，设得兰群岛 [Shetland] 的旧称）和奥克尼群岛逗留两周。8 月 17 日（考察的最后一天），斯科特在斯特罗姆内斯遇见了一位老妇人，这位老妇人还记得海盗约翰·高的故事。[103] 斯科特和他的旅伴来到斯特罗姆内斯城里的一处高地，在那里，他们能够看到城市的全貌。他在日记中这么写道：

> 一位老妇人住在这处高地上的一座摇摇欲坠的茅草屋里，她几乎不能养活自己……她是个非常可怜的人。她告诉我们，她已经 90 多岁了，已经像木乃伊一样干枯了……她还说她记得海盗约翰·高。约翰·高在克莱斯特罗姆庄园（House of Clestrom）附近出生，之后就成了一个海盗。约翰·高于 1725 年回到他的祖国，驾驶一艘他指挥的"斯诺号"（*Snow*，一种装有两个桅杆的船），载着在其中一个岛上劫走的两个女人，并在那犯下令人发指的暴行。当他在埃代岛的一幢房子里用餐时，马尔科姆·莱恩（历史学家）的祖父（当

时的岛主）抓捕了他，并将他送到伦敦。最终，他被执行绞刑。约翰·高在斯特罗姆内斯爱上了戈登小姐，她通过握手向他表明了自己的忠诚。这是他们之间的订婚仪式，在戈登小姐看来，如果她不去伦敦找回自己的"忠诚与诺言"，则这次订婚是不能解除的。约翰·高被执行了死刑之后，戈登小姐偷偷地再次握了约翰·高的手，这意味着她找回了自己的"忠诚与诺言"。[104]

这位老妇人讲述的故事中有一部分是准确的，另一部分则不准确：例如，约翰·高并不是在进餐时被菲亚逮捕的。故事的其他部分也很难被证实。那位向约翰·高表明自己忠诚的戈登小姐（斯科特在日记中提到了老妇人的回忆），也许只是一个首字母的巧合——1726 年版《通史》提到的那个引人注目的淑女就是"G 先生的女儿"。[105] 约翰·高回到奥克尼群岛的时间和斯科特访岛的时间间隔略长于老妇人的年纪。因此，这位 90 多岁的老妇人的记忆，也只不过是第二手的资料。但不管这份回忆在历史上的地位如何，它可是斯科特的《海盗》（*The Pirate*）中爱情故事的来源。

1820 年 12 月 25 日，斯科特的出版商康斯特布尔（Constable）提了个建议："如果你还没有想好写什么，那么你介意我提个建议吗？我想'海盗'这个主题是一个尚未被开发的领域。"[106] 尽管拜伦已经在 1814 年涉足过这个领域，写出了《海盗》（*The Corsair*），但实际上，这部作品的故事发生在地中海，而非西印度洋，更何况这部作品是一首诗而非一本小说。传说拜伦在 10 天之内就写完了《海盗》，这首诗的地中海背景夹杂着当时流行的东方主义和拜伦自己狂热的激情。[107] 康拉德（Conrad）——诗中的主角，从"海盗之岛"（这座岛只是名字里有"海盗"一词，其实它和真正的海盗没什么关系）开始流浪，保卫自己的独

128

立不受土耳其巴夏 * 的压迫。[108]《海盗》整首诗都在描写他那复杂的经历——他先是被巴夏俘虏，然后又被巴夏后宫里地位最高、资历最老的女性救出。这位女性便是历史学家所说的穆斯林公主般的重要人物——在类似的故事里，穆斯林公主通常会爱上被俘的英雄（大多数英雄都是基督徒），然后帮助这个俘虏逃脱。[109]康拉德无法报答她的爱，被释放之后，康拉德立刻回到了"海盗之岛"，却发现他深爱的梅多拉（Medora）早已死去（他对这个女人很忠诚）。[110]他没有成为一名邪恶的海盗，也没有犯下暴行，爱情让他获得自由，这种伟大的爱（包括了自爱）是拜伦的海盗故事中最引人注目的部分。

拜伦在 1815 年第 8 版的《海盗》中加入了一段说明。他援引了一篇关于让·拉菲特（Jean Lafitte，18 世纪早期的海盗）的报道，试图证明自己笔下的海盗是"美德"和"犯罪"的结合体。这份报道提到的拉菲特被拜伦视为"海岸兄弟会"的成员，在墨西哥湾做着贩卖奴隶和走私的生意。[111]拜伦援引的报道忽略了这些并不那么令人愉快的事实，通过两次将拉菲特比作席勒笔下的虚构人物——卡尔·摩尔（Karl Moor）来解释他所谓的善恶混合特征。卡尔·摩尔是一个有原则但非常暴力的亡命之徒，也是一个贵族，他在《强盗》（Die Räuber）中是一个英雄，对拜伦笔下的英雄人物产生了重大影响。[112]正如拜伦引述的那样（内容来自 1814 年 11 月 4 日的《波士顿每周观察》[The Boston Weekly Intelligencer]），拉菲特和查尔斯·德摩尔（即卡尔·摩尔）是同一类人，他们的恶习中掺杂着一些美德。[113]因此，拜伦笔下的康拉德既像一个真正的海盗，又像一个虚构的英雄。康拉德和席勒虚构的英雄人物的相似性是文学继承的问题，但报纸文章中的拉菲特和摩尔之间的相似性是早

---

* 巴夏（Pasha），为土耳其古代对大官的尊称。——译注

期海上劫掠概念与浪漫主义意识形态之间逐渐混淆的重要标志。《波士顿每周观察》将美洲海盗解读成一种浪漫文学的典型，而拉菲特真正的结局很可能就像流行小说——《海湾海盗》(*The Pirate of the Gulf*)[114]描写的那样：他继续自己的旅程，成为一个不那么出名的拜伦式英雄。

拜伦笔下的康拉德其实一点都不邪恶，尽管他也在桅杆上挂着一面血红的旗帜，但他算不上什么海盗，更像是拜伦式英雄的雏形，他有点像埃尔维斯·普雷斯利 (Elvis Presley，美国摇滚歌星，又被称作"猫王")，因为他们有着一样微微翘起的嘴唇。[115]他并不是一个典型的地中海海盗，他被塑造成一种分裂又复杂的人物形象，就像"一只大笑的魔鬼"，既带有某种弥尔顿式的悲剧色彩，同时又非常浪漫，既愤世嫉俗，又恪守原则且有操守。他的邪恶被心理学化、被解读——因此变得很复杂：

129

> 一个孤独又神秘的人
> 很少微笑，也不叹息——
> ……
> 他的嘴角不由自主地上扬
> 他想要控制傲慢自大的话语，却难以掩饰。
> ……
> 在他的冷嘲热讽中，一只大笑的魔鬼露出真容，
> 它能同时唤起暴怒和恐惧的情绪。[116]

拜伦的《海盗》无疑取得了巨大的成功，它在发表当天就卖出了 1 万册。与其说这首诗里的康拉德是个掠夺者，倒不如说他是一个情人，他比真正的海盗更具有政治家的气质，他是一个高贵的亡命之徒，一个

封建世家的英雄，而非贪婪又暴力的基德或者"黑胡子"。[117]康拉德与我们的英雄萨奇船长——《通史》里暴怒的、来自地狱的"黑胡子"存在明显不同，但我们也不能否认，作为海盗的康拉德与戏剧化的"黑胡子"同样存在联系——尽管康拉德是一个更加人性化的撒旦，是"一只大笑的魔鬼"，他心里的邪恶性微乎其微，而他的所思所想都表明他是个十足的"人"。实际上，拜伦笔下的英雄已经成为一种辨识度很高的浪漫主义海盗原型，同时，与《通史》和《高的生平实录》中的约翰·高相比，拜伦式的英雄有着更加丰富的性格特征。康拉德是已经被心理学化、内在化的海盗，他的大笑和冷嘲热讽式的性格是拜伦诗歌中诗意情节的主要来源。康拉德自己采取的行动并不多，也没有进行任何鲜明的海上劫掠，但他挥霍无度和极度自恋。他是一种处在转型之中的新型海盗，从波涛汹涌的大海中进入人们的意识世界和心灵深处。

因此，海盗这个主题并不是一个尚未被开发的领域。1821 年 4 月，约翰·巴兰坦（斯科特之前的出版商）收到了斯科特写的《海盗》一书的开篇。[118]在当年的 9 月 27 日，斯科特给他的老朋友（他们曾经在 1814 年一起航海）威廉·厄斯金写信，邀请他去阿伯茨福德（Abbotsford，苏格兰城市），并希望他能介绍一些关于泽特兰群岛的信息，因为斯科特正打算使用非常有限的茅草去盖一间房子。[119]洛克哈特在《回忆录》（*Memoirs*）中描述了厄斯金听到斯科特正在创作一个故事这一消息时的欣喜之情，并毫不犹豫地给出了建议。斯科特自己也收集了一些写作材料，包括已经发行的出版物，以及他在那些岛屿上的亲身经历。[120]斯科特在这年年底匆匆忙忙地写完了这部作品，并且迅速地予以发表（然而扉页上印刷的出版年份是 1822 年）。

小说中人物的性格和故事情节呈现了某种对称结构，人物背后的隐藏身份总在恰当的时候被揭示出来。人物与人物之间的真正关系始终有着神秘的色彩，而读者迫切地想要知道正确答案。小说故事的中心人物叫诺娜（Norna），是一位令人尊敬、出身名门的女士，也是斯特罗姆内斯"老妇人"的体面版本，而她身份揭示的过程源于一段爱情线索：哪两个年轻人会娶诺娜的两位表姐妹？娶了诺娜表姐妹的两个年轻人，其中一个被证实是她的儿子，另外一个则不是。这个萨迦*被笼罩在挪威历史神话的神秘氛围中，而弥漫在泽特兰群岛和奥克尼群岛的神秘迷雾，很快就要被苏格兰的殖民主义取代。这是一种启蒙过程，但这也使得脆弱的挪威文化不断被边缘化。诺娜是古老传统的代言人，这种古老传统在不可避免的进步过程中被打败了。这种进步最终引来了苏格兰北部灯塔委员会的委员们以及斯科特的视察，它也可能会带来其他东西。小说的结构本身被两名无关紧要的角色的搞笑打乱，而这两个人的台词既冗长又无聊，他们经常莫名其妙地就唱起了歌，或者大声背诵名言警句。

　　小说题目提到的克利夫兰（Cleveland）海盗在快被淹死的时候，被他的竞争对手莫当特（Mordaunt）拯救，莫当特后来也在快被淹死时被克利夫兰救了。他们之间的竞争主要是在两姐妹身上——布伦达（Brenda）和明娜（Minna）。这个情节是这样展开的：克利夫兰在泽特兰群岛南部的萨姆堡角（Sumburgh Head）遭遇了海难，而救了他的人是莫当特，当时莫当特滑下极深极陡的悬崖去救他。其实，斯科特本人也从几百尺高的地方滑下去过（当时探险队队长罗伯特·史蒂文森准备在岛上建一座灯塔），但他这么做只不过是为了好玩，完全没有莫当特的戏剧性。[121] 被救下之后，克利夫兰开始深深迷恋明娜。受到维京人的影响，

---

* 萨迦（Saga），意为"话语"，实际上是一种短故事，它是 13 世纪前后被冰岛人和挪威人用文字记载的古代民间口传故事，主要包括家族和英雄传说，基本收集在一部名为《萨迦》的集子中。——编注

131

明娜认为海盗是叛逆者，因此，虽然克利夫兰赢得了明娜的爱，但是明娜极力反对他的海盗生涯（事实上，克利夫兰的海上劫掠行为看起来更像是去救人以及归还被偷走的东西）。

为了让故事背景更具时代感，以及让两种文化之间的碰撞更有火花，斯科特将故事发生的时间设定在 17 世纪末，也就是约翰·高生活的时代——此时，本土的挪威人还没击败苏格兰殖民者。[122] 由此可见，约翰·高的形象是《海盗》这部小说的灵感来源。斯科特在书里重现了约翰·高与老妇人见面的场景，当时，这名老妇人已经年近百岁。斯科特这么写的目的是保证小说的真实性，毕竟曾经见过约翰·高的人不会是一个年轻人。[123] 老妇人的回忆以及与约翰·高有关的一些补充材料也都被用作这本书的宣传广告。广告的内容提及《海盗》重新讲述了约翰·高的故事，并且提醒读者，这本书会提到一些珍贵的绝密资料：

> 为了详细而精确地记录那些值得纪念的偶然事件，接下来我将会讲述一个故事。故事发生在奥克尼群岛上。由于情况特殊，这座群岛只剩下了残缺不全的历史传说和损毁严重的文献记录。我们能从中获得一些信息，但这些信息的真实性很值得怀疑。[124]

老妇人讲述的爱情故事在书里被反复提及：约翰·高被一位年轻女士深深吸引，两人很快陷入了爱河，这位女士本身也比较富裕，为此，约翰·高打算在斯特罗姆内斯的小镇上举办一场跳舞派对。[125] 这本书还描写了菲亚逮捕约翰·高的全过程（为了写好这一部分，斯科特专门去做了一些研究调查）。[126] 斯科特引述了一位曾经出席过审判约翰·高的法庭的目击者说过的话，"法庭上的人用鞭绳紧紧地捆住约翰·高的大拇指进行拷问，而这种刑罚在当时很常见"。[127] 约翰·高被判处死刑，不久后就被绞死。这时候，斯科特又继续转述老妇人的回忆——老妇人讲述了那位戈登小姐是如何再次握了握已经死去的约翰·高的手，并通过这一行为来废除她对他的誓言。[128] 这个情节引起了斯科特对死亡及其仪式的兴趣，于是他又重新写了一遍这个故事：

> 据传闻，那个让约翰·高深深着迷的女士最终去了伦敦，她希望能在约翰·高死前再见他一面。但她去的时候，已经太晚了，她只能鼓足勇气，要求再看一眼约翰·高的尸体。她碰了碰尸体的手，正式收回了之前许下的誓言。根据这个国家的传统，如果不经过这个仪式，倘若他们曾经有过海誓山盟，那么她就不能拒绝那已故爱人的鬼魂回来拜访她，哪怕他们还没举行过婚礼。[129]

132

最后，广告在结尾处对斯科特笔下的故事做了一个总结：

> 故事发生的时间，以及曾经广为流传的故事细节都是不准确的，很明显，因为在真实的材料面前，细节之间充满着矛盾。这些材料全部都是由《韦弗利》的作者凭借一人之力搜集来的。[130]

这段话的立场我们非常熟悉：发生在 16 世纪和 17 世纪的故事都必须声称自己是真实的，这样才能让读者坚信不疑。我们要假装《海盗》中虚构的情节是真实的，是对约翰·高的错误故事背后真实事实的揭示。

我们熟知的故事情节和斯科特本人对这些情节的操控，已经在这部虚构的小说里互相融合。《海盗》的中心情节是克利夫兰在萨姆堡角遇到了海难。克利夫兰的船名叫"复仇号"（而约翰·高也有一艘名叫"复仇号"的船）。小说以一个遗憾的事件作为结尾：克利夫兰没能和明娜结婚。斯科特花了很多笔墨去刻画克利夫兰和明娜之间的关系，例如小说专门描写了明娜向克利夫兰求婚的场景：他们在奥丁面前许下诺言——如果一对情人想要对彼此许下终生，那么他们就需要把手伸进一块带着圆孔的圣石中，这块圣石位于奥克尼群岛的巨石阵里，人称"斯滕尼斯石圈"（Circle of Stennis）。斯科特本人在 1814 年造访了巨石阵，那是这对情人最后一次见面的地方。[131]

斯科特找到了一些与约翰·高有关的文件，其中一份是罗伯特·史蒂文森的手稿——斯科特曾经在 1814 年与他结伴出海。史蒂文森在这份手稿里说，他能够为斯科特的小说提供一些信息，而这些信息是他的朋友帕特里克·尼尔（Patrick Neill）提供的。尼尔是菲亚的远房亲戚，也是小说《穿越奥克尼群岛和泽兰特群岛之旅》（*A Tour Through Some of the Islands of Orkney and Shetland*）的作者。[132] 同时，斯科特还应该看到了亚历山大·彼得金撰写的一份关于约翰·高的报告。亚历山大·彼得金是奥克尼群岛和泽特兰岛的代理地方长官，他有约翰·高和菲亚之间的往来信件，并从这些信件中提取出关键信息，然后出版了一本名为《奥克尼群岛和泽特兰岛的记录》（*Notes on Orkney and Zetland*）的小册子。[133] 史蒂文森对比了彼得金的手稿和《海盗》原文，他感到非常惊讶，因为他在小说里几乎找不到这份手稿的任何痕迹。[134] 事实上，斯科特确实没怎么使用彼得金提供的材料。在《海盗》一书中，当克利夫兰准备将炸船作为最后一招时，说道："这不过是在火药舱开一枪的事，就像我们活过一样，我们也会死去。"这句话很可能对应的是约翰·高在信中对菲亚的威胁。约翰·高这样写道："我会将所有物品都点上火，然后大家一起在火焰中同归于尽。"不过，这两句话的用词和语法都有所不同，并且这种同归于尽的想法也很常见。[135]

显然，斯科特在他的书中化用了一些海盗的历史，例如他使用了

《通史》中的材料(他曾经读过《通史》第 2 版和 1709 年出版的《生平》)。[136] 我们通常可以在《通史》中找到斯科特笔下那些海盗的原型,例如,《海盗》中背叛了同伴的哈里·格拉斯比(Harry Glasby)就与《通史》中的哈里·格拉斯比非常相似。当真实的格拉斯比在法庭受审时,一个参加过战争的人在法庭上朝他的腿开了一枪,但格拉斯比毫不畏惧并且充满希望,他宁可被打穿身体,也不会向法庭交代任何事情。[137] 另一个被斯科特借鉴的海盗,则是格拉斯比在船上的旅伴—— 一个名叫桑普森的滑稽海盗。他经常开玩笑将自己的姓名签作西姆·图马顿(Sim Tugmutton),而斯科特笔下的弗莱彻也经常把自己的姓名写作蒂莫西·图马顿(Timothy Tugmutton)。[138] 斯科特虚构了以下的情节:海盗们抓获了两名地位较高的妇女,其中一个海盗问她们:"你们谁想爬上海盗的床?"[139] 听完这句话,两个受到惊吓的女人紧紧地抱在了一起,这些不堪的污言秽语让她们的脸色变得十分苍白。[140] 柯克沃尔的地方法官曾经对他们抱怨过:"你们在这个镇上的行为与你们在马达加斯加群岛上的行为没什么区别!"[141] 斯科特很清楚,海盗们拥有自己的文化和圈子。因此,克利夫兰也按照正确的海盗方式来行事——他带着几把手枪,这些手枪被一根红绳子串了起来,并挂在他的肩膀上。这是一种对"黑胡子"的效仿,《通史》里对"黑胡子"的描写是这样的:"他的肩膀上挂了一根投石索,上面拴着三把手枪,枪套和子弹夹有点像。"这种描写十分真实。[142]

尽管如此,斯科特还是刻意将克利夫兰和作为文化标志的海盗们区分开来。为了达到这个效果,斯科特给克利夫兰创造了一个对手——戈夫(Goffe)船长。戈夫船长的原型是"黑胡子",性格十分暴躁,他在桌子底下开枪只是为了好玩,并打伤了杰克·詹金斯的膝盖,让这个可怜鬼落得终身残疾。[143] 写到这里,斯科特添加了一个脚注,他说过去很

134

多海盗的传说都来自艾弗里，这里借鉴的却是"黑胡子"的故事。"黑胡子"曾经开枪（也是在桌子底下）打中了一个人的膝盖，然后让他终生跛行，而这个被"黑胡子"打伤的男人如今住在伦敦，靠乞讨面包生活。[144] 戈夫船长就像一个穿着高贵衣服的粗俗小丑，整天喝得醉醺醺，还有口臭。戈夫船长经常重复发誓，因此，斯科特也不得不在描写对话时用很多破折号来表示。[145] 通过这种对比，克利夫兰显然就是一个受过教育的绅士型海盗。

《海盗》里的某一章曾经引用过这样的诗句：

> 在他的冷嘲热讽中，一只大笑的魔鬼露出真容，
> 它能同时唤起暴怒和恐惧的情绪

克利夫兰说自己拥有两种不同的性格，实际上这个深爱明娜的绅士是一伙大胆狂徒的领导者，这群狂徒的名字和龙卷风一样恐怖。[146] 克利夫兰性格中的双重性非常明显，在第一次出海时，克利夫兰展现出年轻和吸引人的一面，而他又那么苍白并且饱受摧残。[147] 明娜对海盗既有某种困惑，又带着浪漫的幻想——这也表明浪漫主义者对文化边缘人物、无家可归的浪子或者远在天边的英雄（不论是维京人还是海盗）的矛盾心理。[148] 克利夫兰是特意为满足这种矛盾感而设计的人物，但"他的冷嘲热讽中"并不存在"一只大笑的魔鬼"。克利夫兰是一个拜伦式英雄，这不是因为对他身上道德矛盾心理的刻画，而是因为斯科特将他的优点和缺点全都糅合在一起，他的海上劫掠行为也被弱化和升华到近乎虚无和荒谬的地步。

《海盗》一书本身和海上劫掠没有什么关系，它实际上只不过是一本过时的十字军浪漫主义题材小说。如果说康拉德还是一个可信、复杂

的角色，那么克利夫兰则过于绅士。作为一名业余的人类学家，斯科特对怪异挪威人的兴趣要远大于对海盗们离经叛道行为的兴趣，同时他感兴趣的两种文化，也是挪威人和苏格兰人的文化，而非海盗和绅士的文化。归根结底，斯科特的小说之所以会以"海盗"为标题，其实是因为克利夫兰由于他出身名门的父亲的不幸遭遇才成为海盗——他也因为太绅士而被其他海盗诟病和孤立。[149]对克利夫兰来说，他想要做的事就是拯救生命以及归还被偷盗的财产。"我在外面吃了很多苦，"他和一个朋友坦露心迹，"但如果有需要，我可以告诉他们，我拯救了很多人的生命。我将财产退还给那些曾经拥有它们的人，如果没有我的保护，这些财产早就被彻底毁掉了。"[150]除此之外，克利夫兰也曾经因为奋不顾身地保护那两位有威望的西班牙女士的声誉而被公开赦免。[151]后来，一些人证明克利夫兰实际上是明娜表兄的儿子，他和明娜的爱情也只能以悲剧结尾。在故事的最后，克利夫兰以海军英雄的身份死去。[152]他的尸体和随身携带的箱子都留在了"复仇号"上。箱子里没有财宝，只有一些文件，这些文件证明了他高贵的出身——他是一个名为诺娜的重要人物的儿子。这个诺娜正是苏格兰人敬仰的贝茜·米勒（Bessie Miller），斯特罗姆内斯的"老妇人"。克利夫兰在《海盗》里的形象堪称经典，后来的许多文学作品都借鉴了这个形象—— 一个来自上层社会的人（通常是被流放或者无法继承权力的贵族），具备某种海盗精神或者骑士精神，行侠仗义，浪迹天涯。

在《海盗》这本书发行的第 14 天，位于伦敦黑衣修士路的萨里剧院上演了一部戏剧，这部戏剧的演员、作曲家和编剧都是同一个人——托马斯·迪布丁。[153]戏剧的名字是《海盗：一出浪漫的音乐剧，改编自同名小说》（*The Pirate: A Melodramatic Romance, taken from the Novel of that Name*）。小说中莫当特和克利夫兰的相遇情节被放在了戏剧第一幕的高潮处，正如小说中描写的那样，那时莫当特的英雄主义被他的父亲默尔当（Mertoun）抑制了。这部戏剧表现了许多奇观，而如今，我们只能根据印刷出的文字发挥自己的想象：

> 一处峭石嶙峋的海岸，还有石头滚落，一艘船在海上的狂风大浪中苦苦挣扎，浪和它的桅杆一样高。前方是一处悬崖，莫当特在悬崖上面看起来很激动，他认真观察海中的沉船的残骸。一个水手正在和大浪搏斗，正当水手快要上岸时，海中的浪又把他打了回去。

> 莫当特：（扔了他的外套）父亲！父亲！我宁可死了也要去救那个人。
> 默尔当：（模仿在悬崖边说话）不能去！我命令你！你也会死的。
> 莫当特：那么我就直接进入天堂吧。（音乐响起，他飞身跃下悬崖）
> 默尔当：我的儿子！我的儿子！（在悬崖边倒地不起）

莫当特消失，然后再次出现。观众可以看见他正在帮助那个海里的水手上岸——水手因为过于疲惫而晕倒，趴在了莫当特的身上。莫当特看见水手有了生命迹象，他双膝跪地答谢上苍。幕布落下。[154]

这两位年轻人有血缘关系这一事实，在开场不久就被诺娜揭示了出来，而这一情节构成了第二幕的高潮。第三幕的开场则介绍了一些海盗和场景："一处美丽的日落海滩，那里有一艘制作精良的海盗船……我们可以看见，它下了锚，停了下来。"[155] 克利夫兰被柯克沃尔的地方长官抓了起来，为了报复这个长官，海盗们也抓走了布伦达和明娜。明娜这才发现了克利夫兰的职业："克利夫兰原来是个海盗！"[156]

戏剧的最后一幕简化了小说里的情节：克利夫兰和莫当特不再是小说里写的同父异母的兄弟，他们都是诺娜的儿子，是同父同母的兄弟。诺娜向他们的父亲解释说："克利夫兰的箱子里有能够证明他身份的文件，那个海盗就是我们的儿子。"[157]莫当特和克利夫兰一起出现，他们以兄弟相称。柯克沃尔的地方长官带着一个海军官员前来逮捕克利夫兰，海军官员问道："克利夫兰，你有没有救过两位西班牙女士？她们曾经被你的船员俘虏。"[158]"是的，我救了她们。"克利夫兰回答道。[159]虽然他因此被赦免，但他也不得不忘掉明娜（这个角色早就被作者忘记了），这是上天给他的惩罚。这部剧的剧本被收藏在大英图书馆中，剧本的最后一页贴着一张标签，上面写着："直至归还这本书的前一天，我已经读了两遍。爱情永远在图书馆里流传，邦希尔街81号。"[160]与此同时，另外两部根据斯科特的《海盗》改编的戏剧，也在斯特兰德（Strand）和德鲁里街交汇处的奥林匹克剧院上演。[161]斯科特的海盗和拜伦的海盗一样，他们都大受欢迎。

暴烈而残忍的海盗约翰·高在法庭上沉默不语且不知悔改，他被人钳住了大拇指以示惩罚，接着在大庭广众之下被吊死，尸体被挂在铁链上向大众展示，但在文学作品里，他成了一名充满抱负的绅士和年轻女子的情人。他在这些作品里（不论是《通史》，还是《高的生平实录》，又或者是小说化的传记）无法展现出自己的性格——他既不能去思考，也不能为自己辩护。他在自己的海上劫掠行动中是隐形的，他的情节被地方长官和"上帝之手"决定，与他自己（或者作者）的意志无关。海盗约翰·高的不道德和野心勃勃都来自人们的想象，大家似乎都没有对真实文献进行过仔细分析。这是一个在任何情况下都不言自明的事实——海上劫掠是客观存在的行为而非行为的主体；是水手的真实举动，而不是作家的艺术作品；是一种本质上非常邪恶的罪行，而不是一种模糊不清却又激动人心的文学表演。

137　　缺少情感和内在的约翰·高，与斯科特在 19 世纪写就的拜伦式英雄克利夫兰形成了鲜明对比：克利夫兰不是诞生于现实之中，他生活在一种"虚构的"的历史（原型是 17 世纪的历史）之中。斯科特将他放置在一个安全的时代背景中，关于克利夫兰的情节代表的不是令人兴奋的向上层社会流动，而是一种对重新恢复稳定性的肯定。《海盗》这本书的成功，就是一位真正的绅士的终极胜利。克利夫兰是思想上而非行为上的外行，他很神秘，却一点都不邪恶。他的海上劫掠行为以骑士精神为内核，充满了慈善和狭义的味道；他没有割过敌人的喉咙，也没有参与过血腥的造反；他获得了本应该获得的奖赏，继承了财富，以及重新被确立了社会地位。在《海盗》这本书里，斯科特将海上劫掠与暴力进行区分——海上劫掠混杂了爱与牺牲，它被放置在想象的过去之中重新定位，与现实切断了联系。斯科特笔下的海盗给后人留下了一份珍贵的文学遗产——海盗的真实身份是一名被流放的绅士，他的宝箱里有一份能够证明他真正的绅士身份的有力证据。这份文学遗产不是为了发现马达加斯加海盗的高尚品质，而是为了在现实生活中重新发现它。

第五章 埋藏的宝藏

现在我想起来那老妇人的话语

她在我年轻时曾给我讲冬天的传说:

她讲那些在深夜里滑行的精灵和鬼魂的故事,也讲那些

埋藏着宝藏的地方。

　　——马洛(Marlowe),《马耳他岛的犹太人》(*Jew of Malta*)[1]

1817 年，华盛顿·欧文前往阿伯茨福德拜访斯科特。[2] 斯科特用晚上的大部分时间来阅读欧文的《纽约外史》（*A History of New York*），并且给出了和柯勒律治一样的评论——他承认这本书让他笑得两边脸颊又酸又疼。[3] 斯科特专门为这位美国作家做了早饭，并且招待了他四个晚上。在这段时间里，作为主人的斯科特带着欧文四处游玩，给他详细讲解了阿伯茨福德的风土人情和历史典故，吃饭时也不停讲着各种奇闻逸事。欧文注意到斯科特的书架里堆满了各种语言的浪漫主义题材小说，其中很多是珍贵的绝版书。[4] 欧文的父亲生于奥克尼群岛，因此，欧文向斯科特讲述了苏格兰广为人知的神话、迷信和民间故事，同时为了满足斯科特的一些学术好奇心，欧文也回答了相关问题，例如德国人到底是如何写浪漫主义题材小说和民间传说的。[5]

欧文在接下来的作品《见闻札记》（*Sketch Book*）中对斯科特表达了感谢。斯科特不仅给他提供了写作的灵感，而且向他介绍了出版商约翰·默里。这本书中最成功的两个故事——《里普·范温克尔》（"Rip Van Winkle"）和《睡谷传说》（"The Legend of Sleepy Hollow"）就是发生在美国背景下的欧洲超自然、超现实主义的民间传说，别具一格，栩栩如生。[6] 19 世纪 20 年代，欧文游历了德国和法国，但是那时的他已经很难再次在文学上取得成功，虽然如此，他还是强迫自己出版了另外一本故事集《旅人述异》（*Tales of a Traveller*）。这本书里包含了两篇他于 1823 年 12 月和 1824 年 1 月在巴黎完成的短篇小说，并且都与被掩埋的海盗宝藏（这是 19 世纪最受读者欢迎的主题）有关。[7] 在创作《里普·范温克尔》和《睡谷传说》时，欧文将两个故事和《纽约外史》里一个滑稽可笑的人物迪德里克·尼克博克（Diedrich Knickerbocker）联系在了一起。这两个关于财宝的故事，合并被冠以《掘金者》（"The Money-Diggers"）之题，据称它们都是在已故的迪德里克·尼克博克的手稿中找到的，这两个故事是尼克博克在一次欢乐的钓鱼旅行中听两个旅伴讲的，他将它们写在了日记中。欧文在前言加了两部分介绍性的内容，第一部分题为《地狱之门》（"Hell-Gate"），取自纽约东河附近的一处地方，传说那里有一艘沉没的海盗船，并且还埋藏着许多海盗、走私者的鬼魂以及财宝。[8]世俗的美国场景也因此与丰富多彩的传统结合在一起，而这一结合在另一部分的标题上表现得更加明显——前言的第二部分题为《海盗基德》（"Kidd the Pirate"）。欧文为读者们提供了另一个角度的基德的故事，但他将历史视作一个玩笑，因为他引用的材料大部分都是口头传说，或者直接就是谣言，例如，有人说基德在被捕之前掩埋了大量的金子和珠宝。[9]确实，历史上发生过许多类似的故事。贝洛蒙特伯爵（这个人有时候是基德的伙伴，有时候又是指控基德的纽约地方长官）曾经报告说："一个由值得信任的人组成的委员会……搜查了基德的家并发现了他藏起来的两大口袋金沙和金锭，差不多值 1000 英镑。他们还发现了几大包白银。"[10]贝洛蒙特伯爵也说过，一直有谣言称基德承认在加德纳斯岛上埋了一些金子。[11]当欧文在巴黎和伦敦旅行时，他从美国驻伦敦总领事那里听说了基德的故事。[12]于是在欧文的笔下，尼克博克在某个夏天悠闲地参加了一个钓鱼派对，他从河流的底部钓上来一把老旧的手枪。另外一个参与派对的人对他说："这就是基德的手枪。"马上又有一个人唱起了关于基德的小调。这个小调有一段关于美国的歌词（它讲述了基德对基督教的背叛），大概写于 1701 年：

> 我手拿《圣经》，
> 当我在航行，当我在航行，
> 我将它埋进沙里，
> 当我在航行。[13]

140

唱歌的人后来回忆起了一个人曾经挖出过基德埋藏的财宝的故事，这就是《掘金者》中的第一个故事，故事的名字是《魔鬼和汤姆·沃克》（"The Devil and Tom Walker"）。[14]

这个故事的核心是埋金的地点——海盗基德掩埋财宝的地方距离波士顿只有几英里远。[15]故事发生在 1727 年，主角是一个名叫汤姆·沃克的守财奴。他经过埋藏着财宝的地点，看见这地方已经被一个又壮又高的黑人男子看守着，这个男子既不是黑奴也不是印度人——但他是故事标题里提到的"魔鬼"。[16]"魔鬼"与吝啬而贪婪的汤姆签订了传统的撒旦契约，准许后者在为其提供服务的时候动用基德的财宝。汤姆成了一名高利贷的放贷者，他在这项工作上取得了巨大成功，并且为此感到非常满意，但是他对契约心怀不满，想方设法通过狂热但不虔诚地践行基督教教义来逃避执行契约可能带来的后果。然而，他并没有停止放贷，通常情况下，他通过没收抵押的房产来摧毁那些不幸的穷人。此时，他听见对着大街的房门被人使劲敲了三下，那个"魔鬼"出现了，后者对他说："汤姆，你的时间到了！"[17]

参加钓鱼派对的人回到岸上进行野餐，另外一个人开始讲述第二个有关掘金的故事——《沃尔弗特·韦伯，或者黄金梦》（"Wolfert Webber, or Golden Dreams"）。这个故事本身分成两个部分，两个部分都与标题中的沃尔弗特·韦伯有关，它发生的地点紧挨着第一个故事的发生地点。[18]故事发生在 18 世纪早期的纽约（这和第一个故事一样），主角名叫沃尔弗特·韦伯，他是一个荷兰种植卷心菜王朝的后裔，长着一张卷心菜似的脸，住在一栋荷兰人建造的房子里。但不幸的是，这片领地正在被不断扩张的曼哈顿城（Manhattoes）[19]吞噬。他那生活充满戏剧色彩的妻子永远在编织。他还有一个越来越成熟的女儿，不过女儿没有长一张卷心菜一般的脸。他的女儿有一个追求者——德克·沃尔德伦（Dirk Waldroon）。[20]

　　沃尔弗特经常去东河那边的一个小酒馆喝酒，那里的人们非常喜欢讲述海盗的故事。与钓鱼派对上的轻松氛围不同，在小酒馆里，故事讲述者之间的竞争非常激烈，而且，他们讲述的故事也经常遭到怀疑。这时候的海盗故事通常是一环接着一环，海盗们变成了小说和传说中神秘的埋宝者，而不再是暴力的强盗。这类哥特式的角色并非历史上真实存在的人物，他们多数抛弃了码头工人或者水手的身份，从狂风巨浪的大海走向了陆地。[21] 小酒馆里有一个独眼的英国船长，他坚持说埋藏了当地财宝的不是荷兰殖民者，而是海盗基德和他的船员。[22] 沃尔弗特无意间听到这一信息，他感到非常兴奋："原来祖国的土地里都是金沙，每一寸土地都蕴藏着无限的财富。"[23] 他无法克制自己的欣喜之情，便从小酒馆回了家，然后连续三个晚上都做了黄金梦：

> 　　他梦见自己在自家花园中心发现了巨额宝藏，每一铁锹铲下去，他都能收获很多金锭：闪亮的钻石和泥沙混合在一起；每一个装钱的袋子都鼓鼓的，塞满了"八分币"，又或者是珍贵的达布隆（Doubloon，古西班牙金币）；箱子里也满是莫伊多尔（Moidore，古葡萄牙金币）、达克特和比塞塔里恩（Pistareen，古西班牙银币），在他目瞪口呆的注视下，这些箱子缓缓打开，里面的财宝闪闪发光。[24]

　　做完这三个连续的梦之后，沃尔弗特疯狂地将花园里所有的卷心菜都挖了，他毁掉了自己的花园，而他的老熟人也都将他当成疯子，故意躲开他。只剩下追求他女儿的那一位德克·沃尔德伦先生还愿意和他亲近。

　　备受打击的沃尔弗特再次造访了河边的小酒馆，他发现那里最受欢

141

迎的人已经变成了一位陌生的"海上大亨"。这是一个非常神秘、喝着朗
姆酒的男人，他来自海上，并随身携带了一个神秘的水手箱。这个男人
睡在小酒馆的吊床上，使用一种奇怪的外国钱币来支付他的账单："他的
脸被晒得很黑，并且饱经风霜。他脸上有一道很深的疤，看起来像是被
弯刀砍的。这道疤几乎将他的鼻子分成两半，他的上嘴唇也因此留下了
一道很深的裂缝。"[25] 这位"海上大亨"甚至让独眼英国船长闭了嘴，他
凭借讲述海盗们的丰功伟绩成为小酒馆里的故事王。当时酒馆里的另外
一个人——皮奇·布劳夫（Peechy Prauw），正在讲述另外一个海盗故事
（the buccaneers）。这个海盗故事与一名叫萨姆的当地黑人渔夫有关，不
过布劳夫刚讲完开头，就被"海上大亨"粗鲁地打断了。"海上大亨"让
布劳夫别管那些海盗和他们的钱，他说："海盗们为了这些钱都拼了命，
他们牺牲了自己的身体和灵魂。无论这些钱被埋藏在哪，可以肯定的是，
得到它的都是那些勇于吃苦并且和魔鬼签订了契约的人！"[26] 然后"海
上大亨"拖着沉重的脚步回到小酒馆的房间里。其他人，包括沃尔弗特，
则留下来听完了关于萨姆的故事。这个故事是《掘金者》的结尾，题目
为《黑人渔夫的冒险》（"The Adventure of the Black Fisherman"）。

142

　　某天傍晚，渔夫萨姆将船停在了曼哈顿岛的一处避风口。这时候，
他看见另外一艘船载着六个人向他这边驶来，于是就好奇地跟着这六个
人上了岸。萨姆看见他们似乎正在掩埋一具尸体，便脱口而出："杀人
犯！"话音刚落，他就被发现了。萨姆被这六个人一直追赶，而且还中
了几枪。[28]"那……萨姆知道他们埋的是什么吗？"那个满脑子都是金锭
和达布隆的沃尔弗特着急地想知道答案。[29]然而这个问题没有得到回答，
因为黑暗中传来几声枪响，打断了这个故事。人们爆发出一阵又一阵的
尖叫声。在这混乱的情况下，"海上大亨"突然带着神秘的水手箱准备坐
船离开。当他将箱子放到船上时，箱子却掉进了海里，"海上大亨"马上

跳下海，然后就被流速极快的海浪卷走了。[30]

晚上听到的故事给了沃尔弗特更多的希望，他找到了萨姆，萨姆说他能找到故事里的埋尸地点，于是他们决定第二天一同前往那个神秘地点。在回家的路上，沃尔弗特和老萨姆遇见了之前掉进海里的海盗，就是那个小酒馆里的"海上大亨"。[31]他们吓得拔腿就跑，休息了几天之后，沃尔弗特才敢将这一切透露给一个他信赖的医生，结果发现这名医生其实是一位占卜和寻宝的狂热爱好者。又过了好多天，沃尔弗特才最终和老萨姆以及医生来到埋尸地点。他们在那儿发现了一个箱子，同时又胡乱猜想那个"海上大亨"会不会化作灵魂出现，在巨大的恐慌之下，三个掘金者慌不择路地逃跑。沃尔弗特的腿脚不利索，不小心跌倒在地，幸好他女儿的追求者德克·沃尔德伦及时赶到，救了他。而那地方到底是否埋着宝藏，最终成了一个永恒的谜。[32]

沃尔弗特在忧愁中日益消瘦。他听到了一个传闻，据说市政当局想要修建一条穿过他的卷心菜园中心的路。[33]一怒之下，他病得更严重了。面对这样糟糕的命运，他打算把自己的财产传给女儿和忠诚的德克，并找来一名专业律师为他订立遗嘱。聪明的律师对他解释说市政当局的计划其实会让他大赚一笔，沃尔弗特这下活过来了，他愿意让这条路穿过他的卷心菜园，梦想着在那儿找到宝藏：

> 他的黄金梦得以成真。他确实得到了一笔意想不到的财富，因为当他父母留下的土地被征用时，他可以通过收租来赚钱。他再也不用种卷心菜了，那些损失了的卷心菜变成了一笔丰厚的租金。[34]

基德宝藏的传说开始在世界各地流传，而基德本人也因此重返人间。最终，他那些不知下落的神秘宝藏还是被欧文发现了——别忘了，这位作家最擅长的就是重写欧洲的民间故事。传统的民间故事大多是道德寓言，它们忽略了现实世界，忽略了人们对于遗失的宝藏的狂热迷恋。沃尔弗特·韦伯的传说是欧文写的第一个埋宝故事，它也是第一个将海盗与陆地上的宝藏而不是海上恐怖行为联系在一起的故事。19世纪的文学作品描写了多种类型的海盗。欧文笔下哥特式的海盗已经死去，他们的尸体和财宝都被人们掩埋，变成了需要读者去破解的谜团。这些财宝被海盗的鬼魂守护，取之不尽，用之不竭。历史上的海盗们早在狂欢纵饮中消耗掉了所有财富，但是19世纪的短篇小说利用了这一点重新创造了财富。当真实的海盗不再让人害怕时，他们的鬼魂便幸存下来，并且与当时的浪漫主义者对民间传说和流行的兴趣相契合，变得一点都不恐怖，人们很乐于欣赏这些奇形怪状的东西。我们会在19世纪的晚期遇见欧文描写的那些海盗的后代，那时候，他们正聚集在另外一家小酒馆里。

简回忆起了她的父亲——詹姆斯·费尼莫尔·库珀。一天傍晚，库珀和查尔斯·威尔克斯一起讨论斯科特的新书《海盗》。库珀在17岁时开始航海，后来进入美国海军，担任见习军官，他坚持认为《海盗》一书并不能满足曾经有过航海经历的读者。[35] 在库珀看来，航海小说完全可以用准确的专业知识写成，并且一样能够吸引缺乏航海经验的岸上读者，但威尔克斯的意见正好相反，他认为航海的专有名词和技术细节只会让读者感到无聊。于是，那天晚上晚些时候，库珀大声说自己要写一本书——一个向读者们展现一名水手到底能做些什么的海上故事。[36]

144　　这部小说就是著名的《领航员：海上传奇》(*The Pilot: A Tale of the Sea*，以下简称《领航员》)。从标题来看，它并不是一部专门描写海盗的小说。这部小说塑造了一个拜伦式的英雄，一个毫不掩饰的美国革命者——约翰·保罗·琼斯。库珀知道，苏格兰的小说家托比亚斯·斯摩莱特（Tobias Smollett）曾经当过水手，他笔下的《蓝登传》（*Roderick Random*）是一部权威的航海小说，至少是一部根据真实的航海经历而写成的航海小说。然而，库珀认为这部小说中的现实主义色彩太浓重了。在《领航员》的序言中，库珀明明白白地告诉读者："尽管我曾经和斯摩莱特在同一片海域航行过，但我们的航线完全不同。"[37] 库珀的榜样是斯科特，他的目标是创作出一部比斯科特的作品更具航海色彩的小说。斯科特本人也很欣赏《领航员》这本书，他曾经给小说家玛丽亚·埃奇沃思写过一封信，信中提到，"库珀的小说非常巧妙，尤其是他刻画的海上场景和人物性格，让人印象深刻"。[38]

1827 年的夏天，库珀先是去了巴黎，然后又去了位于塞纳河畔的圣旺镇。在一座乡间别墅里，库珀完成了另外一部航海小说——《红色罗弗》（*The Red Rover*）。这部小说于 1827 年在巴黎和伦敦出版，之后又于 1828 年初在费城出版。[39] 小说的故事发生在 1759 年的纽波特罗得岛，当时的魁北克（Quebec）已经落入英国人之手。小说介绍了一位名叫怀尔德的航海家，他有两个非常忠诚的手下——费德（Fid）和西皮奥（Scipio）。除此之外，小说里还有一个更为神秘的航海家，也就是书名中的罗弗。他是一艘船的指挥官，不仅喜欢红色的旗子，而且精于乔装打扮。他与船上的侍者——罗德里克（Roderick），保持着亲密的关系。在打仗时，他升起的红色旗子像极了拜伦笔下的海盗旗。库珀还描写了两位女士（接下来她们一定会被人抓走，这是故事里的套路）——政府官员的妻子威利斯夫人以及她的学生格特鲁德（Gertrude），格特鲁德由一位黑人奴仆卡桑德拉陪伴左右。

罗弗雇用了怀尔德，要求他去指挥一艘名为"皇家卡罗琳号"（*Royal Caroline*）的船，而充满魅力的格特鲁德和威利斯夫人乘坐的就是这艘船。他们按照计划在海上航行，却遇到了一场暴风雨。在这场暴风雨中，

"皇家卡罗琳号"的桅杆被折断，于是船上的船员变得躁动不安，还有不少人乘坐救生艇逃跑。怀尔德和三位女士在渐渐下沉的"皇家卡罗琳号"里等待着，最后他们找到了一艘汽艇，成功逃离。库珀喜欢描写海上的惊涛骇浪以及美洲大陆的荒郊野岭，但这在令人兴奋的同时可能令很多读者感到困惑，即库珀精湛的艺术手法表现出的超文明艺术与喜怒无常的大海和荒凉的文明遗失之地所表现出的未开化特征之间的冲突。当"皇家卡罗琳号"下沉时，救生艇上的乘客们上下漂浮着，但波涛暗涌的海上情景并没有被诸如"水还是在哗哗地流"、"向下冲啊"以及"经过同样的漩涡到达底部"[40]等短句展现出来。"船"被叫作"舰"，"小艇"被叫作"方舟"，这并不是为了精确地表现航海生活，而是为了展现作者丰富的语言表达。然而，读者感受到了不必要的困扰——他们无法理解沉船和漂浮的过程。[41]不过，库珀将"小艇"描述成"方舟"还是具有非凡意义的，因为他将浪漫的隐喻融进了陌生的水域世界。库珀细致地描写了海盗们在大海上漂浮的情景，他希望能够展现大海诗情画意的一面（平静的大海要么在低吼，要么在沉睡）。[42]

暴风雨过后，幸存者们被罗弗的船——"海豚号"（*Dolphin*）救走。在那艘船上，罗弗卸下了伪装，比以前更自在、更真实：

> 尽管他鄙视伪装，并且宣称自己能够肆无忌惮地使用权力，但他喜欢将手枪别在皮制腰带上，那条腰带穿过了他蓝色的制服，边缘还镶嵌了黄金。同时，他同样不在意隐藏，在那件奇装异服上插了一把弯曲的土耳其刀。[43]

在这艘船上，带着土耳其刀的罗弗自称为海德格船长，他对女性俘虏都非常慷慨大方。但是，她们开始怀疑——尤其是因为罗弗船舱里充

145

满了异域风情和不拘一格的装饰品，包括一张蓝色丝绒材质的沙发椅，上面堆满了枕头——她们的救星是海盗！[44] 很早之前就已经被雇用的怀尔德，现在是船上地位仅次于船长的人物，但海盗水手们都憎恨他。不过费德和西皮奥会一直保护怀尔德，这两个人一直都在罗弗的船上。罗弗本人尽力维持船上良好的海盗秩序。

罗弗与怀尔德进行过很多次谈话。罗弗曾经表示，他的海上劫掠其实是一种对英国在美洲殖民地不公正行为的反抗，他预言，那片被不公正对待的土地即将在民族国家的旗帜下光荣独立。"当那面旗帜在船上飘扬时，就不会再有人听到'红色罗弗'这个名字。"[45] 而在另外一场对话中，威利斯夫人和罗弗听说了费德、西皮奥与怀尔德第一次相遇的故事。那是在西印度洋上，两个水手劫后余生，挣扎着登上了一艘虽然已经坏掉但依然在海浪中漂浮的小船。在那条小船上，只剩下一只狗、一个将死的妇人和一个小男孩还活着。饥肠辘辘的费德和西皮奥吃掉了狗（这很可能是模仿《唐璜》第二章中对"唐璜的猎犬"的处理），并且救了那个男孩——怀尔德。[46] 他们把在船上发现的一只桶上印着的文字作为这艘船的名字，然后西皮奥把这些文字刻在了费德的手臂上——这就是关于"林黑文方舟"（Ark, of Lynn Haven）[47] 的传奇故事。

一艘船出现在"海豚号"的视野中，怀尔德认为这艘船就是"飞镖号"（Dart），在加入罗弗之前，他曾经在这艘船上工作过。两船之间的冲突一触即发，但由于怀尔德的求情，罗弗决定放弃对"飞镖号"发动进攻。他在"海豚号"上挂起了英国国旗，表明它是一艘海军船。罗弗作为这艘所谓的海军船的船长登上了"飞镖号"，他表现出令人信服的贵族气质。令人敬佩的霍华德船长——英国皇家海军舰艇"羚羊号"（Antelope）的负责人，向罗弗出示了"飞镖号"的船员名单，其中有一个名叫亨利·阿尔克的人。霍华德说这艘船的名字来自一艘沉船，当时

"飞镖号"的船长告诉他，亨利现在并不在船上，他正在执行一项非常危险的任务。[48]

这样一来，罗弗确定了怀尔德的双重间谍身份（他认为怀尔德肯定不是一个可靠的海盗），他回到了自己的船上，准备攻打"飞镖号"。罗弗当面质问怀尔德为什么背叛自己，威利斯夫人恳求罗弗不要惩罚怀尔德，罗弗答应了，并宣布恢复怀尔德的自由之身，允许他带着费德和西皮奥回到"飞镖号"。在"飞镖号"上，海军神父偶然发现自己认识威利斯夫人——这位夫人的婚礼正是由他主持的。威利斯夫人已故的丈夫是美国海军德莱西的儿子，因此，威利斯夫人其实应该是德莱西夫人。虽然犹豫不决，但怀尔德还是通知了"飞镖号"的船长，他告诉船长，那艘出现在他们视野中的船其实就是"红色罗弗"的船，并且"飞镖号"曾经接待过的那位登船访客正是臭名昭著的罗弗本人。怀尔德揭露的这个秘密震惊了"飞镖号"的船长，他只听说过一些关于罗弗的谣言："先生，他那浓密的须发让我什么也没看到，也没有听到他沙哑的嗓音，更没有察觉到他有什么举世公认的独特外形（比如野兽般的外形），而这个外形是分辨海盗和普通人的重要特征。"[49]

怀尔德和"飞镖号"的船长决定向罗弗提条件。怀尔德传递给罗弗的信息是：互相交换俘虏，并且罗弗要保证离开大海，永远放弃英国人的身份。[50] 罗弗拒绝了这些条件，两艘船就在海上直接开战。罗弗和他的手下成功地登上了"飞镖号"，那滴着猩红色血液的土耳其刀也证明他确实杀了人。[51] "飞镖号"非常耻辱地失败了，勇猛的西皮奥受了重伤，他在费德身边咽下了最后一口气。正在这关键的时刻——库珀创作的情节需要一些波折——"飞镖号"上的随船神父发现了费德胳膊上的刺青，即"林黑文方舟"。他知道这个词组并不是船的名字，而是他的一个非常要好的朋友的庄园之名。他又发现西皮奥胳膊上有一个项圈，而这个项圈属于那只沉船上的狗，那时候怀尔德也在船上。[52] 威利斯·德莱西夫人坚持要求看一下项圈上的字，上面刻着"内普丘恩（Neptune），保罗·德莱西的私人财产"。[53] 这个信息让威利斯夫人发现，怀尔德其实就是她的儿子，而她正在为这个人求情。在这样复杂的情况下，罗弗推迟了绞死怀尔德和费德的时间。

第二天，"海豚号"和"飞镖号"和平共处，并肩航行。[54] 战斗结束的当天夜里，罗弗在"海豚号"的船尾上无声地走来走去，他正思考着如何处置那些船员和俘虏。[55] 他解散了船员，还将自己的金子分给他们作为安慰奖——"你们不应该指责我了，因为我已经将我的财产分给你们了"。罗弗让这些船员乘坐"海豚号"回到陆地。[56] 他和怀尔德·德莱西、两位女士以及她们的女仆告别，并将他们送回"飞镖号"。"飞镖号"疾驰而去，那些在甲板上的人远远地看着"海豚号"渐渐消失在远方。他们突然听见一声巨响，那是"海豚号"上的爆炸声。他们看见一团火焰升了起来，最后，海面上什么都没剩下。[57]

20 年后，北美英属殖民地成功独立。人们则在纽波特港打捞起一艘废弃的船，船上有一个女人，她到处打听德莱西船长的下落。当地人指了指不远处的一所房子，那里就住着怀尔德·德莱西、他的妻子格特鲁德、儿子保罗和母亲威利斯·德莱西夫人。船上的水手奄奄一息，但威利斯·德莱西夫人还是凭借着那憔悴的面容认出这是她的哥哥——怀尔德·德莱西的舅舅，而这个人正是"红色罗弗"本人。[58] 那位一直陪伴他的女性，很可能就是罗德里克（这是作者的暗示）。罗弗替美国打了很多年的仗，他临死之际，打开了一个随身包裹，里面装着一块装饰华美的条纹布，布料的蓝底上还印着闪亮的星辰。[59]

与斯科特的《海盗》相比，库珀的叙事更为流畅，而且罗弗也比《海盗》中洗心革面的前海盗克利夫兰更有魅力。虽然库珀被人们不怀

148

好意地称为"美国的沃尔特·斯科特"，仿佛是殖民地的附属物、文化债务，但他仍得益于美国文学的独立与欧洲浪漫主义的交流和历史碰撞，后者崇尚野性、反叛和独立。[60] 与具有开拓性意义、以纳蒂·邦普（Natty Bumppo）为主角的小说所描写的美洲荒野一样，库珀将大海视作浪漫的象征，它反映了航海中的海盗们的特点——他们无拘无束，挑战社会规则，令人感到恐惧，同时也令人敬畏。库珀将他的正派英雄——方舟上的怀尔德·德莱西和他塑造的正派海盗"红色罗弗"进行了平行对比。怀尔德在相当长的一段时间里伪装成海盗，他的身份直到最后一刻才揭晓。他缺乏良知，还具有一定程度的反社会人格，他的名字"怀尔德"其实也对应了其谐音"狂野的人"（Wild-one），就像罗弗在小说中开玩笑时说的那样。[61] 怀尔德只是扮演了海盗的角色，而伪装大师罗弗在"飞镖号"上假装自己是一位高贵的英国海军将领。实际上，罗弗本来就不是真正意义上的海盗，因为他的形象和经典的海盗形象大相径庭——他没有浓密的胡须、沙哑的嗓音或者野兽一般的外形。他的海盗形象与他对荣誉的追求融合在一起，而且融合得有点过头。罗弗是那种拜伦式的英雄，他时常陷入沉思和忧虑，穿着具有异域风情的衣服，佩戴同样风格的配饰，却从未让自己在无耻的暴力中放纵。最后，他像一个贵族那样放弃了自己的财产。我们只能看到他的付出，却从未见他攫取，那些财产在他看来几乎不值一提。

　　库珀将他的爱国之心隐藏在了海上劫掠之中。回顾全书，促使罗弗进行海上劫掠的关键因素其实是浪漫的理想主义，以及对英国殖民统治的反抗。他加入反社会的海上世界是为了寻求民族国家的独立，而他临死之前还记挂着那面星条旗。变幻莫测的大海正是他为了实现政治自由而不得不借助的媒介，他那看似毫无道德感的海上劫掠多数是伪装出来的，因为小说的结局揭示了他高贵的身份——他是威利斯·德莱西夫人

的兄弟。他的行为举止始终与他的高贵出身相吻合。罗弗的侄子——方　149
舟上的怀尔德·德莱西，和他拥有同样的航海目的。怀尔德·德莱西从
一开始就是为了寻找身世而踏上旅程，在这之前，水手们只是将他当作
一个海上弃儿来收养，最后，怀尔德发现自己是一个出身高贵的人，并
非海盗——这一情节与斯科特的《海盗》非常相似：主角都是在经过很
长一段时间的旅程后，才最终找回了自己的家庭。在库珀的小说里，海
上劫掠被认为是寻找身世和追求国家独立的一个手段，而不再是为了掠
夺货物和财宝。在库珀最初的手稿中，我们可以看到威利斯夫人认为自
己与德莱西来自不同的家族，而这个情节可以证明，库珀曾经修改过结
局。这也提醒我们，现在这个结局是作者有意为之的。[62] 这样的谋篇布
局是典型的浪漫主义文学，这种类型的作品可以追溯到莎士比亚的戏
剧——库珀大概是借鉴了《暴风雨》（The Tempest）这出剧（除了卷首题
词）。实际上，莎士比亚的后期戏剧很明显是《红色罗弗》这部小说的文
学模版。小说中失散的家庭成员奇迹般重逢，因为海难而引发的一连串
矛盾，甚至那个身着女装的神秘船舱侍者罗德里克，我们都可以在莎士
比亚的戏剧中找出原型。

　　怀尔德和罗弗就像两条平行线，甚至可以说他们互为翻版。怀尔德
看上去是一个海盗，但其实是一个英国的海军军官，拥有令人羡慕的家
庭出身，同时还是罗弗的外甥。而罗弗，与其说他是一个海盗，倒不如
说他是一位爱国者，也同样出身高贵。库珀设置的情节始终带有一种倾
向：海盗们其实并不是海盗。这种倾向也出现在斯科特的《海盗》中，
在斯科特的笔下，海盗的水手箱里装的不是偷窃来的财宝，而是能够合
法证明他绅士身份的文件。文学作品中的海盗，要么是欧文所描写的那
些诡异的鬼魂，他们以一种充满戏剧色彩的哥特式形象徘徊在那些传说
之中；要么是斯科特和库珀笔下伪装成海盗的绅士，他们视金钱如粪土，

而且一生动荡，在经历了漫长的岁月后，他们最终成为他们原本的样子——真正的绅士。这两种类型具有高度的相似性，然而，他们又只是在想象中诞生的文学形象，不具有现实性。他们属于书页，并不属于汪洋大海。

斯科特在他的日记中抱怨说，库珀的《红色罗弗》用了太多航海术语，但他尊敬库珀塑造人物的力度以及实践自己想法的执行力。[63] 当欧仁·苏（Eugène Sue）凭借《海盗克尔诺克》（Kernok le Pirate）一书最先在法国引入"航海小说"的概念时，他在小说的前言里并没有表扬斯科特，而是称赞了库珀。[64]《红色罗弗》在戏剧观众和读者中都取得了一定的成功。实际上，斯科特在伦敦的时候就已经读完了《领航员》。[65] 伦敦的阿德尔菲剧院收到了 17 个改编版本的《红色罗弗》，他们最终选取的那个剧本赢得了公众的一致好评。[66] 显而易见，海盗们在舞台上也很受欢迎。

此时，四处奔波的库珀已经写好了另外一部航海小说。库珀于 1829 年在意大利创作了这部名为《水巫；或者海上漂浮者》（The Water Witch; or The Skimmer of the Seas）的小说，他在一间可看见那不勒斯和意大利海岸风景的房间里写完了大部分内容。小说的中心海盗人物是"漂浮者"（Skimmer），他拥有一艘名为"水巫号"（Water Witch）的船，和罗弗一样，"漂浮者"也是一个难以捉摸的神秘形象。无论是在陆地还是大海，"漂浮者"从未有过暴力的海上劫掠行为。他只不过在 18 世纪初参与了美洲海岸的非法贸易（他是倒卖异域奢侈品的奸商），那个时候，殖民地官员与当地商人结成了并不牢靠的同盟，而海盗基德刚刚离开没多久。[67]《红色罗弗》中那种引人入胜的紧张情节在某种程度上被再次重复——被劫持的美丽女主角、一触即发的战争、绝望的沉船以及争分夺秒的海上营救。那位"漂浮者"憎恨英国的殖民统治，他在纽约附近的

"地狱之门"和其他危险航线上与英国海军船只展开竞争，并凭借自己高超的航海技术躲过了英国海军船的追捕。然而有一次，他帮助一艘英国海军船躲过了法国人的袭击，展现了他强烈的荣誉感与公正原则。他的父亲是上一代"漂浮者"，据说，这位"老漂浮者"当年带着唯一的女儿从英国人的暴政中逃脱出来。实际上，这位年轻的"漂浮者"并不是充满传奇色彩的"老漂浮者"的儿子，他只是被"老漂浮者"收养的一个孤儿——小说结尾揭露了这一秘密。[68] 而这位年轻的"漂浮者"的神秘同伴——"海之漂流"（Seadrift），又名尤多拉（Eudora），正是"老漂浮者"的孙女。年轻的"漂浮者"向奥尔德曼·范贝文鲁特（Alderman Van Beverout，尤多拉真正的父亲）进行了解释："尤多拉早在一年前就已经发现我俩并不是亲生兄妹。在这之前，她一直都认为我们的父亲是同一个人。但后来证明，这个人既不是我的父亲，也不是尤多拉的父亲。"[69]

如果库珀以这样一种笨拙的方式来结尾，那么沉浸在高潮中的读者想必会得出这样的结论：年轻的"漂浮者"提到的这个人就是"老漂浮者"。库珀的语言风格很啰唆，他喜欢用长篇大论来叙事，那些纠缠在一起的词句使得他的小说情节更加复杂。在小说的结尾，那个被绑架的女主人公——阿莉达·德巴贝瑞（Alida de Barbérie，她是奥尔德曼·范贝文鲁特的外甥女），决定嫁给追捕"漂浮者"的英国海军船的船长。尤多拉则换回女装，嫁给了"漂浮者"，他们乘着"水巫号"一起驶向大海的无主之地。

1827 年，贝利尼（Bellini）创作的新歌剧《海盗》（Il Pirata）在米兰上演，那时候，库珀还在塞纳河畔创作《红色罗弗》。这部歌剧参考了查尔斯·马图林创作的哥特式戏剧《伯特伦；或者圣阿尔多布兰德的城堡；一部悲剧》（Bertram; or The Castle of St. Aldobrand; a Tragedy，以下简

151

称《伯特伦》），编剧是剧作家费利切·罗马尼（Felice Romani）。虽然海盗并没有出现在戏剧中，但这部戏剧得到了斯科特和拜伦的推荐，最终在德鲁里街上演。[70] 歌剧开场时，瓜尔蒂耶罗（Gualtiero）——曾经参与过海上劫掠的蒙塔尔托（Montalto）伯爵——的船在一座城堡附近的海域沉没了，而他深爱的女人伊莫金（Imogene）就住在城堡里。我们可以这么说，瓜尔蒂耶罗的海盗生涯在一开始就已经结束了。歌剧中并没有表现具体的海上劫掠，但当瓜尔蒂耶罗和伊莫金生活在一起时，他总是不断回想起那些场景。"当我回想起海盗生活时，"他唱道，"出现在我脑海中的是怎样一个令人喜爱的人儿呢？"可惜，这个令人喜爱的人儿最终还是嫁给了瓜尔蒂耶罗的敌人——埃内斯托（Ernesto），也就是卡尔多拉（Caldora）公爵。瓜尔蒂耶罗杀死了埃内斯托，他自己也被法庭判处死刑。在戏剧的最高潮处，即将失去两个爱人的伊莫金虽然已经疯狂，却依然可以发声。

贝利尼笔下的海盗拥有双重身份：他可以是一个哥特式的英雄，也可以是一个触犯法律的贵族。查尔斯·马图林的《伯特伦》也在伦敦的德鲁里街上演，戏剧的主人公由埃德蒙·基恩（Edmund Kean）扮演，这个角色并不是一个真正的海盗，他从未从事任何海上劫掠，而这种戏剧舞台上的海盗形象在英国已经流行了很多年。马图林的伯特伦也是一个哥特式的混蛋，拥有黑暗却充满了吸引力的过去，这一形象经常出现在伦敦和米兰的戏剧与歌剧里，即使是《海盗》里的主人公，也没有从事过海上劫掠。

《"黑胡子"；或者被俘虏的公主》（*Blackbeard; or, The Captive Princess*）是一部混合了"黑胡子"的戏剧角色及艾弗里想象中的穆斯林公主的戏剧，于1798年在伦敦的皇家马戏团剧场上演，并且座无虚席，大获好评。152 戏剧以海盗船舱中的情景作为开场——海盗们正在欢宴畅饮，他们一边打牌一边唱着欢乐的歌曲。正在这时，他们看到了一只帆船，以及一艘升起了莫卧儿王朝旗帜的大船[71]向他们驶来。第二幕中的二重唱的演唱者分别是南希（又名安妮）和威廉，他们是一对相爱的情侣，而南希通过这首小调解释了她为什么要伪装成一个海盗水手：

> 我身着蓝色夹克衫，下穿整齐水手裤，
> 雪白的是我的膝盖处；
> 我登上这艘船，是为了跟随我爱的威廉的脚步。[72]

但不幸的是，他们在海上的合唱被打断了：

> 一面海盗旗令我二人心生惊惧！[73]

威廉和女扮男装的南希变成了"黑胡子"的"复仇号"上的俘虏：

> 带着莫卧儿王朝傲慢颜色的旗子被扯成了碎片，
> 海盗的旗帜在胜利的天空飞翔！[74]

另外一对相爱的情侣，阿卜杜拉和穿着猩红色土耳其长袍、戴着白色头巾的伊斯梅内（Ismene，一位莫卧儿公主）也被海盗们俘虏了。[75]"黑胡子"的衣服充满了海盗特色——黑色的束腰外衣，镶金的水手阔腿裤（很多水手都喜欢穿类似的阔腿裤），红色绑腿，以及黑色的皮靴子。"黑胡子"喜欢伊斯梅内公主，他要求威廉和南希将阿卜杜拉送入船舱。[76]接下来的一幕发生在马达加斯加岛"黑胡子"的住处，在那里，"黑胡子"的妻子奥拉（Orra）穿着条纹、饰有珠宝和羽毛的印度裙等候丈夫归来。[77] 然而，"黑胡子"将伊斯梅内带回了家，奥拉对这位女士心存嫉妒。[78] 与此同时，阿卜杜拉脱下头巾，威廉认出了他：原来阿卜杜拉曾经救过威廉，并将他从奴隶生活中解救出来。出于感激之情，威廉偷偷放了阿卜杜拉，还将自己的佩剑赠送给他。"黑胡子"的妻子则带着伊斯梅内一起逃跑了。伊斯梅内从奥拉那里偷走"黑胡子"的爱情，但她用珠宝贿赂了奥拉，让其遣散"黑胡子"的手下。奥拉的所作所为让人困惑，不过这也可以理解，与其陪伴在背信弃义的"黑胡子"身旁，还不如帮助公主逃跑，获得一大笔钱财。

153 　　接下来的情节发生在西印度洋上：奥拉和伊斯梅内愤怒地来到台上，[79] 没有人知道她们为什么生气，因为没有装扮成男性的女性角色在戏剧中是无关紧要的，编剧不会专门解释她们的情绪。"黑胡子"和他忠诚的随从凯撒也一起登上了舞台，他们想要再次俘虏阿卜杜拉，而不是伊斯梅内，但他们迷了路。[80] 梅纳德中尉带着他的船员们登台，他们正在追捕"黑胡子"。嫉妒的奥拉拿起刀捅向伊斯梅内，却被"黑胡子"挡下。"黑胡子"捅死了奥拉，然后用冷盘点心和水果取悦重新被俘虏的公主，这时，他还没挂起海盗的旗帜。[81] 南希背着"黑胡子"偷偷塞给了伊斯梅内一张纸条，上面用观众们能看清楚的大字写着——"请期待一位朋友的到来"。[82] "黑胡子"靠近公主，他熄了灯，伊斯梅内则更加愤怒和焦虑。他将公主拉到了沙发上，请求她，威胁她，然后一声呻吟传来，奥拉的鬼魂忽然出现！[83]

154 　　梅纳德对"黑胡子"穷追不舍，"黑胡子"也因此心烦意乱，他对梅纳德提出警告，然后再次登上"复仇号"。他将伊斯梅内交给凯撒看管，并告诉凯撒："如果敌人取得胜利，那你就直接炸了船。"[84] 凯撒顺从地将伊斯梅内拖到弹药库深处，里面放着一桶桶子弹和火药，以及装有火药的火药槽。[85] 正当伊斯梅内焦虑与愤怒时，阿卜杜拉闯了进来，他刺伤

杰克·赫尔姆正"扮演着'黑胡子'",奥拉的"鬼魂"依稀可见,
这幅插画的作者是 I. F. 罗伯茨和 C. 汤姆金斯

了凯撒,并解救了她。[86] 在最高潮的一幕,"黑胡子"的"复仇号"和梅纳德的"珍珠号"互相对抗,两船的领导者分别用手枪和匕首进行决斗。阿卜杜拉和伊斯梅内也加入了战斗,最终的结果是"黑胡子"被打败了,他纵身跃进海里。[87] 在这个充满胜利的喜悦的结局里,岸上的奴隶和海里的水手回到舞台上,大幕在他们胜利的欢呼中缓缓落下。[88]

皇家马戏团贴在圣乔治广场(位于兰贝斯区和萨瑟克区之间)的海报上写着:《"黑胡子",或者被俘虏的公主》和其他娱乐节目同时上演,其中包括来自葡萄牙的舞者表演走钢丝、由小皮埃罗和现代赫尔克里斯(Hercules)表演的"矮人秀"杂技,以及最后的压轴戏—— 一场名为《哈尔勒昆·马里内尔:橡树的巫师》(*Harlequin Mariner: or, The Witch of the Oaks*)的哑剧。[89] 在舞台上,如果女性海盗不是因为恋爱而女扮男装上了船，那么她们基本都是待在家里，不过她们受欢迎的程度和走钢丝的舞者或者表演"矮人秀"的侏儒不相上下。因此海盗们可以通过演艺公司的表演而出名——他们的戏剧就像杂技和哑剧一样，都是受人欢迎的娱乐项目，它们是伦敦夜生活不可缺少的一部分。是的，西印度洋上的海盗们确实可以通过演艺公司来提升知名度，"黑胡子"成了隐藏在《通史》中的自己，成了一个剧院里的混蛋，但他的海盗特征渐渐变得模糊不清甚至消失。他深爱的那位公主甚至是小说和戏剧作者从艾弗里那里借用过来的，于是我们便看到了这个模棱两可的标题——《"黑胡子"，或者被俘虏的公主》。

由《红色罗弗》改编而来的美国戏剧有很多，海盗（以及不是海盗的"海盗"）在流行小说作家和戏剧家那里十分受欢迎。库珀曾经在《红色罗弗》的序言中指出，"除了那个众人皆知的基德的故事（故事的细节十分模糊），美国缺少一些适合被改写成小说的航海历史——例如艾弗里或者马达加斯加岛的传说"。[90] 基德也因此变成了海盗小说作家最喜欢的一个形象。J. S. 琼斯的《基德船长或者海之巫师，一部戏剧》（*Captain Kyd or the Wizard of the Sea. A Drama*，以下简称《基德船长》）于 1830 年在波士顿首演。这是一部音乐讽刺剧，由当时著名的波士顿戏剧家出演。戏剧的中心角色——莱斯特（Lester）爵士后来被证实其实就是基德船长。莱斯特在婴儿时就被人抱走，他的父亲是名为"红手赫特尔"（Hurtel of the Red Hand）的海盗。在赫特尔被毁掉的高塔里，女巫埃尔普斯提醒莱斯特，他应该子承父业。"你愿意……成为一名海盗吗？——昨天是莱斯特爵士，今天是海盗？"[91]"我愿意！"莱斯特坚定地回答。[92]"现在，我进入了黑暗的境地，我将毕生在血水里跋涉。"[93] 在海上，莱斯特让俘虏们"走木板"，但这应该是虚构的而非真的海盗行为，因为，在 18 世纪与海盗有关的文献中，我们找不到这样的记载。[94] 莱斯特爱上了一个名叫凯特·贝洛蒙特的女人，她是曾在波士顿逮捕和监禁基德的贝洛蒙特伯爵这一真实人物的假想女儿。在经历了足够多的风波之后，莱斯特才终于知道，原来那位女巫埃尔普斯正是他的母亲。他无法接受这一事实，然后被人从舞台上抬了下去。[95]

与斯科特一样，《基德船长》的作者将"巫术"和"海上劫掠"混为一谈，并故意在结尾揭示人物的身世——那个举手投足间都充满了贵族气派的莱斯特，直到最后，才被证实是一位海盗的后裔。戏剧中的莱斯特并不是一个巫师，但戏剧的主题又要求他不仅仅是一名海盗。埃尔普斯其实只能勉强称得上是一个女巫，她有一点像斯科特小说中的诺娜，虽然她的能力与诺娜相比略有夸张，但她本人并不神秘。

琼斯的《基德船长》在波士顿和纽约反复上演。[96] 这部剧实在太成功了，因此，某些精力旺盛的，专门出版历史浪漫主义题材小说的出版商决定把它改编成一部小说。《基德船长：海上巫师，一浪漫主义题材小说》(*Captain Kyd: The Wizard of The Sea. A Romance*) 由 J. H. 英格拉哈姆创作完成，于 1839 年在美国出版，1842 年在伦敦出版——两个版本都没有明确提及之前的作者或者作品，却大量重复了戏剧里盘根错节的故事情节和某些具体的富有转折性的细节。[97] 与"黑胡子"以及被俘虏的公主一样，基德船长只是一个推动情节发展，或者升华主题的角色。

弗雷德里克·马里亚特（Frederick Marryat）的《海盗》(*The Pirate*) 也在不经意间被改编成了一部喜剧——这部剧生动地描绘了海盗们的生活——令人害怕的海盗变成了愚蠢的海盗。故事的主人公是一对因海难而被迫分开的男孩，当时他们都还是婴儿。两位男孩乘坐的船在比斯开湾附近沉没了，其中一个男孩由居住在伦敦的舅舅抚养，舅舅是英国皇家海军中的一员。另一个男孩跟着母亲，被可怕的海盗——凯恩船长收养。这个凯恩船长生性残暴，他曾经极其凶狠地威胁一位女性俘虏，迫

156

使她跳下甲板，落入鲨鱼之口。在海军舅舅家里的双胞胎兄弟爱德华长大后便在英国皇家海军服役，他指挥一艘海军纵帆船去追捕一艘海盗船，而那艘海盗船的外形恰巧与凯恩船长的船一模一样。其实，这两艘船是在巴尔的摩（Baltimore）建造的一对双子船。[98] 这个故事很傻，因为它由各种巧合拼凑而成。作者似乎认为海上劫掠是一种正常的出航，而非离经叛道——它从芬斯伯里广场开始，绕了一圈，又再次回到芬斯伯里广场。

1839 年，欧文在《荷兰裔杂志》（*Knickerbocker Magazine*）上发表了一篇名为《来自绞刑岛的客人》（"Guests from Gibbet-Island"）的故事。故事的原型是《来自绞刑架的客人》（"Gäste vom Galgen"）—— 一则被格林兄弟记录在《德国传说》（*Deutsche Sagen*）中的故事。欧文第一次听到这个传说是在 1823 年的德累斯顿（Dresden），那年稍晚的时候，欧文回到巴黎读完了格林兄弟这本书。[99] 格林兄弟笔下的故事其实非常简短。一个喝醉了酒的客栈老板在回家的路上偶遇了三具被挂在绞刑架上的尸体，他开玩笑般地邀请这三个"人"跟他回家吃晚饭。当他到家时，发现这三个"人"已经坐在了房间里。他感到非常害怕，一不小心跌倒在地上，摔死了。[100] 为了使这个简短的德国民间传说变得更加美国化，欧文将故事背景设置在英国殖民时期纽约的荷兰移民社区，除此之外，他还刻意增加了海盗色彩："故事发生在臭名昭著的基德船长所生活的时代。"[101] 欧文给故事起的题目——《来自绞刑岛的客人》表明了它的基本情节就是来自那个德国传说。欧文将格林兄弟的传说当作故事的梗概，而他负责润色小说的情节，让它变得更加复杂，更加吸引读者。[102] 小说的主人公范德斯坎普（Vanderscamp）是纽约某个荷兰移民村庄旅店店主的侄子。就天性而言，这位年轻的侄子算得上是一个真正的流氓，他名字里的"斯坎普"也正是流氓的意思。某天早晨，他在一个刚刚被暴风雨摧残过的海岸上发现了一个黑人，这位黑人名叫普卢托（Pluto），范德斯坎普和普卢托成了很要好的朋友。[103] 他们两个人一起在当地胡作非为，四处打劫，他们曾经出海，然后带着一帮吵吵闹闹、大声嚷嚷、横冲直撞的恶棍从一艘细长的黑色纵帆船上下来。[104] 这群人的头儿是一个粗糙结实又爱欺负人的大恶人，他拥有坚硬茂密的胡须，铜铸一般直挺挺的鼻子，以及一条横贯脸颊的疤痕。范德斯坎普和普卢托走在队伍的最后面，老普卢托瞎了一只眼睛，头发变得花白，看起来更加像一个魔鬼了。[105] 这群吵闹的、来自海上的家伙占领了村里的小酒馆，这时范德斯坎普已经从他死去的舅舅手里继承了这家酒馆。这群人在酒馆里放荡不堪，他们喝酒，高声唱歌，大声叫嚷，放声诅咒。[106] 他们动不动就在村里打劫，直到英国政府再也无法容忍他们，决定绞死三个最嚣张的流氓，而这三个人应该由范德斯坎普挑选出来。绞刑的执行地点选在小酒馆前正对着的小岛，因此人们称它为"绞刑岛"。[107] 按照格林兄弟的情节设置要求，范德斯坎普和普卢托应该逃脱了被绞死的命运，但在欧文的版本中，这个结局被推迟了，因为他俩中途去航行了，范德斯坎普因此遇见了他的妻子，并将她带回了纽约。一天晚上，这两个人在一艘船上狂欢作乐后，正准备乘船回家时，范德斯坎普看见了曾经的同伴的尸体正挂在绞刑岛上。[108] 因为喝醉了酒，范德斯坎普邀请这些尸体来家里吃饭，当他回到小酒馆时，发现尸体们已经在旅馆喝上酒了，[109] 他受到了惊吓，跌下楼梯，摔死了。人们关闭了这家酒馆，并且将它称作"鬼魂屋"。没过多久，范德斯坎普的妻子和普卢托也莫名其妙地死去，死相恐怖。妻子很明显是被人谋杀了，而普卢托被海浪冲到绞刑岛上，他的尸体紧挨着绞死海盗的绞刑架。[110]

　　19 世纪初期和中期的美国文学需要一种令人尊敬的历史维度，以及一种超自然的传说，而海盗正好满足了这一需求。于是，海盗的故事便

157

和鬼魂、闹鬼、怪诞的恐怖故事联系在一起，虽然这已经形成了套路，但作家爱伦·坡还是在这个题材上做出了创新。他写的《金甲虫》(*The Gold Bug*)一书的讲述者里有一位老熟人——勒格朗（Legrand）。勒格朗过着隐居的生活，并且喜怒无常，他和一个黑人奴仆住在离南卡罗来纳州的查尔斯顿不远的沙利文岛上。有一天，勒格朗发现了一只沉甸甸、金闪闪，有着一张血盆大口的甲虫。这只甲虫被丘辟特（他的仆人）小心翼翼地包裹在一张在沙滩上捡到的羊皮纸里。故事的讲述者为此专门造访了勒格朗。不巧的是，勒格朗那天正好把甲虫借给了一个朋友，所以他只能在纸上勾勒一下甲虫的样貌。他随手拿了一张羊皮纸，然而，这张羊皮纸却被屋里的火点着，接着上面出现了一个骷髅，一个死人的头颅。[111] 勒格朗为这个骷髅头像深深着迷，丘辟特和故事的讲述者则开始担心他的精神状况。丘辟特担心勒格朗的脑袋已经被那个大甲虫咬了一口。[112]

158　　　勒格朗拿回了甲虫，他坚持让丘辟特和讲述者陪他去一个隐蔽的地点。那地方有一棵树，在某根树枝的尾端，丘辟特发现了一个骷髅头。在勒格朗的指示下，丘辟特让甲虫从骷髅的眼窝里掉下去，勒格朗标记了甲虫的落地点，并在那里进行挖掘。实际上，丘辟特本应该让甲虫从骷髅头的右眼窝（而非左眼窝）掉出，这个错误使得勒格朗没能一下子找到准确的藏宝地点。最终他们还是挖出了两个骷髅头，以及一个箱子，箱子里放着数不清的财宝。[113] 尽管他们不清楚这宝藏的来源，但是箱子里的宝贝确实不少，它们乱糟糟地堆放在一起。接下来，故事的讲述者用了一大段篇幅罗列了箱子里的物品：大量的古金币，110 颗钻石，18 块红宝石，310 块绿宝石，21 块蓝宝石，各种金戒指、金链子和金十字架，197 块金表，以及数目繁多、品质不错的首饰——所有东西加在一起应该价值（实际上低估了）150 万美元。[114]

159

费利克斯·达利为《金甲虫》画的插图，发表在 1843 年 6 月 28 日的
《美元日报》（*Dollar Newspaper*）上

虽然讲述者对解答这个不同寻常的谜语已经失去了耐心，但故事还
没有完结。[115] 与爱伦·坡其他的推理小说（这是他为自己的侦探小说起
的名字）一样，这个故事最吸引读者的地方，不在于它有一个满足读者
期望的结尾（发现凶杀案的真凶或者找到失窃的财产），而在于作者对
推理过程的解释，所有的神秘事件实际上都不神秘。[116] 爱伦·坡的原创
性——或者现代性——在于他成功地在小说里让哥特式恐怖氛围和理性、

逻辑推理呈现出互补性。故事并没有过分地强调他们是如何得到宝藏的，也没有一再重复恐怖的情节，爱伦·坡对这些情节都认真地给出了解释。

故事的谜底是这样的：勒格朗猜到了羊皮纸上的死人头颅可能是制图者使用隐形墨水画上去的，于是他巧妙地加热了羊皮纸，纸上显露出一个孩子的轮廓。[117] 他知道骷髅头或者死人头骨就是海盗的象征。他认为那个有点像动物的图像是某种双关语，又或者是签名。实际上，那个签名就是基德船长的。[118] 当他想起关于基德宝藏的数以千计但又模糊不清的谣言时，他得出了一个结论：基德确实埋藏了那些宝贝，并且之后也没有将它们挖出来，于是这些宝藏便销声匿迹了。[119] 他又继续加热羊皮纸，然后发现了一个令人费解的密码，而这密码正是找到宝藏的关键。破解密码需要某种与之关联的文本和语境。[120] 爱伦·坡再次充分地平衡了故事里的神秘感，侦探小说的逻辑性以及读者的理解力。他曾经在杂志上发表过另外一篇关于解谜的文章，题目是《浅谈密码写作》（"A Few Words on Secret Writing"），在这篇文章里，爱伦·坡承诺他会破解读者提出的任何密码。[121] 勒格朗揭开了这个文本谜底——他凭借的是"E 这个字母是英文中被使用得最多的字母"这一原理。在进行了更多的侦查工作之后，他推断出掩埋宝藏的大致位置，他又通过"密码"指示的计算方法，算出宝藏正是埋在这棵带着骷髅头的树下。在这次寻宝之旅的结尾处引入了一个关于死亡的警告，故事的讲述者问："我们在洞里发现的骷髅头代表了什么？"[122] 勒格朗回答说："这是可以解释的，因为基德要保守他的秘密。也许用鹤嘴锄凿几下就够了……"[123] 这说不定是个令人毛骨悚然的死亡预告。

基德船长带给爱伦·坡的不仅仅是寻宝的借口，更重要的是那些详细描写的推理过程。当然，南卡罗来纳州的沙利文岛其实和历史上的基德并没有什么联系，真正与他有关系的是一个 1827 年至 1828 年驻扎在那里的美国陆军年轻士兵佩里（Perry），而佩里的另外一个名字就是坡。[124]
勒格朗是典型的浪漫主义者，他拥有不同于常人的想法，以及孤僻和偏
激的性格。这种性格甚至被他的仆人和故事的讲述者认为是精神病。[125]
爱伦·坡写作的主要目的就是展示推论过程，这一过程并不受道德影响，
它充满了解谜的快感。也正是勒格朗对解谜的过度热情让他最终发现了
财宝——这个结果令人欣慰。他发现了宝藏，但对宝藏的追求又不是他
的主要动机，这明显是非理性中的理性，带着某种弗洛伊德式的色彩。[126]
基德的故事解释了这些财宝的来源，欧文曾经利用它们获得了哥特式效
果，只不过这种效果是鬼魂和超自然现象带来的。爱伦·坡的故事只保
留了一副骨架和两个骷髅头，与他所有的推理小说一样，《金甲虫》最重
要的故事情节由解谜这一行为来推动：对谜团的解释就是对谜团的补充，
实际上，这种"解释"超越了"创造"。爱伦·坡笔下的那位拥有超级大
脑的英雄（夏洛克·福尔摩斯的形象塑造也是受他启发）正是浪漫海盗
基德的对应者。基德是创造谜语的人，破解谜语的勒格朗则是他的镜像。

　　当这些看似真实的报告（编造的传记和历史记录，以及那些刚刚完
成的小说）变成了为 19 世纪中产阶级服务的虚构文学时，"海上劫掠"
就像曾经的"犯罪行为"一样，远离了流氓强盗，被高高在上的贵族们
抢走，在本质上被改写成"贵族行为"。对那些新兴的中产阶级来说，
"犯罪行为"和"贵族行为"没什么不同，它们是可以互换的"不真实行
为"——除非小说的结尾对两种行为做出了明确区分。在 19 世纪的海盗
小说里，海盗身份通常会被贵族身份掩盖，而受到浪漫主义影响，故事
情节也通常会美化某种边缘人物或者不正常的行为，将它们重新塑造成
一种艺术。德昆西的《被看成是艺术的谋杀》(*On Murder Considered as
One of the Fine Arts*) 就讲述了一位既是杀手又是水手的艺术家的故事。
故事的主人公是一个天生的贵族，他通过沉浸在幻想世界里以及躲避警

察的追捕来逃离现实，这一行为被艺术化成了一个浪漫传说。迪潘（Dupin）是爱伦·坡笔下的另一个侦探，他出身良好（后来堕落了），拥有病态般的智商，他还有一个匿名的劲敌——《失窃的信》（*The Purloined Letter*）一书中的"D 部长"。迪潘和"D 部长"的关系与勒格朗和基德船长（以及夏洛克·福尔摩斯和莫里亚蒂）的关系几乎一模一样——他们都是智力相当的出谜人和解谜人。而谜语的谜底，就是海盗宝藏。[127]因此，海盗是一朵"恶之花"。

爱伦·坡曾经匿名评论过自己的作品。他将《金甲虫》的大受欢迎归功于大众的物质主义："毫无疑问，如果作家想创作一个流行故事，那么最受欢迎的选题一定是金钱，或者寻找金钱的过程。"[128]当他听说《美元日报》举办了短篇小说竞赛并且奖金高达 100 美元时，他在出版之前将当时以 52 美元的价格卖给《格雷厄姆杂志》（*Graham's Magazine*）的《金甲虫》的出版权买了回来（他通过撰写一些评论文章来偿还这笔钱）。[129]《金甲虫》最终赢得了比赛，并且于 1843 年的 6 月和 7 月，分两次发表在《美元日报》上。爱伦·坡也因此名声大噪。[130]

《金甲虫》的成功，既展现出推理的魅力，又展现出人们对于寻宝的渴望。虽然基德的宝藏在 19 世纪的文学中闪着耀眼的光芒，但其他海盗给读者带来的乐趣也别有一番风味，例如《范妮·坎贝尔，女海盗船长》（*Fanny Campbell, The Female Pirate Captain*，以下简称《女海盗船长》）。很多人以为这本书的作者是默里中尉，但实际上它的作者是美国造纸业的先驱马图林·M. 巴卢（Maturin M. Ballou）。[131]在他写的前言中，范妮脱下了干净且普通的手织裙，接着开始晚祷：

> 她的四肢和身体都那么圆润，令人着魔，而使其珠圆玉润的正是她那不加节制的生活。她的胸脯圆润丰满，让人感觉沉甸甸的；

她完美的双腿和圆滚滚的胳膊都无声地显示了这是一个重视感官享受的人——这就是美的核心要义。画家看着她时，她非常低调地使用轻纱盖住了自己的身体，但是无法遮挡动人心魄的美丽。她的胸脯随着压抑的情感而起伏。她的手搭在一起，伸向上苍。她的姿态是古希腊式的，她珊瑚色的红唇会融化任何一位苦修的隐士。也许只有上天知道范妮是从哪里获得了一双妙目，它们可以与切尔克斯人的眼睛相媲美。自然赠予了她一切。她牙齿整齐，好似珍珠般洁白，她的头发则是非常深的赤褐色，刘海盖住了眉毛。她用发网扎起了头发，但是人们能够模模糊糊地看到它卷曲如云的美好形态。这就是范妮·坎贝尔。[132]

　　《女海盗船长》中形象鲜明的女主人公拥有动人心魄的美丽和圆润丰满的胸脯。小说作者给她安排的情节是俘虏并指挥一艘英国船驶向美国，并且前往哈瓦那的西班牙监狱拯救她的情人。当然，在船上时，她需要伪装成一个男性水手。[133]《女海盗船长》卖得很快，才刚刚发行了几个月，就已经卖出去80000册。[134]

　　在此期间，男性海盗形象也开始进入高雅文学和大众文学的市场。在接受了几年枪手写作训练之后，爱德华·贾德森开始为马图林·巴卢写作。水牛肉供应商威廉·科迪是爱德华·贾德森的朋友，后来贾德森以威廉·科迪为原型写了一本小说，主人公被重新命名为比尔·布法罗。贾德森以内德·邦特兰（Ned Buntline）为笔名，写下了上百部拥有动人故事情节的通俗小说。在这上百部小说中，最有趣的是一部名叫《西班牙大陆的黑色复仇者，或者血之恶魔》（*The Black Avenger of the Spanish Main: or, The Fiend of Blood*，以下简称《黑色复仇者》）的海盗小说。凭借这部小说，贾德森从他的老东家，即《女海盗船长》的作者和出版商

163

马图林·巴卢那里获得了 100 美元的报酬。[135] 贾德森曾经读过斯科特、欧文和库珀的作品，他也批评过英格拉哈姆的航海小说，因为英格拉哈姆对绳索方面的知识了解得太少。1847 年，他成为波士顿的某家流行小说出版社的主管人，并出版了第一本小说——《黑色复仇者》。[136]《黑色复仇者》的主人公名叫弗朗西斯科·塞罗诺瓦（Francisco Solonois），在法国出生，是一个危险的海盗。在小说的插画里，塞罗诺瓦一手握着弯刀，一手拿着旗帜，旗帜上面写着："西班牙人去死！"[137] 小说的每一章都以斯科特的《最后的吟游诗人之歌》（Lay of the Last Minstrel）以及拜伦的《海盗》等文学作品中的题词作为卷首语。塞罗诺瓦疯狂地想为梅多拉（Medora，他的妻子）报仇："以血还血；——啊，她每一滴珍贵的血液都会流淌成仇恨的河流！西班牙人去死！哦，我的梅多拉，我要为你复仇！"[138]

在小说的开篇，塞罗诺瓦就向读者许下了这一誓言，并且忠诚地实践着它。故事中的场景描写和人物塑造都非常"斯科特"，并且拥有浓郁的哥特式风格：宫殿、花园和被毁坏的城堡谜一般地出现，谜一般地消失，它们就像是徘徊不去的鬼魂。小说里有一个可怕丑陋的埃塞俄比亚刽子手，他的儿子夸西（Quasey）已经失踪了很久。夸西是个侏儒，与他的父亲相比，他更加丑陋不堪。相比之下，吕劳（Luella）却长着美丽的小白牙，和她装饰的花园一样可爱：

> 她笑的时候，声音好像花园里银色喷泉的泉水叮咚。那笑声，从她的嘴里出来，穿过了玫瑰花瓣间的缝隙，她的小白牙则在那无比可爱的红宝石般的背景中闪闪发光。[139]

尽管人们喜爱她花蕾般的双唇和闪着光芒的牙齿，但他们也没有忘记大海上的船只。那个被复仇怒火点燃的海盗英雄熟知各种航海技巧，在丰富的航海经验的指引下，他下达了命令："兄弟们，站到船首弯曲处！站到背风处！"[140] 最重要的是，暴力不可避免。这位英雄看起来如此凶恶，以至于他的手下都吓得颤抖，他们顺从地登上了一艘西班牙的护卫舰——血液从他们的武器上落下，染红了地板。[141]

这是一部与以往浪漫主义题材小说都不同的浪漫主义题材小说，也是一部带着血腥暴力的浪漫主义题材小说，其情节却被认为源自历史上真实发生过的事件。一个四分五裂的家庭能够重获新生，其中的某些部分却永远都无法再找回。[142] 在小说的结尾，这位黑色复仇者或血之恶魔失去了他标志性的冷酷外貌和紧闭的双唇，反而变得讨人喜欢。他再次见到了妻子梅多拉和他的儿子胡安（Juan），而胡安解释了这一切的来龙去脉。[143] 塞罗诺瓦甚至与他邪恶的西班牙籍岳父——古巴的地方长官——和好了，事实上，这位古巴的地方长官并没有杀死塞罗诺瓦的妻子和儿子。正如这位讨人喜欢的前复仇者和血之恶魔解释的那样："如果梅多拉还活着，那么塞罗诺瓦就能重新学会微笑——以及宽恕西班牙人！"[144] 之前提到的那个可怕丑陋的埃塞俄比亚人也找回了他失踪多时的儿子。感谢上帝，那个孩子还活着！可爱的吕劳最后终于可以嫁给唐璜（Don Juan），因为唐璜其实根本不是她的表兄。

爱德华·贾德森借着这次巨大的成功，将另外一本名为《红色复仇者；或者佛罗里达的海盗王》（*The Red Revenger; or, The Pirate King of the Floridas*）的小说也重印了好多遍。有一次，贾德森发现威廉·科迪在马车里睡着了，他突发奇想，试图将这位默默无闻的普通人变成一位在西部驰骋的英雄，即后来著名的纳蒂·邦普。贾德森动笔写下了《布法罗·比尔：边境之王》（*Buffalo Bill: The King of the Border Men*），而这本小说开创了冒险小说的新时代。贾德森对他创作出来的通俗小说感到非常骄傲，但我们应该对此持有一些怀疑态度，当被问及他的故事情节是否经过精心策划时，他说：

> 我从不事先设计故事情节。我其实并不知道如何设计，我怎么可能知道我写的那些人物是怎样想的及怎样做的？我需要做的只不过是找到一个好题目。有了题目和好故事，就相当于完成了小说的一半。在我开始写作后，我就能以最快的速度进行创作······[145]

这群海盗英雄的故事根本没有经过精心策划。作者只是快速地创作了它们，然后将它们出版：海盗成为大众小说里的主角。

一个从惊涛骇浪中漂泊而来的神秘箱子，落在了《猎鹿人》（*The Deerslayer*）里的遥远森林中。在库珀笔下的这片森林里，猎鹿人（纳蒂·邦普的众多名字之一）得知这个箱子的主人正是传说中的汤姆·赫特（Tom Hutter）。赫特曾经被人们认为是基德的同伴，当基德被绞死后······他（汤姆）就来到这片森林。他觉得国王派出的追捕者肯定不会越过这些大山，因此，他心想自己也许能安逸地享受接下来的人生。[146]接下来的情节告诉我们，那个箱子里并没有什么财宝，只有一份文件。这份文件证明了汤姆的真实身份是一名海盗，所以我们也可以肯定，海盗这一形象也被收录到库珀的《皮袜子故事集》（*Leatherstocking Tales*）中。[147]

库珀的最后一部航海小说《海狮》（*The Sea Lions*）也围绕着一个神秘箱子展开叙事，以及用一张藏宝图推动情节发展——这张图的重要性与宝箱不相上下。故事发生在 1819 年的长岛奥斯特湖（Oyster Pond），一个精疲力竭并且受了重伤的水手来到了岸上，他名叫汤姆·达格特（Tom Daggett），随身携带着一个厚重的水手箱。[148]达格特知道自己将不久于人世，他告诉贪婪的地方官迪肯·普拉特（Deacon Pratt），自己知道两个重要的秘密地点：一个是南冰洋中央栖息着大量海豹的小岛，另一个是在印度洋上的小岛。海盗曾经在这两座岛上掩埋了宝藏，而且他知道具体的位置。达格特并不愿意直接说出这两座岛的经纬度，但他在箱子里的地图上做出了标注。普拉特在达格特死后，打开了他的箱子，找到了两张又旧又脏，并且已经变成了碎片的地图。[149] 欣喜若狂的普拉特立即安排了他侄女的未婚夫，一个名为罗斯韦尔·加德纳（Roswell Gardiner）的水手，驾船前往那两个秘密地点。[150] 为了给故事增加点浪漫气息，库珀还描绘了普拉特的侄女玛丽和加德纳之间的爱情故事。玛丽深爱着加德纳，却不能和他结婚，因为加德纳并不信仰基督教。

《海狮》中最重要的情节就此展开。达格特的另一个亲戚，一艘名为"海狮号"（Sea Lion）的大船的船长，也听说了这两座岛的传言。他与加德纳展开了激烈竞争。实际上，加德纳的船也叫"海狮号"——因此，这部小说的名字《海狮》具有双重含义。达格特的亲戚死在了大西洋上冰冷的冬天里，加德纳船长则活了下来，并且在危难之中相信了上帝，随后驾驶着一艘载满海豹皮的货船（船上的海豹皮价值 20000 美元）离开了神秘岛。[151] 他一回到奥斯特湖，就告诉玛丽他找到了信仰，他相信基督就是上帝之子。然而，普拉特却已经病重，生命垂危。[152] 普拉特非常急切地（这就是他的性格）向加德纳询问了海盗宝藏的具体细节，加德纳却只告诉他几件无关紧要的事。加德纳说，他发现了西印度洋上的藏宝岛，并且找到了那个地图上标示的树，在树的底下有一个小山似的沙堆。挖开了沙堆后，他找到了一个盒子，盒子里有 143 个达布隆，价值 2000 多美元。[153] 他将战利品拿给普拉特看，普拉特抓着这些钱币咽下最后一口气。加德纳将所有的财宝都交给了玛丽，玛丽也高高兴兴地嫁给了这位基督徒。小说开篇写到的那位将死的水手汤姆·达格特和他装有藏宝图的箱子在后来的文学作品中不断被提及，被提及的频率甚至超过

166

了那位在大西洋上航行的寻宝者。

男孩也可以去冒险。巴兰坦（Ballantyne）的小说《珊瑚岛》（*The Coral Island*）就讲述了男孩们的故事。太平洋的一座岛屿上有三个男孩，就在他们快活不下去时，他们看见了一艘缓缓驶来的单桅帆船——船上最高处挂着一面黑色旗，旗帜上有一颗骷髅头以及两根交叉的骨头。[154]男孩们的反应和那些造访者一样是能预料到的。其中一位造访者来到被男孩们视作大本营的茅草房，"抓起一只倒霉的猫就在头上晃"，就像在自己家一样，"我们深感诧异，并互相看了看，异口同声地说出了'海盗'这个词"。[155]

拜伦的诗歌《海盗》（充满怀疑精神的女性必读书）多次出现在英国维多利亚时期的小说中。例如，在夏洛特·勃朗特的小说《简·爱》（*Jane Eyre*）里，布兰奇·英格拉姆就告诉罗切斯特先生："我非常喜欢《海盗》。"[156]另外一个例子出现在 19 世纪晚期，这与安东尼·特罗洛普的小说《尤斯塔斯的钻石》（*The Eustace Diamonds*）中的尤斯塔斯女士有关。这位女士想找一位未婚的伴侣，这位伴侣应该像《海盗》中的角色那样，但尤斯塔斯女士也意识到，海盗那令人着迷的性格在现实生活里或许是场灾难：

> 普通的女人会被自己的丈夫小心爱护着，有时严厉得两个星期都不说话，有时又温柔得一整天拥抱着对方，嫁给海盗的女人，她们的生活要么是恐怖的深渊，要么是快乐的巅峰——莉齐（Lizzie）认为，这才是符合她想象的诗意般的生活。但是，如果海盗没有带走她，情况又会如何呢？如果海盗以她的牺牲作为代价去征服世界呢？也许他会重新爱上其他人。在莉齐的印象里，梅多拉并没有得到任何遗产或者海盗的宝藏。[157]

因此，尽管作为情人的海盗令人意乱情迷，但如果他的妻子没有获得财产，那么她们将生活在巨大的不安全感之中。在维多利亚时期，这类性格反复无常的拜伦式海盗引起了上层社会女性的狂热迷恋。

小说里的海盗可以令男孩感到兴奋，同时也能激起女性的爱慕之情。道格拉斯·斯图尔特就在《海盗女王，或者基德船长和他的宝藏》（ *The Pirate Queen: or, Captain Kidd and the Treasure*，以下简称《海盗女王》）中写道："那个美丽女孩的胸部随着急促地呼吸而上下起伏。"[158] 一个名叫杰克和另外一个名叫弗雷德的男人是一座海盗岛上的俘虏。与他们一起被俘的还有一位叫弗洛拉（Flora）的女人，她是其中一个男人的妹妹，另外一个男人的恋人。那个胸部因急促地呼吸而上下起伏的女孩并不是弗洛拉，而是伊内兹（Inez）。伊内兹是海盗团伙的一员，虽然犹豫不决，但她还是决定帮助杰克和弗雷德逃跑。他们逃到了一个满是人体骨架的地方，接着就被一个身材很高、肤色很深，但看起来有些帅气的男人重新俘虏。这个人就是可怕的海盗——基德船长。[159] 正当杰克和弗雷德即将被绞死之时，他们又得救了。一个美得令人窒息的女性身影出现在他们眼前：

> 这个女人是谁？这个胆大妄为、目光灼灼、威风凛凛地站在海盗群体中，并抢夺了他们所有战利品的女人是谁？这就是美丽的埃尔米拉（Elmira），海盗女王！[160]

埃尔米拉是《海盗女王》这部小说的主要人物，她与传统的亦正亦邪的海盗非常类似，但也带有一些被刻意强调的特点：

> 她中等身材，动作轻盈灵活，丰满的胸部被镶着金色蕾丝的

167

天鹅绒束胸衣包裹着。她赤裸着双臂，一双滚圆丰满的手臂非常美丽。她拥有典型西班牙人的脸颊，非常动人。她的肤色是深橄榄色，两颊绯红，而这红色与她凌厉的黑眼睛相得益彰。这双黑眼睛，如果没有被暴怒点燃，那就总是带着柔情和爱意。她的背心是用绸子做的，上面镶满了金色蕾丝，这件背心将她玲珑的身材勾勒得恰到好处。她脚上穿着红色带金边的西班牙靴，小巧的脚踝隐约可见。她的束腰外衣并没有完全挡住那美丽丰满的双腿，外衣的下缘只到膝盖处。埃尔米拉就是这样一位可爱的女人。她也是海盗们的女王。她不过二十几岁，正是最美的年龄。[161]

埃尔米拉对男人来说并没有危险性，她之前是基德的情妇，扮演着人们所熟知的"好海盗"的角色，与她相比，基德本人则冥顽不灵，坏得无可救药。尽管小说的情节在俘虏和逃脱之间不断变换，但是标题中的第三个元素——宝藏——从未被作者忘记。作为小说中最有趣的角色，埃尔米拉一而再，再而三地从基德（以及各种鲨鱼和毒蛇）的控制下逃跑。她的海盗船因为碰到一处暗礁而搁浅，而在船上的人——杰克、弗雷德、弗洛拉、伊内兹和埃尔米拉，还有一些看似已经改邪归正的海盗——不得已弃船逃离。他们漂流到一个荒无人烟（小说也没交代具体的位置）的小岛，岛上有一栋被人遗弃了的小房子，他们在房子里找到了两副骨架，其中一副紧握着一张褪了色的羊皮纸。[162] 埃尔米拉将这张"空白的纸"放到火上加热，她惊奇地发现（读者可能对此已经习惯了）：

> 这张又黄又旧的羊皮纸原本是空白的，上面没有一个字母，也没有任何图案。然而，将它放在火上加热之后，在高温的影响下，

一些字母开始显现出来。随着火势越来越强，一个又一个的单词出现在大家眼前。[163]

这张羊皮纸上的文字不仅说明了如何在这岛上挖出宝藏，也标明了宝藏地点，但埃尔米拉看见，在羊皮纸的上方突然出现了一个人影，[164] 与此同时，在羊皮纸的下方出现了一个签名，这个签名由一颗骷髅头和两根交叉的骨头组成。[165]

一起登岛的海盗们感到十分兴奋。这群海盗由一个名叫西皮奥的人领导，他根据指示找到了一棵大雪松。杰克爬上了这棵雪松，并在枝丫的底部发现了一个死死镶嵌在树里、骇人的骷髅头。两片玻璃正插在骷髅头的眼窝里。[166] 他们将子弹从骷髅头处扔向地面，然后进行了一系列精确测算，最后确定了一个地点。当天晚上，他们来到那个地点，并开始挖掘，很快就发现了另外一个骷髅头和两具巨大的骨架，以及一口巨大的棺材。[167] 突然之间，西皮奥和他的手下攻击并逮捕了杰克等人。西皮奥迫不及待地撬开那口棺材，带走了里面数量庞大的金银财宝。这天晚上，西皮奥计划让他的手下奸污那三位女人，但当晚他们听到了一艘船的汽笛声，于是只能匆匆忙忙将找到的这些财宝再次藏起来。[168] 西皮奥死死地抓住埃尔米拉，试图奸污她，幸好基德船长及时赶来，救下了埃尔米拉。基德朝西皮奥射了一枪，最终，这群人又再次以俘虏的身份回到了基德船长的船上。在"响尾蛇号"（*Rattlesnake*）上，基德目不转睛地注视着伊内兹和弗洛拉的美丽身影。[169] 伊内兹惊恐地大喊："父亲，父亲！"但是基德对她解释说，他并不是她的父亲。杰克和弗雷德趁乱再次逃走，并将伊内兹和弗洛拉从基德的魔掌里救了下来。[170] 就在基德将要处死埃尔米拉的时候，"响尾蛇号"正在严重渗水的消息打断了他。不知何故，这群人又逃回了基德的老巢，他们在岛上看见基德的船缓缓

169

驶来。出于复仇之心，埃尔米拉烧毁了基德的房子，之后却落到一个肌肉发达的意大利人的手里，这个人要强奸埃尔米拉，而杰克阻止了这一切。[171] 更加幸运的是，基德的"响尾蛇号"碰巧被一艘英国战舰攻击，没过多久，基德就宣布效忠于大不列颠，扔掉了臭名昭著的黑色海盗旗。[172] 基德本人逃走了，而那一小队人被英国海军救了。埃尔米拉继续寻找那失踪的宝藏。弗雷德娶了弗洛拉，杰克娶了伊内兹，一个星期之后，这两对快乐的夫妻听说基德在波士顿被捕。基德最终在伦敦的沃平被绞死，埃尔米拉目睹了行刑全过程。她的四个朋友希望，在未来的某一天，他们能够再次获悉埃尔米拉的消息。[173] 然而，很遗憾，这位海盗女王似乎就这样从世界上消失了。

1870 年，哈丽雅特·比彻·斯托（Harriet Beecher Stowe）发表了一篇名为《基德船长的钱财》（"Captain Kidd's Money"）的故事，它是以早先的英格兰为背景创作的系列故事之一，后来被收录在《老镇炉边故事集》（Oldtown Fireside Stories）这本故事集中。与其他老镇故事一样，《基德船长的钱财》也是由萨姆·劳森以一种慢悠悠、随和的语气讲述的。他在一个装满了又香又软的草甸子的谷仓里，向男孩子们讲述了这个故事，母鸡在旁边咯咯叫，一位兴高采烈、忍不住咯咯笑的黑人仆人拉小提琴给萨姆伴奏，他让萨姆唱了一首美国小调，而这个小调就与基德有关：

> 于是我把它埋进沙子里，
>
> 在我离开海滨之前，
>
> 我乘风破浪，我扬帆远航。[174]

接下来，萨姆就向孩子们解释了谁是基德。他说："基德是一个拥有无穷无尽财富的海盗，这些财宝包括金子、银子和宝石。尽管他拥有无限的财富，他却不能使用它们，也不能随身携带它们。他只能将这些财宝掩埋在地下。"[175] 许多人去寻找基德的宝藏，但他们没有找到一分钱。[176] "看吧，孩子们，这就是魔鬼的钱财，他正紧紧地抓着它们。"[177] 萨姆回忆起在老镇的一次寻宝行动，在那次行动中，他们发现了一块带有奇怪符号的石头，那符号看起来像是交叉的十字，而他们认为这个符号是基德的私人标记。[178] 一个只是偶然路过的人决定留在那里挖宝藏，萨姆也参与了他们的行动。坊间流传着一个迷信说法：在挖掘财宝时，谁都不能说一句话。果然，在挖了大概 5 英尺之后，他们发现了一个大铁壶。他们把这个大铁壶抬了上来，一切都进展得很顺利。就在这时，他们其中一人大叫一声："我们得到它了！"在他说完这句话的瞬间，大铁壶又掉回到坑里，迅速被泥土掩埋，接着他们就听见了一种闻所未闻的令人毛骨悚然的笑声。[179] 萨姆告诉那些男孩："这个故事说明，在追求财富的路上，欲速则不达！"[180] 听得津津有味的男孩们则希望得到一个更物质、更少道德教育的答案，他们问萨姆："你觉得那个大铁壶里有什么东西？"[181] "我的上帝啊！孩子们，这个问题永远没有答案。我又怎么会知道呢？"[182]

如果从抄袭的角度来看，哈丽雅特·比彻·斯托的这个故事借鉴了欧文的《掘金者》，但是原本滑稽的哥特式故事演化成了充满说教的道德寓言。《基德船长的钱财》的叙述框架是社会化的，并且很欢快。农场里的派对取代了纽约上层社会的钓鱼集会，讲故事这种行为也变成了故事的一部分。在萨姆讲述的故事中，那些与掘金和海盗有关的情节都十分曲折离奇，而那段消失的过往岁月也让人心生向往。男孩们非常喜欢这个故事。

《汤姆·索亚历险记》（*The Adventures of Tom Sawyer*）是哈丽雅特·比彻·斯托的邻居塞缪尔·克莱门斯写的小说，而塞缪尔·克莱门斯就是大名鼎鼎的马克·吐温。这位知名作家也为男孩子们写了一个海盗故事。[183] 汤姆每天都做着白日梦，希望能离开无聊的密苏里小镇，也许自己能够加入那些在遥远西部的印第安人队伍：

> 这还不够带劲，还有比这更神气的事情，他要去当海盗！对，就这样……瞧吧，他将闻名天下，令闻者战栗……他将突然出现在乡里故居，昂首阔步地走进教堂。他脸色黝黑，一副饱经风霜的样子。只见他上身穿件黑色绒布紧身衣，下身是条宽大短裤，脚蹬肥大长筒靴，系着大红肩带，腰带上挂着大型手枪，腰间还别着一把锈迹斑斑的短剑。那顶垂边的帽子上飘着翎毛，黑旗迎风招展，上面印着骷髅头和交叉白骨。他听到其他人的悄声低语："这就是海盗汤姆·索亚——西班牙海面上的黑衣侠盗！"[184]

为了达成这个幻想，汤姆带着他的好朋友——现行犯哈克·芬恩和海上魔鬼乔·哈珀，一起前往密西西比河中央的杰克逊岛。[185] 通过阅读他最喜欢的文学作品，汤姆获悉了关于海盗的很多知识[186]。哈克谨慎地问："海盗们要做什么？"汤姆解释道：

171

> 他们过的可是神仙日子——将人家的船抢到手再烧掉，抢了钱就埋到岛上阴森森的地方，那地方神出鬼没。他们还将船上的人通通杀光，蒙上他们的眼睛，让他们"走木板"。[187]

然而，孩子们很快就感到了厌倦，就连寻宝游戏也变得索然无味。他们对装满了金银的腐烂箱子不感兴趣，只想快点回家。[188]
回到岸上的汤姆依然向往海盗生涯，他成功地说服了红手哈克和他一起去挖宝。[189] "我们应该在哪挖？"哈克问。[190] 于是汤姆又解释道：

> 财宝被掩埋在一些相当特殊的地方，哈克。有时埋在岛上，有时装在朽木箱子里，埋在一棵枯死的大树底下，就是半夜时分树影照到的地方；不过，在大多数情况下，财宝被掩埋在神鬼出没的房子下面。[191]

"为什么那群掩埋宝藏的人，不再次挖出它们呢？"[192] 汤姆又非常耐心地回答了哈克天真的提问。这些埋宝者经常会忘记他们寻找宝藏需要的线索：

> 他们想再次找回宝藏，但他们要么忘记了当初留下的标志，要么就是死了。总之，财宝被掩埋，时间长了，都生了锈。等到后来，有人发现一张变了色的旧纸条，上面写着如何寻找那些记号——这种纸条要花费一个星期才能读明白，因为上面尽是些密码和象形文字。
>
> 象形——象形什么？
>
> 象形文字——图画之类的玩意儿，你知道，那玩意儿看上去，好像没有什么意思。[193]

虽然"黑衣侠盗"汤姆曾经读过《金甲虫》和邦兰特的《黑色复仇者》，但是马克·吐温的《汤姆·索亚历险记》归根结底是一部自成一体的虚构小说，并且在小说结尾处，汤姆和哈克真的发现了宝藏。《汤姆·索亚历险记》的情节就像是男孩子间的一场游戏，可见海盗的形象早已在孩子们的脑海里根深蒂固。正是因为海盗的行为充满了孩子气，所以他们才深受小男孩的欢迎，并且越来越荒谬。

欧文的《掘金者》中的海盗拥有一张刀疤脸，是一种令人恶心并且如魔鬼一般的漫画形象。斯科特和库珀笔下的海盗形象则看起来不太可能出现在现实生活中——他们是"海盗绅士"。这两种类型的海盗——一种带着戏剧化的哥特式色彩，另一种则充满历史浪漫主义色彩——在文学作品中交相辉映，他们具有不同的特点，我们很容易对他们做出区分。然而，不论是怎样的海盗形象都无法摆脱一种共通的元素：荒谬性。

172　　　1877 年，伦敦的斯特兰德剧院上映了一出由弗朗西斯·C.伯南德创作的滑稽戏，剧名故意取得很傻：《一部全新的原创滑稽剧，传统航海故事的最新版本，由漂浮在海上的水手向海军战队讲述，剧名是〈红色罗弗〉或者〈我相信你，我的浮标！〉》（*An Entirely New and Original Burlesque, Being the very latest edition of a Nautical Tradition told by one of the floating population to the Marines who entitled it The Red Rover; or, I Believe You, My Buoy!* ）。[194] 序幕通过由"玩具剧场"制作的戏剧《托儿所日》为观众们引出他们最喜欢的戏剧——《红色罗弗》。[195] 最开始的场景是纽波特港，"红色罗弗"改头换面登上舞台，并通过一首名为《不要说出去》（*Keep it Dark* ）的歌恳求观众替他保密：

> 我是红色罗弗，你们都知道，
>
> 不要说出去！
>
> 但如果在岸上不乔装打扮，我哪都去不成，
>
> 不要说出去！
>
> 在浪漫的戏剧里，我曾经是那个英雄，
>
> 十四岁以下男孩的偶像；
>
> 实际上我胆子很小，残忍又吝啬。

但不要说出去！ [196]

　　他深深地爱着某个人，他恳求我们替他保密。很明显，他爱的人是格特鲁德（Gertude）。我们也没有什么理由去告发他，就连汤姆·索亚都知道，"海盗们不杀女人，只是将她们关起来。她们长得总是很漂亮，也有钱"。[197]

　　接着是怀尔德上场，他告诉我们，他也爱着格特鲁德，但他配不上她：

　　　　她的姑姑说什么了？哦，那是个不平凡的传说！ 在社会上，我的地位不如她。

　　"完全是偶然。"格特鲁德登上了舞台唱道。罗弗拥抱她，对她表白说他是一个孤儿，失去了所有亲人。[198] 格特鲁德则因为他是一个"白手起家的人"而祝贺他："上天！多好的祝福！"[199]

　　格特鲁德和她忧郁的姑姑——总是在悼念失踪的儿子的德莱西夫人——必须坐船前往卡罗利纳，她们乘坐的就是罗弗的"海豚号"。为了执行间谍任务而乔装打扮成海盗的怀尔德也在这艘船上。[200] 迎着海风，罗弗不由自主地开始歌唱：

　　　　当我还是个小伙子时，
　　　　我和父亲生活在多佛尔。
　　　　因为海上的海盗很猖獗，
　　　　于是我打算成为红色罗弗。
　　　　我的父亲皱眉看着我，

173

带着非常不愉快的神色，

同时说，"我亲爱的孩子，你难道没看见，

红色罗弗不是一项职业？" [201]

罗弗还是走向了这条不归之路：

有一天，我打算将我的邪恶隐藏，

但我所有的计划都没有成功。

我会进入伦敦警察局，

然后成为一名小心谨慎的探员。

当我人到中年，

我会寻欢作乐。

我会成为一名宪兵（M. P.），

然后上升到社会最高层。[202]

他下令逮捕怀尔德，并解释说：

我要将你绞死——我来告诉你为什么；

因为我觉得你是个间谍。[203]

格特鲁德说这一定是个玩笑："哦，这是你的玩笑话！" [204] 但罗弗神色凝重地说：

只有在一种情况下怀尔德能免于一死，

那就是格特鲁德成为我的人……[205]

怀尔德在对格特鲁德的旁白中建议她应该暂时答应罗弗的要求以等待时机，而不是直接拒绝。与此同时，"飞镖号"出现在大家的视野之中。[206]吉内亚（又名西皮奥）建议派人游泳去和"飞镖号"上的人打声招呼，当他要卷起袖子准备大干一场时，人们发现他的胳膊上套着一个项圈。[207]费德解释说，很久以前，他和吉内亚遭遇了船难，然后他们又发现了一个男孩和一条狗，于是他们将男孩和狗给了"飞镖号"的船长。怀尔德对此的反应是（戏剧性地喘息着）："我就是那个孩子！船长给我取名叫怀尔德。"[208]德莱西夫人也哭着说道："我的孩子！我的孩子！我是你失散已久的母亲。"[209]于是罗弗便举办了一场茶会，茶会还提供了蛋糕和松脆煎饼。

在下一幕里，"飞镖号"对"海豚号"穷追不舍。罗弗拿着一架望远镜和一个大喇叭，他用航海术语吼道："收起船首斜桅！"[210]他命令手下人悬挂一面旗帜，但当然不能用他们自己的旗帜，不是带着骷髅和交叉骨头棒的红色罗弗旗——吉内亚假装拿错了并挥舞着这面旗帜。[211]罗弗心灰意冷地抓着格特鲁德，唱道：

174

> 哈！你应该是我的妻子。
> 你是我的！并且我的命值个好价钱。[212]

怀尔德和罗弗因为格特鲁德而大打出手，他们是为了原则而战。正在此时，罗弗手下的一个海盗造反了，他朝罗弗开了一枪。罗弗用微弱但不间断的声音喊着：

> ……中枪之后我很难活下去，
> 但是你们之中任何一个人都不能活着下船！[213]

罗弗计划炸掉他的船，但是"飞镖号"直冲而来，撞上了"海豚号"。"海豚号"上那些来自"飞镖号"的人则又回到了那艘没坏的船上。[214] 罗弗最终还是炸毁了"海豚号"，他自己也掉进海里。该剧结尾的音乐是《统治吧，不列颠尼亚！》（*Rule Brittania*），伴奏曲是号笛舞曲，之后观众们便听到了一个恳求：

> 你们应该答应会再次回来，
> 这样就能给罗弗多一些勇气。[215]

罗弗并没能活到发现自己是德莱西夫人兄弟的那天 —— 伯南德对《红色罗弗》的情节进行了改动，将一部历史演义小说改编成了一部荒诞戏剧。与库珀的原作相比，这种熟悉感以及观众对情节发展的可预见性将海盗文学从历史浪漫主义题材小说领域带到了荒诞戏剧的领域中。库珀笔下的"红色罗弗"变成了一个逗乐的角色。

这部戏上映之后不久，弗朗西斯·伯南德就成为沙利文和吉尔伯特的合作伙伴，共同创办了杂志《重拳》（*Punch*）。[216]《彭赞斯的海盗》（*The Pirates of Penzance*，于 1879 年在纽约正式上映）有一个不那么出名的副标题：《责任的奴隶》（*The Slave of Duty*）。这个副标题对海上劫掠和海盗原则进行了嘲讽。这本书的主人公弗雷德里克意外地成了海盗的学徒，他原本只想当一名领航员。他在康沃尔的海滩上遇见了一群美艳不可方物的女孩，她们是少将的女儿，而在那之前，他只认识一个名叫露丝（Ruth）的女人（她是一名护士）。[217] 弗雷德里克想和其中一个名叫玛贝尔（Mabel）的女孩结婚，实际上，所有的海盗都这么想。少将为了解救他的女儿，故意扮成一个孤儿，并获得了海盗的同情。少将认为他的谎言是无奈之举而非故意欺骗，但他的女儿们不这样认为。[218]

当时的弗雷德里克已经 21 岁，他履行了全部合约，结束了学徒生涯。他觉得自己有责任去对抗海盗，这个责任在他心中超过了曾经对海盗的憧憬与向往。[219] 他打算带领当地的警察队袭击他之前的同伴，却被海盗之王出面阻止。海盗之王发现了弗雷德里克学徒合同中的一个小漏洞：弗雷德里克生于 2 月 29 日，虽然年龄已经到了 21 岁，但实际上，他才过了 5 个生日，必须等到 1940 年他才能过 21 岁生日。于是弗雷德里克只能重新做回海盗，尽管他无比憎恨海盗行径，但也只得履行责任，且告诉海盗们（尽管他并不愿意这样做）少将其实并不是孤儿。

弗雷德里克向玛贝尔讲明了自己的处境，他唱道："当那严苛的责任呼唤我时，我必须遵守。"并且向她承诺，到了 1940 年，他一定会成为她的人。[220] "这似乎太久了。"玛贝尔这样回答道。[221] 警察们上了台，他们整齐划一地向前行进，玛贝尔告诉他们，弗雷德里克的责任要求他重新做回海盗。警察们也抱怨说，他们身上的责任也不能让他们自己感到快乐：

> 警察队还有很多工作需要完成——需要去做，
> 警察的命运并不是快乐的。[222]

与警察形成鲜明对比的海盗们在登台之后也开始放声歌唱：

> 我们是一队快乐喧嚣的海盗，
> 对航行海上失去兴趣，
> 于是便在岸上鸡鸣狗盗……[223]

确实，在这部《彭赞斯的海盗》中，在船上或者大海里的戏份微乎其微。更奇特的是，海盗的对立面竟然是警察，而不是皇家海军。这可能与刚刚上映，由吉尔伯特和沙利文创作的小歌剧《"H. M. S. 宾纳福号"》（*H. M. S. Pinafore*）有关。

少将穿着他的睡衣上台，手上还拿着一根蜡烛。他正在为自己犯下的错误[224]而感到悲伤，并且因此彻夜难眠。他的女儿们也登台表演，穿着同样的衣服，拿着同样的东西，一起歌唱，表达了她们对父亲的关心："他以前是最有条理的人。"[225]警察被海盗们打败了，但他们以维多利亚女王的名义要求海盗投降。[226]出于责任，海盗们立刻投降："尽管我们犯了很多错，但我们依然热爱着女王。"[227]露丝声称：

> 他们并不是女王皇冠下的普通臣民；
> 他们都是误入歧途的贵族！[228]

最后，少将开心地让女儿们嫁给了这群出身高贵的海盗。

对斯科特来说，这样的情节合情合理，但它更像是一个灵感耗尽后的笑话：海盗们都不能成为海盗了，海盗被描述成忠心耿耿的贵族，而且还很多愁善感。18世纪的海盗死亡后，他们的故事在19世纪又重新活了过来。这些故事的风格总体上是盎格鲁-美利坚式的，又或者是苏格兰-美利坚式的，从斯科特到库珀和欧文，现在又回到了斯科特的风格。在跨国浪漫主义和民族浪漫主义的影响下（斯科特和库珀在这种思潮中大放异彩），海盗们变成了安全的历史角色，他们不再充满威胁性，也不再令人感到恐惧。他们在文学中找到了自己的位置——神秘而又俗套、非海盗式的英雄。他们鄙视财富，像骑士一样为女人而战，并且坚持自己个人或民族的身份：他们是作为英雄而不断寻找自我的海盗。另一方面，他们也是受浪漫主义影响而产生的文学形象。对读者来说，一个拥有刀疤脸的男人给他们带来的怪异感要远多于恐惧。一个曾经在海上和死神打交道、毁了容的男人，现在回到陆地上金盆洗手。他抛弃了自己的天性，也脱离了曾经的时代，他拥有了哥特式的灵魂——与其说神秘莫测，不如说他荒谬至极。与哥特式人物相比，他更加戏剧化。他的人生设定，他存在的理由，以及他通过非法手段得来的、从未使用过的财富都被存放在一个被泥土掩埋的箱子里。这箱子被用密码写成的神秘暗语保护，等待读者们解读和破译。于是，海盗掩埋在头盖骨之下的宝藏就都被发现了。人们乐此不疲地清点这些宝藏，并且将它们变成了畅销小说。这群作家让海盗们一直存活于世。

存活下来的海盗被划分为两种类型——浪漫主义题材中风度翩翩的非海盗式英雄，以及不断在海盗掩埋宝藏之地徘徊的刀疤脸鬼魂。他们与杂技演员和滑稽小丑进行竞争，舞台上的基德船长或者"黑胡子"都被刻意艺术化成巫师，并且还经常被派去追求那些贵族妇女和异域公主。与此同时，海盗从散文走入了流行小说的范围。起源于18世纪的格拉布街的海盗，在19世纪是危险的，也是嗜血的，他们从狂风大浪里的掠夺者变成了狂野西部大陆上佩戴步枪的纳蒂·邦普或者"水牛比尔"，以及性转版的温柔女海盗。在这些套路之中，海盗们真正变成了惊涛骇浪中的英雄—— 一个像汤姆·索亚（"黑衣侠盗"）那样改变了自我的人。但在这之后，海盗们又变成了闹剧里的流氓，库珀创作出的"红色罗弗"穿过一个玩具柜橱来到孩子们面前表演哑剧，这个舞台还给观众们提供了蛋糕和松脆薄饼。海盗们在传播和流行方面已经是穷途末路，他们的严肃性在慢慢减弱，他们因自己从浪漫主义文学堕落为荒诞戏剧而感到困惑。他们离开了深不可测的大海，走向神秘莫测的读者内心深处（而非大海中）的惊涛骇浪。浪漫文学中的海盗注定要被吉尔伯特和沙利文戏仿，他们多愁善感、热爱祖国，并且还具有贵族精神（这最可笑了）：

177

"他们都是误入歧途的贵族！"穷海盗们肯定是误入歧途了，他们先是从浪漫主义题材小说走到了廉价的大众题材小说中，然后又跌落进哄孩子的滑稽戏里：他们沦落为供人消遣的笑柄。那么，在这之后的海盗们又将面临怎样的命运？

第六章　寻宝金银岛

"我最亲爱的人啊，我有个特别好的消息要告诉二老。已经有人答应出版《金银岛》了——你们猜他们给了多少钱？……整整100英镑，现钱，哦！100个闪闪发光、引人注目、金灿灿、沉甸甸的金币。"

——史蒂文森于1883年写给父母的信

《金银岛》(*Treasure Island*) 诞生于 1881 年。史蒂文森于 1894 年在
《漫步者》(*The Idler*) 杂志发表的《我的第一本书》("My First Book")
中讲述了这本书的创作故事，并且他在创作时期的通信可以作为补充参
考。史蒂文森与他的妻子范妮，以及他 13 岁的继子劳埃德住在苏格兰的
布雷马。为了自娱自乐，劳埃德用笔和墨水以及一大箱子水彩将其中一
间房间变成了画廊。[1] 史蒂文森有时候也会参与这一有趣的艺术创作活
动，他记得"我当时画了一张岛屿地图，然后我将这幅地图命名为'金
银岛'"。[2] 这幅地图给他带来了灵感：

当我在"金银岛"地图前停下来，《金银岛》这部书中的人物
就活灵活现地出现在我脑海里。他们被太阳晒成棕黄色的脸颊和闪
闪发亮的武器，不知道从什么角落里冲出来，突然呈现在我面前，
就好像他们一直生活在那里。这群人为了财宝而互相打斗。接下来
我能记起的就是我摆了一些纸在面前，然后开始罗列书中的章节。[3]

劳埃德对这件事的回忆要更清晰一些。他强调了这幅能给人带来灵
感的地图，却没有写出史蒂文森的灵感到底是什么。劳埃德记得他自己
使用那个大盒里的水彩颜料：

179

我正准备为一个之前画好的岛屿上色。史蒂文森在我快要结
束的时候走了进来，带着特有的好奇和热情靠近我的肩膀，然后迅
速地将地图画好，还给它起了一个名字。我永远都不会忘记骷髅岛
(Skeleton Island)、望远镜山 (Spy-Glass Hill) 上发生的惊心动魄的
事情，以及那令人心潮澎湃的关于三个红十字架的情节！而最激动
人心的时刻是他在地图的右上角上写下了"金银岛"！[4]

　　这么多传言中，最令人感到惊奇的是一张地图竟然成了灵感的来源，并且"金银岛"是这张地图上岛屿的名字。著名的故事总是在不经意间开了头，这看起来就像是孩子游戏的结果。

　　在《我的第一本书》中，史蒂文森说这件事发生在 9 月。然而，在一封他于 1881 年 8 月 24 日从布雷马寄出的信中，他非常肯定地告诉他的朋友 W. E. 亨利，自己之前写的故事是"爬虫"，是一些令人毛骨悚然的故事，"但是，"他说：

　　　　那天我正在写另外一本书——这件事要完全归功于萨姆（塞缪尔·劳埃德·奥斯本）——但我觉得它有更多的东西可以挖掘，比那些"爬虫"都要好得多。现在看看这里：

　　　　《海上厨师》
　　　　或者《金银岛》：
　　　　给男孩儿们的故事。

　　　　如果孩子们不愿意看，那他们真是堕落。当你知道这本书的主角是海盗时，你会感到惊奇吗？它开始于德文郡海岸附近的本博将军（Admiral Benbow）小酒馆，与一张地图和一处宝藏有关，你会感到惊奇吗……？ 5

　　史蒂文森补充道，自己已经写完了两章，并且取得了巨大的成功。第二天，他说自己又写了三章，还将它们大声朗读出来：

　　　　萨姆·F（范妮）和我的父母亲都听见了这三章的内容，他们予以了高度评价——他们说这三章内容带给他们一种冒着傻气还有点可怕的感觉。但我想要找到与海盗有关的最好的书，尤其是在"黑胡子"之后最有吸引力的传说，让纳特（Nutt）或者贝恩（Bain）通过最快的邮递把它寄给我。[6]

纳特和贝恩都是伦敦的书商，而史蒂文森想要得到的是关于历史上真实的海盗（而不是虚构的海盗）的故事，例如"黑胡子"。尽管他希望能够获知历史事实，但他还是非常清楚虚构文学的特点，以及它们的受众——男孩。在《我的第一本书》中，史蒂文森回忆道："我当时以为读者只有一个男孩，但我发现我找到了两个观众——故事让我的父亲重新找回了天性中的浪漫和孩子气。"[7]这个创作与祖孙三代都有关系。史蒂文森的父亲不仅兴冲冲地每天都要听最新的章节，并且还贡献了他自己的力量——他给小说中的海盗船起名为"海象号"（Walrus），并且给装在水手箱里的东西专门列了一个清单。[8]这个创作也许是家族内部的合作，因为祖孙三代都对文字拥有敏锐的洞察力，而史蒂文森本人毫不避讳地在他写给亨利的一封信中承认了这点。[9]亨利也拥有这种洞察力，因此，他对于一本关于海盗的作品会有一张地图和一处宝藏，并没有感到太过惊奇。

尽管史蒂文森缺少相关的历史信息（因为他还在等"最好的海盗小说"），但他对文学传统非常了解。在几个月前，他给亨利写了一封信，史蒂文森在信中表示斯科特的《海盗》给他带来了很大的影响。[10]早在很多年前，他就知道斯科特参加过北部灯塔委员会的考察之旅，正是那趟航行让老妇人想起了关于海盗约翰·高的传说，后者成为《海盗》一书的灵感来源。多年后，为了给他祖父的《沃尔特·斯科特爵士回忆录》（Reminiscences of Sir Walter Scott）作序，史蒂文森在萨摩亚（Samoa）写了一篇关于这段旅程的文章。[11]他在《我的第一本书》中承认了自己在文学上借鉴了他人的东西，"毫无疑问，我是鲁滨孙·克鲁索手里的学舌鹦鹉"。[12] 朗·约翰·西尔弗——史蒂文森笔下的海盗，拥有一只鹦鹉，它和鲁滨孙·克鲁索的那只鹦鹉非常相似。鲁滨孙·克鲁索也曾经想象过，这只鹦鹉可能至今还留在岛上，叫着"可怜的鲁滨孙·克鲁索"。[13] 除此之外，在金银岛上逃亡的黑奴本·冈恩（Ben Gunn）也能反映出史蒂文森和笛福之间的联系。史蒂文森的父亲对儿子和笛福之间的这点联系非常警觉，于是他给史蒂文森写信，抗议本·冈恩在《金银岛》中首次出场时穿的衣服，彼时《年轻人》（*Young Folks*）杂志在连载这本书：

> 我反对他登场时穿的羊皮衣和帽子，因为这身装扮是鲁滨孙·克鲁索的，他撞倒羊这件事，鲁滨孙也做过。他应该穿着破了洞的海军制服和又脏又破的帆布裤子。[14]

实际上，鲁滨孙·克鲁索的羊皮衣借鉴了笛福自己写的素材——一个从胡安·费尔南德斯群岛被救出来的穿着羊皮衣的男人，他就是亚历山大·塞尔扣克。[15] 这一情节其实无关紧要，但史蒂文森还是采纳了他父亲的建议。在后来出版的书中，他让本·冈恩脱下《年轻人》杂志里的羊皮衣，换上破破烂烂的、用船上帆布做成的裤子和一件破旧的航海衣。史蒂文森忘记修改后面的情节，于是出现了前后矛盾——那位黑人最后逃跑时，依然穿着他的羊皮衣。而这一场景就是最初发表在《年轻人》杂志上的原始情节。[16]

"毫无疑问，骷髅头的情节源自爱伦·坡。"史蒂文森在《我的第一本书》中承认了这一点，后来他又更加明确地说："我强行闯入爱伦·坡先生的画廊，偷走了弗林特的指示物。"[17] 史蒂文森笔下的海盗船长用一个骷髅头来暗示金银岛上的埋宝位置，这一点和爱伦·坡写的将骷髅头埋在宝藏周围的情节非常相似。除此之外，整个故事的核心诡计也借鉴了《金甲虫》中宝藏谜题的叙事设计。在史蒂文森眼里，他对笛福和爱伦·坡的借鉴，对鹦鹉和骷髅头的化用，只不过是模仿了微不足道的小细节，但正如他在《我的第一本书》中写的那样：

> 虽然我认为抄袭并不能将作家的作品带到更远的地方，但我在文学上对华盛顿·欧文的模仿确确实实锻炼了我的思维。很多年前，我为了写一本散文化的短篇故事集，偶然翻阅了《旅人述异》这本书，书里的内容引起了我极大的兴趣：比利·博恩斯（Billy Bones），他的箱子，聚集在他客厅里的人，所有的氛围和内在的文化，以及我书中前几章中的很多材料细节——全都是华盛顿·欧文留下的财产。[18]

史蒂文森再次强调这件事也许是为了让《我的第一本书》中的故事更加丰满有趣，但是这种苏格兰－美国文学上的继承关系也被展现得非常清晰。在欧文的《旅人述异》中，沃尔弗特·韦伯想去寻宝是受到了刀疤脸老水手的影响。这个老水手现身于当地的小酒馆，并且随身携带一个藏宝箱。比利·博恩斯的外貌与处境都和刀疤脸老水手很相似，那个箱子在史蒂文森的故事里则变得更加重要。[19] 实际上，史蒂文森的老水手和水手箱还有另外一个文学先例。在名为《给犹豫的买家》（*To the Hesitating Purchaser*）的一首诗歌中，史蒂文森承认了《金银岛》对其他作品的广泛借鉴，却没有提及具体学习的是哪一位文学前辈：

182

> 如果所有的纵帆船、小岛和逃跑的黑奴
>
> 以及海盗和埋藏的宝藏

还有那古老的浪漫故事，被不断地重复着，

用一种古老的方式，

这还能取悦现在这些更为聪慧的年轻人，

像它们令过去的我开心一样：

——那就顺其自然吧，那就继续去做吧！如果不是，

如果热心的年轻人不再渴望，

他古老的欲望就会被遗忘，

金斯顿，或者勇敢的巴兰坦，

或者在林间或海上无畏的库珀船长：

那就顺其自然吧！

请允许我，

和我笔下所有的海盗们一起分享那个坟墓。

他们的作品，就躺在那儿！ [20]

　　这些诗句更像是某种文学主张，而非对借鉴和模仿的承认。短语"林间或海上"巧妙地揭示了库珀的"存在"。除了欧文的《旅人述异》，我们还可以在库珀的《海狮》中找到那个"老水手"。实际上，库珀笔下的老水手在某些方面比欧文的老水手更像比利·博恩斯。库珀创作出来的老水手也随身携带一个水手箱，装在这个箱子里的地图让主人公开始了寻宝之旅。史蒂文森的小说里的箱子也发挥了同样的作用。

　　史蒂文森和巴兰坦之间的联系很密切，他们不仅私底下是朋友，在文学创作上也相互交流。15 岁的史蒂文森把自己介绍给巴兰坦，并表示自己非常喜欢巴兰坦的《珊瑚岛》。史蒂文森说这本书他已经读了两遍，还希望能再读上两遍。[21] 史蒂文森非常清楚这本书的价值，在之后

类似《金银岛》这样的冒险小说里，他都专门以作者身份感谢了巴兰坦。然而，史蒂文森的小说和巴兰坦的小说还存在某种明确的巧合：巴兰坦笔下一个叫拉尔夫的角色是《珊瑚岛》一书中的三个男孩主人公之一，他被一个来到珊瑚岛的残暴海盗绑架，历经艰险之后，在一个善良的海盗的帮助下（拉尔夫曾经在这个海盗受伤时照顾他），独自驾着一艘帆船成功逃脱——《金银岛》中的年轻人吉姆，也在一个受了伤的坏人海盗伊斯雷尔·汉兹（Israel Hands）的帮助下独自驾驶着海盗船扬帆远航。史蒂文森对金斯顿的借鉴主要体现在体裁和结构上。史蒂文森清楚地意识到，这位文学上的前辈擅长创作给男孩们看的冒险小说。在《我的第一本书》以及一封写于 1884 年的信中，史蒂文森承认自己借鉴了查尔斯·金斯利的某些细节，例如《金银岛》中的"聚魂棺"（Dead Man's Chest）。这个"聚魂棺"源自金斯利的旅行小说《最终：西印度洋上的圣诞节》（*At Last: A Christmas in the West Indies*），小说里一个来自维尔京群岛的海盗的外号就叫"聚魂棺"。[22]

以上介绍的是《金银岛》和同主题文学作品的继承关系，那么，这部小说使用了什么历史材料呢？史蒂文森请求伦敦的亨利寄来与海盗相关的最好的书（他笼统地将海盗称为诸如"黑胡子"之类的人），[23] 这一请求的后续结果出现在另外一封史蒂文森从布雷马寄给亨利的信中，该信写于 1881 年 9 月初："亲爱的亨利，十分感谢你给我送来了约翰逊的书，他真是个好人。这本书里的故事能让我一天写完一章。"[24] 这里的"约翰逊"就是查尔斯·约翰逊船长，即传说中的《通史》的作者。而就海盗主题而言，这本书确实是最好的。

《金银岛》的创作过程十分顺利——史蒂文森在一封更早的信中提到，在他刚写完的三章中，他用欧文－库珀式的情节开场：一位老水手每天都在本博将军酒馆里喝酒。如果说他用接下来一天的时间写完了第四章，那么第四章的名字叫《水手箱》（"The Sea Chest"）就理所应当了。虽然邮寄《通史》的速度很快，但史蒂文森一天一章的写作速度意味着，他在创作《金银岛》时，文学传统和想象力的影响要远远超过《通史》这本书的影响。实际上，《通史》的作用主要体现在证实海盗朗·约翰·西尔弗的两次演讲，为两个连续的章节提供海盗历史背景——第一次演讲是为了他的鹦鹉，第二次演讲则是为了他自己。在第一次他对吉姆的演讲中，西尔弗简单介绍了鹦鹉的职业：

> 它跟随英格兰（Cap'n England，大海盗英格兰船长）一块出过海。它到过非洲的马达加斯加。它曾亲眼见过海盗如何打捞沉船中的财宝，它就是从那里学会了叫"八分币"。这也没什么好奇怪的，因为当时海盗捞起了 35 万枚"八分币"呢，霍金斯！它曾登上印度果阿总督的船……[25]

这只鹦鹉的辉煌事迹来自历史上的一位真实海盗，和西尔弗一样，鹦鹉陪着爱德华·英格兰出海，他们去了马达加斯加、马拉巴尔、普罗维登斯岛、苏里南和波托贝洛。爱德华·英格兰最亲密的伙伴——泰勒船长，则驾驶着"卡桑德拉号"去向西班牙人求取赦免。好景不长，佛罗里达湾的一场海上飓风毁掉了西班牙装甲舰队——当时他们正忙着在暴风雨里抢救钱币。《通史》一书却说，"那 35 万枚'八分币'，其实早已经被英国海盗偷走了"。英格兰本人并没有被说成是从西尔弗那偷钱的人，而西尔弗后来也被西班牙人从大帆船的残骸中救了上来。[26] 但在历史上，英格兰船长本人很可能就是那个抓走了果阿总督的人（最后他还是放走了总督）。[27] 因此，通过将《通史》中不同海盗的人生经历融合在一起，史蒂文森最终构造了西尔弗的故事。这个故事细节丰富，令人深信不疑。

躲在苹果桶里的吉姆无意间偷听到了西尔弗的第二次演讲（这是现实场景在小说中的重现，模仿的是史蒂文森父亲小时候的经历。这位幸运的父亲曾经听到一个之前低声下气的水手吹嘘自己是十恶不赦的野蛮恶棍）。[28] 这次演讲终于讲到了西尔弗本人的故事：

> 给我截肢的主刀大夫是一个大学毕业生，精通拉丁文，但他也与其他人一样在科尔索要塞像条狗似的被吊死，然后被暴晒在太阳下。是啊，他们是罗伯特手下的人，只不过他们总是将船名换来换去，例如"皇家幸运号"（Royal Fortune）什么的。我认为，一条船一旦命了名，就应该永远叫那个名字。"卡桑德拉号"就是这样，在英格兰船长掳掠了印度总督以后，它将我们从马拉巴尔平安地送回到家里。弗林特原先的那条老船"海象号"也是如此……[29]

为西尔弗截肢的外科医生其实也是一位真实的海盗，名叫彼得·斯丘达莫尔。巴塞洛缪·罗伯茨船长被打败之后，他就被俘了。在《通史》中，这位罗伯茨船长穿着猩红的锦缎织就的马甲和马裤，帽子上有一根红色的羽毛，一条金项链绕颈十圈，手上握着一把长剑，肩膀上的丝绸带两端各别着一把手枪。[30] 在这一身装扮下，罗伯茨被人用霰弹打死——这发霰弹刚好打在他的咽喉上，斯丘达莫尔却活了下来，并且作为俘虏被人带到了"皇家幸运号"上。[31] 斯丘达莫尔曾经接受过良好的教育，并且航海经验丰富，他煽动船上的俘虏以及安哥拉奴隶去占领这艘船。他告诉这些人："我们最好还是这样做，这比去科尔索角要好，在那里，我们会像狗一样被吊起来，然后被暴晒在太阳底下。"[32] 斯丘达莫尔最终还是被吊起来了，他的尸体被铁链锁着，在非洲大陆西部的夕阳下随风摇摆。[33] 罗伯茨将两艘不同的船都命名为"皇家幸运号"，这两艘船都是他夺取的战利品。英格兰船长毫不犹豫地抢走了"卡桑德拉号"，不过它保住了自己的名字。"海象号"这一名字则来自托马斯·史蒂文森的特殊要求。[34]

虚构的故事与海盗的历史混合在了一起，史蒂文森从《通史》那里借来许多异想天开的情节。朗·约翰·西尔弗是史蒂文森为海盗文学留下的最重要的遗产，这一角色在很大程度上受到史蒂文森的"木腿朋友"W. E. 亨利的影响。在一封寄给亨利的信中，史蒂文森承认道："正是你那顽强的力量和勇敢的气势让我创作出了《金银岛》里的朗·约翰·西尔弗。"[35]但实际上，身残志坚并且英勇无畏的西尔弗也有他自己的海盗先辈，例如，突然出现并保护了陷入危险的"卡桑德拉号"的麦克雷船长的神秘人。在麦克雷船长和英格兰船长的谈判过程中，《通史》这样写道：

> 一个长着可怕胡须，并且拥有一根假木腿的男人出现在了麦克雷船长的眼前。他身上挂着枪，就像图鉴里带着飞镖的男人，来去匆匆。他用一种非常粗鲁的方式打听麦克雷船长的下落：船长非常坚定地认为这个人就是他死刑的执行者。然而，当他走近船长时，他握住船长的手，笑着说："真是太高兴了，还能够再见到你。"他还说："告诉我那个害你的人是谁，麦克雷船长，我永远同你站在一起。"[36]

朗·约翰·西尔弗同这个人的相似可能只是巧合，但这个巧合关乎史蒂文森作为一位著名的海盗文学创作者的名誉。《通史》里的海盗可能是真实可信的，也可能与史蒂文森笔下的朗·约翰·西尔弗一样，都是虚构的。《通史》里有两份关于"卡桑德拉号"的材料——一份是麦克雷亲笔写下的个人信件，另外一份则是水手理查德·莱辛比提供的文字记录。这两份材料的文字都很直白，是标准的水手式语言——与职业小说家那天花乱坠的语言存在天壤之别。我们也可以在《通史》中找到《金银岛》其他角色的名字。例如，被西尔弗赞为真男人的，从未和他一起扬帆远航的海盗戴维斯船长就是豪厄尔·戴维斯船长。这位船长最后在普林西比岛被葡萄牙政府官员杀害。[37] 本杰明·冈恩的名字也出现在《通史》里，出现在一群目前住在塞拉利昂高地上的白人名单中，也出现在《金银岛》一书中。[38] 伊斯雷尔·汉兹同吉姆驾驶着"伊斯帕尼奥拉号"（*Hispaniola*）一起航行，直到他死去。我们曾经介绍过这个人，就在讲述"黑胡子"的那章中。[39] 伊斯雷尔·汉兹并没有在与"黑胡子"的决战中被杀或被俘，因为他在被"黑胡子"弄残废之前上了岸[40]。 据《通史》称，为了让别人记住他，"黑胡子"在餐桌下对伊斯雷尔·汉兹开了枪，让汉兹终身残疾。[41] 汉兹并没有被处死，他的罪行得到了赦免。后来传说他在伦敦生活，靠乞讨面包维持生计。[42]《通史》里的瘸子乞丐吸引了史蒂文森的注意，于是他便通过《金银岛》来让汉兹青史留名。[43]《金银岛》中人物的名字和现实的有趣联系还有很多，例如令人称赞的"伊斯帕尼奥拉号"上的斯摩莱特船长，其实就是史蒂文森在向他的苏格兰同胞、航海小说家托比亚斯·斯摩莱特致敬。

尽管《金银岛》的开篇充满了欧文和库珀式的色彩，但史蒂文森在开篇更巧妙地加入了一些悬念。史蒂文森创作出的海盗形象是令人毛骨悚然的哥特式海盗，这一点与欧文等作家存在很大区别。年轻的吉姆对此感受最深。那些受过伤又凶神恶煞的人都在本博将军酒馆里向吉姆讲述海盗的故事，这些人包括了刀疤脸比利·博恩斯（那个欠了吉姆父亲好多钱的暴躁客人），失去两根手指的黑狗，以及阴险的盲人皮尤（Pew）。他们都在等待朗·约翰·西尔弗——海上厨师的登场，而史蒂文森最初拟定的标题就是：

"麦克雷船长和木腿海盗"，选自《海盗之书》

《海上厨师》，

或者《金银岛》：

给男孩儿们的故事。[44]

　　威彻利在《老实人》中专门讲了一则在海员内部流传的笑话——
"关于木头腿的笑话"（Raillery upon wooden legs）：梅尔维尔笔下的阿哈
卜船长（Captain Ahab）拥有一条鲸鱼骨制成的"象牙腿"。[45]当然，受伤
的都是真实的水手，尤其是那些选择戴着金链条或装上木腿的人，例如
约翰·莫里斯。而海上的厨师通常是从那些身体不再健全的水手中选出
来的。可见，西尔弗和史蒂文森笔下其他身体不健全的角色都是真实且
带有哥特式色彩的，就像《掘金者》中的独眼水手和刀疤脸海盗一样。[46]
　　《金银岛》中这些受过伤的人将吉姆同海上劫掠以及宝藏联系在了一
起，这种联系使得吉姆盗窃水手箱这一行为变得合理起来（吉姆之所以会这样做，是因为他需要这个水手箱来拿回比利·博恩斯欠下的酒钱）。与小说开篇的吉姆的父亲之死相比，比利·博恩斯之死在叙事中显得更加突兀，但他的死让吉姆获得了水手箱里的藏宝图。这些海盗其实扮演了潜在的父亲角色。作为望远镜酒馆（Spyglass inn）的主人，朗·约翰·西尔弗其实是吉姆已故父亲的参照物。然而，尽管吉姆获得的宝藏来源于海盗，但通过拉拢具有社会地位的各式人物——例如利夫西（Livesey）医生和乡绅特里劳尼（Trelawney），他最终让自己的财产变得合法。其中帮忙最多的人是乡绅特里劳尼，他在《金银岛》的开篇鼓励吉姆写下所有的事情。[47]

"托马斯·罗兰森"，一幅海上厨师画像，约 1799 年

本质上,《金银岛》讲述了两伙寻宝人之间的激烈竞争,他们不知道那些宝藏到底是什么,却对宝藏充满了向往。受人尊敬和不受人尊敬的两个群体之间的主要区别在于阶级身份,在于他们曾经受过的教育和在夺宝之前拥有的财产。在贪婪本性的影响下,两伙人都想得到神秘的财宝。"那些流氓除了钱还能追求什么?"特里劳尼曾经用非常优雅的方式对寻宝表示鄙夷,但当他看到藏宝图时,脸上立刻浮现出孩子般的快乐:"找到那个地方,然后我们就有钱了,我们可以放肆吃喝——在钱堆里打滚——从此拿钱打水漂也无所谓了。"[48]这种以争夺战利品来推动情节发展,同时以找到宝贝作为结尾的写作方式,其实与之前围绕遗产继承来展开情节的 19 世纪小说并无区别——狄更斯的《远大前程》(*Great Expectations*)和《荒凉山庄》(*Bleak House*)是其中最有名的两个例子。远方的殖民地——例如,《远大前程》中的澳大利亚或者《所罗门王的宝藏》(*King Solomon's Mines*)中的非洲——就经常掩埋着人们万分期待或者预想不到的宝藏。[49]鲁滨孙·克鲁索在荒岛上生活了多年之后,一无所获,他积累下的意外之财全部来自他在巴西的种植园。而《金银岛》将孤岛和寻宝结合了起来,本·冈恩就是鲁滨孙·克鲁索的继承者。《金银岛》里的财宝并不仅仅是意外之财,它们还包括偷来的宝藏。

在《金银岛》中,一些人能够自由往来于两伙竞争团体之间,例如吉姆,因为他的阶级属性模糊不清。朗·约翰·西尔弗也不受限制,他的社会阶级具有某种流动性。西尔弗希望用他存下的钱与妻子(如果不算上吉姆早就过世的母亲,这应该是小说中唯一出现过的女性)一起打造一个稳定的未来。与乡绅特里劳尼希望在钱堆里打滚的梦想相比,朗·约翰·西尔弗的想法更令人尊敬。他那两头通吃、脚踏两只船的行事风格就是其模糊不清的性格的体现。[50]奸诈的西尔弗既是一个逆来顺受的水手，又是凶狠的海盗头子，还是一个好演员。后来，史蒂文森借用《通史》中"黑胡子"的形象，写下了《巴伦特雷的少爷》（*The Master of Ballantrae*）这部小说。小说中那个可怕的海盗是一个非常好玩的人物，他拥有一张被晒得漆黑的脸，身上还带着很多把手枪，充满了男子气概，最后却被少爷打败。少爷还带着鄙视讽刺他："虚张声势的垃圾。"[51] 在《通史》里，"黑胡子"是戏剧性的，但在《巴伦特雷的少爷》里，他又充满喜感。与此相比，西尔弗的行为虽然危险但令人信服。

　　"好吧，你又改变立场了。"吉姆对朗·约翰·西尔弗小声地说。吉姆之所以需要小声地说，是因为他本身的处境也很艰难。他被一根绳子捆着，他既是西尔弗的俘虏，又是他寻宝路上的同伙。[52] 吉姆与两伙人的交往与西尔弗有很大不同——他从不涉及道德问题。吉姆对情节发展来说是必不可少的，因为读者们需要知道受人尊敬和不受人尊敬的两伙人分别对事件持有什么不同看法。当吉姆从受人尊敬的那伙人手下逃跑时，他就已经被视作一个擅离职守的人。[53] 他离开了"伊斯帕尼奥拉号"，和海盗们一起来到金银岛，并且之后他又再一次偷偷逃跑。这些"逃跑"和"恶作剧行为"给吉姆带来了意想不到的好结果——他遇见了同样对财宝充满热情的本·冈恩。而本·冈恩将"伊斯帕尼奥拉号"从

190　海盗手里解救了出来。吉姆孩子气地解释道："我毕竟是一个小毛孩子，拿定了主意就勇往直前。"[54] 虽然他的擅离职守实实在在是一种不道德的行为，可这种行为被他的年少无知给冲淡。吉姆的一些醉酒、争吵等孩子气的行为与其不端的海盗行为构成了某种补充。吉姆的孩子气让他成为一个边缘人，一个能够坚持不同意见的人，就像西尔弗一样——吉姆最终带着偷来的部分宝藏从"伊斯帕尼奥拉号"中逃了出来。吉姆的"不服管教"也因为他的年龄而得到原谅，读者们自觉地对这一行为与海盗们涉及犯罪的"不服管教"做出了区分。海盗们自己形成了"冒险家"

（gentlemen of fortune，这个词语源自《通史》）的亚文化，他们坚守自己的"法则"——这个"法则"我们已经再熟悉不过了——尤其是西尔弗规定的"法则"，因为他是这群海盗的头儿。[55]

　　吉姆自身关于海盗的矛盾情绪，其实也是西尔弗模糊不清的性格的一种表现。他是邪恶的，但同时又非常令人着迷——这是史蒂文森对于篇幅冗长并且情节越来越怪异的海盗文学的主要贡献。在之前的文学史中，海盗们拥有高贵的出身，却因为各种"错误"而被剥夺了身份和财产。虽然西尔弗当着吉姆（和读者）的面残忍地杀死了一个无辜的人，但他依然充满魅力，因此，他能够在文学史上流芳千古。为了更好地将故事呈现给小男孩们，史蒂文森评论道："海盗就是一个长着满脸胡子的人，喜欢穿阔腿裤，生起气来就乱开枪。"当然，西尔弗的形象比这深刻多了。[56]西尔弗没有巴塞洛缪·罗伯茨船长那样华丽的装扮，他只有4杆枪、1把弯刀、1条腿，以及一只经常胡言乱语、不知所云的鹦鹉。这只鹦鹉不知疲惫地讲着毫无意义的航海术语，与克鲁索·鲁滨孙的鹦鹉很像。但显然，西尔弗的鹦鹉的词汇量要大得多，它也因此成了文学史上一个让人难忘的海盗标志。[57]

　　作为一本给男孩子们看的书，《金银岛》不可避免地需要使用宝藏和冒险来提升其吸引力。如果加入了海盗团伙，那么吉姆其实可以同时获得这两种体验。西尔弗与吉姆的父亲一样，他们都是酒馆的老板，对吉姆来说，西尔弗可以成为父亲的替代品。然而，吉姆并没有认贼作父，他认定自己应该属于那个受人尊敬的阶层——医生、地方法官和乡绅，他们拿到了被偷走的藏宝图。作为一个洞察一切的小男孩，吉姆的叙事围绕着"偷听"和"偷看"来展开。最终，他还是离开了那个单调乏味、受人尊敬的团体。在本·冈恩（宝藏的实际拥有者）的帮助下，吉姆重新登上"伊斯帕尼奥拉号"，并且扯下了他们的黑色旗帜。[58]一些模棱两可的道德问题，例如盗窃或者杀人，都因为吉姆的年少无知而被一笔带过。吉姆偷走水手箱里的地图是为了拿回博恩斯欠下的钱，而他开枪射中伊斯雷尔·汉兹，也只是一个意外事件——"我很难说这是我的本意"。[59]

史蒂文森并没有忘记西尔弗，他让西尔弗带着财宝逃跑了。身为一名海盗，西尔弗获得财宝的整个过程要更加合理。史蒂文森没有描写西尔弗的结局，但通过小说的只言片语，我们不难猜到。[60]在小说的结尾，西尔弗告诉他的手下，他会去和他的妻子相聚，然后一起享受这美好的财富。[61]可见，史蒂文森最初将小说的标题定为《海上厨师》（The Sea Cook），其实是因为整部小说的中心人物就是亦正亦邪的西尔弗。史蒂文森承认，如果不是因为《年轻人》杂志的编辑提出要求，他不会用小说副标题《金银岛》替代最初的标题。实际上，整部小说的主要情节都围绕着副标题来展开，寻找宝藏的过程也是最吸引人的内容。[62]史蒂文森不是一个唯利是图的作家，但他需要钱，他在给父母的信中写道："我最亲爱的人啊，我有个特别好的消息要告诉二老。已经有人答应出版《金银岛》了——你们猜他们给了多少钱？……整整100英镑，现钱，哦！100个闪闪发光、引人注目、金灿灿、沉甸甸的金币。"[63]

《彼得·潘，或者永不长大的男孩》（Peter Pan, or The Boy Who Would Not Grow UP）这部小说是由作者 J. M. 巴里生命中一次可怕的经历改编而来的：他13岁的哥哥戴维在一次滑冰时意外去世了。巴里专门为母亲写了一本书——《玛格丽特·奥格尔维》（Margaret Ogilvy），在这本书里，他对整件事的前因后果做了回顾，特别是这件事对母亲的影响。哥哥去世后，家里的姐姐对巴里说："去妈妈那里，告诉她，她还有一个小男孩。"[64]巴里小心翼翼地走进了那个阴暗的房间，然后妈妈问他："是你吗？"对于这个问题，小巴里无从回答。于是：

妈妈又非常焦虑地问道:"是你吗?"我想她可能是在和我死去的哥哥说话,然后我用胆怯而微弱的声音回答:"不,不是他,是我。"[65]

在这之后,巴里开始通过模仿死去的哥哥来取悦母亲。巴里开始穿哥哥的衣服,并且学会像哥哥一样吹口哨。尽管这样,巴里依然非常清楚,戴维的生命在13岁时戛然而止:"当我长成一个男人……他还是个13岁的小孩。"[66]

角色扮演游戏在之后的很长一段时间里都是维持巴里和母亲关系的基础。随着巴里逐渐长大,其他小说作品里的角色吸引了他的目光。"当我还是个小男孩时,我们一起读了很多书,《鲁滨孙漂流记》就是第一本。"[67] R. M. 巴兰坦为儿童创作的这本书让当时还在念书的巴里找到了人生目标——要成为一个作家。"巴兰坦在很长一段时间里都是我崇拜的偶像。"他在后来再版的《珊瑚岛》的前言中这么说道。[68]他满怀热情地等待巴兰坦的新作,"这激励我前行,不仅陪伴我在花园里度过了一个又一个痛苦的星期六,也帮助我顺利地完成了第一本书,其记录了我们共同的冒险经历"。[69]他记得这个花园位于邓弗里斯(Dumfries),在巴里的记忆里:

192

我曾经和几个朋友扮演着奥德赛式的海盗,在墙根和树下匍匐爬行,而这个经历最后变成了《彼得·潘》里的情节。我们在花园里的恶作剧使得这座位于邓弗里斯郡的花园成为令我魂牵梦绕之地,它同时也是我写下《彼得·潘》的灵感来源……我们住在树上,幻想周围的树枝上结着硕大的椰子,但其实我们正在经历着磨难。我们是海盗,我掌管着记录我们累累罪行的航海日志……我相信那

> 本航海日志已经丢失了，可我仍然希望能够最后看它一眼，看看胡克船长是不是还在里面。[70]

这些 19 世纪的男孩热衷的把戏后来都变成了巴里写作的素材。巴里长大后成了伦敦有名的剧作家——他将类似鲁滨孙的故事的文本搬上舞台，写出了《令人敬佩的克莱顿》(The Admirable Crichton) 等作品。《令人敬佩的克莱顿》在优雅高贵的英国上层社会造成轰动，它描写了一个贵族家庭和他们的仆人因为海难而被迫留在孤岛上的故事。

当然，如果从更广阔的文学－历史语境来看，《彼得·潘》是受《鲁滨孙漂流记》直接影响的作品。很多与鲁滨孙故事相似的小说都描写了一个充满浪漫主义色彩的冒险世界，并且塑造了一个令人信服的地理位置（这个位置看上去是真实存在的，但我们找不到确凿的历史依据）。在 19 世纪，带有现实主义色彩的《鲁滨孙漂流记》和紧随它出版的鲁滨孙式的小说成为某种文学流派分支的起点。这种文学流派分支就是给男孩子们看的冒险小说，其中最典型的代表便是《珊瑚岛》和《金银岛》。这些小说展现了理想化的浪漫主义式童年，而这些有趣的经历都毫无例外地发生在犹如乌托邦一般的神秘世界里。浪漫主义的世界不受现实地理条件的影响，浪漫主义的理想童年也应该存在于遥远的孤立之地——它受到英武的男子气概的影响，但它与历史无关。男孩们不再依靠扮演父亲角色的成年男人：他们与家庭分离，并且毫无联系。在《珊瑚岛》里，这群具有男子气概的男孩被困在珊瑚岛上，他们需经历一番洗礼才能真正长大成熟，而这番洗礼代表了浪漫主义对童年的定义。当然了，彼得·潘也是一个有男子气概的男孩，但他又与众不同——他是一个不肯长大的男孩。梦幻岛（Neverland）其实代表了一种基于青春和信仰的童年。"你相信这个世界上有仙女吗？"这是彼得·潘向观众提出的最著名的一个问题，而他凭借信仰解救了奇妙仙女小叮当。[71]小说里的"飞翔"并不只是坚信不疑，它也是信仰的行动。这种现象不仅存在于童话故事中，同样也存在于幻想类的儿童读物里。"你只需要想些美妙的、奇异的念头，这些念头就会将你提升到半空中。"[72]彼得这样解释道。讲述乌托邦式小说的绝佳之地是一座位于远方的孤岛。前往梦幻岛可不是一件容易之事，这就和爱丽丝的仙境一样——爱丽丝需要经过一个兔子洞或者穿越一面镜子才能进入仙境。海盗形象在这种文学流派里也有一席之地。斯科特的《海盗》描写的海盗是历史上真实存在过的，但他们在小说里带着死亡的气息，行为如鬼魂般诡谲。这些关于过去的想象经由文学之手而重新焕发出生机，之后又进入19世纪的儿童文学。在这些写给孩子们的故事里，海盗们再次登场，但他们不再令人心生畏惧，反而成了一群又蠢又笨的角色。他们虚张声势，可笑荒谬，完全符合儿童对于海盗的想象。

　　人们应该清楚地认识到，对小说《彼得·潘》的解释本身就是一个故事，这个故事存在于巴里写下的关于自己身世的各种文字里。他栩栩如生地描绘了自己如何通过角色扮演来建立和母亲以及死去的哥哥之间的联系。在某种程度上，巴里的童年是《彼得·潘》的真实原型这件事本身就是一个浪漫主义式的寓言，一个由巴里创造并展现出来的事件。这与史蒂文森有很大的区别：史蒂文森在孩子们的游戏中发现了《金银岛》的故事，《彼得·潘》则更加直接地体现了巴里作为成年人对于童年的迷恋（当然，他的这种情况与刘易斯·卡罗尔的情况类似。世人不能理解他们对于童年的迷恋，而这些迷恋都可以用"非儿童性行为"［unchildish sexuality］这一心理学术语来进行解释），但哥哥的意外死亡与母亲特别的关爱并没有影响巴里对童年的迷恋。在巴里眼里，童年和成人阶段是互相兼容并且互为补充的。巴里曾经在伦敦的肯辛顿花园里与乔治·卢埃林·戴维斯及他的兄弟杰克，以及他们还处于婴儿时期的

194

弟弟彼得相遇。在那场为迎接 1898 年新年而举行的派对上，巴里不仅见到了三兄弟，而且还见到了他们的母亲西尔维娅—— 一个笑起来嘴有些歪的美人。[73] 她向巴里解释，彼得的名字来自她父亲乔治·杜穆里埃（George du Maurier）创作的小说《彼得·艾伯特逊》（Peter Ibbetson）。彼得是小说里的主人公和叙述者，他有一条名为波尔托斯（Porthos）的狗，而这个名字来自《三个火枪手》（Les Trois Mousquetaires）。巴里告诉西尔维娅，他的狗也叫波尔托斯。[74]

彼得·潘是虚构的人物，他的名字以真实的彼得为原型，取材于巴里给最大的孩子乔治所讲的故事或寓言。后来现实中的肯辛顿花园，以及在夜晚大门关闭时出现的虚构的仙女们，都被巴里写进了小说。那些仙女的故事后来也出现在巴里的《小白鸟》（The Little White Bird）中。《小白鸟》是一本故事集，书中一位成年的叙事者向一个名叫戴维的小男孩讲述了很多寓言故事。这个故事集最为精彩之处在于诞生，而这个"诞生"与母体的自然分娩形成了鲜明对比。小男孩母亲的名字是玛丽·A-，显然，这个名字来源于巴里的妻子玛丽·安塞尔，虽然虚构小说中这个角色的原型是西尔维娅，而小男孩戴维是以乔治为原型的。戴维的诞生充满了童话色彩：肯辛顿花园里的蛇形湖（the Serpentine Lake）中有一个小岛，岛上有一群鸟，这群鸟后来变成了男孩和女孩。这本故事集一共有六个章节与彼得·潘有关，后来这些章节被巴里单独拿出来，以《彼得·潘在肯辛顿花园》（Peter Pan in Kensington Gardens）为题出版。彼得·潘也是一个由小鸟变来的男孩，但他打破了鸟变人的顺序，"他逃离了人类，重新变回了鸟……飞回肯辛顿花园"。[75] 在肯辛顿花园的蛇形湖中的鸟岛上，他失去了变回小鸟的能力，于是他再也不能飞翔，变成了一个既不是鸟又不是人的"中间物"。[76] 虽然船只搁浅，但彼得·潘还是逃脱了鸟岛对他的束缚，他驾驶着画眉鸟的巢在花园里游荡。

仙女经常在晚上出现，她们实现了彼得·潘飞回到自己母亲身边的愿望，但他决定先在花园里玩一会儿。结果等到他想回家时，却发现那扇通往他母亲身边的窗户已经关上了。回到花园之后，彼得·潘遇见了玛米（Mamie）—— 一个在花园中玩耍却错过了花园关闭时间的女孩，仙女们为她在花园里盖了一间小屋。彼得·潘和她在花园里浪漫地接吻（彼得和温迪早就预料会如此），但是玛米不能为了和彼得·潘在一起就放弃自己的母亲。[77] 为了补偿彼得·潘，她做了一个玩具山羊送给他当作礼物，然后仙女们将它变成了真正的山羊。于是彼得·潘就可以骑着它在夜晚的花园里一边闲逛一边吹笛子（骑羊和吹笛子这两个特点把彼得·潘和一个长着山羊腿并且喜欢吹笛子的希腊神联系在一起）。[78]

195

《小白鸟》中的彼得·潘和之后《彼得·潘》中的彼得·潘并不相同。《小白鸟》的卷首插画是一张金斯顿花园的全景图，而右上角写着这样一句话："皮尔金顿（Pilkington）的阴影笼罩着整座花园。"[79] 在这张地图的东北角，我们隐隐约约可以看到一个人，他其实是位于奥姆广场的威尔金森预备学校的同名校长。乔治于 1901 年开始在该校上学，他的弟弟们后来也成了那所学校的学生。[80] 在这本书中，真正的赫伯特·威尔金森可能隐藏在皮尔金顿身后。[81]《小白鸟》（这本书记叙的故事其实并不是那么连贯）这样写道：

> 差不多 8 岁时，孩子们会飞离这座花园，并且永远都不再回来……女孩们去哪，我并不知道……但是男孩们需要到皮尔金顿那里去。他是一个拿着细长藤杖的人。[82]

通过《小白鸟》中皮尔金顿的行为，我们不难看出，他就是另外一个角色的"前身"：

令人憎恨的如噩梦般的阴影！我并不知道你是怎样的人，先生，但是我可以想象得出，您长着黑色胡子，并且身材瘦削，有些驼背，走动的时候有沙沙声……对于您，以及您的长袍和藤杖的畏惧使得仙女们整日躲起来……您是花园的破坏者，我知道您，皮尔金顿。[83]

在最初的手稿中，皮尔金顿和胡克之间的关系还很简单，而在《彼得·潘》戏剧中，他们之间的关系变复杂了。要给《彼得·潘》写一个结尾并不容易，尽管它最初的手稿和一篇号称是第一稿（在罗杰·兰斯林·格林［Roger Lancelyn Green］的《彼得·潘五十年》［*Fifty Years of 'Peter Pan'*］一书中被广泛引用）的文本都写到了肯辛顿花园里的最后一幕。在这一幕中，彼得和温迪穿着小丑和像鸽子一样的衣服，而胡克穿得像一位校长，他戴着帽子，身着长袍，还拿着一根用来打人的桦树条。[84] 胡克遇见了公园的管理者斯塔基（Starkey），斯塔基曾经是胡克手下的水手，如今已改头换面。斯塔基向胡克解释说，他经历了各种磨难，才最终从梦幻岛的鳄鱼嘴里逃了出来：

> 斯塔基（谄媚地说）：世事艰难啊。那些男孩做了一堆坏事。
> 胡克：这就是为什么我要当一个校长——为了向男孩们报仇。我引他们上钩，斯塔基（胡克做了一个把男孩子们提起来的动作），然后我就这样欺负他们！当人们发现这种手段是多么有效时，英国的每一所学校都哭着喊着让我去帮助他们。[85]

胡克和他的助手们试图捉住彼得·潘，但鳄鱼从蛇形湖中再次出现，吞下了胡克。[86]

1900 年，在巴里开始写《彼得·潘》之前，他的妻子玛丽在萨塞克斯郡的湖畔找到了一栋房子，将它取名为"黑湖小屋"。[87]肯辛顿花园里仙女们的故事便是在这里被重新创作，那时候的读者已经变成了卢埃林·戴维斯家的男孩们（1901 年 8 月，乔治 8 岁，杰克 6 岁，彼得 4 岁）。仙女们的故事被海盗和荒岛的故事取代，巴里用幽默的方式将男孩们最喜欢的游戏呈现出来。这种虚构文学的形式继承自《珊瑚岛》，当然，巴里也从鲁滨孙式的小说以及马里亚特的《马斯特曼·雷迪》（*Masterman Ready*）中获得了不少灵感。巴里还专门出了一本摄影集，书中的每幅照片都有标题，书名为《黑湖岛的漂流男孩》（*The Boy Castaways of Black Lake Island*，以下简称《漂流男孩》）的小册子只印了两本，巴里将其中一本赠送给小男孩的父亲阿瑟。但很快，阿瑟就在一次火车旅行中将这本书弄丢了。[88]我们可以根据各章标题大致推测出《漂流男孩》的剧情：一群男孩遭遇了海难，被困在黑湖岛上。他们依靠打猎维生，还盖了一栋小屋，之后他们惊人地发现，原来这座岛是斯沃西船长和他手下的驻地。[89]摄影师用相机记录下了接下来的冒险经历，某张照片上面写着这样一句话："海盗的一只狗看到了我们。"而这只狗其实就是巴里的小狗波尔托斯。[90]海盗船长斯沃西就是《彼得·潘》里胡克船长的原型：

> 《漂流男孩》这本书已经写到了胡克船长，只不过那时候他叫斯沃西船长。通过书里的插图，我们可以看到，这位船长是一个皮肤黝黑的人。虽然你并不需要知道，但我还是想告诉你，这个角色被那些知情者认为带有某种自传色彩。[91]

在巴里的一张照片中，斯沃西船长惩罚了男孩们："我将他们捆了起来。"[92]

197 　　《彼得·潘》的开场发生在布卢姆斯伯里（Bloomsbury）的一个育婴房中，当时正是孩子们准备就寝的时间（巴里刚到伦敦时就住在这里）。[93]达林家的孩子们正在玩角色扮演游戏，他们甚至还找人假扮了婴儿。彼得·潘从梦幻岛来到布卢姆斯伯里的育婴房听故事。[94]他告诉温迪·达林，他已经离开了肯辛顿花园，现在，他和迷失的男孩们（lost boys）一起居住在梦幻岛上。巴里创作温迪这一角色的目的是纪念 W. E. 亨利的女儿（这个亨利就是朗·约翰·西尔弗的原型）。这个小女孩不会发英文中 r 的音，因此，她称巴里为她的"fwendy"（英文中"friend"的谐音）。与彼得·潘一样，温迪的兄弟约翰和迈克尔的名字都来自卢埃林·戴维斯家的男孩们。[95]

　　彼得·潘邀请达林家的孩子们和他一起飞往梦幻岛。彼得·潘说："那里有海盗。"这一句话激起了孩子们的好奇心，尤其是约翰——他抓着自己高高的帽子说："那里有海盗！我们立刻出发吧！"[96]

　　"梦幻岛"集齐了儿童虚幻故事的所有元素——上面有仙女（最著名的仙女应该是小叮当），有北美印第安人（最著名的印第安人是虎莲公主［Tiger Lily]），当然还有海盗（最著名的海盗非胡克船长莫属）。北美印第安人的形象借鉴了费尼莫尔·库珀的拓荒小说（这些小说对小朋友们具有特别的吸引力），海盗们的形象则来自 19 世纪以《金银岛》为代表的流行小说，巴里并没有刻意隐藏这种影响。[97]巴里和史蒂文森是很要好的朋友，史蒂文森几次从萨摩亚给巴里写信（有时候也会用苏格兰方言），邀请他前往家中一聚。正如史蒂文森所写："现在能够让希拉（塞尔扣克郡的治安官，沃尔特·斯科特）拍拍脑袋鼓励的人只剩下我们两个了。"[98]但梦幻岛不是萨摩亚，也不是金银岛。史蒂文森曾经对一个报纸记者说："它（梦幻岛）根本不在太平洋上。"[99]梦幻岛是完全在想象中诞生的海盗的家。从地理和历史的角度来看，金银岛是真实存在的，但梦幻岛是无中生有的——它不存在于任何时间和空间之中。海盗们依然活跃着，只不过他们早已远离现实。

《彼得·潘》中有一个名叫比尔·朱克斯的海盗，很多人认为他就是《金银岛》中在"海象号"上抢走弗林特六打火药的朱克斯，这表明他曾经在弗林特的海盗船上待过（弗特林是海盗朗·约翰·西尔弗的船长）。[100] 彼得·潘有一把杀死巴比克（Barbecue）的剑，因此，在很多人眼里，彼得·潘就是杀害朗·约翰·西尔弗的人（在《金银岛》中，朗·约翰·西尔弗也被人称为巴比克）。[101]

巴里笔下的另外一个海盗名叫马林斯。某些文学评论家指出，这个海盗形象证明了巴里曾经参考过《通史》中的资料。马林斯这个名字来源于达比·马林斯，他是基德船长的手下，于 1701 年在行刑码头被绞死。但巴里创作出来的海盗形象依然带有浓厚的虚构色彩，并非历史上的真实人物，从他对《金银岛》的戏谑可以看出来。巴里给海盗起的名字大多来自他的朋友（如阿尔夫·梅森来源于小说家 A. E. W. 梅森，查斯·特利来自另一位作家查尔斯·特利·史密斯），或者他们的儿子（如切科，实际上来自小说家莫里斯·休利特的儿子）。[102]

他笔下最有名的胡克就是一个既传统又拥有鲜明个性的海盗形象，也许胡克船长的"钩子"对应的就是朗·约翰·西尔弗的"拐杖"。《彼得·潘》里有一段经典的口头独白：

> 胡克船长是黑暗里最残忍的珠宝，脸色如尸体般惨白，皮肤却黝黑，他卷曲的黑发披在肩上，看起来像即将融化的黑色蜡烛，他的眼睛是蓝色的，就像那种名叫勿忘我的花朵。他的眼睛透着一种深邃的冷漠，当他用力时，眼珠还会出现红色的斑点。他没有右手，右手的

位置上有一个铁钩，他一般都用这个铁钩来做事情。他最有礼貌的时刻就是他最残忍的时刻。他讲话文质彬彬，行为与众不同，一切都说明他和他的手下们来自不同的阶级——这群船员是没有接受过文化熏陶的普通人。胡克甚至在大海的狂风巨浪中礼让他的俘虏。这群人后来说，当胡克用棍子赶着他们上甲板时，他经常讲"对不起"。[103]

胡克船长完美地继承了 19 世纪海盗的特点，他非常有文化，气质高贵，甚至还有那么一点女性化。正如巴里所说，就像所有伟大的海盗一样，胡克是一个通过文学艺术创造出来的传统海盗形象，既不是真实的，也不是历史性的，但他身上所有人造部分都和谐地融合在一起，这使得他成为巴里对海盗小说这一文学艺术的最大贡献。[104]

胡克的最初扮演者是西尔维娅的哥哥杰拉尔德·杜穆里埃（Gerald du Maurier），他还同时扮演了达林先生。杰拉尔德的服装（尤其是海盗服）都是由艺术家威廉·尼科尔森（William Nicholson）专门设计的，杰拉尔德的妻子（兼传记作者）则称："巴里一直坚持海盗就应该是真实的海盗，他们不应该成为吉尔伯特和沙利文笔下的滑稽形象。"[105] 尼科尔森设计了一顶装饰着紫色绒线的蛇形假发，但是杰拉尔德拒绝戴上它，因为他的妻子说这顶俗气的假发与他的身份不符，让他看起来就"像查尔斯二世和一个十四岁女孩的混合体"。[106] 杰拉尔德的女儿达夫妮（Daphne）以及其他的孩子们都因为他的精彩演出而尖声大叫：

> 他们非常憎恨他，恨他浮夸的样子，恨他的姿态，恨他恶魔般的危险笑容！那张灰白的脸，那两片血红的嘴唇，那长长的、湿漉漉的、油腻腻的头发，那讽刺的笑声，那狂躁的尖叫，以及出人意料的彬彬有礼的姿态……杰拉尔德就是胡克……他并没有假模假样

199

地穿上西蒙斯（Simmons）的衣服、戴上克拉克森（Clarkson）的假发，然后在舞台上毫无目的地吼叫着。他没有变成舞台上的滑稽海盗。他的一生充满了悲剧色彩，他不知道什么是和平，他的灵魂饱受折磨。他是一团黑暗的阴影，一个邪恶的梦，一个由恐惧凝结而成的妖怪。他永恒地存在于每个小男孩的脑海深处。[107]

　　胡克是一个标准的哥特式人物，而不是喜剧性的，他有点像弥尔顿笔下堕落天使的拜伦式后裔，只不过有点孩子气。尼科尔森给胡克设计了一件双排扣长礼服和一顶三角帽，在礼服和帽子之下则是一张可怕的脸，孩子们被这张脸吓得高声尖叫——杰拉尔德出色地完成了表演任务。[108]

威廉·尼科尔森为胡克船长设计的戏服

　　我们需要停下来思考一下，为什么朗·约翰·西尔弗和胡克船长，这两个在英语文学中最著名的海盗形象会成为儿童文学里的人物呢？正如我们之前讨论过的那样，海盗在 19 世纪已经成为最受孩子们喜爱的形象（他们是马克·吐温笔下的汤姆·索亚以及生活在现实世界中的男孩们的英雄偶像），在他们身上，荒诞多于可怕，喜剧感多于恐怖感。而儿童文学正好在这段时间里发展迅速，欣欣向荣。人们意识到童年和成年是不可分割的，这一想法与后浪漫主义的探索相互结合，最终塑造出文学史上最受欢迎的海盗形象，两部海盗文学经典作品被创作出来并迅速流行。一部是史蒂文森的，他笔下的海盗受到苏格兰－美国文学传统的影响，继承了斯科特海盗的特点，还带有美国传统文学的色彩。另一部是巴里的，他笔下的海盗显示出了他对史蒂文森作品的了解——《彼得·潘》或许就是《金银岛》的续写。这两个故事是两位作者创作出的最成功的作品，老少皆宜，不过应该记住，他们对于童年的态度很大程度上受到了心理学的影响。心理学在那时是一门新生学科，正努力向自然科学靠近。许多学者开始使用心理学理论去解释儿童的性心理问题，例如，心理分析涉及的"隐秘"和"真实"与一种假想的、半虚构的童年性行为有关。这一理论来源于浪漫主义意识形态，但又超越了这种意识形态。[109] 史蒂文森和巴里在年少时都喜欢阅读鲁滨孙式小说，从《鲁滨孙漂流记》到《珊瑚岛》，男人们在一次又一次的冒险中变回了男孩。史蒂文森关于性的想象是羞涩和空白的，巴里则更为犀利和含沙射影，某些看似不起眼的小细节微妙地揭示了作者的立场：梦幻岛上有女性居民，而金银岛上一个女人也没有。"故事中不应该有女人"，这是劳埃德对史蒂文森的要求，而对于这个要求，史蒂文森欢天喜地地接受了，因为他知道什么是男孩故事的规则。[110]

　　当然，《彼得·潘》最亮眼的创新之处在于它将 19 世纪关于性别和童年的理论以及胡克船长联系在了一起，虽然这部戏剧的海盗主题很流行，但它试图探讨的问题和情节安排都显示出了作者的野心。成年人被《彼得·潘》唤醒的尴尬感并非来自巴里病态而敏感的性格或者恋童癖，而是来自巴里对戏剧主题的模糊性和神秘性的充分理解：儿童和成年人在性观念上的不同。[111] 浪漫主义者发明的童年作为一种独立的意识，一种亚文化，而不是一种低劣的、受人歧视的、原始的生理和精神状态——导致了对童年想象力的崇拜。除了想象力以外，童年更为重要的特质是"天真"，是对性的完全无知——性知识被认为是某种堕落。伴随这种 19 世纪早期的认知而来的是一场盛大的狂欢，人们在狂欢中堕落了。为什么会堕落？因为人们长大了。"童年"和"成年"就这样被分开，变得模糊不清。"童年"逐渐成为一种精神上而非身体上的状态，它与"成年"的区分标准在于个人的心理状态是"天真且无知的"，还是"有意识且知情的"。

　　《彼得·潘》提到的房子和入口都明显是成年人对于阴道的想象——包括达林家的孩子们用于逃跑的育婴房的窗户，他们在梦幻岛上拥有具有不同入口的房子，每一个入口都是为迷失的男孩们设计的。岛上还有另外一间房子是专门为了仙女小叮当准备的："那有一个小小的洞，和装领结的盒子差不多大，小洞里挂着可爱的窗帘，所以你看不见里面有什么。"[112] 这出剧中的女性角色，小叮当、虎莲公主以及女主角温迪，提出了《彼得·潘》的核心问题：孩子和成年人之间的区别是怎样形成的？所谓的成长是否由"性观念转变"来推动？这个问题贯穿了整部戏剧。在彼得·潘、温迪和小叮当就迷失的男孩们而展开的讨论中，我们能够深刻地感受到他们为这个问题所困扰：

　　　　彼得（很害怕）：那都是假的，不是吗，我肯定不是他们的父亲吧？

温迪（委顿地说）：哦，它们当然是假的。（彼得松了一口气，并没有顾忌她的感受）但他们依然属于我们，彼得，属于你，也属于我。

202

彼得（下定决心要找出真相）：但这确实不是真的，对吗？

温迪：如果你不许愿这是真的，那它就不是真的。

彼得：我不会许愿的。

温迪（知道自己不应该去打探，但内心有某种力量驱使她去做这件事）：你对我具体有什么感觉，彼得？

彼得（在教室里）：他们是一群很好的孩子，温迪。

温迪（转过去）：我也是这么想的。

彼得：你真是太难让人理解了。虎莲公主和你一样，她想成为我身边的某个人，却不想当我的母亲。

温迪（打起精神）：不，肯定不是。

彼得：那是什么？

温迪：这不适合由一个有教养的女孩来告诉你。[113]

此刻，小叮当正在偷听，并且在谈话重新开始之前发出了一声轻轻的嘲笑：

彼得（表现出很不耐烦的样子）：我觉得她的意思是，她想当我妈妈。

（小叮当的评论是："你是只大傻驴。"）[114]

梦幻岛上的女人们一直与彼得·潘保持着模棱两可的关系，而这个拒绝长大的男孩的主要敌人是胡克——彼得·潘其实也在不知不觉中模仿着胡克。虎莲公主曾经被海盗们劫持到一座名叫流囚岩（Marooners Rock）的无人岛上，那座岛上有一个不怎么重要的宝藏。彼得·潘模仿胡克的声音对另一个海盗下命令，从而帮助虎莲公主逃跑。[115] 胡克对此感到非常困惑，他开始向躲在黑暗里的冒名顶替者问话：

> 胡克（用巨大的声音问话）：那个游荡在这个暗黑湖里的灵魂，你能听到我吗？
>
> 彼得（用一样的声音）：奇怪了，我能听见你。
>
> 胡克（握紧一块木板 [上面标记着"隐藏的宝藏"] 作为支撑）：你是谁，陌生人，说话啊。
>
> 彼得（已经等得有点迫不及待）：我是贾斯·胡克（Jas Hook），"海盗旗号"（*Jolly Roge*）的船长。
>
> 胡克（此时脸都是煞白的）：不，你不是。
>
> 彼得：你胆子真是大啊，再说一遍，我就用锚插死你。
>
> 胡克：如果你是胡克，那你过来告诉我，我是谁？
>
> 彼得：你只是一只鳕鱼，只是一只鳕鱼。
>
> 胡克（震惊）：一只鳕鱼？[116]

发生在梦幻岛的这幕可以说高潮迭起，胡克和彼得·潘终于相遇。（彼得·潘在一开始就已经切断了胡克的手臂，当作了戏剧中鳕鱼的开胃菜，鳕鱼一直潜伏在周围，吞咽的声音像闹钟一样无情地滴答作响。）胡克抓住了迷失的男孩们和达林的孩子，并将他们带上了海盗船。彼得赶来相救，并英勇地同胡克展开搏斗，他冷静地坐在空中吹着笛子，最终打败了胡克：

看到这一幕，胡克强大的心都碎掉了。那个完全没有英雄气概的小角色爬上了堡垒，嘟囔着"愿伊顿辉煌"（Floreat Etona），并纵身跃进海里。海里的鳄鱼们张大了嘴巴等着他。胡克知道这看似懒洋洋的血盆大口意味着什么，但经历了这一切之后，他毫不犹豫地跳进这大嘴里，就像问候一位老朋友那样。[117]

胡克被鳄鱼吞掉了，达林家的孩子们则平安地回到布卢姆斯伯里的育婴房里，和他们一起回去的还有迷失的男孩们。也许最后会有人愿意收留这群小男孩，让他们进入学校，接受教育。彼得·潘并不愿意接受这种恩惠，因为他想一直当一个小男孩，然后到处玩耍。[118]除非他回到戏剧一开始的育婴房里，否则彼得·潘永远都不会像温迪一样长大。包含着仙女、北美印第安人和海盗的童年世界只存在于梦幻岛。

作者对某一问题的犹豫不决也体现在了《彼得·潘》的文本中。1908 年，《彼得·潘》在最后一个场景加演了一幕，这一幕的名字是《当温迪长大成人：后来的故事》（"When Wendy Grew Up: An Afterthought"）。温迪现在已经是一名成年女性，她在同样的育婴房里照看着她的小女儿简。[119]消失了很长一段时间的彼得·潘又来到这间育婴房，他看见温迪已经长大成人，还有了一个可爱的女儿。彼得·潘很沮丧，而温迪也心烦意乱地冲出了房间。彼得问简："你会成为我的母亲吗？"[120]温迪回到房间里，同意让简和彼得·潘一起前往梦幻岛。在这一幕的结尾，温迪说出了她对简的祝愿：希望简能够有一个女儿，这个女儿将会继续这"永恒不变"[121]的过程。

《彼得·潘》在 1904 年第一次上演，从那时起，扮演彼得·潘的就一直是女演员而非男演员。也许，它是有充分理由的：或许这种做法是一般歌舞剧的传统惯例，第一位戏剧制片人喜欢某个特定的女演员来扮演这个角色；或许女性的身高总是要低于男性，所以她们更加适合在剧中饰演小孩的角色。[122] 也许，对《彼得·潘》这部喜剧来说，另一个原因更加合理：女演员不会变老，她们的身材也从来不会变形。

这部剧后来被改编成了小说，名字就叫《彼得和温迪》(*Peter and Wendy*)，于1911年正式出版。在小说里，彼得·潘向小男孩们保证梦幻岛上一定存在着海盗，他还用刺激的冒险活动来诱惑这几个孩子。[123] 迈克尔和约翰·达林早就听过胡克的名声[124]：——他是"黑胡子"船长，是巴比克唯一害怕的人。[125] 可见，胡克的名声由"事实"和"虚构"两方面组成。很明显这本小说是向《金银岛》"致敬"的。据传言，胡克是唯一令"海上厨师"感到害怕的人，而"海上厨师"和巴比克其实就是朗·约翰·西尔弗，胡克曾经将他踩在脚底下。[126] 彼得·潘后来才知道是自己杀死了朗·约翰·西尔弗，于是那把剑变成了故事中的不稳定因素，其实那只不过是一把彼得杀害巴比克时用的剑。[127] 在与胡克打斗时，彼得机灵地躲过了胡克的致命一击，而这灵活的动作就是巴比克教给他的。[128] 巴里甚至专门在致谢部分感谢了史蒂文森，他提及母亲们通常会做出不少自我牺牲，以便让她们的孩子过得更好，她们会努力地去做——这句话正是朗·约翰·西尔弗的口头禅。[129]

在《彼得和温迪》中，梦幻岛上有一条基德小溪，这与《金银岛》提到的"基德船长的海盗船抛锚处"相对应。[130] 卢埃林·戴维斯家的男孩们很早就去了伊顿公学这所学校，于是《彼得和温迪》这本书描写了更多的胡克船长对男孩们的教育。胡克船长从威尔金森预备学校的校长变成了伊顿公学的校长，胡克不仅维持着每天都在学校里散步的习惯，同时也有热情让自己的行为得体（Good form）。[131] 一个鬼魂一般的声音警告胡克说这种行为很不得体，对于这一点：

胡克回答："我是唯一令巴比克感到害怕的人……而弗林特害怕巴比克。""巴比克，弗林特——这些人都是谁？"那个阴森森的声音问道。[132]

胡克用带有负面色彩的"差生"（scugs）来称呼他的海盗下属，并且对"波普俱乐部"（Pop，由伊顿公学的男孩们组成的小团体）的行为要求深入地思考了很久：最高级的形式就是拥有得体的行为而不自知。[133]

温迪从女性的视角讲述了被海盗俘虏时的感受："对男孩子们来说，海盗的召唤充满魅力。但我只看到这艘船已经很久没有被人擦过了。"[134]

205 当胡克在船上被打败时，他的思绪不再停留于眼前的成败，而是回到了很久以前，他要么懒洋洋地躺在操场上，要么被送到监舍接受赞誉，要么在观看伊顿公学特有的壁球比赛。[135]当胡克在甲板上来来回回地躲避攻击时，他取得了最后的胜利——他成功地激怒了彼得·潘并将其踢下甲板，而不是刺他一刀。"真是不像话"（Bad form），他嘲弄地叫着，然后心满意足地奔向鳄鱼的嘴。[136]

当胡克葬身于鳄鱼的血盆大口时，彼得·潘对胡克的身份认同感达到了巅峰。胜利的彼得·潘让温迪给他做一件新衣：

这件新衣要参考胡克邪恶的旧外套来制作……在彼得·潘第一次穿上那件新衣的晚上，他坐在胡克的船舱里，嘴里叼着胡克的烟斗，一只手的手指弯曲起来……他弯起食指，然后高高地举起，像胡克一样，充满威胁的意味。[137]

无论彼得·潘的行为是不是一种俄狄浦斯情结，毫无疑问，胡克其实就是他的另一个"本我"。与另外一个成年男性达林先生相比，胡克显然更加富有魅力。通过这样一个形象，巴里将孩子们对于海盗的矛盾心理活灵活现地表现了出来——他们既羡慕海盗，又认为海盗的行为应该受到斥责；他们被海盗的魅力折服，又有点害怕海盗。

然而，巴里并没有将胡克的故事写完，因为在 1920 年（好像是这一年），他准备创作《彼得·潘》电影的剧本。[138] 在这个电影剧本中，胡克被介绍为"贾斯·胡克——海盗船长（来自伊顿公学和贝列尔学院）"，而且巴里对如何表演这个角色还提出了建议：

> 演员应该以一种严肃的态度来扮演胡克，并且他们应该避免用小说式的幽默去演绎胡克的种种诱惑……他是一个嗜血的流氓，也是一个受过教育的人。其他海盗都是粗糙的无赖，他却可以在其最邪恶的时候保持着彬彬有礼的行事风格。他拥有花花公子般的魅力。因此，胡克这个形象应该是绝对严肃的，而不应该是滑稽的。[139]

海盗的演出不应该带有任何讽刺色彩。巴里的解释与胡克形象的文本变迁历史是一致的，这也清晰地展现出了胡克的文学形象与历史上的海盗形象之间的关系。我们不难看出，巴里有意将他笔下彬彬有礼的传统海盗与 19 世纪的蠢货海盗区别开来。19 世纪早期的海盗既受过教育又有修养，他们必定与 19 世纪后半期所创造出来的喜剧式海盗有着一定的距离。我们也许还能注意到，这种讽刺并未完全消失。巴里专门提到的"花花公子"也许就是在讽刺舞台上让人眼花缭乱的花花公子戏剧——例如《摩登人物》(*The Man of Mode*) 和《故态复萌》(*The Relapse*)。然而，最重要的是，孩子们想象中的海盗一定不能滑稽可笑。

这个电影剧本详细地描绘了胡克的船舱：

第一眼看上去，胡克的船舱里并没有人。船舱的内部装修像是一个学生的房间，放了一把藤条椅和一张书桌，书桌上摆了一排书。墙上挂着武器，旁边有一排他在学校里获得的荣誉，这些荣誉被奇怪地按照伊顿公学的方式摆放。墙上还挂着过去学校的名单，他的棒球帽，还有两幅图。当镜头拉近时，我们可以清楚地看到，其中一幅画着伊顿公学，另一幅则是 11 人足球队的照片，足球队的主力是男孩时期的胡克，他手里拿着一个足球，足球队的奖杯被他夹在双膝之间，他和其他男孩们必须穿着指定颜色的衣服。九尾鞭也非常显眼地挂在墙上。[140]

显然，胡克也是一个"无法长大"的海盗。当他进入自己的船舱时，"他躺在床上，吸着烟，开始阅读《伊顿纪事报》（Eton Chronicle）"。[141]巴里在剧本上专门标示出此处应该使用真实道具，但派拉蒙影业根本没这么做，其实他们都没用巴里的剧本，而在现实的学校里，迈克尔·卢埃林·戴维斯真的成了《伊顿纪事报》的联合编辑。[142]

1927 年 7 月 7 日（身为牛津大学学生的迈克尔已经溺水身亡了很久），巴里在伊顿公学进行了一场演讲。他的题目是《胡克船长在伊顿公学》（"Captain Hook at Eton"），他试图证明胡克船长曾经是一位很好的伊顿公学人，尽管他拥有很多缺点。[143]他希望自己能让胡克散发出正能量。[144]在伊顿公学，胡克曾经是一个擅长陆上运动的人，而不是一位擅长水上运动的人，因为无论作为男孩还是男人，他都讨厌碰水。[145]他经常去图书馆借书，而他借的这些书现在依然在二手书报摊上出售——大多是关于诗歌和湖畔派（the Lake School）诗人的书。[146]胡克死后，人们搜查了他的船舱，发现了几百本已经被翻得发黑的《伊顿纪事报》："在胡克当海盗的那些年里，他曾是一位非常忠诚的订阅者。"[147]而且，巴里可以证明，胡克曾经是波普俱乐部的一员——虽然记录他被选入俱乐部的那些书已经被神秘地破坏掉了。[148] 巴里对此可以做出解释。一位曾经居住在伊顿公学的老人（这位老人很怀念生活在伊顿公学的那段时光）告诉巴里："胡克在一个晚上回到了伊顿公学。"那时他已经在美洲大陆上建立起了自己的海盗事业。他穿着帅气的波普俱乐部服装，是这个老人见过的最帅的男人，但同时也有点让人恶心。胡克坐在大学校园里的一堵只有波普俱乐部成员才能坐的墙上。[149] 一位警察问他："你是波普俱乐部的成员吗，先生？"在一番极为痛苦的挣扎过后，胡克回答："不是。"[150] 这一刻的胡克表现得很有风度。为了不给过去的学校带来耻辱，他否认了自己曾经是波普俱乐部的成员，甚至也否认了自己曾经在伊顿公学生活过。那天晚上，他潜入学校资料室，在那销毁了记录他曾经是波普俱乐部一员的证据。[151] 在老人讲述完这个细节之后，巴里问道："那他不是一个很好的伊顿公学人吗？"[152] 海盗们是绅士这个观点本身就带有讽刺意味，但你也无法否认，它是那么的浪漫，承认吧，海盗们就是那群不想长大的绅士。

207

第七章　好莱坞的柠檬

"好莱坞是他们种植柠檬的地方。"[1]

——《吉尔伯特和沙利文》（ *Gilbert and Sullivan* ）

　　1912 年 10 月 31 日，巴里告诉他的代理人，有人可以向他提前支付 2000 英镑，希望能够将《彼得·潘》拍成电影。[2] 虽然巴里拒绝了这个提议，但依旧有很多人想要买下《彼得·潘》的版权。1918 年 12 月 4 日，巴里给他的代理人写信："关于《彼得·潘》的电影，我还没有决定好。又有人要给我 2000 英镑，而且提前支付现金！"[3] 这么做的人正是杰西·L. 拉斯基。杰西·L. 拉斯基曾经是在医药展览上巡回演出的小号手，之后成了影视巨头。他希望能够获得《彼得·潘》和巴里其他戏剧的版权，然而巴里表示他打算自己写剧本。派拉蒙影业让巴里去看一下演员们的试镜，并告诉他："在电影圈里，至少有 200 个人想要扮演彼得·潘。"[4] 尼科（Nico）——卢埃林·戴维斯家最小的男孩，还记得他和巴里一起观看那些片段的场景："我都数不清我们一共看了多少个人——我们想让哪个人演彼得·潘呢？我们一段接着一段不停地看。"[5] 巴里建议电影的制作方去参观一下尼科在伊顿公学的房间，最好能够以这个房间为原型来装饰胡克的船舱。[6] 巴里本人则于 1924 年被邀请参加在好莱坞进行的拍摄活动。在此期间，制作方发现了他那非常有魅力并且具有贵族气质的秘书——辛西娅·阿斯奎思小姐（Lady Cynthia Asquith）。他们询问辛西娅："你是否愿意让你的儿子西蒙在电影里饰演一个达林家的男孩？以及你是否愿意饰演达林夫人？"[7] 关于这次偶然的机会，辛西娅小姐回忆道："我潜藏已久的雄心燃烧了起来。[8] 我马上开始打包行李。"巴里却改变了主意。[9] 他不会去好莱坞，而辛西娅小姐和她的儿子想要在没有巴里的情况下独自前往好莱坞，则门儿都没有！[10] 尼科希望一个与他同姓的演员——玛丽昂·戴维斯（Marion Davies，她是威廉·伦道夫·赫斯特的朋友）来饰演彼得·潘。玛丽·皮克福德（Mary Pickford）和莉莲·吉什（Lillian Gish）也都被提名，但是最后派拉蒙影业选择了不知名的贝蒂·布朗森（Betty Bronson）。电影的取景地一个是位于洛杉矶葡萄藤大道（Vine Stree）的派拉蒙影业工作室（作为"达林家的房子"），另一个则是圣卡塔利娜岛（作为传说中的"梦幻岛"）。[11] 巴里听说 11 月的圣卡塔利娜岛又湿又冷。[12] "想想要是你和西蒙一起去了，那该会是什么样！"巴里对辛西娅小姐这样说道。[13]

　　巴里的剧本要求电影必须有新的特效，也就是一些无法在舞台剧中表现出来的场景——而这些要求大多都被经验丰富的导演赫伯特·布雷农拒绝了。[14] 电影既没有表现出彼得·潘成长为"男人"的变化，也没有表现出他的追随者的真挚情感。[15] 与穿着戏服的演员一起拍摄的"动物"并非真实的动物，导演专门邀请了天才动物模仿者——乔治·阿里来扮演达林家的狗保姆娜娜（Nana）和鳄鱼。[16] 彼得·潘的水平飞行以及约翰和温迪因为一枚曲别针而变身的情节都被毫不犹豫地删掉了。[17] 在剧本里，虽然并没有按照巴里说的那样，演员们在树顶飞来飞去地踢足球，但彼得·潘确实用一个树叶做的枕头捉弄了仙女们，并且用扫帚把她们全部赶走了。[18] 根据巴里的建议，彼得·潘在去往梦幻岛的路上应该经过伦敦的下议院以及纽约的自由女神像，但这两个想法都被否决了。[19] 巴里要求达林先生应该读一份伦敦（而非美国）的报纸，这个要求也被无视了，事实上，电影并没有提到达林家具体在哪里。[20] 按照规定，梦幻岛上的北美印第安人应该来自费尼莫尔·库珀小说虚构的印第安部落（他们还邀请了年轻的黄柳霜来饰演虎莲公主）。[21] 许多"美人鱼"在太平洋里腾挪翻滚，笨拙地进行蛙泳，接着海盗们就捉住了温迪和迷失的男孩们，电影由此正式开演。

　　胡克的扮演者名叫欧内斯特·托伦斯，前苏格兰人和歌剧的男中音，现在是好莱坞的重量级人物，而且把胡克演得充满了喜剧感——完全不吓人。巴里对此非常不满意，他在自己的剧本中一再强调，"胡克这个形象应该是绝对严肃的"。[22] 电影中的胡克并没有阅读《伊顿纪事报》（这是巴里要求的），而是阅读了一本非常精致的《行为指南和礼仪提示》（Gems of Deportment and Hints of Etiquette）。在海盗船上，达林家的两个被捕的男孩被胡克招揽为船舱侍者。"你们曾经想过当海盗吗，亲爱的？"胡克向达林家年长的男孩发问。哥哥和年幼的弟弟讨论了一会儿，然后回答："哦，当然，先生！但是我们还能效忠于星条旗吗？"[23] "不！"胡克大发雷霆。[24] "那我拒绝！"哥哥说。"那我也拒绝！"弟弟也这样吼道。[25] "我会让你们好看的！"胡克大声嚷道，然后叫人将温迪从下层甲板带上来。[26] 他命令道，"都给我安静下来，让这位母亲同她的孩子们说完最后的话"，然后又开始翻看他的礼仪书。[27] 温迪给男孩们带来了一则信息，这则信息来自他们真正的母亲达林夫人："我们希望我们的儿子能够死得像个美国绅士。"[28]

当然，这种为国牺牲的情节不是必需的——彼得·潘和一只会发出钟表一样滴答声响的鳄鱼及时赶来搭救了这些男孩。他们偷偷潜入船舱，然后用刀刺伤了胡克的手下（船舱很黑暗，但既不是伊顿公学的风格，也不是传统的美国风格，这种风格超越了美国观众的理解能力，它在文化翻译的过程中失去了意义）。彼得·潘给男孩们一人配了一把海盗弯刀，然后他们同海盗们在甲板上展开搏斗。海盗们最终都被打败，掉进了海里。胡克和彼得·潘一对一搏斗，虽然被刺伤，但胡克还是逃进了船舱并企图炸毁整艘船，不过这一企图被彼得·潘成功阻止。[29] 取得成功的彼得·潘和胡克一样，拥有某种海盗心肠，他要求胡克表演一下"走木板"（海盗处决俘虏的一种办法）的绝技。被打败的胡克认命地走上木板，但没有像剧本中提议的那样，带着伊顿公学人的尊严，英雄般地转身投入鳄鱼的血盆大口。[30] 彼得·潘降下海盗的骷髅旗，升起了星条旗。从舞台到银幕的转变也是从英国横跨大西洋到达美国的旅程。在好莱坞对全世界文化的影响力下，这趟旅程不仅将梦幻岛美国化了，同时也将它殖民化了。

海盗船以迅雷不及掩耳之势横渡大西洋，也通过电影特效以魔法般的姿态飞过了伦敦（也可能不是伦敦）的天空。彼得·潘和小叮当合谋打算关掉达林家育婴室的窗户（就像舞台剧和巴里剧本中的设定一样），这样一来，彼得就可以将温迪留在梦幻岛上。然而，慈母般的达林夫人用钢琴演奏了一曲《甜蜜之家》（*Home Sweet Home*），这深深地感动了彼得·潘，于是他飞身上前打开育婴室的窗户——达林家的孩子们再次见到了他们悲伤的母亲、懊悔的父亲以及被宠爱的老狗娜娜（这条狗不停地晃动尾巴和耳朵来表达它的情绪）。彼得·潘透过狭窄的窗户缝看到了屋内的重逢场面——这条窗缝正是成年人和孩子之间的"转换器"，它也是巴里想象中的"产道"。"窗缝"让孩子们来到这世界上，同时也放逐了他们，但很可惜，电影完全忽略了这些关于性的想象和暗示。穿着海盗服的迷失的男孩们由达林家收养，彼得·潘却拒绝被收养，因为这意味着他必须得去上学，然后在办公室里工作（剧中给出的理由），另外是因为他根本不想当总统！[31] 梦幻岛是一个乌托邦般的虚幻缥缈之地，不存在于任何时间和空间之中，却自然地和美国而非英国联系在一起。彼得·潘想要的无非和温迪一起回到梦幻岛上。达林夫人答应彼得，她允许温迪一年去梦幻岛一次（这是巴里剧本中的设想）："每年我都会让温迪去梦幻岛住上一个月，如同你的母亲每年春天在家里进行大扫除一样。"[32] 但巴里最初关于时空循环的设想（舞台剧中"后来的故事"部分和巴里剧本中都提到过），即彼得·潘同温迪的女儿（简）一起飞走的设想，在电影里并没有得到实现。

电影的拍摄在 12 月完成，派拉蒙影业迅速进行了推广宣传活动。贝蒂·布朗森在美国各地亮相。在纽约，一群扮成彼得·潘和仙女的孩

211

子们拥抱她，向她致意。[33] 电影在 1924 年的节礼日（Boxing Day，圣诞节结束后的第一个工作日）于格劳曼创建的百万剧院（Million Dollar Theatre）首映，之后在美国各大影院放映，吸引了超过 500 万名观众，第一周的票房成绩达到了 200 多万美元。[34]《视相》（*Variety*）杂志认为贝蒂·布朗森是年度黑马，"因为她让人身心愉悦"。[35] 欧内斯特·托伦斯则成了最有名的胡克船长，海盗们的英雄首领，这也是一大乐事。[36] 梦幻岛上的场景在电影里得到完美体现，但电影最吸引人的部分还是发生在海盗船上的战斗。[37] 当电影于 1925 年在伦敦上映时，《泰晤士报》（*The Times*）进行了理性的评论，"导演聪明地还原了舞台剧，并且近乎完整地反映了作家的本意"：

> 在导演的控制下，整部电影就是一场华丽的舞台剧，而非一部名为《彼得·潘》的普通电影。他的工作完成得太棒了。[38]

作为电影特效追求者的巴里则提出了反对意见。当他在 1924 年 11 月看到了电影的先期评论时，这种不满情绪变得更为强烈。诚然，电影是忠于剧本的，但那是因为导演没有使用这种新媒介以便获得最好的效果："到现在为止，这部电影只不过重复了舞台上已经表演过的东西，但我之所以想要拍摄一部电影，就是因为有很多情节在舞台上没有办法表现出来。"[39] 根据巴里所言，旧媒体和新媒体转换得很糟糕。到底如何进行转换？这依然是个悬而未决的问题。尼科对这部电影的评价很简单，他认为贝蒂·布朗森饰演的彼得·潘还不错。"但令我心碎的是，"他冷淡地评价道，"我在伊顿公学那间棒极了的屋子并没有被用作胡克船舱的原型——这实在让人难过。"[40]

《彼得·潘》更像是一部儿童电影，而不是一部海盗电影，但它给海盗电影留下了一个问题——到底什么是海盗电影，它和传统的海盗小说又有什么区别？对于这个问题，最常见的回答是，海盗电影就是改编自海盗小说的电影。与《彼得·潘》同一年出品的《海鹰》（*The Sea Hawk*）是一部美国无声电影，改编自拉斐尔·萨巴蒂尼（Rafael Sabatini）发表于 1915 年的同名小说。[41] 萨巴蒂尼出生于意大利，他的父亲是意大利人，母亲是英国人，他曾经在葡萄牙和瑞士上学，拥有国际教育的背景。到了英国后，萨巴蒂尼成了一家利物浦报社的员工，同时还兼职其他工作，直到他能够出版小说并靠它生存下来。他的小说《海鹰》讲述了一位 16 世纪的英国康沃尔郡人的传奇故事。这个人名叫奥利弗·特莱西利安（Oliver Tressilian），他因为在海军服役时的出众表现（例如劫掠其他海上船只）而被女王伊丽莎白一世授予爵位。奥利弗爱上了罗莎蒙德，罗莎蒙德是他的邻居，住在一间闺阁之中[42]——这真是奇怪。罗莎蒙德的亲戚都反对这门婚事，还指控他曾经当过海盗："我绝对不会让我的姐妹同一个海盗结婚！"[43] 这项指控只不过是为当地政治和经济斗争作掩护的借口，更何况罗莎蒙德已经深深地爱上了奥利弗爵士。就在这时，奥利弗爵士同父异母的兄弟杀死了罗莎蒙德的兄长，而所有人都认为这与奥利弗爵士有关。这位与奥利弗爵士只有一半血缘关系的弟弟（私生子）十分狡诈，他让当地的一个船长逮捕了奥利弗爵士。这个船长就是无耻的海盗贾斯珀·利（Jasper Leigh），他计划将奥利弗爵士卖给来自北非的巴巴里海盗。这些海盗船上的海盗是穆斯林，他们控制了不少北美的大小港口。[44] 奥利弗爵士再次出现在小说中的时候，他头戴穆斯林头巾，穿着袋状裤，足蹬一双猩红皮革制成的摩尔人的鞋子。[45] 奥利弗爵士从船奴晋升为船长，最后成为阿尔及尔（Algiers）地区长官的近身官员。现在的奥利弗爵士是"海鹰"（Sakr-el-Bahr），是一个叛教者，一个穆斯林。

他听说罗莎蒙德——罗莎蒙德认定是奥利弗杀死了自己的兄长——和真正的凶手，也就是他那同父异母的兄弟正在准备婚礼，于是便驾驶着海盗船回到了康沃尔郡。这位海上的雄鹰绑架了罗莎蒙德和他自己同父异母的兄弟，并将他们带到了阿尔及尔。奥利弗的兄弟终于说出了全部的真相，还了奥利弗爵士清白，但是罗莎蒙德对他现在的身份产生了深深的恐惧："你难道已经变成了异教徒、抢劫犯、叛教者以及海盗？你曾经是出生在康沃尔郡的基督徒绅士啊。"[46] 又是海盗的问题，而这个问题还因为受到其他文化的"影响"变得更加复杂——这个"影响"指的是奥利弗爵士的新宗教信仰，以及他脚上穿的那双有着向上翘的尖尖头的摩尔人鞋。与此同时，奥利弗爵士的支持者，那位阿尔及尔地区的长官也想得到罗莎蒙德。整个故事由此进入高潮，"海鹰"的命运也变得更加艰险。奥利弗先以穆斯林的身份娶了罗莎蒙德，然后凭借英雄般的果敢和勇气，设法带着罗莎蒙德逃到了一艘基督徒的船上，于是这对互相爱慕的情侣一起回到信仰基督教的康沃尔郡，从此快乐地生活在一起。萨巴蒂尼继承和发展了斯科特的小说，他笔下的海盗与斯科特笔下的海盗并无明显区别，只不过他的故事情节更加简明扼要，少了许多不必要的细节 —— 一位女主角贯穿始终，并且由她引发故事发生的原因和结果。萨巴蒂尼卖得最好的小说是历史小说，但不管怎么说，他继承和发展了斯科特的小说。他减少了小说中不必要的情节和景色描写，让小说变得更加简明扼要，也更加具有故事性。

电影《海鹰》的导演是弗兰克·劳埃德，出品公司则是美国第一国家影片公司（First National）。这部电影完全遵循了原小说的情节设置，时长达到了两个小时。勇敢的奥利弗爵士和罗莎蒙德相爱，罗莎蒙德的亲戚们却讽刺地说："他是一个海盗！"奥利弗爵士的弟弟杀死了罗莎蒙德的哥哥，并让人们误以为凶手是奥利弗爵士，还安排海上流氓贾斯珀·利

绑架他，而这个可爱的流氓角色由华莱士·比里（Wallace Beery）饰演。 　214

在阿尔及尔的拍卖会上，阿尔及尔的地方长官（右二）和他狡诈的管家（右一）向罗莎蒙德频繁示意，奥利弗爵士（右三）则戴着他的帽子看着她，图片选自1924年的无声电影《海鹰》

　　被绑架的奥利弗爵士成了令人恐惧的"海鹰"，一个野蛮的穆斯林海盗。他绑架了罗莎蒙德和他行为卑鄙的弟弟（是的，就是那个私生子！），这两个人马上就要结婚并继承特莱西利安的土地和房产，却被当成奴隶运往阿尔及尔。这位私生子坦白了自己曾经杀死罗莎蒙德哥哥的罪行，奥利弗爵士的清白得到证明。之后奥利弗辞去阿尔及尔地方高官的职务，带着罗莎蒙德回到康沃尔郡，他们开开心心地住在一所大房子里。《视相》杂志的评论家热情地将电影《海鹰》形容为艺术品，认为虽然这部电影花费了将近80万美元的制作费，但是它绝对能收回成本，并且还能大赚。[47] 评论认为，"这部电影既让人害怕又扣人心弦，和萨巴蒂尼的小说一样刺激，而大银幕最大的优点便在于它能生动地表现海上的场景，尤其是海上战争"。[48] 海上的场景确实是海盗电影中的核心部分，但将这部分以画面的形式表现出来让观众失去了想象的乐趣。诚然，电影拍摄了许多海上战争的激烈场景，但海盗这个词并没有出现在评论中。电影主人公的扮演者是米尔顿·西尔斯（Milton Sills），无论是奥利弗爵士充满男子气概的海盗形象，还是他彬彬有礼的绅士形象，西尔斯都诠释得活灵活现。然而，奥利弗的海盗装扮，却像是一个从好莱坞电影里走出来的阿拉伯人，他穿着锁子甲和摩尔人鞋，披着披风，头戴一顶缠着头巾的头盔。[49] 真正穿着"黄金时代"海盗装束的海盗是淘气鬼贾斯珀·利——他包着头巾，戴一顶三角帽，还留着胡子。可见，《海鹰》里塑造的人物也许并不是大众期许中完美的海盗形象。

电影《布拉德船长》（*Captain Blood*）*的上映时间是《海鹰》上映同一年的稍晚时候，它改编自拉斐尔·萨巴蒂尼的小说《布拉德船长：他的旅程》（*Captain Blood: His Odyssey*）。这部小说与一位受到不公正对待的爱尔兰医生有关。这位名叫彼得·布拉德的医生向参与了 1685 年反抗詹姆斯二世的蒙茅斯起义的人提供医疗援助，结果遭到极其不公正的对待。他被货船运往拉丁美洲的巴巴多斯，接着被一个独裁的种植园主科洛内尔·毕晓普（Colonel Bishop）当作奴隶买了回去。布拉德治好了困扰当地长官已久的慢性痛风，从而获得了一些自由。毕晓普的美丽侄女阿拉贝拉（Arabella）和布拉德成了朋友，他们之间的对话则充分地展现出布拉德无与伦比的魅力和让人无法接受的粗鲁。

布拉德的反叛精神让他最终选择逃跑，他带着一帮奴隶兄弟占领了一艘前来攻打巴巴多斯港口的西班牙船。布拉德将这艘刚刚获得的西班牙船命名为"阿拉贝拉号"（*Arabella*），他摇身一变成为布拉德船长，而

---

* Blood，另一层含义为"血"，因此国内也将此部电影译为《铁血将军》。——编注

不再是布拉德医生，从此开始了自己的海盗事业。到这里大概是小说的一半内容，而这部分的讲述者是一个俘虏。萨巴蒂尼开玩笑似的承认，布拉德的海盗劫掠是从另外一本小说中借来的，而这本小说就是埃斯奎默林的《美洲海盗》(Bucaniers of America)。萨巴蒂尼几乎原封不动地照搬了埃斯奎默林在书中对摩根船长及其夺取马拉开波、委内瑞拉的描写，于是这些事迹就变成了布拉德海盗劫掠的杰作。[50]

当布拉德恶名远播时，他和邪恶的法国海盗勒瓦瑟尔结成了同盟，之后他却在一场决斗中打败了勒瓦瑟尔——布拉德想要从勒瓦瑟尔手里解救出德奥根荣小姐(d'Orgeron)，他也希望阿拉贝拉能够看到他绅士般的行为。在另外一系列看似无关的事件中，布拉德打败了一个西班牙海军上将，并且发现这位上将俘虏了阿拉贝拉和作为英国密使的朱利安·韦德勋爵。不领情的阿拉贝拉称解救她的人为贼和海盗，而韦德勋爵希望布拉德能够成为皇家海军中的一员。他还专门以摩根为例："摩根就曾经被编入由查尔斯二世掌管的海军。"[51]但因为阿拉贝拉称他为贼和海盗，所以布拉德拒绝接受这个职位。这一情节再次突出了"海盗"中"贼"的属性。韦德勋爵对阿拉贝拉说："你的话使他产生怨恨。他在我这里不止一次表现出这种愤恨。所以他无法接受这个职位。"[52]再三考虑之下，布拉德接受了这个职位，不过这只是权宜之计，他告诉阿拉贝拉："这个光荣的职业也许能拯救那个曾经是海盗和贼的人。"[53]但阿拉贝拉依然误解了他那充满了骑士风度的除恶行为（即杀死海盗勒瓦瑟尔），坚定地认为他是一个谋杀犯。[54]最后，布拉德回到了波涛汹涌的大海，再次走上海盗之路，直到他又幸运地解救了另外一名英国公使——威洛比勋爵(Willoughby)。威洛比勋爵向他讲述了国内的新闻，坏国王詹姆斯二世——他应该为布拉德的坎坷经历负全责——已经被好国王威廉三世取代，并且英国和法国正在交战。威洛比给布拉德提供了一个为威廉三世服务的机会，于是布拉德

216

打败了法国战船并且将它拖回位于牙买加的皇家港口。布拉德正式成为牙买加的地方长官，比摩根更厉害（摩根当时是牙买加的副长官），而阿拉贝拉也向他保证自己不再认为他是一个贼和海盗。[55] 另外，她没有同韦德勋爵订婚，她始终深爱着布拉德：

> "我的心里只有你，彼得。"在此之后，他们当然有很多话要讲，于是俩人坐下来慢慢聊。时间慢慢流逝，布拉德地方长官忘记了他办公室里的工作。他最终还是回到了家。他漫长的旅程结束了。[56]

与斯科特相比，萨巴蒂尼小说中的心理描写少得可怜，但有不少动作描写，对话也更多。这些动作与对话代替了心理描写，清楚地解释了为什么一个本身不是海盗的人，最后会成为海盗。在这些小说里，海盗的劫掠行为是一种骑士行为和绅士礼仪，也是一种对正确道路的偏离。这本小书的一半都在描写布拉德的奴隶经历而非海盗经历。成为一名真正的海盗是对他之前遭受的不公平对待的回应，而他的海上劫掠行为也一直在针对英国的敌人——法国和西班牙。法国人勒瓦瑟尔是无恶不作的海盗，因此，他被具有骑士精神的布拉德毫不犹豫地杀害。布拉德杀死勒瓦瑟尔是为了获得阿拉贝拉的爱，而非那些金银财宝。从布拉德医生到布拉德长官的漫漫长路中，作为海盗的经历只不过是布拉德归家旅程的一小段岔路而已。

维塔格拉夫公司（Vitagraph Company）——《布拉德船长》电影的制作方，是一家在纽约和加州都有分公司的大公司，而公司的成员都来自一个姓史密斯的英国家族。戴维·史密斯是《布拉德船长》最初的导演，但他后来被自己的兄弟艾伯特·史密斯取代。电影的摄像则一直都是这个家族的史蒂夫·史密斯二世。[57] 史密斯家族的人想要为拍摄《海鹰》而购买一艘真正的船，但是被剧组拒绝了，于是他们只能租一艘船，同时还做了一个小模型。[58]与《海鹰》相比，电影《布拉德船长》塑造的海盗要更加正面。爱尔兰一位名叫彼得·布拉德的医生被当作奴隶卖给了一个有施虐倾向的地主——科洛内尔·毕晓普，毕晓普有一位美丽动人的侄女叫阿拉贝拉。这部电影简化了小说中的一些情节，但还是与原小说非常相似，因此，布拉德医生很快就成为布拉德船长。他领导了一场奴隶暴动，而这场暴动的最终结果充满了爱国色彩——奴隶们俘虏了一艘攻占了巴巴多斯当地主要港口的西班牙船。胜利的布拉德要求龌龊下流的科洛内尔·毕晓普"走木板"，然而，毕晓普并没有掉到海里被淹死，只是被浸水和羞辱了一番。这场戏完完整整地还原了小说的情节。

217

布拉德船长是这次暴动的领导者，在他准备扬帆远航之前，阿拉贝拉感谢他拯救了英国的海外殖民地。虽然他现在已经是一名海盗，但在阿拉贝拉眼里，他看起来并不像海盗，因为他展现出了绅士般的灵魂。小说中备受争议的身份问题在电影里完全没有得到体现。布拉德具有骑士精神和爱国情怀，被任命为英国海军船长，同时也与阿拉贝拉深深相爱。整部电影的最高潮是结尾的一场无比激烈精彩的海战。这场海战一方是布拉德船长，他的船被十分浪漫地命名为"阿拉贝拉号"，另一方则是攻打牙买加皇家港口的法国船。部分场景使用了真实的大船，船上的炮火也都是真实的。其中一部分被掀翻的海盗船使用的是事先制作好的模型，这些投入使得海战的场景十分逼真。

电影拍摄完成之后，史蒂夫·史密斯二世于 1924 年还在《美国电影摄影师》（*American Cinematographer*）上发表了一篇文章，详细描述了在位于公海的一艘船上拍摄电影的艰辛。摄影师不得不在齐腰深的水中和孤立无援的高空往返移动，同时还要竭尽全力调整摄像机镜头去拍摄其他船只。[59]电影结尾大型海战的拍摄过程也非常危险——169 英尺长

218

布拉德船长和阿拉贝拉，图片选自电影《布拉德船长》

的法国船携带着 3600 磅的货真价实的炸药在圣卡塔利娜岛（梦幻岛）被彻底炸毁。[60] 史蒂夫·史密斯二世在文章中指出，"这样的场景不可能在第二天重新拍摄"。[61] 但幸运的是，一切都很顺利："爆炸非常成功……天上下起了木头雨，并伴随着小铁块。"[62]《每日画报》(*Daily Graphic*)对《布拉德船长》结尾的大战给予了高度评价："（这是）银幕上出现过的最精彩的大场面。"[63] 海盗船"阿拉贝拉号"也在海战中被炸沉，但布拉德船长活了下来，最终取得胜利，成为牙买加的地方长官，与阿拉贝拉相伴一生——现在，他已经不再是海盗船长，而是殖民地的布拉德长官。[64]

《视相》的评论者赞同《每日画报》的观点："这场海战让观众大饱眼福……布景非常好，拍摄手法也特别棒……那两艘船爆炸的瞬间展现出了电影技术的最高水准。"可惜的是，电影中的一些船还是使用了小模型，再精彩的大场面也无法弥补这种遗憾。[65] J. 沃伦·克里根的名气很大，作为主角却没能表现出十足的魅力。[66] 因此，"海盗"这个词也就没有出现在《视相》的评论中。小说《布拉德船长》被评论家认为是"萨巴蒂尼笔下最适合被拍成电影的历史浪漫主义题材小说"，但在电影银幕上，小说主人公并没有成为一个经典的海盗形象。[67]

爆炸中的"阿拉贝拉号"，图片选自电影《布拉德船长》

事实上，布拉德船长比奥利弗爵士更接近大众想象中的海盗形象。但在电影中，演员 J. 沃伦·克里根穿着优雅甚至近乎浮夸的、袖口带着蕾丝边的衣服，头上留着长长的卷发——这看起来一点都不像满身肌肉的侠盗，观众甚至都看不出他是个男性角色。导演艾伯特·史密斯嫌弃克里根把这个角色饰演得太过女里女气，他希望能将演员换成约翰·巴里莫尔（John Barrymore）。在这之后，艾伯特·史密斯同电影中饰演阿拉贝拉的女演员琼·佩奇（Jean Paige）结婚了。[68]现在回过头来看当时的海盗电影，我们不难发现，它们最核心的主题还是爱情。奥利弗爵士热烈地追求罗莎蒙德，布拉德船长为阿拉贝拉奉献一切，他们想要的是女人而不是海盗船。

这两部电影上映的两年后，又有一部电影横空出世，对什么是像样的海盗电影这个问题给出了一个全新的答案。这就是 1926 年上映的《黑海盗》（*The Black Pirate*）。这部电影片头出现的字幕向观众们宣告了它是多么吸引人：

> 作为一部记录西班牙大陆海盗的电影，这部电影里有海盗旗、
> 黄金大帆船、漂白了的骷髅头、埋藏的宝藏、木板、短剑和弯刀、
> 凿沉的船只、被放逐的人、不顾一切的行动、绝望的人，还有发生
> 在一片黑暗大地上的爱情故事。[69]

我们曾经在书里读过这些情节，但是我们从未真正看见过它们——
所以我们现在就要通过电影来重新认识海盗的世界。当时，好莱坞拍摄
的电影主题正从滑稽喜剧扩展到惊悚犯罪以及 19 世纪的严肃和流行小说
（雨果、狄更斯、欧仁·苏、玛丽·科雷利等作家的作品大受欢迎），道格
拉斯·范朋克也开始逐渐拍摄一些历史电影。《黑海盗》这部电影的情节
220 完全由范朋克来撰写，却充满了斯科特的味道：一个普通人被迫成了一名
海盗，与被俘的公主相知相爱，最后才被发现他其实是一位贵族。范朋克
将所有关于海盗的元素融合在一起，演绎出了这个故事。

在电影特效的帮助下，海盗的气息被完美地还原到了银幕上：电影
的主角像个杂技演员一样跳来跳去，在空中做着各种动作，露出他的微
笑和锋利的长剑。与他的杂技动作相比，他的角色塑造并不重要。他扮
演的"海盗角色"需要打败真正的海盗，同时还要让观众们相信他并未
与真正的海盗同流合污——在一定的原则下，他用自己的聪明才智打败
了他们。海盗们是在海上藐视法律的团伙，同时也是一群虚无的文学形
象。与背着枪、骑着马的美国民族英雄（牛仔们）相比，他们更像是在
欧洲历史上徘徊不去的邪恶亡灵。因此，海盗电影不是西部电影，不是
黑帮电影或侦探电影，也不是荒诞喜剧或者音乐剧，而是某类"侠盗"
（swashbuckler）电影，它们之间有着千丝万缕的联系，属于类型电影的

一个子类。[70] 在残酷的大海里，人们必须使用另外一种身份航行——他必须成为一个反对海盗的人，一个铁石心肠但又改邪归正的人，因此，大海未必是邪恶的。那清教徒般的大海——17 世纪作家笔下的伟大的深渊，不仅仅是大海，也是地狱，而在 19 世纪，大海又被赋予了哥特式色彩。[71] 马尔多罗（Maldoror）——伊西多尔·杜卡斯（Isidore Ducasse）笔下的人物，不停地向大海提问，他问道：

> 告诉我，你那里是不是住着黑暗王子？告诉我……是不是撒旦的呼吸掀起成了那些狂风暴雨，让你的海水直冲天际？你必须告诉我，因为我很想知道，地狱是不是真的近在眼前。[72]

电影中大海的邪恶是令人愉悦的，它一点也不恐怖，反倒如美国西部一般狂野——并且"反海盗角色"也是它不可缺少的一部分。这一角色需要带着"侠盗"精神——这是一个拟声词，模仿的是剑和盾碰撞时的响声。这个词经常出现在历史小说里，被用来形容会剑术的主角的性格特点。这些由斯科特、大仲马和史蒂文森创作出来的历史小说（以及萨巴蒂尼的小说），则通过花哨的写作技巧来美化邪恶，吸引观众。毫无疑问，正义最终要战胜邪恶，而且正义的一方会和美丽的公主成为眷侣。

221

在这样跌宕起伏的情节和爆炸性的场景面前，语言显得苍白无力。在范朋克的电影中，他利用了每一个元素。"为了达到一个完美的结果，我经常将多种元素混合在一起。"范朋克对一个为《电影杂志》（Picture-Play Magazine）写稿的作家说：

> 这就是我们制作《黑海盗》的方法。我们一开始就在想什么是海盗这个问题，我们将这个概念称为 A。海盗？他们是什么？他们

的行为举止是什么样的？他们的外貌是什么样的？……我们觉得海盗从来没有在大银幕上被适当地表现出来。例如，《海鹰》是一部伟大的电影，但它不是一部海盗电影。[73]

显然，奥利弗爵士的阔腿裤和摩尔人鞋让他偏离了海盗形象，而且这部电影也缺乏范朋克在电影开篇字幕中罗列的那些核心元素。《海鹰》确实表现了发生在这样一片黑暗大地上的爱情故事，但它与西班牙大陆、海盗旗、黄金大帆船、漂白了的骷髅头、埋藏的宝藏、木板等一系列标志性事物完全没有关系。

在范朋克看来，如果想要弥补《海鹰》（也许还有《布拉德船长》）在故事情节上的不足，那么电影剧本创作者就应该先好好地定义海盗，即概念"A"，然后再给"A"加上"B"。"所谓的'给A加上B'，就是将海盗概念诉诸视觉。然而，在过去的很长一段时间里，我们并不知道B是什么，这就是至今海盗电影尚未出现的原因。"[74] 定义这个神秘莫测的"B"确实花费了不少时间，"这个B必须让海盗们看起来就是他们本来的样子"。[75]"但是"，范朋克接下来解释道：

> 有一个问题一直困扰着我们——海盗们需要色彩。现代都市故事、战争故事，或者《罗宾汉》（Robin Hood）和《月宫宝盒》（The Thief of Bagdad）之类的浪漫故事，也许可以用黑白电影来表现，但海盗们需要一种更为生动的表现形式。他们怎么可能是没有色彩的呢？这简直让人无法想象。[76]

其实，很早之前就已经有人对海盗进行过上色实验，范朋克承认："我们对制作电影的彩色印片法已经很熟悉了。"他下定决心要达到更好的效果，而这些效果不仅需要有彩色的背景，还需要与背景互相搭配的服饰和妆容。在双色彩色印片法出现之前，这一切都只是空谈。[77]

除了色彩问题，海盗的概念也进入了《黑海盗》这部电影的视野。一篇刊登在《电影杂志》上的文章《海盗来了》（"The Pirates Are Coming"）对此进行了简要说明：

> 海盗们的时代开始了！大银幕需要他们神气活现的夸夸其谈，需要他们互相开枪的场景，也需要他们在甲板上斗剑时的寒光闪闪……去年那部与阿拉伯海盗有关的电影展现了这些元素……毫无疑问，海盗们会引发同样的热潮。[78]

这即将到来的热潮吸引了一位饱学之士的目光：

> 海盗们来到了大银幕前，一个知道海盗所有事情的男人也跟着一起进入了电影业——德怀特·富兰克林（Dwight Franklin）。他是一名雕塑艺术家，教堂辖区的雕塑艺术馆和大学里都摆放着他雕刻的海盗小模型。……直到某位电影制片人去寻找富兰克林先生，我们才可以说制作海盗电影的浪潮已经到来……无论是海盗的服饰还是他们的行为风格，富兰克林先生都了如指掌，他可是海盗文化的权威专家。[79]

没有人知道富兰克林先生为什么拥有如此多的爱好和特长。富兰克林先生曾经和纽约的自然历史博物馆（Museum of Natural History）联系紧密，在那些年里，他是一名野生动物摄影师、野外标本收集者、动物标本制作师、雕塑家、艺术家以及某种意义上的自然学家。[80] 除此之外，在他眼里，那些史前时期的人，例如维京人、美洲印第安人、因纽特人

222

以及海盗，都充满了别样的魅力。[81] 这就是为什么道格拉斯·范朋克会被富兰克林的天资和兴趣吸引，他和妻子玛丽·皮克福德到访纽约时，还特意拜访了富兰克林的工作室，并且在不久之后就宣布，富兰克林将会是下一任海盗的饰演者。[82] 实际上，在一次为宣传《黑海盗》而进行的采访中，范朋克提到，他曾经想过与富兰克林进行合作。那时候，富兰克林和纽约自然历史博物馆之间的雇佣关系已经结束，因为他刚刚被聘用为大都会艺术博物馆的专职研究员——他可能比真正的海盗更加了解海盗这一群体。[83] 尽管《黑海盗》电影只向外宣称说德怀特·富兰克林是他们的顾问，但他对整部电影的贡献不能小觑。将想象中的历史与浩瀚的大海还原成真实画面并不是什么新鲜事，但将流行的海盗故事变成永恒的经典是伟大的创举。

223　　电影历史学家认为富兰克林的影响实际上并没有那么大。《那位美国人的"陛下"：道格拉斯·范朋克的电影》(*His Majesty the American: The Films of Douglas Fairbanks, Sr.*) 一书的作者们认为，《黑海盗》的艺术导演致敬了……世纪之交的图书插图作者——霍华德·派尔和 N. C. 韦思——的作品。[84] 这样的猜想是有道理的。霍华德·派尔因其风格鲜明的海盗插画而出名，他甚至还专门创作了海盗小说来配合他的插画。在这些海盗故事中，基德、"黑胡子"和其他著名海盗的传说杂糅在一起，它们的叙述方式带有爱伦·坡和史蒂文森的色彩—— 19 世纪90 年代的美国杂志中的文章也很爱使用类似的叙述方式。这些故事在霍华德·派尔死后被整理成册出版，名字就叫作《霍华德·派尔的海盗之书》(*Howard Pyle's Book of Pirates*)。童星杰基·库根是《霍华德·派尔的海盗之书》的忠诚粉丝，他宣称自己在 1922 年的一次颁奖典礼的后台说服了范朋克制作一部海盗电影。[85] 派尔的接班人是他的学生—— N. C. 韦思。韦思也是一位非常有名的海盗插画家，他在 1911 年为《金银岛》画的插画生动形象，情节紧张刺激且富有戏剧性，并且一上线立即获得成功。韦思的传记作者表示（虽然并没有明显的证据），"在20世纪20年代，韦思拒绝去好莱坞工作，他几次推却了道格拉斯·范朋克和玛丽·皮克福德的邀请"。[86] 派尔和韦思的插画使得关于海盗的想象更加真实，但范朋克始终无法让韦思为他导演一部真正的海盗电影。

《黑海盗》由艾伯特·帕克执导。他既是一名经验丰富的导演，又是范朋克的好朋友。范朋克指导了这部电影的拍摄，就像他制作的其他电影一样，他也是这部电影的编导。"他工作时就像在银幕上看他表演一样，"一位记者这样和观众们说，"同样如豹子一般矫健的身姿，同样洞穿一切的目光，同样的一切。"[87] 海滩上的场景是在皮克福德-范朋克工作室的后院里拍摄的，还有一幕海上的场景是在圣卡塔利娜岛上拍摄的。除此之外，剧组还专门为拍摄其他海上场景而准备了一个装有70万加仑水的大水罐，直升机的螺旋桨将里面的水搅成波涛汹涌的大海。[88]

除了建立"A"和"B"之间的联系，《黑海盗》展现出来的创新其实并不多。之前提到的电影开场字幕也只不过是各种元素的堆砌。《黑海盗》是根据范朋克对海盗下的定义拍摄而成的（这和《海鹰》不一样），它可以算是各类海盗小说的大杂烩，甚至还借鉴了《鲁滨孙漂流记》中的荒岛场面。因此，经过了刻意设计的电影情节自然很容易被观众提前预知。范朋克告诉《电影杂志》：

> 我们使用老方法来制作电影，在电影开场先放一点吸引眼球的东西，让观众们的注意力集中在画面上。我们拍摄了一系列精彩的开场镜头，讲述了一个商人怎样被一群海盗摧毁，人们登上甲板后发生了一场大爆炸，整个场面非常刺激。这些都是老套路，但对于我们来说十分必要，因为我们正在使用全新的媒介去展现这种"刺激"。[89]

224

这场大爆炸毁了整艘船，只有范朋克饰演的角色和他的父亲存活了下来，他们来到一座热带岛屿，而他的父亲在岛上不幸去世。范朋克发誓要找那群海盗报仇，与此同时，海盗的头目带着几个手下也来到了这座岛屿，他们试图将抢来的财宝掩埋在岛上的一个秘密地点里。范朋克要求加入他们（为了报仇，也为了逃脱鲁滨孙般的命运），并且在一场与船长的决斗中证明了自己的实力。在这场决斗中，船长蠢笨无比地跌倒在竖起来的剑尖上——这与范朋克预想的分毫不差。这也是电影中最为聪明的诡计之一。船长的副手对于范朋克的升职感到不快，另外一个由唐纳德·克里斯普扮演的独臂海盗，却对这个新加入的伙伴充满同情。这位新手海盗毫不费劲地就俘虏了一艘大船，向这伙人证明了自己的能力。而让观众更为赞叹的是他杂技演员一般的灵活动作：他先翻身跳上了那艘船的甲板，再沿着绳子攀爬到桅杆上（这一幕是倒着拍的，其实是范朋克跳下来），然后将自己的刀插入船帆，最后滑下来，把船帆分成两半（范朋克告诉戴维·尼文，剧组在帆船后面放了一块板子，板子上有一个凹槽，所以刀能够划下来）。[90] 范朋克控制了两架大炮，那艘船上的所有水手都只能投降。海盗们，以及电影院里的观众们，都被这一幕征服。

在那艘被俘虏的船上，人们发现了一位公主（由比莉·达夫饰演）。范朋克便向海盗们提议，他们不应该炸了这艘船，而应该派人上岸去捎信，让人拿赎金来赎回公主。在此期间，他们会在船上好好招待公主。范朋克写下索要赎金的字条，然后签上"黑海盗"之名。实际上，范朋克给了被俘的船长另外一张字条，要求他派兵去俘虏海盗船，并且他还打算放了公主。一个本来想将公主留给自己的海盗对此感到非常生气，他发现情况有变，于是便安排手下阻止公主逃走。他打算炸毁那艘带走索要赎金字条的俘虏船。

那个脾气暴躁的海盗的扮演者名叫萨姆·德格拉斯（Sam de Grasse），

曾经饰演过很多流氓角色。他目睹了按计划发生的大爆炸，同时也觉察到范朋克和公主打算潜逃——他们之间的浓情蜜意已经表现得非常明显。范朋克和公主不幸被捕。范朋克因为背叛而被众人审判，审判的结果就是"走木板"。范朋克在"走木板"的过程中并没有死掉，他潜入了水中，最终逃脱上岸。他在岸上找到一匹骏马，骑着它沿海岸疾驰。那位脾气暴躁的海盗知道永远都拿不到赎金了，于是他抓住公主，镜头在这时发生转换：一群人正赶来营救公主，一艘载满士兵的大船从岸边驶来，范朋克就站在船头。范朋克纵身跳入水中，游到海盗船旁边，身后跟着大批穿着同样制服的士兵——这应该属于当时的顶级电影特技。其实摄像师并没有真的在水中进行拍摄，而是将 120 名临时演员用钢琴线吊在一个蓝绿色的背景中，同时点缀着一缕缕薄纸巾……营造出一种都是海藻的错觉。[91]范朋克在游泳过程中展现了健美的身材，他打败了脾气暴躁的海盗，救走了公主。剩下的士兵也登上海盗船，并抓捕了船上的所有海盗，他们将范朋克高高举起，从一艘船的甲板传递到另一艘船的甲板以示庆祝。这时，一艘从岸上来、载着地方长官的小船驶向海盗船，这位地方长官向范朋克表示祝贺，并称他为"我的公爵大人"。公主非常惊讶："公爵？"地方长官开心地告诉公主："公主殿下，他就是阿诺尔多公爵（Duke of Arnoldo）。"范朋克脸上露出笑容，在浪漫的氛围中，他跪下向公主求婚。他们最后离开了人群，互相亲吻对方（据传闻，在这一幕中，玛丽·皮克福德取代了比莉·达夫。虽然没有确切的证据，但谁都不希望另一个女人亲吻自己的丈夫）。[92]那位滑稽的海盗随从提议，为了庆祝婚礼，大家应该将掩埋在秘密地点的宝藏重新找出来，但在范朋克眼里，公主就是他的宝藏，他根本没有注意他们说了什么。最后，成为合法船只的海盗船缓缓驶向出现的字幕"剧终"。

"黑海盗"最初只是电影中的一个普通角色，最后却成为一个伯爵，同时赢得了公主和宝藏。观众对电影一片叫好，《视相》杂志却抱怨说："在范朋克拍摄的所有电影中，这个故事是最糟糕的。他应该去拍萨巴蒂尼的《布拉德船长》。"[93]《黑海盗》其实是斯科特小说的延续，它是一场从绅士到海盗再回到绅士的旅程，与《布拉德船长》完全不同。这部电影包含了宝藏和"走木板"等海盗经典元素，同时还使用了先进的电影特效技术，所以这部电影成为一种新电影流派——海盗电影——的经典之作，虽然它看起来像是古老的文学传统的延续，正如《纽约时报》（*New York Times*）的评论员所评论的那样：

> 在《十五个男人争夺"聚魂棺"》（*Fifteen Men on a Dead Man's Chest*）的歌声里，观众们被带入海盗的世界。某个幽灵一般的声音响起，观众们便回到了那些嗜血的海上大盗兴风作浪的时代……精彩绝伦的标题和美妙无比的彩色场景，使得这部电影带着一股 J. M. 巴里的味道，而这个味道还混合着史蒂文森笔下木桶里的陈年佳酿散发出的香气……至于范朋克先生，他看起来比任何时候都更加活跃……这部电影标志着电影技术的一次重大进步。[94]

这是一部把之前所有商业电影元素融合在一起的电影。人们不再通过小巷里的便宜图片来欣赏海盗故事，他们互相紧挨着坐在那个发光的银幕前，他们看到了和现实中的房子一样大的人脸，他们感受到了在现实中不存在的时间，曾经的幻想都变成了真实，当然，也包括海盗们——他们在这黑暗的空间里又一次活了过来。那些只值几便士的便宜图片，如今却变成了价值百万美元的电影工业。范朋克曾经指出，《黑海盗》这部电影充满了老套路，却呈现在新媒体上。那些无声电影再现了范朋克曾经的问题："海盗？他们是什么人？"答案是：不是海盗，而是反海盗，是流离失所的绅士。海盗们已经在书页里折腾了好几百年，他们为登上大银幕做足了准备。

在加利福尼亚海岸的某处有一个本博将军酒馆。这一天，一个带着水手箱的邪恶男人——比利·博恩斯，闯进了酒馆，他强迫大家听他的疯言疯语："每人一杯朗姆酒……快点将甲板打扫干净……将绳子系到绳栓上……朗姆酒！"他讲述着自己疯狂的愿望，并且强迫别人同他一起唱《十五个男人争夺"聚魂棺"》。[95]利夫西医生无法容忍他的这种海盗举止。"你在对我说话吗，先生？"利夫西医生问道。利夫西以地方法官的身份向比利·博恩斯保证，如果他再不守规矩，他将被处以绞刑。于是，夺宝的两方正式登场，他们分别是"绅士"和"海盗"。对了，其中还有两个在双方之间斡旋的人：年轻的吉姆·霍金斯和朗·约翰·西尔弗。黑狗和瞎子皮尤没有拿到比利·博恩斯水手箱中的藏宝图，因为这份藏宝图被吉姆偷走了。吉姆偷走藏宝图之后就投奔了利夫西医生和特里劳尼乡绅。他们从布里斯托尔起航，向加利福尼亚的奥克兰行驶，后面还跟着一群由朗·约翰·西尔弗领导的海盗。

吉姆和朗·约翰·西尔弗之间的关系是整部电影的核心。与吉姆相比，12岁的杰基·库珀更容易生气，而且少了些迷人的气质。之前担任杂技演员的无声电影演员华莱士·比里则将人们印象中的独腿海盗朗·约翰·西尔弗演绎得活灵活现，这个海盗恭维年少无知的吉姆说："兄弟，你可真是聪明透顶！"除此之外，他还教吉姆怎样吐痰（而不是吐到风里），怎样在晚上驾驶船只："向右转舵，兄弟，船正在逆风而行。"[96]当金银岛进入他们的视线中时，乡绅特里劳尼大喊："天呐！（Gadzooks!）"这句喊叫有点滑稽并且很英国化。所谓的"金银岛"就是前面提到的圣卡塔利娜岛（也就是《布拉德船长》里的牙买加皇家港口，以及《彼得·潘》里的梦幻岛），上面种着棕榈树、香蕉树，从威廉·里格利二世（箭牌口香糖公司的老总）手中借来的珍奇异鸟也随处可见。[97]
有身份的那方先登陆，他们与"伊斯帕尼奥拉号"（这艘船是由一艘捕
鲸船改造而成的）上的海盗们发生了冲突。[98]岛上被栅栏围起来的地方
（这些栅栏是由从加拿大运过来的松树木块搭建而成的）升起了英国国
旗，而此时的配乐是《统治吧，不列颠尼亚！》。与此同时，船上的桅杆
上也升起了海盗旗。吉姆遇见了逃跑的黑奴本·冈恩，并在他的帮助下，
从伊斯雷尔·汉兹的手中夺走了"伊斯帕尼奥拉号"。吉姆将画着骷髅头
和骨头棒的海盗旗从桅杆上扯下来，将船驶到了岸边。然而，汉兹用嘴
衔着刀，通过船索追上了吉姆。"汉兹先生，你要是再向前一步，我就将
你的脑袋打爆。"吉姆警告道。可汉兹完全不理会吉姆双枪的威胁，他猛
地将刀掷了出去，只差一点就打中吉姆。[99]与此同时，吉姆开了枪，汉
兹掉进了海里。极富经验的导演维克多·弗莱明（Victor Fleming）非常
骄傲地讲解了这惊心动魄的一幕的拍摄过程："杰基·库珀就站在甲板上
方 60 英尺的地方，那里非常危险。载有摄像机的小船在海中来回摇摆，
架设在船两侧的摄像机根本无法保持平衡。"[100]

与电影拍摄的艺术效果相比，弗莱明更喜欢谈论电影的拍摄手法。
实际上，电影的艺术风格深受 N. C. 韦思插画的影响。[101]史蒂文森告诉
美国出版商查尔斯·斯克里布纳（Charles Scribner），他希望再版的《金
银岛》能够重新采用霍华德·派尔的插图，但是 1899 年卡塞尔再版
《金银岛》时采用的是沃尔特·佩吉特（Walter Paget）的插图。[102]沃尔
特·佩吉特画的第一幅插图就是吉姆在"伊斯帕尼奥拉号"上开枪击中
伊斯雷尔·汉兹的场景。1911 年，斯克里布纳让 N. C. 韦思给《金银岛》
又画了一版插图。韦思充满热情地接受了这项工作。韦思对佩吉特的黑
白插画的细节进行修改，并且重新上色。为了展现戏剧性，他缩短了吉
姆和汉兹之间的距离，于是插图的内容变成：位于上方的吉姆从两腿之

间开枪射中汉兹，而汉兹正要拿刀掷向吉姆。

由沃尔特·佩吉特创作的《金银岛》卷首插画

韦思的插画更能调动观众的紧张情绪，这不仅因为距离缩短使得两个角色的对立更为明显，也因为两个角色之间的动作充满了张力：吉姆与汉兹各自带着武器对峙，而结局未知。可惜的是，电影中的这个镜头稍显平淡，我们并没有看到吉姆和汉兹的直接对峙（因为这个场景中的"吉姆"是由替身扮演的，所以摄影师只能拍些远景）。然而，两个人之间的动作和韦思插画里的一模一样——韦思的影响力可见一斑。

　　夺走了"伊斯帕尼奥拉号"之后，吉姆回到了岸上的围栏区，却被朗·约翰·西尔弗和占领了这块地方的海盗们逮住。海盗们带着藏宝图去寻宝，朗·约翰·西尔弗则偷偷地救走吉姆，这时候，他成了吉姆的同伙。接下来便是爱伦·坡式的推理环节（而非充满暴力的海上掠夺），只不过宝藏并没有藏在地图上的指定地点。恼火的海盗们发动叛乱，打算杀死朗·约翰·西尔弗和吉姆（"他们只不过是一个瘸子和一个小男孩！"）。有身份的那伙人及时赶到，救下了他们，并且将他们带到本·冈恩所在的山洞里——那里堆满了闪着金光的宝贝。[103] "我的天啊！"吉姆惊叹道。[104]

N. C. 韦思创作的《金银岛》插画

有身份的那伙人带着宝藏和作为俘虏的朗·约翰·西尔弗驶向牙买加，他们在途中遇见了一艘英国船。他们登上这艘船，然后将不可靠的、爱吃奶酪的本·冈恩留在了"伊斯帕尼奥拉号"的甲板上。与此同时，朗·约翰·西尔弗偷走了宝藏的一部分，并将它藏到自己的衣服里。朗·约翰·西尔弗向吉姆讲述了死刑的残忍，而这唤起了吉姆的同情心。再三犹豫之下，吉姆还是解开了朗·约翰·西尔弗的枷锁——此处与史蒂文森的原书不同。接下来就是一场令人动容的告别：朗·约翰·西尔弗把自己的鹦鹉送给吉姆，登上一艘小船驶向美好的未来，笑着向吉姆和观众们挥手道别——也许还会有下一部电影。

230

电影的效果与大众的口味非常契合。《每周电影放映机》（*Kinematograph Weekly*）杂志称赞华莱士·比里演出了天才恶棍的感觉，杰基·库珀则摆脱了少年吉姆的烦人特质，充分展现出勇敢的冒险精神。[105]《每月电影榜》（*The Monthly Film Bulletin*）表示这部电影在场景（本博将军酒馆和"伊斯帕尼奥拉号"）上的用心值得称赞，同时它也完整地还原了史蒂文森的原版小说——除了最后那幕令人动容的吉姆·霍金斯与朗·约翰·西尔弗分别的场景。[106]

231

《黑海盗》的剧情是范朋克以笔名埃尔顿·托马斯（Elton Thomas）创作的，但是接下来大量与侠盗有关的有声电影，多数是在历史浪漫主义题材小说的基础上改编而成的，其中被改编得最多的便是拉斐尔·萨巴蒂尼的作品[107]，他最成功的作品是《美人如玉剑如虹：法国大革命中的浪漫故事》（*Scaramouche:A Romance of the French Revolution*），分别于1923年、1952年被拍成电影。1952年的电影由斯图尔特·格兰杰主演，里面有电影史上最长的剑斗片段，总共长达六分半——这部分情景发生在陆地上。萨巴蒂尼的名气，再加上好莱坞对翻拍电影的热衷使得1924年的无声电影《布拉德船长》于1935年被翻拍成有声电影。尽管1935

年拍摄的这部电影算是一部新类型电影，但它的情节和拍摄方式与原版并无区别，并且完全符合原小说。这部再次制作的电影，继承了范朋克一贯的"侠盗"风格，非常鲜明地刻画了在战场上的英雄和恶棍。电影制作者完全可以在斯科特的小说中（通常充满了戏剧性）、大仲马的戏剧中（大仲马是戏剧家同样也是小说家），以及他们的后继者（包括史蒂文森）的作品里找到海盗电影的题材。这群后继者也擅长将历史事件改编成由决斗、逃跑、追捕等情节串联起来的故事。故事的主角通常是亡命之徒和冒险家，他们将浪漫主义中的二元心理现象——例如贵族举止和海盗行径——完美地结合在一起。

维塔制片厂花费 2 万美元从萨巴蒂尼手里买走了《布拉德船长》的版权。1925 年，华纳兄弟收购维塔制片厂时，《布拉德船长》的版权又转移到了华纳兄弟手里。华纳兄弟后来又再次同萨巴蒂尼商谈了版权问题，并支付 1 万美元，但一直要等到 1935 年，华纳兄弟才开始筹备重新拍摄这部电影。"那个 5 分镍币是干吗的？"有人好奇地向门罗·施塔尔发问。门罗·施塔尔是菲茨杰拉德最后一本小说《最后的大亨》（*The Last Tycoon*）中的一位好莱坞电影制作人。[108] 他回答说："我不知道。"接着他突然又笑了起来："哦，那个镍币是为电影准备的。"[109] 华纳兄弟热切地关注好莱坞的动向。在这段时间里，古装片也因为某种时尚风潮而受到观众喜爱。古典既美化了暴力反抗英国权威的反叛者（如罗宾汉和弗莱彻·克里斯蒂安），同时也美化了 1930 年颁布的《电影法典》（the Motion Picture Production Code of 1930）中关于"禁止性与暴力"的条例——天主教道德联盟（Catholic Legion of Decency）在 1934 年呼吁继续强化这一条例。1935 年 1 月，《视相》对古装片广受欢迎的原因进行了评论："从审查的角度来说，历史题材减少了电影冒犯教会和其他爱管闲事的组织的可能性。"[110] 华纳兄弟打算让英国演员罗伯特·多纳特出演布拉德船长，并且杰克·华纳也于 1935 年 2 月 20 日致电伦道夫·赫斯特，询问玛丽昂·戴维斯小姐是否愿意出演阿拉贝拉这一女性角色。[111] 尽管赫斯特成立的大都会电影制作公司（Cosmopolitan Productions）已经与华纳兄弟合并了，但他的女朋友并不想扮演这个角色。出于某些原因，罗伯特·多纳特也不愿出现在这部电影中。华纳兄弟公司的制作人哈里·乔·布朗向公司地位最高的制作人哈尔·沃利斯表达了他的想法，他认为可以让莱斯利·霍华德，或者克拉克·盖博，又或者罗纳德·科尔曼来出演布拉德船长。布朗坚信这个行业没有人不想追寻布拉德船长，并且他敢肯定这部电影将会是同类电影中最好的。[112]

　　这些设想没能成为现实，杰克·华纳正考虑选用一位并不出名的演员。此时，电影的脚本已经由著名剧作家凯西·罗宾逊写好，迈克尔·柯蒂兹被指定为该电影的导演，而电影拍摄需要的场景也正在搭建。一切都已经准备妥当，只有主演仍未确定。直到 1935 年 6 月 11 日，哈尔·沃利斯才要求让乔治·布伦特和埃罗尔·弗林来试镜，并拍了几张布拉德船长的定妆照。[113] 最终埃罗尔·弗林获得了出演这部电影男一号的机会，而这应该归功于杰克·华纳。[114] 至于电影的女主角，华纳也选了一个不出名的演员，"一个拥有温柔的棕黄色眼睛的女孩，"华纳这样描述她，"一位非常清新的年轻姑娘，她的名字叫奥利维娅·德哈维兰（Olivia de Havilland），大概没人能拼对这个名字。"[115]

　　在导演迈克尔·柯蒂兹和制片人哈尔·沃利斯的同意下，凯西·罗宾逊简化了故事情节。出于制作成本的考虑，他删减了原版小说中明显会让读者转移注意力的人物的戏份，某些戏份被转移到更早出场的人物身上。在萨巴蒂尼的小说里，布拉德接受了两次任务，一次来自韦德，另一次来自威洛比，但在电影中，布拉德只执行了威洛比交付给他的任务。没有了德奥根荣小姐，勒瓦瑟尔仅以阿拉贝拉为由与布拉德直接展开决斗，这很明显是为了简化剧情而进行的改变。坏人被减少成两个人——一个是残忍的奴隶主毕晓普，另外一个则是大海盗勒瓦瑟尔。

电影完美地重现了小说中惊心动魄的大场面——布拉德和勒瓦瑟尔最后的决斗，以及发生在牙买加皇家港口的大海战。剧组在洛杉矶南部的拉古纳海滩拍摄了决斗场面，决斗的动作则由弗雷德·卡文斯（曾经与范朋克合作过《黑海盗》的剑术大师）来设计。柯蒂兹坚持要求将剑上的保护套摘掉，并且为了取得最好的拍摄效果，他不顾卡文斯强烈的反对，让演员们必须脱掉防护措施，但幸好一切都进展顺利，尽管如此，勒瓦瑟尔半躺着时身体被加利福尼亚的海浪打湿——幸好不是加勒比的海浪。[116] 发生在皇家港口的大海战则是在华纳兄弟的工作室里完成拍摄的，一共出动了差不多 400 位临时演员和特技演员、50 门大炮、350 把弯刀和 300 枚匕首，总共拍摄了两个多星期。[117] 电影中的大部分场景（例如航行船只、巨大的仓库以及水罐里的船只模型）都是在工作室里拍摄的，几乎没有外景，很显然，甚至一些镜头也是直接来自原版无声电影《布拉德船长》——这可是华纳兄弟继承的宝贵财产。[118]

哈尔·沃利斯给导演柯蒂兹写了一封信，他在信中告诉导演，讲故事（即电影的叙事）要比电影的艺术效果——例如一张桌子上的烛台和酒瓶之间的位置——更为重要。[119] "因为如果你的故事讲不好，那么无论你怎么摆放烛台和酒瓶的位置，你都不会得到一幅好看的画面。"[120] 在电影史研究人员眼里，柯蒂兹并不是一个出色的导演，他更像是华纳兄弟电影公司里的一个齿轮。然而在某些时候，柯蒂兹很固执己见，他依然非常看重烛台和酒瓶之间的位置，但同时也将必要的故事给讲清楚了。哈尔·沃利斯每天都盯着电影的拍摄进度，他经常与柯蒂兹产生冲突，尤其是在布拉德的服装问题上。电影还没拍摄时，沃利斯就已经决定，布拉德船长应该穿着简单的衣服，而不是那种装饰着长穗子并且叮当作响的戏服。但那天晚上，在送审的片子中，布拉德依然穿着带蕾丝袖口的衣服（与之前的《布拉德船长》一模一样）：

> 我要怎样才能让你按照我的方式做事呢？我想让这个角色看起来像一个海盗，而不是一个娘娘腔。他站在这和一群硬汉战斗，但你让他穿得像个同性恋……让他爷们一点好吗，看在上帝的分上！不要总让他穿得像个异装癖！我真不知道关于这个问题我们说了多少遍！[121]

电影的风格取决于角色，角色形象则主要取决于他们的衣服。埃罗尔·弗林既不能像J. 沃尔特·克里根一样穿着娘娘腔（或者同性恋）风格的衣服，也不能戴华丽的假发。同样重要的是，柯蒂兹指导弗林，给了他一点自信心：

> 这个家伙每次开拍时都好像很害怕。我不知道这是怎么了。当他重新找回自信时，就变得魅力无限了。[122]

弗林很快就进入了角色，他在电影中表现出了满满的自信。正如沃利斯预计的那样，弗林将布拉德船长演绎得极富魅力。

在电影里，海盗们和一些苗条的、穿着古代服装的妓女们在托尔图加岛上畅饮狂欢，这个情节是导演柯蒂兹的私心——他希望海盗们从事海盗活动的初衷和动力与爱情有关。这也正是萨巴蒂尼小说的主题。这部电影保留了斯科特式的海盗情节：一个绅士般的亡命之徒重新回到了上层社会，并且和一位美丽的女孩共度一生。这个女孩一般来说都非常独立，甚至有点男孩子气。这种男孩子气在女演员奥利维娅·德哈维兰的身上得到完美体现。[123] 电影强化了布拉德和阿拉贝拉之间的联系——布拉德曾经是阿拉贝拉舅舅的俘虏，而在他战胜了勒瓦瑟尔之后，阿拉贝拉成了他的俘虏。阿拉贝拉始终是布拉德的精神支柱和生命之光。在一个镜头中，布拉德同阿拉贝拉一起坐在船舱里（那时他已经获得了决斗的胜利），他们身边有一个被打开的宝箱。布拉德向阿拉贝拉展示了箱子里的珠宝，然后用一种低沉的声音说道："我经常纳闷，我为什么会留下这些东西。今晚我知道原因了，因为……总有一天你会来到这里，然后戴上这些珠宝。"[124]"我永远都不会戴上它们——永远都不会——这些都是贼和海盗抢来的东西。"她义愤填膺地回答道。[125]"贼和海盗。"布拉德重复着她的话。此时镜头拉近，观众可以清楚地看到他脸上痛苦的表情。[126] 爱情（而非贪婪）才是他一切行为的原因，电影想要表现的正是这一点。不论是在萨巴蒂尼的小说里，还是在好莱坞的电影里，布拉德船长从来都不是传统意义上的海盗。

与德哈维兰相比，弗林的表演要更加成功，也更受人欢迎。他那迷人的笑容和精湛的剑术使得他成为好莱坞最有名的"侠盗"扮演者以及道格拉斯·范朋克的接班人。好莱坞电影《布拉德船长》于 1935 年的圣诞节前夜，即 12 月 24 日上映，受到了评论界和大众的一致好评。《电影日报》(Film Daily) 高度赞扬了这部电影：

> 这是一部让人惊艳、受到所有人欢迎的电影……每一帧画面都吸引着成年女性、成年男性和男孩观众……这是一部制作非常卓越的电影……电影情节紧凑，各种悬疑扑面而来。埃罗尔·弗林表演得非常好，他完成了一项不可思议的工作。[127]

《视相》对这部电影中的浪漫情节有所批评，它认为布拉德看似一个受人喜爱的海盗，但实际上背离了真正的海上劫掠："这是一个胆大妄为又一心一意的年轻人，他虽然披着海盗的外衣，其所作所为却没体现出他的勇猛刚毅。"[128] 布拉德船长前后不一致的矛盾性，即他的非海盗性特征，在电影里表现得更为复杂，但《视相》也认识到，尽管这部电影缺乏足够的浪漫情节和逻辑连贯性，无论如何，它也有成功的地方：

> 《布拉德船长》——这部改编自萨巴蒂尼小说的电影，仍是一部大片。如果其中能够包含更多的浪漫情节，或者特效效果更逼真一些，那我们就可以说它是一部完美的电影。而且，它本身的质量确实已经足够好，它让演员埃罗尔·弗林和奥利维娅·德哈维兰在演艺界出尽风头。[129]

抛开一些小缺憾，这部电影足以让人惊叹，它是一部让人惊艳的电影。虽然《视相》的逻辑并不是那么清晰，但它对于两位主演的评价具有前瞻性。尽管《布拉德船长》错失了当年的奥斯卡最佳电影奖，败给了《叛舰喋血记》（*Mutiny on the Bounty*）——后者由美国人克拉克·盖博扮演叛逆的弗莱彻·克里斯蒂安，英国人查尔斯·劳顿扮演独裁者威廉·布莱，并使用了真的船只——但它仍然是一部经典的海盗电影。

华纳兄弟又买下了萨巴蒂尼另外一本小说的版权，那就是著名的《海鹰》。第一国家影片公司曾在1924年拍摄过这本小说的无声电影，而萨巴蒂尼从这部无声电影中挣到了1万美元。华纳兄弟考虑从大众流行的角度重新制作这部电影，他们和萨巴蒂尼就电影版权问题进行谈判时，答应支付2.5万美元的版权费。[130]（再往点唱机里投入另外一枚镍币。[131]）他们买的就是萨巴蒂尼那带着浪漫色彩的海盗故事。华纳兄弟委派一个剧作家去改编这部小说，而当时电影版的《布拉德船长》还在制作当中。剧作家决定将《海鹰》的时代背景改为伊丽莎白时代，这样便于展现海盗们的爱国之心，并删掉了穆斯林海盗的戏份。1935 年 12 月 14 日，哈尔·沃利斯向正在制作《布拉德船长》的哈里·乔·布朗询问关于可能将《海鹰》重新制作成《布拉德船长》的续篇的意见。[132] 华纳兄弟又委派了另外一名作家去完成《海鹰》的剧本，这位作家保留了巴巴里海盗（the Barbary corsair）。然而，他发现萨巴蒂尼太过绚烂的场景描写缺乏真实感。[133]《海鹰》的拍摄地点也是华纳兄弟的工作室，据杰克·华纳所说，穆斯林海盗们则被一些好莱坞的编剧称为"带着雷明顿霰弹枪的蠢货"。[134] 1938 年，他们又邀请了作家西顿·米勒参与剧本的创作。西顿·米勒按照自己的喜好改写了萨巴蒂尼原小说中的情节，在他笔下，海上劫掠活动的领导者是杰弗里·索普船长，而不是奥利弗爵士。这次劫掠活动发生在驶向加勒比海的西班牙运宝船上，它可以算是德雷克 1573 年起义的翻版。[135] 小说中那些活跃在地中海的巴巴里海盗都变成了伊丽莎白时期活跃在西班牙大陆的掠夺者，而穆斯林海盗摇身一变成为伊丽莎白时期的爱国者。华纳兄弟手下的剧作家们以一些写得令人心潮澎湃的德雷克传记，以及一本名为《伊丽莎白时期的老水手》（*Elizabethan Sea-Dogs*）的记录为参考，在《海鹰》里引入了"老水手"（sea-dogs）的概念。[136] 米勒后来也承认："我是按照德雷克、霍金斯和弗罗比歇的性格特征来塑造索普的……船上暴动的原型就是德雷克的起义……但是索普其他的冒险经历与德雷克的经历相去甚远……"[137]

实际上，在米勒笔下，尽管杰弗里·索普偶尔会被称为弗朗西斯·索普，被看作德雷克的衍生，但索普在米勒所撰写的剧情中与德雷克并不相同，比如索普被西班牙人俘虏，被迫成为奴隶（更像萨巴蒂尼笔下的奥利弗爵士）。[138] 索普偶然偷听到了西班牙人的阴谋——他们打算支持玛丽一世去推翻伊丽莎白一世的统治。于是他带领同船的奴隶发起了暴动，他们俘虏了即将开往英国的西班牙船，并且以此作为对西班牙人的警告。尽管"老水手"也许更符合"海鹰"的历史背景，但米勒还是将他的初稿起名为"海上乞丐"（Beggars of the Sea）。米勒曾经担任过弗林最新一部侠盗电影《罗宾汉历险记》（The Adventures of Robin Hood，以下简称《罗宾汉》）的编剧，而这部电影的制片人亨利·布兰克也曾经参与制作了《海鹰》。布兰克认为"海上乞丐"这个名字很好，他对哈尔·沃利斯说："我觉得这部电影成功的可能性是《布拉德船长》的两倍。如果你们要让它成为《罗宾汉》的续篇，我也没有意见。"[139]

　　米勒继续完善他的"海上乞丐"，他写了一稿又一稿。亨利·布兰克将最后一稿送到了工作室新签约的剧作家霍华德·科克手中。考虑到成本和收益的平衡，迈克尔·柯蒂兹和哈尔·沃利斯打算从《布拉德船长》中选取一些海上战争的片段放到这部新电影里，并且他们也决定将"海上乞丐"的名字重新改回为"海鹰"。[140]科克在米勒的基础上修改剧本，他让索普更早地爱上了西班牙大使的侄女，并且还增加了西班牙无敌舰队被伊丽莎白一世的海军打败的情节——但在电影真正开始拍摄时，这一段情节被删掉了。《海鹰》的作者署名问题引发了米勒和科克之间的争斗，米勒坚持认为他应该与科克共享这部电影的编剧署名，因为科克采用了米勒的（而非萨巴蒂尼的）故事底本。米勒指出："在这个故事底本中，没有一个词是出自萨巴蒂尼之手。"[141]科克改编了米勒的故事（这个故事的原型就是历史上的德雷克），电影里的人物和性格与剧本里的完全一致。[142]最后，在电影上映时，编剧一栏写了两个人的名字。但他们谁都不觉得萨巴蒂尼的名字也应该被写上去，尽管米勒承认："萨巴蒂尼的名字能够提升这部电影的商业价值。"华纳兄弟买下了萨巴蒂尼小说的版权，但萨巴蒂尼拒绝这部与他的小说毫无关系的电影署他的名字。[143]与

1924 年的默片不同，此次有声新版《海鹰》的故事情节完全来自华纳兄弟公司，而不是萨巴蒂尼的小说。

在电影的筹备过程中，华纳兄弟搭建了一个巨大的海洋舞台（第 21 号舞台）。舞台下面布满了水管，可以随时装满水。这些水大概只有几英尺深，但它们承载了一艘完整的英国军舰和一艘西班牙三桅大帆船。这两艘大船之间的水稍微深一些，毕竟不能让群众演员跌下船时受到伤害。在这两艘大船的下面有轨道和轮子，它们的四周是天空和大海的风景画幕，当需要拍摄大船在海洋中晃动的画面时，液压系统就会摇晃船只。除此之外，电影的艺术导演还发明了一种"波纹机"（ripple machine），这部机器可以通过扇动幕布来改变灯光，从而获得模仿不同形态的浪花的效果。无论是正常的浪花，还是滔天巨浪，都可以被制造出来。[144] 为了拍摄远景，华纳兄弟还建造了一些微型模型船，其实这些模型船并不小，它们长达 18 英尺，可以让一个人在里面躺着进行操控。[145] 这些都应该算作是电影特效，这些装置使得一部海战电影能够在人工掌控的条件下制作出来。

238　这部电影的制作完成标志着工作室制作电影达到了最高峰。在这之后，这样的电影会拍摄更多外景，但《海鹰》的大部分镜头依然是在华纳兄弟的工作室里拍摄完成的。剧组在卡拉巴萨斯的大农场里完成了关于巴拿马本塔－德克鲁塞斯镇镜头的拍摄，农场距离伯班克只有几英里，并且这里依旧完整保留着之前拍摄电影时使用的墨西哥布景。电影中加勒比的巴拿马海峡的场景则是在加利福尼亚的马古角海滩拍摄完成的。[146] 电影的艺术导演将距离华纳兄弟公司几个街区的一处地方变成了巴拿马的热带丛林：他将水灌进这个地方，营造了一个潮湿的、布满热带植物的沼泽，然后再使用造雾机器制造出蒸汽的效果。[147] 剩下的场景（西班牙、英国皇家宫殿、多佛尔海峡、海洋和船只）也都是在华纳兄弟的工作室里拍摄完成的。[148]

1939 年的 11 月，《海鹰》开始考虑演员问题。弗林毫无疑问出演男一号，导演是柯蒂兹，但是奥利维娅·德哈维兰没有出演这部电影的女主角。西班牙大使的侄女唐娜·玛丽亚取代了原书中的罗莎蒙德，这一角色在编剧改写剧本时被抛弃了。在拍摄上一部电影时，弗林就爱上了奥利维娅，但用了她并不欣赏的恶作剧来表达自己的爱意。"那时，"弗林回忆道，"她正要穿上裤子，结果却发现自己的裤子里有一条死蛇。"[149] 或许，正如弗林更富同情心的揣测那样，奥利维娅已经对在他主演的电影中饰演女主角感到非常厌恶了。[150] 不管出于什么原因，奥利维娅·德哈维兰要么是没有拿到出演这个角色的邀请，要么就是自己主动放弃了这个角色，《海鹰》这部电影中的唐娜·玛丽亚的角色，最终由一位更不出名的新人布伦达·马歇尔出演。弗洛拉·罗布森饰演女王伊丽莎白一世，克劳德·雷恩斯饰演前往英国的西班牙大使（以及唐娜·玛丽亚的叔叔），亨利·丹尼尔饰演邪恶的英国大法官沃尔夫冈爵士。

1940 年 2 月，电影开始拍摄。沃利斯一直反对柯蒂兹对原剧本进行修改，尤其是女王伊丽莎白一世在法庭上的一幕。在原剧本中，索普饲养的猴子应该出现在这一幕里，柯蒂兹却认为："这些与猴子有关的台词都是用口语写成的，在电影里充满了违和感。"[151] 不过，柯蒂兹最终还是妥协了，这些口语化的台词和可爱的猴子都出现在电影中。柯蒂拍摄的第一场海战就是索普的"信天翁号"（Albatross，由科克命名）与载着西班牙大使（由克劳德·雷恩斯饰演）和他侄女的西班牙帆船之间的大战。这部电影的制作人亨利·布兰克告诉沃利斯，他想从《布拉德船长》中借用一些片段，例如群众演员在炮火中通过绳索穿行于两船之间的画面，或者沉船、船上的桅杆倒了之类的画面。[152] 虽然这部新片借用了不少的老镜头，但是大部分海上场景仍然是在第 21 号舞台拍摄完成的。柯蒂兹

239

关心的是能够拍摄并制作一段连续的战斗场面（而不是直接借用《布拉德船长》以节省时间和金钱），并开始拍摄了一段时间，但在下一个月里，沃利斯看完粗剪的工作样片后非常生气。[153]

拍摄完了大海战，剩下的重头戏（为侠盗准备的）就是电影结尾处的决斗：勇猛无比的索普打败并杀死了大法官沃尔夫冈爵士（由亨利·丹尼尔饰演），因为沃尔夫冈背叛了英国，与西班牙勾结在一起。最开始，电影的拍摄进度因为丹尼尔不善舞剑而不得不推迟，部门的负责人称："丹尼尔先生在片场手足无措，所以镜头只能固定在他肘部以上的位置。"——肘部以上的特写可以掩盖他笨拙的步法和糟糕的手腕姿势。[154]为此，剧组专门为丹尼尔聘请了一个专业替身拉尔夫·福克纳（他是参加过奥运会击剑项目的选手），因此，他在电影里总是将背影展现给观众。弗雷德·卡文斯（当时最著名的、以拍摄击剑见长的摄影师）将弗林安置在一个有着玻璃窗的阳台上，接着弗林向后撤退，被人追赶着穿过了一扇门，又从一段楼梯上飞身而下，最后穿过一间巨大的屋子，打败了沃尔夫冈爵士。索普赢得漂亮，背信弃义的沃尔夫冈爵士则躺在大厅的地板上奄奄一息。

索普的胜利就是英国的胜利，电影的最后一个场景是他站在船上接受英国女王的嘉奖。而他深爱的女人，以及那些兴奋的水手都亲眼见证了这一幕。在这部电影的英国版本中，女王（由弗洛拉·罗布森饰演）专门讲述了一段话（这一情节并没有出现在美国版本中，这段话明确地指向了当时已经爆发的第二次世界大战）：

> 现在，我忠诚的子民们，有一项任务迫在眉睫：我们的国家正准备打一场谁都不希望出现的战争……我们与西班牙人民近日无冤往日无仇，与其他国家也没有，但是，当那些狂野之徒想要征服世

界的时候，打仗就成了我们这些自由人的神圣使命，这项使命试图
证明世界并不只属于一个人，它属于所有的人。[155]

穆斯林和基督徒之间的战斗被改写成了西班牙同英国在美洲大陆上 240
的战争，之后又顺应时势升级成为第二次世界大战。这部电影其实已经
与海盗没有什么关系了，而弗林显然站在正义的一方。

　　与阿拉贝拉相比，唐娜·玛丽亚这个角色更为腼腆，她温润的气质
成为整部电影的卖点，而这种气质也同时平衡了电影中的各种打斗场景。
虽然夜晚的场景看起来并不真实，有点像东拼西凑的小舞台，但海上的
大场面扣人心弦，带有杂技表演色彩的打斗也引人入胜。索普自信而果
断地下达命令："向上！""注意后桅！""卷起升降索！""将你的绳子拿
走！"这些命令都被船上的水手迅速执行。[156]这段故事与历史上的德雷
克和虚构的"海鹰"都相去甚远，不过索普本身的海上劫掠却显然充满
了爱国色彩。当他抢夺西班牙大使的战船时，他将唐娜·玛丽亚的私人
珠宝送还给她，还夹了一张写着"只有海盗才会从你那里抢夺的珠宝"
的字条。[157]尽管拥有雄赳赳气昂昂的外表，但海盗们依然需要证明自己
不是海盗。19世纪文学里的海盗已经出现在了20世纪的电影院中。书
籍能够提供海盗小说的时代背景、人物性格和故事情节，但电影的大银
幕已经远超舞台和书本。

　　虽然，有些观众可能会被《海鹰》中精彩的动作戏份吸引，从而忽
略了华丽的宫廷场景和有趣的智谋诡计，但华纳兄弟还是认为《海鹰》
是紧跟在《布拉德船长》和《罗宾汉》之后的续篇。一张海报上非常明
确地写着："探险继续！一艘孤独的海盗船，为了寻找财宝和荣耀……它
由海上罗宾汉指挥！"[158]华纳兄弟公司的发行部授权《时尚》（*Vogue*）
杂志刊登一套被重新设计过的电影戏服，还设计了一整套《海鹰》的电

影模型，其中包括海盗船的模型和一本连环漫画书。这些宣传方案都取得了巨大的成功。[159] 这又是另外一项由观众们付费的投资？也许是吧。格拉布街的作家们依靠稿费维持生计，"黄金时代"的海盗们也依靠钻石谋生。我们或许可以得出这样的结论：对这些出现在电影胶片上的海盗来说，女人必不可少。别忘了《黑海盗》曾在开篇里提到，"这是一个发生在一片黑暗大地上的爱情故事"。

第八章

仍在继续的海盗传说

"好吧，还有什么可做的？"

——杰克（环球影片公司的制片人）[1]

　　"到底是已经握在手里的珍贵宝贝重要，还是已经失去的西班牙黄金重要？这一不可抗拒的诱惑折磨着他。"[2]令人憎恶的海盗船长汤姆·利奇面临着这个困境，而这也同样是拉斐尔·萨巴蒂尼的小说《黑天鹅》（*The Black Swan*）的核心情节。这两份宝贝，哪份更为吸引人？是数量庞大到不可想象的财宝吗？还是另外一种实实在在的财宝——背风群岛地方长官的女儿普丽西拉·哈拉丁（Priscilla Harradine）？这位普丽西拉·哈拉丁小姐拥有聪明伶俐的优雅外表，而这美丽的外表令汤姆·利奇难忘：当她在加勒比海岸的一个泳池里游泳时，其胴体是那样的洁白，宛若林中仙女。[3]在汤姆·利奇眼里，他愿意放弃西班牙黄金来换取普丽西拉小姐的爱慕之心。很明显，普丽西拉小姐更有魅力，她非常温柔，因此也让衣冠楚楚的德贝尼斯先生深陷其中。德贝尼斯先生出身高贵，并且受过良好的教育，但他依然是一名海盗。为了在真正的海盗汤姆·利奇面前保护普丽西拉小姐，这位文质彬彬并且具有骑士精神的绅士与普丽西拉小姐举行了一场假婚礼。[4]也许是因为德贝尼斯先生并不是海盗，又或者普丽西拉小姐发现他真的很迷人，他们最终陷入了爱河。对俗人汤姆·利奇来说，他还是认为普丽西拉小姐比西班牙的宝藏更为迷人——这本书的作者和读者也都这么认为。浪漫的爱情故事总是比海盗的打家劫舍更加吸引人，因此，《黑天鹅》的故事情节便围绕着普丽西拉小姐（而非西班牙黄金）而展开。小说的结尾也在预料之中：德贝尼斯先生打败了汤姆·利奇，同时他也证明了自己并非海盗，恢复了身份的德贝尼斯先生与普丽西拉小姐幸福地相伴一生。

　　电影《黑天鹅》改编自《黑天鹅》的原版小说，它的导演是亨利·金——其实这个导演可能更适合拍西部片。电影的男主角名叫杰米·韦林（不再是德贝尼斯先生），由著名的海盗扮演者蒂龙·鲍尔出演。电影中杰米·韦林爱上了玛格丽特·登比（也不再是普丽西拉小姐）——

这个角色则由玛琳·奥哈拉出演。奥哈拉天生自带一种辛辣的女性气质，她甚至用化学颜料将自己的头发染成了红色。电影的大部分场景都在牙买加拍摄完成。为了摆脱《布拉德船长》的影响，帅气的杰米和任性的玛格丽特不得不更加卖力地进行表演。杰米称玛格丽特为"泼妇"（hell-cat），玛格丽特则叫他"下流、粗俗至极的流氓"。[5] 与小说里的德贝尼斯先生相比，或许韦林的行为更像一个海盗，他绑架了玛格丽特，并带着她去追捕那个邪恶的海盗船长——汤姆·利奇（由乔治·桑德斯出演）。杰米假意加入汤姆·利奇的船员队伍，并且升起了他的海盗旗，但这让玛格丽特感到厌烦，她觉得杰米暴露了他的邪恶本色。接下来的电影情节与小说保持一致，为了欺瞒利奇船长，杰米·韦林谎称玛格丽特是他的妻子，于是他们两个人晚上必须共享一个船舱。电影展现出了奥哈拉迷人的一面——她穿着蕾丝睡裙，优雅地出现在镜头里，虽然没有完全裸露，但也是春光无限。出于骑士精神，一贯喜欢恶作剧的韦林给自己挂了一个吊床，然而他不得不同玛格丽特躺在同一张床上，因为利奇船长会时不时前来检查。

利奇看穿了这两个人的把戏，他知道韦林和玛格丽特并未结婚，并且韦林也不是一位海盗。于是他将韦林死死地捆在吊床上，但韦林凭借矫健的身手逃了出来。他赤裸着上身，用剑刺伤了利奇船长，英勇地解救了玛格丽特。电影的最后一幕是杰米·韦林在人工夕阳下和玛格丽特深情接吻。用亨利·摩根先生的结束语来说，这个人工夕阳象征着西班牙大陆的终结。女人确实是海盗电影的主要组成部分，但她们不能同真正的海盗结婚，她们只能嫁给那些"似是而非"的海盗。

雷电华电影公司（RKO）并不觉得海盗电影应该就此终结，他们拍摄了《西班牙大陆》（*The Spanish Main*）*来回应 20 世纪福克斯公司

---

*国内亦将此部影片译为《血海争雄记》。——编注

的《黑天鹅》。《西班牙大陆》由弗兰克·鲍沙其导演，这位导演曾经在 1927 年和 1931 年拿到了奥斯卡最佳导演奖。保罗·亨雷德在电影中扮演无辜的荷兰船长范霍恩。范霍恩被卑鄙的西班牙新格拉纳达辖区的总督唐·阿尔瓦拉多俘虏，经历了千难万险，才最终逃脱出来。不久之后，范霍恩便化身为专门袭击西班牙船只的海盗——"巴拉库达"（the Barracuda）。这么看来，最终目标在于复仇的巴拉库达其实也不是一个真正的海盗。电影讲述了巴拉库达与阿尔瓦拉多的未婚妻之间的复杂故事，这位未婚妻是墨西哥总督任性的女儿——女伯爵弗朗西斯卡·德居兹曼·安冈多拉（扮演者是玛琳·奥哈拉，她那时与雷电华电影公司签了一年的合同）。巴拉库达俘虏了弗朗西斯卡，并且要与她举行婚礼，而这很明显是为了激怒唐·阿尔瓦拉多。弗朗西斯卡对这件婚事犹豫不决，巴拉库达则威胁她，如果她不答应，他就攻击另外一艘西班牙船只，并且杀光船上的人。最终，弗朗西斯卡只能点头同意。新婚之夜，弗朗西斯卡将一把刀藏在背后，准备以死捍卫自己的贞操，可就在巴拉库达亲吻她时，那把刀掉到了地上。之后发生的事情出人意料：巴拉库达将她扔在床上，跟她道了晚安。当他走出船舱时，弗朗西斯卡愤愤不平地架着胳膊。[6] 这到底是因为巴拉库达仍保留着骑士精神，还是因为巴拉库达对弗朗西斯卡怀有恨意，根本没有感情？

在加勒比海的托尔图加岛，郁郁寡欢的弗朗西斯卡遇见了她的情敌安妮·邦尼（由宾妮·巴恩斯扮演）。安妮·邦尼是一个罪大恶极的女海盗，但她爱上了巴拉库达，并疯狂地嫉妒他那新婚的妻子，她称弗朗西斯卡为"为鸡毛蒜皮的小事而斤斤计较的妓女"。[7] 通常情况下，海盗能够分辨出一位女士是不是妓女，而弗朗西斯卡显然不是。在一间酒吧里，两个强势的女人决定举行一次决斗——这是专门为解决问题而设立的"海盗法则"。当巴拉库达将枪递给她们并大喊开枪时，气氛顿时紧张起来。枪响之后，两位女士都在一瞬间黑了脸，因为巴拉库达早就把子弹换成了烟灰。

　　尽管弗朗西斯卡表现出海盗式的侠义，但安妮·邦尼和巴拉库达手下的海盗都想摆脱弗朗西斯卡，因为他们害怕遭到西班牙人的报复。于是他们将弗朗西斯卡送还给阿尔瓦拉多，并且将巴拉库达留在了托尔图加岛上。安妮·邦尼在船上升起了一件睡衣作为船只的旗帜（她认为巴拉库达就是被这件睡衣诱惑才会爱上弗朗西斯卡），但卑鄙的唐·阿尔瓦拉多违背了让安妮和其他海盗安全离开的承诺，他攻击了安妮的船只，并打算俘虏所有的海盗。安妮则将那件意义重大的睡衣给扯了下来，并且英勇反抗，她用力地朝阿尔瓦拉多踢了一脚，阿尔瓦拉多惊叹道："上帝啊，这是个女人！"[8]"对啊，我就是个女人，"被俘的安妮说，"那你又是个什么东西？"[9]毫无男子气概的阿尔瓦拉多想要马上同弗朗西斯卡结婚，但是弗朗西斯卡摇头拒绝——一位淑女不能同时拥有两个丈夫。阿尔瓦拉多指出，海盗巴拉库达并不能算作她的丈夫，因为法律从未承认海盗和他人的婚姻，但是弗朗西斯卡根本不想与阿尔瓦拉多结婚。[10]"他可真胖。"这是出现在她脑海中的念头。[11]幸运的是，巴拉库达及时赶来营救了她，并在她的帮助下，将阿尔瓦拉多俘虏的海盗们救了出来。这场逃亡惊心动魄，勇猛的安妮·邦尼却在船上不幸战死。安妮·邦尼的死换来了这对夫妻的自由——弗朗西斯卡不再骄傲任性，巴拉库达也不再是海盗。

　　电影评论者们对《西班牙大陆》的表现手法感到满意。"它表现了那时候最好的东西。这是一部充满荣耀的'海盗哑剧'。"《每周电影放映机》这样评价道。[12]"公海领域的爱情和海盗——这是永不过时的主题。"《今日电影院》如是说。[13]这部电影里有充满热情的工作与船舱里浪漫的连续镜头，两者互相结合，最终使其大受欢迎。[14]浪漫的连续镜头是女性化的，充满热情的工作则是男性化的，它们完全没展现出邪恶的气息。与此同时，《每周电影放映机》的评论员认为，"《黑天鹅》是一部极其引人入胜的、以探险为题材的娱乐电影……来自萨巴蒂尼笔下的侠盗浪漫故事，充满了活力"。但《电影先驱报》（*Motion Picture Herald*）的评论员认为，海盗们不再是道格拉斯·范朋克时期的海盗："一些激情已经消失不见。"[15] 萨巴蒂尼的小说为电影《黑天鹅》提供了不思悔改的恶棍形象，但是蒂龙·鲍尔，作为一个有土地、遵守法律的绅士，并不是一个真正的海盗。[16]

安妮·邦尼的角色体现出了某种趋势——20 世纪的海盗故事开始向爱情故事转型，而男海盗也开始变成了女海盗。造成海盗女性化这一现象的原因，一方面在于观影的性别比例逐渐平衡；另一方面也在于男海盗的艺术形象被过度挖掘，观众对他们失去了兴趣。实际上，当时的男性海盗形象已经被脸谱化成"似是而非的海盗"和"名副其实的绅士"，在海盗剧情中逐渐被阉割、边缘化。正因如此，在 20 世纪最受欢迎的海盗角色中，女性海盗的身影十分常见，然而在海盗的"黄金时代"，与女性海盗有关的历史记录寥寥无几。

245　　在《西班牙大陆》中像男人一样战斗的安妮·邦尼，却在《土海女霸王》（*Anne of the Indies*）这部电影里卸下了男性的伪装。《土海女霸王》是雅克·图纳尔导演的一部 B 级电影，在这部电影中，安妮经常女扮男装，并且时不时遭遇性别危机。历史上真实存在过的安或安妮·邦尼是《土海女霸王》这部电影的灵感来源，但电影中的女主角（由前俄亥俄州小姐、未来的霍华德·休斯夫人琼·彼得斯出演）完全是个虚构的人物。她讨厌英国人，于是让被俘的英国船长"走木板"；她喜欢法国人，所以让法国俘虏成为她手下的船员；她出生在普罗维登斯岛，拥有一半法国血统，她管自己叫安妮·普罗维登斯；她是一个孤儿，抚养她长大成人的就是大名鼎鼎的"黑胡子"，对于她来说，"黑胡子"既是父亲也是母亲；她穿着裤子，非常强壮结实，但并不伪装自己。那个成为她船员的法国人皮埃尔（由路易斯·乔丹出演）非常礼貌地称她为"小姐"，但是她扇了他一巴掌，要求他称她为"船长"。皮埃尔可能是一个间谍，却声称自己是名副其实的海盗，并且还拿到了一张藏宝图。安妮允许皮埃尔在抢来的战利品中挑选一样，但他选中了一条裙子。当"示巴女王号"（*Sheba Queen*）停靠在岸边时，安妮在她的私人帐篷里试穿那套裙子。"我可以做什么吗，船长？"皮埃尔问道。"用手拉住这些绳子。"她指示皮埃尔拉住裙子后边的蕾丝边。"乡下姑娘真是要疯了，"她说，"她们怎么能穿上这样的裙子？""她们并不需要自己动手，"皮埃尔这样解释，温柔且熟练地将安妮的海盗头巾解了下来，"她们等着男人帮她们穿。"安妮看着镜中的自己："男人们喜欢这样做吗？"皮埃尔非常坚定地回答："这是男人的天性。""你是说，男人看到像这样的女人，会想和她做爱？"皮埃尔点了点头："是的。""那怎么做？""你在拿骚肯定见过他们。"皮埃尔回答道，此时气氛变得有些尴尬。"拿骚的水手们都是害虫！"安妮十分愤慨。"一个法国人，一个绅士，是怎么做爱的？"皮埃尔搂住了安妮，并且热烈地亲吻安妮。这时候，另一艘船靠近了他们，是"黑胡子"的"复仇号"。安妮请求皮埃尔帮助她脱下裙子。"帮我将裙子脱下来。"她笑着说。"你在笑什么？"皮埃尔问她。"'黑胡子'，"她解释道，"如果他看见我穿成这样，他肯定会把我撕成两半。"

岸上的"黑胡子"非常高大，他的大胡子被编得整整齐齐。他对皮埃尔产生了疑心，于是向皮埃尔泼了一杯朗姆酒，并称呼他为"背叛者"（traitor scum）。或许，皮埃尔并不是个海盗，他只是在伪装？"黑胡子"发现了皮埃尔的秘密，他其实是法国海军的中尉，皮埃尔·弗朗索瓦·拉罗谢勒中尉，皮埃尔承认这是事实但又不是真的，因为他已经被解雇了。"黑胡子"将皮埃尔赶走，但安妮不相信他的话。为了确立在船上的绝对权威，安妮扇了"黑胡子"一巴掌。对"黑胡子"来说，这

246

是一个他永远都不会原谅的耻辱。安妮找到了皮埃尔，两个人开开心心地驶向牙买加。皮埃尔告诉安妮他要去牙买加寻找藏宝图的另外一半，但实际上，他去见了自己的妻子。与此同时，他还向英国海军报告了臭名昭著的普罗维登斯船长（安妮）所在的位置。这时候，安妮才察觉到皮埃尔的双重背叛——他既不是一个海盗，也不是单身。于是安妮绑架了皮埃尔的妻子，迅速逃走。皮埃尔则拒绝了他本该获得的奖赏——一艘构造精密的船。为了抓捕安妮，他又重新变回了海盗，一个并不真诚的海盗：他只想解救自己的妻子。他向手下的船员许诺：事成之后，每个人都会得到大量黄金。他告诉船员，"安妮的船上有着数量巨大的财宝……我愿意为那些财宝而牺牲自己的性命"。可见，在海盗电影中，女人已经取代了财宝成为戏剧冲突的关键因素。这一转变也体现在萨巴蒂尼的小说和范朋克的《黑海盗》中。吸引海盗的，不再是财宝，也不再是"金银岛"，而是那美丽的女人。

在马拉开波一个不出名的阿拉伯奴隶市场，安妮将曾经穿过的那条裙子扔给了皮埃尔的妻子。"给你，将这条裙子穿上。我要欺骗一下阿拉伯人。"皮埃尔的妻子问了安妮一个残酷的问题："你觉得你自己是女人吗？"安妮并没有上当，她开始高声叫卖。正在这时，船上善良的医生制止了安妮，这位医生对安妮过激的行为提出抗议。皮埃尔率领的船队也及时赶到，与安妮展开了战斗。皮埃尔不想拿他妻子的性命去冒险，因此故意输给了安妮，而他的船也在战斗中被打坏了一面，于是他不得不用绳子将自己坏了的船和安妮的"示巴女王号"绑在一起。皮埃尔被人从海里打捞上来，他请求安妮放过他的妻子。"我为什么要放过她？""因为你是一个女人。"他回答道。"是你教会我变成某种女人的。"安妮非常难过。皮埃尔为这件事向她道歉："这并不是我计划的一部分。"但是他愿意为救走他的妻子而付出一切。"你能为她做任何事，"安妮重复了好几次，"却不会为我做一件事！"

安妮将皮埃尔和他的妻子扔在了一个无人岛上，这座岛名叫"死人岛"（Dead Man's Cay）。他们失去了所有的东西，只能躲在一个简易的保护棚下面，皮埃尔时不时将凉爽的海水浇在他妻子的眉毛上。不久之后，皮埃尔看见了"示巴女王号"，安妮回来了，并且还带来了那位善良的医生、一条船、一些补给和一张地图。不幸的是，他们又看见了一艘船——"黑胡子"的"复仇号"。

"黑胡子"没有忘记安妮当着众人的面羞辱他的事情。安妮原本可以逃走，但是她选择与"黑胡子"决一死战，她这么做是为了保护"死人岛"上无辜的人。她威风凛凛地站在船上，虽然孤身一人，却充满了对"黑胡子"的鄙视。她在熊熊火焰里大声地对"黑胡子"说："如果你有胆子，那就到甲板上来！""黑胡子"让手下先别开火，但指令下晚了。女海盗安妮最终被一枪打死，而她关于性别的困惑，也永远都无法得到解答了。皮埃尔为安妮撰写了墓志铭："她最终还是回到了家，让她留在大海中吧。"在某种意义上，安妮也许真的就是一个海洋生物。无论如何，这就是故事的结局。如果没有性别意识，那么女人当海盗可能比男人还勇猛。浪漫的爱情要比财宝更有魅力，对海盗来说，爱情才是真正的财宝，金银就只是金银。

《海宫艳盗》（*Against All Flags*）由环球影片公司出品，导演是乔治·舍曼，主演是我们前面提到的埃罗尔·弗林。弗林在这部电影中扮演一位英国海军的军官，他带着两个伙伴潜入了位于马达加斯加岛的"自由之地"——很明显，这个故事来自《通史》。他假装自己是被英国海军解雇的可怜水手，希望能够加入海盗联盟。他向海盗们展示了他后背上的鞭痕——这些伤痕很明显是由英国海军鞭子抽打所致。从斯科特开始，贵族身份和浪漫爱情就成了海盗故事的传统，而这一传统在 20 世

247

纪的电影银幕上得到了强化。为了伪装，海盗做出的各种表现，都是让我们相信，他并非一个真正的海盗。为了获得海盗的信任，弗林还需要通过更多考验，例如劫持一艘阿拉伯贵族的船（这个情节显然来自埃夫里的传说），以及劫持大汗的女儿（这个情节则是埃夫里传说的升级版）。虽然海盗船长罗克・布拉西利亚诺（又名安东尼・奎因）对弗林的到来深表怀疑，但他很快就被另外一艘海盗船的女船长给迷住了。这个女船长名叫“烈火女”（Spitfire），由玛琳・奥哈拉出演（当时她正在为环球影片公司工作）。但很可惜，这位“烈火女”喜欢的是弗林而不是奎因。

弗林在自己的回忆录中对《海宫艳盗》这部电影只字未提，玛琳・奥哈拉在自己的同名回忆录中也未提及，只是透露弗林在拍摄期间不停地喝酒，但他依然将自己的台词记得清清楚楚。有时候导演不允许弗林把酒精饮品带到片场，他就在橘子里注射酒精，然后在休息的时候
248 吃了它们。[17] 为了吸引弗林所扮演的海盗的注意力，奥哈拉特意穿了一条裙子，并且与弗林一起谈论女性举止的问题，这一幕让人想起《土海女霸王》中皮埃尔教安妮穿裙子的场景。弗林向奥哈拉解释她应该怎样佩戴美容贴片使自己更加迷人，怎样在登轿子时适时露出诱人的双腿，怎样行屈膝礼，怎样可爱地噘嘴，从而顺利度过男人不断献殷勤的伦敦晚宴。这时候，弗林看见了挂在奥哈拉屋子中的一幅港口枪械布防地图。奥哈拉本来就拥有出众的姿色，而在弗林的教导下，她的笑容充满了诱惑力，她用一种无辜的声音问道：“那接下来要做什么呢？”弗林不知道该如何作答，只能用一个吻来结束对话。奥哈拉用枪抵住了弗林的肋骨：“我接吻只是因为我想接吻。”“看，你已经记住我教给你的东西了！”弗林回答道。虽然奥哈拉拥有女人的天真，但她依然掌控全局。

高傲的奥哈拉爱上了弗林，她打算与弗林一起离开马达加斯加的海盗团体。她依然相信弗林是个海盗，但她自己决定从海盗群体里退出来。

与此同时，假扮海盗的弗林则在两个伙伴的帮助下，破坏了海盗们的武器——这两名伙伴也伪装成了海盗。当英国海军来到海盗港口时，海盗们根本无法使用那些已经被损坏的火枪。奎因带着奥哈拉逃上了自己的船，但弗林也出现在了这艘船上，弗林一把抢过奥哈拉，还打伤了奎因，奥哈拉则像个男人一样战斗，杀死了好几个海盗。奎因和弗林决斗，弗林突然跳到了船帆上，弗林在做什么？他正在模仿道格拉斯·范朋克，像表演杂技一样将船帆划成了两半，然后安全地落在了甲板上，最后以精湛的剑术结束了奎因的生命。弗林回到了英国海军的船上，他请求指挥官赦免女海盗奥哈拉的罪行，但问题是，他应该如何向奥哈拉解释自己的双重身份？他既然能够假扮成一个海盗，那么他也能够假装自己很爱奥哈拉——这份爱是他的另一重伪装。"有些事情解释起来很困难。"弗林几乎不敢面对奥哈拉。但是奥哈拉的回应非常简单——她抓着弗林的领子，热烈地和他接吻，电影就此完结。作为一个比男海盗更英勇的女海盗，奥哈拉找到了一个令她成为女人的男人。海盗故事的魅力并不在于烧杀抢掠，而在于爱情。

249

　　女海盗的形象很早就出现在小说和电影中。我们可能会想起道格拉斯·斯图尔特于 1867 年创作的小说《海盗女王》中，突然闯进了海盗世界的主角："这个女人是谁？这个胆大妄为、目光灼灼、威风凛凛地站在海盗群体中，并抢夺了他们所有战利品的女人是谁？这是美丽的埃尔米拉，海盗女王！"[18]埃尔米拉很像 19 世纪小说家笔下的男性海盗，与其说可怕，不如说有点蠢笨。因性别上的天然差异，外表方面看起来不仅没有掩饰，反而更加强调了这种差异——她丰满的胸部被镶着金色蕾丝的天鹅绒束胸衣包裹着。[19]

　　几年之后，布雷特·哈特的以男性海盗的故事改编而成的《海盗岛上的女王》(The Queen of the Pirate Isle) 出版了。作为给孩子们看的书，书中的女王是一位淑女般的小女孩波莉，她的王室职责……就是让海盗们在一天的掠夺杀戮后上床睡觉。[20] 海盗似乎离孩子很远，但理查德·休斯的《牙买加飓风》（*A High Wind in Jamaica*）让他们产生了联系。在这本书中，19 世纪的孩子们情不自禁地对海盗产生了好奇：

> "埃米莉，埃米莉，我能问你个问题吗？""睡觉！"他们窃窃私语了一会。"但这特别重要，求你了，而且我们都想知道。""什么？""那些人是海盗吗？"埃米莉忽然气呼呼又好像被吓到了似的坐起来："当然不是！"哈里听起来有点垂头丧气的："我不知道……我只是觉得他们有可能……""但他们就是！"雷切尔非常坚定地宣称，"玛格丽特告诉我的！""胡说！"埃米莉说，"现在根本没有什么海盗了。""玛格丽特说，"雷切尔继续说，"那次我们被关在另外一艘船上，她听见一个水手让一些海盗来到甲板上。"埃米莉有了一个主意："不是这样的，傻瓜，他们可能是领航员。""那领航员又是什么？"劳拉问道。[21]

250   孩子们没有读过《彭赞斯的海盗》或者《彼得·潘》，但是为他们写书的人显然读过这些书。海盗们消失在过往的岁月中。埃米莉非常确信地宣布："现在根本没有什么海盗了。"1935 年，有人出版了一本讽刺性刊物，其中包含了一封由 18 世纪的法国海盗船长路易-阿代马尔-蒂莫泰·勒戈利夫写的信件，这位海盗船长更出名的外号是"博尔涅费塞"（Borgnefesse，意为"独眼龙"或"半边腔"），因为据说他只有一只眼睛，以及半边屁股。他在西印度洋上结束了自己的海盗生涯，被赶上了一架没有马拉的车，然后住进了位于沙朗通的精神病院。[22] 这位海盗属于历史，也属于精神病院。

在《神秘的海盗：失却宝物的历史》(Le Flibustier mysterieux: *Histoire d'un trésor caché*）这本书中，航海历史学家查尔斯·德拉龙西埃（Charles de La Roncière）通过一位无名女士来重现海盗世界，这位女士来到德拉龙西埃在国家图书馆的办公室，带来一串密码，她认为，如果能解开这串密码，那么人们就能找到海盗掩埋在印度洋某个小岛上的宝贝。德拉龙西埃查阅了大量的资料，尤其是《通史》一书中关于18世纪印度洋上的海盗的记录。他最终将密码与某个历史事件联系在了一起，但他无法证明联系的真实性：18世纪的海盗拉布斯（又名"秃鹫"），在死刑执行的过程中，曾向行刑的士兵和围观的群众扔下一张写着谜语的字条，并对他们喊道："看谁能够找到宝贝！"[23] 德拉龙西埃要么是被那位造访他的无名女士欺骗了的受害者，要么就是一个恶作局的狡猾作恶者（没错，他读过波德莱尔翻译的爱伦·坡的《金甲虫》）。但事实上，那据说被海盗拉布斯藏起来的宝贝只是一个虚构的故事。

几年之后，超现实主义诗人罗伯特·德斯诺斯（Robert Desnos）写了一首名为《悼海盗》（"Lament for the Pirate"）的诗。在这首诗里，海盗们拥有充满戏剧性的过去，他们是心如铁石的骑士。他们掠夺了受害者的财物，同时也失去了爱情，而我们应该为他们流下眼泪："为海盗哭泣吧。"[24] 这句话在每一诗节的结尾都会出现，塑造出了悲情的海盗形象：

> 他从荒谬的梦中醒来
>
> 他应该来看看自己穿着丝绸的样子
>
> 他凹陷的肚子，他稀疏的头发——
>
> 一个人，一个身陷囹圄的人，一个被唤醒的沉睡者——
>
> 为海盗哭泣吧

251

为了海盗，为了他们的所作所为。[25]

　　与男性海盗的悲惨处境相比，著名的女海盗玛丽·里德和安妮·邦尼始终被人们铭记。在 1934 年出版的《女海盗》（*Les Femmes pirates*）一书中，亨利·米尼克报告说，尽管关于里德和邦尼的细节都很模糊，但他一点都不怀疑她们曾经存在过。[26]他开始寻找那些丢失的细节，试图将《通史》一书变成小说（他完善了人物的性格设定，并且补充了场景和对话描写）。[27]历史学家笔下的女海盗和小说家笔下的女海盗没有什么区别，戏剧家笔下的女海盗也是一样。同年，剧作家詹姆斯·布赖迪将玛丽·里德搬到了舞台上，这部名为《玛丽·里德》（*Mary Read*）的舞台剧是根据《通史》记载的历史事件改编而成的，剧中的女主角由弗洛拉·罗布森出演。与此同时，他也没有忽略《通史》写作所依托的戏剧传统，在《玛丽·里德》中，安妮·邦尼是约翰·拉克姆的妻子，也是一位公开了性别的女海盗，她对伪装成威尔的玛丽·里德产生了好感，并要求威尔亲吻她。[28]威尔回答："我会用自己的方式来表达对你的喜爱，但你未必能接受。"[29]"你的方式是什么？"安妮愤愤不平地问道，然后又自己回答道："不要骗我了。如果你也喜欢我，那为什么不带我走，让约翰·拉克姆见鬼去呢？"[30]"因为我是女人。"玛丽简单而直接地回答。[31]

　　弗兰克·谢伊的作品《玛丽·里德：女海盗》（*Mary Read: The Pirate Wench*）是另外一本与玛丽·里德有关的小说，它也是改编自《通史》记录的故事。这本书也同时参考了玛丽·里德和安妮·邦尼的审判记录。玛丽成功地伪装成一个男人，她摇晃着一杯波波酒在海盗群体中如鱼得水，然后遇到了"棉布杰克"（即约翰·拉克姆）和他的情妇——安妮·邦尼。安妮·邦尼长得很高，身材丰满，还有一头金黄色的头发。玛丽不仅遇见了拉克姆和邦尼，而且还遇见了在新普罗维登斯岛的伍兹·罗杰斯、巴塞洛缪·罗伯茨、"黑胡子"和斯特德·邦尼特。[32] 玛丽的父亲是《通史》提到的斯金纳船长，但这位船长被人用玻璃碎片给残忍地杀害了（他的死因与《通史》记录的那位斯金纳船长的死因一模一样）。[33] 安妮·邦尼强吻了玛丽，她的女性直觉则让她一眼看穿了玛丽的女扮男装："我就知道你其实是个女人。"[34]

加利科·约翰·拉克姆对海盗事业并没有什么雄心，他只是喜欢到处游荡，他经常和安妮一起躺在摇晃的吊床上，然后让安妮给他唱动听的歌曲。玛丽夺走了拉克姆的权力，并俘虏了一艘西班牙的宝船，她自封为该船的船长，同时嫁给了受人尊敬的埃德温·布朗温（Edwin Brangwin）。[35] 她再次回到拉克姆和邦尼的船上，而英国当局将这群海盗一网打尽。在《审判》及《通史》中，她为了肚子里的小生命而向法官和陪审团求情，但在《玛丽·里德：女海盗》中，她因病（可能是流感）去世。她被关在牙买加皇家港口的监狱里，穿着男人的衣服，身边有一堆曾经是战利品的衣裙、衬裙、丝绸袜子和绣花拖鞋。她将这些东西藏在一个珍贵的匣子里，她去世时，身上依然穿着旧皮裤、旧衬衫和棉袜，头上戴着一块颜色鲜艳的印染大手帕。[36]

1945 年，著名的小说家和海事历史学家菲利普·拉什，写了一部名为《玛丽·里德，海盗》（*Mary Read, Buccaneer*）的小说。他曾经说过："这个与玛丽·里德有关的故事改编自真实发生过的历史事件，我只不过运用想象力对它进行了加工。"[37] 虽然他的遣词造句带着浓厚的《通史》风格，但他确实塑造出了一个充满魅力的女海盗。与弗兰克·谢伊的《玛丽·里德：女海盗》中的玛丽·里德一样，菲利普·拉什的《玛丽·里德，海盗》中的玛丽·里德加入海盗群体也是为了能够名正言顺地女扮男装。[38] 性感撩人的安妮·邦尼邀请玛丽去一间酒馆约会，安妮在酒馆的房间里表现得非常主动，"她从床上滑下来，坐在玛丽的膝盖上，还将胳膊环绕在玛丽的脖子上"。[39] 玛丽害怕地跳了起来，迅速推开了安妮，这时候，安妮笑了，[40] 她凭借自己的直觉发现了玛丽的性别秘密。[41] 拉克姆沉迷酒色和女色，每天都花大量时间在安妮的船舱里喝酒、做爱。于是玛丽代替他成了海盗的首领，并且吸引了一个爱慕者，一个来自美国的水手。[42] 毫无疑问，玛丽的海盗事业非常成功，但爱情之路十分坎坷，因为玛丽的性别处于休眠状态（这是一个反复出现的比喻）。[43] 哪怕她积累了大量的财富（她夺取的战利品已经超过了一艘船的承载量），哪怕她的性别最终被揭发出来，但她的手下仍然认为她是他们当中最伟大的男人。她始终穿着男人的衣服，保持着中性姿态。[44] 人们接受了她是一个女人的事实，可她仍然无法拥有一份纯粹的爱情。在她的故事里，最重要的永远是金银财宝：

> 在玛丽的舱室里，有一个很大的藏宝箱。箱子里装满了金币和宝石，但她自己从来不看它们，她只是打开宝箱的盖子，往里面扔进更多的珠宝和金币。玛丽还有另外一个箱子，里面装着她从被俘虏的女人身上抢下的衣服，其中包括一件非常优雅的丝绸长袍，看上去像是西班牙和法国上流社会女性会穿的服饰。玛丽也从不打开这个箱子，她甚至对它的存在感到羞耻。玛丽认为这是她的弱点，但玛丽又忍不住经常往箱子里增加衣物，她一边做这事，一边咒骂自己。[45]

象征海盗事业的宝箱与代表女性意识的衣物箱展开了竞争。当玛丽的海盗事业达到巅峰时：

> 在她俘获的西班牙战舰的船舱里，玛丽有一种奇怪的恍惚感。

她走到巨大的穿衣镜前，并在镜子里打量自己。她在镜子里看到一个年轻男子的样貌：神情坚定，充满活力，年轻又健康。他穿着白色的棉衬衫和用粗布做的马裤，还有绸子料的过膝长筒袜，鞋子上还有一枚硕大的银纽扣。[46]

她迅速地脱下这身男装，跳入浴缸，洗了一个香水浴。她将头发放下来，接着又一丝不挂地站回到镜子前面。过了一会儿，她转身去找那让人厌恶的衣箱：

> 她挑选出最漂亮的内衣，然后将它们穿在身上—— 一系列动作仿佛是在进行一个仪式。她故意将箱子里的衣服翻了个底朝天，最终从衣服堆里拿了一件白色缎子做的长袍。她按照自己的心意将长袍给剪短了。[47]

她化了妆，梳了头发，然后又回到镜子面前：

> 镜子里出现了一个美丽的女孩。女孩很高，飘逸的长袍也很合身，她有着果仁一样棕黄色的头发以及精致的脸庞。玛丽·里德看着她自己，半张着嘴，眼睛里闪烁着光芒。[48]

有人敲门。他的情人走了进来，她突然间就被他深深地吸引了，玛丽迎向她的情人，像一个梦游者一样向他张开双臂。[49]作为回应，她的情人借隐喻深情地说："你终于成为你自己，在这之前，你一直都在休眠……"[50]

玛丽的女性意识终于觉醒，她放弃了海盗事业。她和恋人一起登上

254

了一艘小船，装满财宝的箱子，以及她的装有衣服的箱子也都在这艘船上。[51] 他们在一座荒岛上掩埋了这些财宝，然后决定登上拉克姆和邦尼的船——这是一个奇怪的决定，却与真实的历史相吻合，即玛丽、拉克姆以及邦尼都被英国当局逮捕。邦尼因海盗罪而被判处绞刑，又因为怀孕而延期执行。玛丽没有为她肚子里的孩子求情——与《通史》不同，玛丽在这部小说里根本没有怀孕，但她患上了斑疹伤寒，最后穿着女人的裙子，在监狱里孤独地死去。在最后的时刻，她对自己觉醒了女性意识，以及回想起了发生在她身上的浪漫故事，感到一种奇怪的快乐。[52]所有的一切都是为接下来的故事情节做铺垫，女海盗也不例外。（所有故事情节中人物的结局都是好的，除非那人是海盗。）

1945 年，埃尔热（Hergé）出版了《红色拉克姆的宝藏》（*Le Trésor de Rackham le Rouge*）一书。这本书似乎和加利科·约翰·拉克姆的生平有关。如果人们能在 1827 年将海盗故事制作成歌剧，那么为什么不能在 1945 年制作出一本海盗漫画呢？"结局好，那么一切都好！"埃尔热在结尾这样写道。[53]1952 年，海盗博尔涅费塞带着一个秘密从疯人院中逃了出来，他找到一个古老的水手箱，里面装着一份 18 世纪的手稿。这份手稿于 1952 年在巴黎以《路易 – 阿代马尔 – 蒂莫泰·勒戈利夫·博尔涅费塞的回忆录》（*Cahiers de Louis-Adhémar-Timothée Le Golif dit Borgnefesse*）之名出版面世，里面写着一句至理名言："海上的宝藏是为那些知道如何获取它们的人准备的。"[54] 这份文件是由埃尔热和艺术家古斯塔夫·阿洛（Gustave Alaux）共同编造出来的——《红色拉克姆的宝藏》的卷首插画就是一张破旧的伪造手稿，聪明的读者一眼就能看出来它是假的。1996 年，另一位海盗历史学家也引用了手稿里的这句名言。[55] 在博尔涅费塞逃走的同时，安妮·邦尼遇见了基德船长（由查尔斯·劳顿饰演）——这情节出自好莱坞的歌舞电影《阿博特和科斯特洛遇见基德船长》（*Abbott and Costello Meet Captain Kidd*）*。在电影中，科斯特洛（一个小个子的替罪羊）打败了基德船长，并赢得了安妮·邦尼的芳心——实际上，这是一个意外，电影导演弄混了藏宝图和情书，但这个情节表现出了爱情与战利品混合在一起的魅力。

在文学作品中，玛丽·里德做完了大部分海盗能做的事，但随后安妮·邦尼开始与她展开激烈的竞争。约翰·卡尔洛瓦（John Carlova）的《海上情人》（*Mistress of the Seas*）被《通史》的编辑评价为"以加勒比海档案馆的材料为基础写成的历史小说"。这部小说塑造了一个 20 世纪 60 年代的安妮·邦尼，虽然时代背景看上去有点问题，但作者认为在 18 世纪早期的历史框架下，不合时宜的人物正好体现了历史的奇妙之处。[56] 同时作者解释道，"作为一名 18 世纪的女人，邦尼预见到了她终将被解放的命运，而这将发生在 20 世纪"。[57] 约翰·卡尔洛瓦保证，他调查了伦敦公共档案馆、大英图书馆、海事法院的记录以及世界各城市的档案馆里与安妮·邦尼有关的原始文献。[58]

《海上情人》中的许多引文都来自伪造的航海日志和文献记录，而作者对《通史》和《高的生平实录》中的记录很少提及，处理得也很随意。[59] 这么说吧，《海上情人》中的邦尼更像是一个完全虚构的角色，她最好的朋友是同性恋海盗皮埃尔，皮埃尔带着他那装腔作势又神气活现的手下俘虏了她的船。[60] 她拒绝了"黑胡子"的追求，并且与斯特德·邦尼特成为恋人。"黑胡子"则将伊斯雷尔·汉兹的膝盖骨打得粉碎（正如他在《通史》中做的那样），只为了引起安妮·邦尼的注意。[61] 在印第安好友查利·福费瑟斯（Charley Fourfeathers）**的帮助下，她将斯特德·邦尼

---

* 国内亦将此部影片译为《两傻寻宝记》——编注
** Fourfeathers，另一层含义为"四根羽毛"。——编注

特从死刑中解救出来。安妮·邦尼激励拉克姆却又完全让他处于自己的控制之下，那时拉克姆正沉醉于酒精当中，安妮·邦尼借此机会成为海盗首领，俘房了一艘装备有 36 杆火枪的大船。和玛丽·里德一样，小说作者笔下的安妮·邦尼也超越了真实的海盗形象：安妮活得像海上的女霸主。她在"皇家女王号"（*Queen Royal*）上有一间非常奢华的屋子，这间屋子是船上最好的屋子。[62] 她可以在一张大床上尽情伸展四肢，周围是精美的家具、华丽的油画、精致的挂毯、五彩的人造花朵以及数量繁多的布幔。邦尼设计并制作出华丽的服装，在不同的场合与活动中，她穿着的衣服都各不一样。[63] 安妮·邦尼的宠物——一只猴子、一只猫和两只鹦鹉一直伴随着她，她的娱乐活动则是听船上的一个侏儒水手讲笑话。[64] 除此之外，在安静的时候，邦尼喜欢阅读那些从俘房船上抢来的书和杂志。[65] 毋庸置疑，邦尼是一个热衷于研究的人，就像这本小说的作者一样。

256　　无论何时，只要她想，她就可以和任何一名船员寻欢作乐。只有一个人拒绝了她，那是一个英俊的年轻水手，名字叫马克·里德。[66] 邦尼不管他那一套，她将他扔在船上：

> 她先将马克·里德的短外套扒了下来，又扯掉了他裤子上的纽扣，之后又在他两腿之间随意抚摸。邦尼突然跳了起来，然后大叫道："上帝啊，你居然没那玩意儿！"

马克确实没有那玩意儿，因为"他"就是她。在被撕扯坏的衬衫下出现了一对女性乳房，安妮惊讶道："天啊，你是谁？""玛丽·里德。"那个躺在床上的女人轻声哭泣道。[67]

这段情节显然是根据《通史》记录的故事改编而成的，当然其中也混入了一些事实。

在这些虚构的高潮情节之后，安·邦尼的故事却突然又与历史事实相符——安妮·邦尼、玛丽·里德以及拉克姆最后又聚在了一起，全部被英国当局逮捕。就像历史记录的那样，拉克姆被绞死，邦尼和里德也为尚未出世的孩子苦苦求情。然而，里德很快也被绞死了，邦尼则被一个虚构的重要人物迈克尔·拉德克利夫（Michael Radcliffe）给救走。不久后，邦尼金盆洗手，嫁给了迈克尔·拉德克利夫，从此快乐地生活在弗吉尼亚州。

史蒂夫·古奇（Steve Gooch）在吃早饭时受到一本小册子启发，写下了剧本《女海盗安妮·邦尼和玛丽·里德》（*The Women Pirates Ann Bonney and Mary Read*）。这本小册子被装在一个缩水了的袋子里，它记载着安妮·邦尼和玛丽·里德的故事。[68]古奇专门为剧本写了前言，他在前言里指出这部历史剧其实是对20世纪70年代末的女性主义和反帝国主义的反映。[69]带给他灵感的，除了那本小册子，还有《通史》和《海上情人》。在《女海盗安妮·邦尼和玛丽·里德》中，邦尼的父亲名叫威廉·科马克，母亲名叫佩姬·布伦南——邦尼的父母在《海上情人》中也叫同样的名字。邦尼的老师是一个印第安人（即卡尔洛瓦笔下的查利·福费瑟斯）。古奇将《海上情人》里的咖啡店、裁缝铺和发廊混合在一起，变成了皮埃尔经营的咖啡馆。[70]故事的结局就发生在皮埃尔的咖啡馆里，即新普罗维登斯的上议院。[71]古奇笔下的皮埃尔和卡尔洛瓦笔下的女人一样都是同性恋，并且古奇也将玛丽称为马克·里德（卡尔洛瓦也是这么称呼玛丽的）。[72]古奇笔下的安妮并没有女扮男装，但玛丽打扮成了男人的模样。安妮将手伸向玛丽的裆部，玛丽激烈地反抗，并且告诉她："我是个女人。"[73]拉克姆替她们瞒下了这件事。英国皇家海军派遣巴尼特前去追捕海盗，面对巴尼特的进攻，邦尼和玛丽都表现得非常英勇——与此同时，男性海盗们却都躲在甲板下面。由于双方力量悬殊，

257

安妮·邦尼战败了。当她站在法庭上时，她大声地训斥拉克姆："如果你当初像男人一样战斗，那么你现在就不会像狗一样死去。"[74] 虽然法庭上主持审判的法官都是男人，但在 20 世纪 70 年代女性主义的浪潮下，两位女海盗还是成功地保住了自己肚子里的小生命。[75]

乔治·麦克唐纳·弗雷泽（George MacDonald Fraser）创作的《海盗》（*The Pyrates*）是一部有关海盗贵族的滑稽戏。戏剧的主人公是本杰明·艾弗里（Benjamin Avery）船长。这位艾弗里船长是一位典型的历史浪漫主义题材小说的主角：他融合了萨巴蒂尼先生笔下所有海盗的特征。除此之外，他比年轻的埃罗尔·弗林更加优秀：他是阿平厄姆（Uppingham）地区的前总督，以第一名的成绩从牛津大学毕业，并且在英国皇家戏剧艺术学院接受教育，拥有毫无瑕疵的教育背景。他英勇无敌、热爱祖国，甚至还保留着童贞。他当时的任务是归还被盗的马达加斯加国王王冠，以及打败来自西班牙的海盗——"海岸兄弟会"。[76] 戏剧里不仅有对西班牙人统治的美洲大陆的嘲讽，也有美丽的女人："黑色海盗女王"示巴，有性感拉丁口音的西班牙少女多娜·梅丽芙拉（Donna Meliflua），以及高贵的"虚荣夫人"（Lady Vanity）。"虚荣夫人"是"切尔滕纳姆女子队"（Cheltenham Ladies）的网球队队长，拥有瑞士精修学院（Swiss Finishing School）的文凭——"虚荣夫人"的一切都很突出，包括她那凹凸有致的身材。[77]

艾弗里接受了一份由海军部委托的秘密任务，他需要保证马达加斯加国王满是珠宝的冠冕能够安全地到达马达加斯加岛。"虚荣夫人"和被囚禁的女海盗示巴都在这艘船上。船上那些看似忠诚的水手其实都是示巴的手下，他们必定会占有"虚荣夫人"以及马达加斯加国王的冠冕。为了找回这些宝贝，艾弗里必须抵挡住多娜·梅丽芙拉的求爱和她可怜又可笑的丈夫——西印度群岛总督唐·拉尔多（Don Lardo）的阴谋，他是"西

班牙版的比利·邦特"，但即将被俘。在驶向马达加斯加的路上，艾弗里
遇到了他的头号敌人——"海岸兄弟会"的首领加利科·约翰·拉克姆。
拉克姆穿着非常精致的白棉布衣服，他的人生目标是攒够足够的战利品，
然后开一间不大的酒馆。[78] 正如罗伯特·德斯诺斯哀叹的那样：

> 海盗早已经转行为乞丐、银行职员或者销售代表。[79]

　　艾弗里的船被海盗们劫走，这大大增加了他找回王冠的难度。而拉
克姆拿到手的王冠被送到他忠诚的情妇安·邦尼手中，然后被藏在他们
经常光顾的小岛上。[80]

　　顽强抵抗的艾弗里被当作奴隶卖了出去（这真是一个不合理的情
节），他和丢失的王冠一样，都成了安·邦尼手里的礼物。艾弗里发现自
己戴着大大的、粉色的金属蝴蝶结出现在安妮·邦尼的海盗宫殿里，宫
殿四周都是无价的毯子和帷幔。[81] 墙上则挂着很多画，在安东尼·范戴克
（Anthony van Dyck）和阿瑟·拉克姆（Arthur Rackham）的作品中，有一
些是船长和船员坐在一堆财宝中的群像画，这些画上标识着"加拉加斯
67"（Caracas 67）或者"上帝之城 71"（Nombre de Dios 71）。[82] 这其实是
在讽刺海盗们低俗的品位和对名望的追求。面对"海岸兄弟会"惨淡的
未来和最终被毁灭的厄运，拉克姆最后悔的是他没有听从父母的话，没
有接受萨默塞特郡委员会的职位。[83] 打扮得像个礼物一样的艾弗里正耐
心地聆听安妮·邦尼说话，邦尼慢吞吞的说话方式和贵妇人布拉克内尔
（Bracknell）如出一辙。[84] "你可能在约翰逊创作的《通史》一书中见过这
一画面，"弗雷泽对他的读者说，"但那已经是很久以前的事情了"：

> 曾经那位满怀热情的女海盗已经变成了精致倦怠的年轻妇女，

她吃了太多奶油食品，过度地放纵自我，在床上阅读流行小说，追赶时尚潮流，连撕开一个纸袋的力气都没有。她依然保持着对年轻男人的喜爱，因为（她认为）这件事能减轻肥胖身材带来的难过情绪。[85]

艾弗里从邦尼的床垫子里找到了一张绘制精细的藏宝图——一张羊皮纸从一只航海靴子中掉了出来。这张藏宝图标示出了马达加斯加国王王冠的埋藏之处。艾弗里根据这张图找回了王冠，并带领海盗们打败了令人厌恶的唐·拉尔多，解救了困在船上的多娜·梅丽芙拉、海盗女王示巴（穿着她最喜爱的豹纹运动装）以及高贵的"虚荣夫人"（她始终没有忘记打理自己的金色头发）。[86]弗雷泽笔下的艾弗里、"黑胡子"、拉克姆以及安妮·邦尼等人物形象都来自《通史》这部书。[87]其笔下的人物和情节非常滑稽，带有夸张的色彩，但他同时也对《通史》提出了质疑（他认为《通史》的作者是笛福）：

> ……任何一个理智的小说作者都不会将书里的材料视作可信的情节，但也难以将这些内容视为胡说八道，因为结合其他证据来看，它们很可能就是真的。当时的审判记录仍然存在于世，也没有人去怀疑笛福在《通史》里写下的这些细节。[88]

当然，引文里的话可能只是弗雷泽的随口一说，海盗小说的情节总是要比真实的海盗故事更加离奇。到了现在，海盗形象早已成为文学作品对现实的某种反映。

卡尔洛瓦的《海上情人》是一出喜剧，而帕梅拉·杰克尔（Pamela Jekel）的《海上之星：海盗女王安妮·邦尼的私生活》（*Sea Star: The*

Private Life of Anne Bonny, Pirate Queen，以下简称《海上之星》）看起来像一部为了迎合大众而粗制滥造的作品。这两部作品在人物形象和故事情节上非常相似，《海上之星》里也出现了卡尔洛瓦创作出的人物——查利·福费瑟斯。查利是安妮·邦尼的印第安朋友，他俩后来一起将斯特德·邦尼特从死刑场上解救下来。邦尼在《海上之星》中是个有教养的人，她喜欢阅读莫里哀、弥尔顿、薄伽丘和布瓦洛的作品，而《海上情人》中的邦尼只喜欢看杂志，两者的形象形成了鲜明的对比。[89] 杰克尔笔下的拉克姆也沉溺于酒精和鸦片，邦尼趁机夺走了他的权力，摇身一变成为海盗女王。她用一把制作精良的法国皇家座椅和一张带有锦缎帷帐的四柱大床来装饰船舱，她经常阅读从其他船只上抢来的书，还养了一只鹦鹉——在《海上情人》里，邦尼则养了两只鹦鹉。[90] 她爱上了马克·里德，在一个漆黑的深夜，邦尼试图亲吻他，但是他没有回应。[91] "我的上帝啊，"邦尼喃喃自语道，"你是谁？"[92] "马克·里德。"他沉静地回答了这个问题，但是安妮看穿了他的秘密。[93] "你是一个女人！承认吧！你和我一样都是女人！"[94]

260

经历了许多波折之后，安妮又重新变回了历史上真实的安妮。她先是被逮捕，然后又被迈克尔·拉德克利夫（卡尔洛瓦虚构的一个形象）救走，逃出了牙买加的监狱。她洗心革面，从此和迈克尔一起过着快乐自由的生活。迈克尔与安妮的爱情在这本书里被表现得非常有诗意。"你的乳房好像温暖的月亮。"迈克尔轻柔地说，然后轻吻了安妮的乳头，用嘴轻轻地吸着。"多么柔软啊。"他喃喃自语道。[95]

《海上之星》其实抄袭了《海上情人》的情节——杰克尔声称自己曾经看过卡尔洛瓦的小说。她也承认自己从那本小说里获益良多：

　　"约翰·卡尔洛瓦的《海上情人》让我受益匪浅，这本书是我参考的最重要的材料。"⁹⁶ 于是也有人辩称《海上之星》并没有抄袭《海上情人》，它只不过在引述历史事实。不开玩笑，真的有人认为《海上情人》不是小说，而是一本严肃的历史读物。

在小说《安妮·邦尼和玛丽·里德：女海盗》（*Anne Bonney and Mary Read: Women Buccaneers*）的前言中，作者梅斯·塔斯科（Mace Taxco）告诉我们，"丹尼尔·笛福目睹了法庭对她们的审判，并且用文字记录下了当时的场景"。⁹⁷ 塔斯科自己也花了两年的时间去钻研这个课题。⁹⁸ 他在创作时借鉴了《通史》记载的故事，不过这本书是以一种文盲式的拙劣文笔风格（即塔斯科本人的特点）来写的。在大陆上服兵役时，玛丽·里德伪装成了马克·里德中尉（这个名字来自卡尔洛瓦的《海上情人》），遇见了《通史》提到的来自荷兰或者佛兰德的丈夫。这个男人通过鼓起的胸部发现了她真正的性别："这样谁都能看出来。"于是玛丽不得不承认："我的名字不是马克·里德，而是玛丽·里德。"⁹⁹ 她请求保留她的军衔："虽然我是一个女人，但是我依然可以用利刃将任何一个男人砍成碎片，然后再用火枪在他们的头上开一个洞。"¹⁰⁰

这本书里的另外一个叙述者讲述了安妮·邦尼和她的情人拉克姆一起当海盗的故事。在一场与"黑胡子"的战斗中，安德鲁（安妮）·邦尼脱掉了自己的衬衫，并且打败了海盗船长托马斯·图，于是人们看到了她的胸部。¹⁰¹ 船长托马斯·图一时间分了神，被邦尼一剑刺穿，然后跌下甲板而死。尽管邦尼与拉克姆保持着恋人关系，但当她遇到玛丽·里德时，立刻坠入爱河。玛丽当时化名为马克，当安妮·邦尼对她道出实情，并让她看自己凸起的胸部时，玛丽震惊了。¹⁰² 马克当然没有因此而爱上安妮，因为她同样拥有坚挺的胸部。¹⁰³ 她们成了朋友，而不是恋人，之后又一起当上了臭名昭著的海盗："她们比船长加利科·约翰·拉克姆更出名。"[104]

　　当巴尼特船长前来追捕他们时，安妮和玛丽都英勇地战斗在最前线，但海盗们最终还是失败了，拉克姆被处以绞刑。安妮的律师父亲威廉·科马克（他在卡尔洛瓦的《海上情妇》中出现过，之后又出现在杰克尔的《海上之星》中）出席了牙买加法庭的庭审，为两位女海盗当庭辩护。"安妮和玛丽将衣服扯到一边，露出了她们的乳房。[105] 这些细节都是真的，丹尼尔·笛福是法院的书记员，他忠实地记录下了他的所见所闻。"[106] 为了强调故事的真实性，梅斯·塔斯科还特意印出了伪造的牙买加《审判》的扉页——在那张扉页上，两位女海盗分别被叫作安德鲁·邦尼和马克·里德。书里还有一张梅斯·塔斯科的画像，画像下写着"梅斯·塔斯科站在玛丽·里德的坟墓旁，他手里拿着一把弯刀。这把弯刀曾经是安妮·邦尼的武器"。[107] 在他为期两年的独立研究中，梅斯·塔斯科查明了某个事实——安妮的弯刀确实是基德船长赠送给她的。[108]

　　《玛丽船长，海盗》（*Captain Mary, Buccaneer*）是另外一本关于玛丽·里德的小说（故事发生在卡罗来纳州的一座种植园中），但作者杰奎琳·丘奇·西蒙兹（Jacqueline Church Simonds）将玛丽·里德和安妮·邦尼弄混了。这本书的情节和《海上情人》有点相似，但故事更加好读。玛丽的舱室里堆满了书，既有弥尔顿、莎士比亚和马基雅维利的作品，也有雷利和马维尔的诗歌、本·琼森的散文，以及一份比黄金还珍贵的宝贝——斯宾塞的《仙后》（*The Faerie Queene*）。[109] 这些知识对玛丽和她的船员来说是一种激励。在读完了雷德克罗斯（Redcrosse）骑士的冒险故事之后，玛丽船长的法国医生轻轻地咬住了她乳房的顶端，然后捏起了她坚硬的乳头。[110] 她的同性爱人做得更好："伊莱娜（Elaina）压住了玛丽的乳头，然后用力握住了它们，这一动作让玛丽觉得自己要

被融化了。"[111] 然而，这样混乱的感情是需要付出代价的。法国随船医生
喜欢上了这位拥有金黄色头发的同性恋伊莱娜，他告诉玛丽："伊莱娜非
常可爱，并且几乎和你一样。"[112] 玛丽一下子就失去了两位恋人，同时也
失去了她的海盗船，这艘船沉没在一场突然来临的暴风雨中。尽管如此，
玛丽最后的结局很圆满：她嫁给了一位退休的黑人海盗，还经营着一家
金矿。小说的最后，她充满慈爱地给自己的孩子喂奶，陪伴在她身边的
丈夫是她的真心爱人。

　　在这些以女海盗为主题的小说中，对做爱的描写要多过对航海的描
写，身体部位的名称要多于船上部件的名称。这些故事无法让人信服，
因为真正的水手其实过着一种非常艰苦的生活，他们睡在吊床上，甲板
下的环境令人窒息：狭窄、潮湿、臭气难闻。甲板上则存在未知的危险。
这种环境完全无法孕育出浪漫的爱情——不仅不浪漫，而且让人丧失性
欲。[113] 这些小说缺少现实主义色彩，它们的作者们大概也都没有读过19
世纪海盗小说——由斯科特、欧文、库珀和史蒂文森共同创造出的海盗
小说传统就这样被抛弃了。在这些出版于20世纪的小说里，埋藏的宝藏
已经消失得无影无踪，取而代之的是更多的调情（以及出现在藏宝箱中
的女人衣物）。就题材而言，这些小说更接近浪漫的爱情故事而非探险传
奇。作家们互相"借鉴"彼此的作品，同时也参考《通史》中的历史资
料——就这样，他们创造出了独一无二的"海盗传统"。如果从小说的印
刷数量来看，它们应该非常成功；而如果从重复率来看，那么这些小说
几乎没有任何文学价值。

　　那这些虚构文学都被20世纪和21世纪的历史学家们摒弃了吗？历
史学家们又是怎么看待安妮·邦尼和玛丽·里德的？这两个女人已经成
为海盗万神殿里的一部分，她们为那些已经乏味至极的海盗故事提供了
各种各样的浪漫爱情。曾经有一本书流行一时，书名是《海盗之书》，它

依然重复着《通史》一书中关于安妮·邦尼和玛丽·里德的故事——女扮男装的邦尼爱上了女扮男装的玛丽。但《海盗之书》的作者将玛丽描写得更加女性化:"她非常多愁善感,感情充沛。她对所有人都怀有善意。"[114] 这本书将海上劫掠同人们对女性心理的刻板印象联系在了一起,同时还表现出了暴力和乳房这一矛盾点。

263

"玛丽·里德杀死了她的仇敌",图片选自《海盗之书》

菲利普·戈斯在《海盗史》(*The History of Piracy*)这本书里做了大部分海盗历史学家都做过的事,即抄袭《通史》。他引用了《通史》对牙买加法庭审判的描写,并且宣称:"所有的怀疑都已经被消除。"戈斯继续讲述海盗女扮男装的故事,但他也增加了一些新的内容。戈斯告诉我们安妮·邦尼和玛丽·里德两个人看起来都很漂亮,并且拉克姆追女人的方式和夺船差不多——从不浪费时间,单刀直入。[115] 这种观点影响了很多人——卡尔洛瓦笔下的拉克姆和戈斯描述的拉克姆一模一样。[116] 尽

管戈斯对《通史》描述的内容深信不疑，但他好像从未仔细地阅读过，

264 又或者他只读过一个糟糕的版本，因此，《海盗史》里经常会出现一些错误，书里提及"安妮·邦尼死刑的执行日期被推迟了……是因为她的身体出了一些状况"，这里的身体问题可能是指邦尼怀孕了。而法庭对玛丽·里德的判决是："她必须被判死刑。"[117]

"玛丽·里德向她的仇敌揭露了自己的性别"，选自 P. 克里斯蒂安的
《海盗和海盗船的历史》（*Histoire des pirates et corsaires*）

约翰·罗伯特·摩尔对女海盗和男海盗都没有特别的兴趣。20 世纪 30 年代，他评估了《通史》对后来历史学家的影响，并提出一个观

265 点："《通史》的作者创造出了海盗的现代概念。"[118]摩尔试图让大众相信《通史》就是笛福的作品，而他的证据是："一群恶棍""我忘记了谁的名字""非常非常满意""简而言之""一句话概括"等笛福经常使用的短语

都被用在了《通史》当中。[119] 现在看来，这种证据难以令人信服。但在当时，摩尔成功地说服了出版商——从此之后，《通史》的封面上全都印着笛福的名字，一直持续到 1988 年。摩尔始终坚信自己的学术发现是正确的。[120]

历史学家琳达·格兰特·德波夫（Linda Grant De Pauw）认为《范妮·坎贝尔，女海盗船长》（*Fanny Campbell, The Female Pirate Captain*）这部小说并非虚构作品，而是真实发生过的历史故事。她仔细阅读了《通史》和《海上情人》，并在她之后的研究著作《航海女性》（*Seafaring Women*）中指出，范妮·坎贝尔之所以会受到欢迎，是因为她拥有丰富的航海经验，以及她是女扮男装的女海盗，而不是因为她体现了某种先锋精神。邦尼和里德的故事之所以能够流行如此之久，也是因为女扮男装的魅力让读者难以忘怀。历史学家德波夫仔细对比了《通史》和《海上情人》中与邦尼和里德有关的记载，她发现，在这两本书中，邦尼的父亲和母亲拥有相同的虚构名字——威廉·科马克和佩姬·布伦南。[121] 除此之外，德波夫也编造出了一个只存在于想象中的历史事实——加利科·约翰·拉克姆经常穿着条纹裤。[122]

绝大多数人都认同 "《通史》的作者创造出了海盗的现代概念" 这一观点。[123] 戴维·科丁利（David Cordingly）在创作《海盗们的生活》（*Life Among the Pirates*）时，也参考了许多资料。在他的笔下，拉克姆将海盗惯用的手段用于追求女人——从不浪费时间，单刀直入。科丁利以为此处引文是来自另外一个历史学家——克林顿·布莱克，但实际上，这应该是布莱克从戈斯的作品里抄袭来的。[124] 科丁利知道那本牙买加小册子《审判》的记录更加真实，但他依然重复了《通史》里的故事：女扮男装的安妮·邦尼迷恋上了同样女扮男装的玛丽·里德，这两个人与前来追捕她们的巴尼特大战一场。[125]

266

　　《水手、妓女和侠盗》（"Tars, tarts and Swashbucklers"，出自 *Bold in Her Breeches: Women Pirates Across the Ages*）的作者朱莉·惠尔赖特（Julie Wheelwright）表示，历史上的安妮·邦尼和玛丽·里德都没有女扮男装，她们在抵抗巴尼特时也并没有表现得比男性海盗更加勇敢和果决。[126] 而在《女海盗和海盗旗的政治》（*Women Pirates and the Politics of the Jolly Roger*）一书中，乌尔丽克·克劳斯曼（Ulrike Klausmann）和玛丽昂·麦泽林（Marion Meinzerin）则相信《通史》记载的安妮·邦尼和玛丽·里德的故事是真实的——尽管她们很可能根本没有读过《通史》。书中某一章节写到"安妮·邦尼站在船首，她沐浴在月光下，手上的抓钩往下滴着血……不停地用抓钩击打着一个人形"。[127] 一艘商船里的船员看见了这一幕，被吓得动弹不得，并且立即投降。[128] 克劳斯曼和麦泽林解释说："这是安妮·邦尼的主意，是她与一位来自新普罗维登斯的同性恋理发师皮埃尔·文（Pierre Vane）一起策划的。"[129] 这种说法并不准确，这个主意其实是来自约翰·卡尔洛瓦的《海上情人》——虽然在这本小说中，安妮·邦尼拿的是一把斧子而不是一个钩子，但是那位同性恋理发师名字就叫皮埃尔·博斯克（Pierre Bousquet），而不是以历史上的海盗查尔斯·文来命名的。[130]

　　戴维·科丁利在他的《女英雄和妓女：伟大航海时代里的海上女人》（*Heroines and Harlots: Women at Sea in the Great Age of Sail*）一书中又再次提到了安妮·邦尼和玛丽·里德。科丁在介绍这两位女海盗时援引了《通史》作者说过的话："她们的故事实际上就是一部浪漫的爱情小说。"科丁利和《通史》的作者一样，都努力地为她俩的真实存在进行辩护——牙买加法庭的审判证明了《通史》中这个故事的真实性。科丁利说，"法庭审判的手稿与其他文件都给出了充足证据，足以证明安妮·邦尼和玛丽·里德在海上的经历都是真的"。[131] 然而，这样的证据并不存在，没有人了解她们的身份背景和最后的结局，至于那个偷银勺的复杂传说也没人知道真假。[132] 科丁利说，"当她们出海时，都会女扮男装，并且安妮·邦尼实在太喜欢玛丽·里德了，于是她告诉玛丽，自己是一个女人"。[133] 当然，也没有证据能够证明这两个女人女扮男装，并且由于伪装得太好，以至于没能发现彼此的性别。[134] 科丁利还指出，当巴尼特俘虏了"威廉号"时，邦尼和玛丽是海盗中仅剩的两个留在甲板上的人，她们顽强抵抗。[135] 尽管科丁利知道记录在《审判》里的细节是怎样的，但他仍然坚持保留这段传说中最核心的东西：邦尼和里德女扮男装，以及她们远胜男人的战斗力。科丁利在结尾专门提到一些"证据"：安妮·邦尼的父亲名叫威廉·科马克，是他将邦尼从牙买加的监狱中救了出来，出狱后的邦尼很快就结了婚，并且生了八个孩子，于 1782 年去世，享年 84 岁。[136] 这些"证据"据说被保留在安妮·邦尼的后代收集的家族文件中，[137] 而这样的文件不是普通人能够随便查阅的。实际上，邦尼父亲的名字威廉·科马克出自约翰·卡尔洛瓦之手。《海上情人》的影响力实在太大，以至于威廉·科马克也就变成了有据可考的历史事实。[138] 2002 年，法国历史学家吉勒·拉普热（Gilles Lapouge）在他的《海盗、强盗、掠夺者》（*Pirates, boucaniers, flibustiers*）一书中再次重复了安妮·邦尼和玛丽·里德的故事，并且还加上了"棉布杰克"穿红裤子的情节。[139]

　　《牛津国家人物生平词典》于 2004 年出版了关于安妮·邦尼和玛丽·里德的传记词条。戴维·科丁利负责撰写这些词条：玛丽·里德是一位女扮男装的海盗，安妮·邦尼也一样，邦尼爱上了英姿飒爽的玛丽，她们与巴尼特战斗到最后一刻，她们是整群海盗中最英勇的两个人。[140] 在《所有国家的恶棍："黄金时代"的大西洋海盗》（*Villains of All Nations: Atlantic Pirates in the Golden Age*）中，马库斯·雷迪克（Marcus

267

Rediker）以牙买加的审判为开头讲述了安妮·邦尼和玛丽·里德的故事——当时她们正在为肚子里的孩子求情，"陪审团不得不探明究竟"，雷迪克说，"然后他们发现这两个海盗确实是女人，并且都怀了孕"。[141]他从《审判》中援引了不少段落，也知道邦尼和里德并没有一直都女扮男装，但他始终无法与《通史》所构建的神话对抗。他最终还是写下了所有人都能接受的情节：邦尼和玛丽在船上女扮男装，骗过了所有人，直到陪审团发现这两个海盗确实是女人。[142]他重复了《通史》中的故事，即使这些情节与《审判》一书相矛盾：当"威廉号"被俘虏时，邦尼和里德充满鄙夷地站在甲板上，其他的海盗则慌忙逃窜到甲板下面。[143]但雷迪克依然相信这两个女人要比男人更加勇猛刚毅。充满神秘色彩的18世纪海盗一直留存在人们的心中，在20世纪和21世纪的历史学家眼中，他们就是文化博物馆中美丽的展品。

在探讨两位女海盗的生平时，雷迪克将《通史》中的材料视作证据。[144]雷迪克认为邦尼和里德是工人阶级女性，在权力斗争中取得了胜利，并且推测她们在海盗船上的地位很高。[145]笛福的《莫尔·弗兰德斯》和盖伊的戏剧《波莉》都"借鉴"了《通史》中女海盗的故事，即莫尔和波莉是令人尊敬的女英雄，她们俩有时候穿着男人的衣服。雷迪克则表示盖伊笔下的女性冒险故事就是邦尼和里德的故事，但雷迪克没有考虑到的一点是，这种影响或许是反向的——他从《通史》中提炼出来的邦尼和里德的特点，可能是在这些虚构作品的影响下形成的结果（而非原因）。[146]实际上，这几部作品的相似之处并不多。波莉并不是因为想要当海盗才女扮男装，她在西印度洋上穿男人的衣服是为了保护自己，因为一个年轻貌美的女子很容易受到侵犯。[147]当然，盖伊也许并没有受到雷迪克所说的真实的女海盗的影响，因为与《通史》所记录的文献资料相比，雷迪克刻画的邦尼和里德简直就是虚构的传奇人物。盖伊笔下的波莉也是一样。

　　海盗的形象看似一直在变化，但他们其实保持了原样。从 18 世纪到 20 世纪，海盗的故事的两个特点依然延续了下来：一是它的真实性依托于 18 世纪初期的"黄金时代"；二是它的吸引力取决于故事的虚构性。18 世纪"黄金时代"的海盗形象是为了迎合读者的口味才被创造出来的，从那时起，这一类海盗形象已被广为接受。海盗们出现在诗歌、戏剧、编造的传记中，也存在于那些真假不明的历史中。海盗们披上了各式各样的伪装：多愁善感的魔鬼，激进的马克思主义者，具有道德感的女性主义者，以及胆大妄为的同性恋。海盗看起来具有无限的可塑性，但他或者她的原型基本来自《美洲海盗》和《通史》。历史成了海盗们的家园，而小说成了他们的栖息地。这些文学作品都声称自己是真实的传记（例如《通史》），但实际上，它们全都是虚构的文学。

　　早在 18 世纪初，海盗形象刚刚被创造出来的时候，海盗就已经脱离真实了，但这并不妨碍他们成为传说中的英雄——他们是漂泊在茫茫大海上的反叛者，他们打破社会规则，不断追寻自我。19 世纪的海盗也是英雄，他们努力反抗 18 世纪的父权；他们来自彬彬有礼的社会，拥有双重身份，是绅士的另一重本我；他们是被放置在错误地方的人，只有通过作者巧妙的情节安排才能回到正确的位置。这类被重新安置的浪漫形象催生了柔弱的 20 世纪海盗，他们退回到历史浪漫主义题材小说的边缘，成为一种历史题材。他们是无名又可悲的人物，激发了我们的同情心，但又被弃之如敝屣。20 世纪的海盗很明显是被阉割过的，他们干净又无害，虽然奄奄一息，却存活了下来——人们阅读海盗的故事，观看海盗的故事，然后相信海盗的故事。

　　历史学家们好像还在续写虚构文学，20 世纪的小说家们则再次利用《通史》里的"假历史"来进行创作，我们对此坚信不疑。彼得·潘问小

269

叮当："你相信这世上有仙女吗？"[148] 那我们应不应该去相信虚构的海盗和仙女呢？历史学家继续在虚幻的梦幻岛上折腾，电影制作人也是一样。系列侠盗电影《加勒比海盗》的第二部，以海盗在迪士尼乐园海盗蜡像馆穿梭的一幕开场，一位演员（或者说替身）爬上了海盗船的桅杆，然后又滑下来，用刀劈开了船帆——很明显，这是对《黑海盗》和《海宫艳盗》的"致敬"。[149] 如今的海盗拥有鲜明的后现代风格，基德船长演变成了约翰尼·德普，大概也只有在索马里（而非好莱坞），人们身处后殖民时代依旧能感受到前殖民时代残留的混乱气息。然而，不论环境怎样改变，我们始终将那些发生在大海上的暴力抢劫统一称作——"海上劫掠"。

注 释

第一章

1. 'A Copy of Verses Composed by Capt. Henry Every now gone to Sea to Seek his Fortune', 388/4, fo. 59, PRO. There is a printed copy in *The Pepys Ballads*, ed. W. G. Day (5 vols; Cambridge, 1987),V, 384.

2. David Creagh, testimony, *The Tryals of Joseph Dawson, Edward Forseith,William Day, William Bishop, James Lewis, and John Sparkes. For several Piracies and Robberies by them committed, in the Company of Every the Grand Pirate* (London, 1696), 15.

3. Creagh, testimony, *Tryals*, 15.

4. Creagh, testimony, *Tryals*, 15.

5. Creagh, testimony, *Tryals*, 15.

6. Creagh, testimony, *Tryals*, 15.

7. Creagh, testimony, *Tryals*, 15.

8. Creagh, testimony, *Tryals*, 15.

9. James Houblon, 10 August 1694, 388/4, fo. 55, PRO. 霍布隆的 MS 副本可能要早于佩皮斯（Pepys）收藏的民谣印刷本，详见 *The Pepys Ballads*, ed. W. G. Day,V, 384。那些请愿的妻子是由简·梅（Jane May）领导的，她的丈夫是埃夫里提到的两个"老运动员"之一，也是后来被审判和绞死的少数船员之一。

10. John Dann, testimony, *Tryals*, 18; Dann, Examination, in J. F. Jameson, ed., *Privateering and Piracy in the Colonial Period: Historical Documents* (New York, 1923), 166; William Phillips, account, Dublin, 8 August 1696, SP 63/358, fo. 127v, PRO; Phillip Middleton, Narrative, 4 August 1696, MS, British Library, IOR/H/36, 199.

11. Phillip Middleton, testimony, *Tryals*, 20.

12. Middleton, Narrative, 199; and see Dann, Examination, 167.

13. William Phillips, account, fo. 128v.

14. Governor Fletcher, quoted by Jameson (from *New York Colonial Documents*, IV, 447) in J. F. Jameson, ed., *Privateering and Piracy*, 167, n. 16.

15. Dann, Examination, in Jameson, ed., *Privateering and Piracy*, 168.

16. See Dann, Examination, 168, and also William Phillips, account, fos. 128v–129r.

17. Dann, Examination, 168; John Elston, Deposition, 27 May 1698, in *Archives of the State of New Jersey*, First Series, II, 225. 埃尔斯顿（Elston），船上的一个年轻侍者，认为那艘轻巧的小船应该价值 20000 英镑，但是丹恩（Dann）的估计可能更为准确。印度学者卡菲汉（Kháfí Khán）认为"甲板上有 80 杆枪和 400 个人"，但他并没有亲眼看见，详见 Kháfí Khán, 'Muntakhabu-l Lubáb', in *The History of India, as Told by its Own Historians*, ed. H. M. Elliot and John Dowson (8 vols; London, 1867–1877),VII, 350。威廉·菲利普斯（William Phillips）说的是"70 杆枪和 700 个人"，见 account, fo. 129r；埃尔斯顿认为"四五十杆枪堆在船上，其他的由人扛着"，见 Description, *Archives*, 225。

18. Dann, testimony, *Tryals*, 18.

19. See Kháfí Khán,'Muntakhabu-l Lubáb', *History of India*,VII, 350;William Phillips, account, 129r.

20. William Phillips, account, 129r.

21. William Phillips, account, 129r.; Adam Baldridge, Deposition, 1699, in Jameson, ed., *Privateering and Piracy*, 184.

22. *General History*, II [1728], 109.

23. Kháfí Khán,'Muntakhabu-l Lubáb', *History of India*,VII, 350.

24. Kháfí Khán,'Muntakhabu-l Lubáb', *History of India*,VII, 350–351.

25. Middleton, Narrative, 199.

26. William Phillips, account, fo. 131v.

27. 东印度公司信件的摘要，来自孟买，1695 年 10 月 12 日，详见 Jameson, *Privateering and Piracy*, 158–159。另见东印度公司信件的摘要，来自苏特拉总统和议会，1697 年 4 月 21 日，内容为"其中代理人都被戴上了镣铐，因为'珍宝号'被夺取了"，详见 MS, British Library, E/3/53, fo. 27。

28. 尽管协议说的是"一视同仁地平分"（to share and share alike），详见 William Phillips, account, fo. 128v，但还是出于各种原因，战利品在分配上存在着一些不公平，详见 Dann, in Jameson, ed., 169; and William Phillips, account, fo. 129v。

29. Dann, Examination, in Jameson, ed., *Privateering and Piracy*, 169 (and see William Phillips, account, fo. 129r).

30. Thomas Phillips,'A Journal of a Voyage made in the Hannibal of London, Ann. 1693, 1694', in A. Churchill, ed., *A Collection of Voyages and Travels* (6 vols; London, 1732),VI, 179.

31. R. P. Labat, *Nouveau Voyage aux isles de l'Amerique* (8 vols; Paris, 1742),VII, 333. 拉巴造访圣托马斯岛的时间是 1701 年 4 月，这使得将那艘英国海盗船与"幻想号"联系起来的可能性变得很小，但拉巴听说的关于莫卧儿王朝权臣的故事却是与众不同的，甚至带着点神秘色彩。

32. Labat, *Nouveau Voyage*, 336.

33. Dann, in Jameson, ed., *Privateering and Piracy*, 170.

34. Middleton, Narrative, 201.

35. Middleton, Narrative, 201.

36. Middleton, Narrative, 201.

37. Dann, in Jameson, ed., *Privateering and Piracy*, 170, 171.

38. See Dann, in Jameson, ed., *Privateering and Piracy*, 171.

39. *Tryals of Joseph Dawson*, 6, 4, 28.

40. *An Account of the Behaviour, Dying Speeches, and Execution of ... William May, John Sparcks,William Bishop, James Lewis, and Adam Foreseith, for Robbery, Piracy and Felony; at the Execution-Dock: On Wednesday the 25th of November, 1696* (London, 1696).

41. *An Account of the Behaviour, Dying Speeches, and Execution.*

42. *An Account of the Behaviour, Dying Speeches, and Execution.*

43. Dann, in Jameson, ed., *Privateering and Piracy*, 171.

44. William Phillips, account, fo. 130v.

45. William Phillips, account, fo. 131r.

46. Baldridge, Deposition, in Jameson, ed., *Privateering and Piracy*, 184.

47. See Baldridge, Deposition, in Jameson, ed., *Privateering and Piracy*, 184.

48. Samuel Perkins, Deposition, 1698, in Jameson, ed., *Privateering and Piracy*, 176; Baldridge, Deposition, in Jameson, ed., *Privateering and Piracy*, 181. A careful 'Plan du Port de l'isle Ste Marie' can be seen in British Library, Add. MSS, 15319, fo. 34.

49. Henry Watson, Narrative, *CSP, CS, AGWI, 27 October 1697–31 December 1698*, ed. J. W. Fortescue (London, 1905), 108.

50. Watson, Narrative, 108.

51. Baldridge, Deposition, in Jameson, ed., *Privateering and Piracy*, 183.

52. Baldridge, Deposition, in Jameson, ed., *Privateering and Piracy*, 183.

53. Baldridge, Deposition, in Jameson, ed., *Privateering and Piracy*, 183.

54. Edward Randolph, 'To the Honourable Commissioners of his Majesty's Custom', 10 November 1696, *Colonial Records of North Carolina*, ed. William L. Saunders, I (Raleigh, North Carolina, 1886), 463.

55. Baldridge, Deposition, in Jameson, ed., *Privateering and Piracy*, 184.

56. Perkins, Deposition, in Jameson, ed., *Privateering and Piracy*, 178.

57. See Baldridge, Deposition, in Jameson, ed., *Privateering and Piracy*, 186–187, and Perkins, Deposition, in Jameson, ed., *Privateering and Piracy*, 176–177.

58. Baldridge, Deposition, in Jameson, ed., *Privateering and Piracy*, 186-187. 在被检查时，基德告诉贝洛蒙特勋爵，鲍德里奇应该为"马达加斯加岛附近的圣玛丽岛上的原住民叛乱负责"，因为这次叛乱是为了报复鲍德里奇把岛上的人俘虏并装船运往法国控制的岛屿留尼汪岛，详见 Governor the Earl of Bellomont to the Council of Trade and Plantations, Boston, 24 August 1699, *CSP, CS, AGWI, 1699*, ed. Cecil Headlam (London, 1908), 404。

59. *Reasons for Reducing the Pyrates at Madagascar: And Proposals Humbly Offered to the Honourable House of Commons, for Effecting the Same* (London, 1707), 1.

60. *Reasons for Reducing the Pyrates at Madagascar*, 2.

61. [Defoe,] *A Review of the State of the British Nation*, 18 October 1707, in Defoe's *Review*, ed. A. W. Secord, Facsimile Book 10 (New York, 1938); vol. IV, no. 107, 425.

62. 'The Asiatic Campaigns of Thut-mose III', *Ancient Near Eastern Texts*, ed. James B. Pritchard (Princeton, 1955), 239.

63. Lionel Casson, *Ships and Seafaring in Ancient Times* (London, 1994), 48.

64. See Philip de Souza, *Piracy in the Graeco-Roman World* (Cambridge, 1999), 3.

65. Homer, *The Odyssey*, 9.252–255, transl. A.T. Murray (Loeb edition, 1919).

66. See de Souza, *Piracy*, 2.

67. Homer, *The Odyssey*, 14.223–233, transl. Murray (Loeb edition).

68. Homer, *The Odyssey*, 14.223–233.

69. Paul, Titus, 1: 12, *The New English Bible* (New York, 1971).

70. Longus, *Daphnis and Chloe*, transl. Paul Turner (Penguin edition, 1968), 41. Cf. Longus, *Daphnis and Chloe*, ed. J. M. Edmonds (Loeb edition, 1916).

71. Giovanni Boccaccio, *Il Decameron*, Giornata quinta, Novella seconde, ed. Aldo Rossi (Bologna, 1977), 282.

72. Boccaccio, *Il Decameron*, Giornata seconda, Novella decima, 141.

73. François Villon, *Le Grand Testament* (Paris, 1489), [7–8].

74. Augustine, *The City of God*, transl. Henry Bettenson (Penguin edition, 1972), 139.

75. For the anecdote, see Cicero, *De re publica*, III, xiv (Loeb edition, 1988), 202.

76. Cicero, *De officiis*, III, 107 (Loeb edition, 1913), 384.

77. See Daniel Heller-Roazen, *The Enemy of All: Piracy and the Law of Nations* (New York, 2009), particularly 192.

78. Miguel de Cervantes Saavedra, *El Ingenioso Hidalgo Don Quixote de la Mancha* (Lisboa, 1695), 360, 361.

79. Cervantes, quoted in William Byron, *Cervantes: A Biography* (London, 1979), 186.

80. [Voltaire,] *Candide, ou l'optimisme* (1759), [Ch. XI,] 79, 80.

81. John Stow, *A Survey of London* (London, 1598), 347. Accounts of the 'outragious searovers' and of Clinton Atkinson, whose father was a minister, are provided in Raphaell Holinshed [and others, including John Stow], *The First and second volumes of Chronicles* (London, 1587), 1354.

82. John Stow, *The Annales of England* (London, 1605), 1175.

83. Stow, *Annales*, 1175.

84. Thomas Heywood and William Rowley, *Fortune by Land and Sea. A Tragi-Comedy* (London, 1655), V, i. 沃尔顿在剧中被称为珀泽（Purser），这是沃尔顿的另外一个名字，在《关于最著名的两个英国海盗珀泽和克林顿的生死实录》（*A True Relation, of the Lives and Deaths of two most Famous English Pyrats, Purser, and Clinton*, London, 1639）中有解释："珀泽，大家经常这么喊他，因为他以前是'皇家号'上的事务长（purser），他的名字是托马斯·沃尔顿。"关于这部剧创作时间的猜想，详见 Herman Doh, *A Critical Edition of 'Fortune by Land and Sea'* (New York and London, 1980), 32–37。

85. Heywood and Rowley, *Fortune by Land and Sea*,V, ii.

86. Heywood and Rowley, *Fortune by Land and Sea*,V, ii.

87. *A True Relation, of the Lives and Deaths of two most Famous English Pyrats, Purser, and Clinton* (London, 1639).

88. Robert Daborn, *A Christian Turn'd Turke: or,The Tragicall Liues and Deaths of the Two Famous Pyrates,Ward and Dansiker* (London, 1612), stage direction, Scene 2.

89. Daborn, *A Christian turn'd Turke*, Scene 4.

90. 'The Seaman's Song of Captain Ward, the Famous Pirate of the World, and an Englishman Born', in Daniel J. Vitcus, ed., *Three Turk Plays from Early Modern England* (New York, 2000), Appendix 1, 345–348.

91. William Lithgow, *The Totall Discourse, of the Rare Adventures, and Painefull Peregrinations of Long Nineteene Yeares Travayles* (London, 1632), 358.

92. *Ward and Danseker,Two Notorious Pyrates,Ward an Englishman, and Danseker a Dutchman* (London, 1609).

93. *Ward and Danseker.*

94. François I, quoted in S. E. Morison, *The European Discovery of America:The Northern Voyages* (New York, 1971), 435, 456.

95. On 'boucaner', see Jean de Léry, *Histoire d'un voyage fait en la terre du Bresil* (La Rochelle, 1578), 152–154; on the etymology of 'buccaneer', see, e.g., *Le Robert: Dictionnaire historique de la langue française* (3 vols; Paris, 2000).

96. See Jean Baptiste du Tertre, *Histoire generale des Antilles* (4 vols; Paris, 1667–1671), III, 141.

97. See du Tertre, *Histoire*, 142, and Pierre-Francois-Xavier de Charlevoix, *Histoire de l'Isle Espagnole ou de S. Domingue* (2 vols; Paris, 1730), II, 44.

98. See Le Pers, MS, printed in Pierre Margry, *Relations et mémoires inédits pour servir à l'histoire de la France dans les pays d'Outre-mer* (Paris, 1867), 282–289, at 282.

99. For clothing, see Le Pers, in Margry, *Relations et mémoires inédits*, 284, and Labat, *Nouveau Voyage*,VII, 233–234.

100. See du Tertre, *Histoire*, III, 141–142.

101. See: Le Pers, in Margry, *Relations et mémoires inédits*, 285; Charlevoix, *Histoire*, II, 44; Pierre de Vaissiere, *Saint-Domingue: La Société et la vie créoles sous l'ancien regime (1629–1789)* (Paris, 1909), 13.

102. See Le Pers, in Margry, *Relations et mémoires inédits*, 285.

103. Le Pers, in Margry, *Relations et mémoires inédits*, 285. On crossing the line, see Peter Earle, *Sailors: English Merchant Seamen 1650–1775* (London, 1998), 96–97, and description,Woodes Rogers, *A Cruising Voyage Round the World* (London, 1712), 23–24.

104. See Le Pers, in Margry, *Relations et mémoires inédits*, 287.

105. See Le Pers, in Margry, *Relations et mémoires inédits*, 286, 288.

106. See Le Pers, in Margry, *Relations et mémoires inédits*, 288.

107. Le Pers, in Margry, *Relations et mémoires inédits*, 288.
108. Basil Ringrose,'The DangerousVoyage and Bold Attempts of Captain Bartholemew Sharp, and others', in John Esquemeling, *Bucaniers of America: or, a true Account of the most remakable Assaults committed of late upon the Coasts of the West Indies, by the Bucaniers of Jamaica and Tortuga, both English and French* (2 vols; London, 1684), II, 31.
109. Ringrose,'The Dangerous Voyage', in Esquemeling, *Bucaniers*, II, 31.
110. Ringrose,'The Dangerous Voyage', in Esquemeling, *Bucaniers*, II, 31.
111. William Dampier, *A New Voyage Round the World* (London, 1697), 271.
112. Dampier, *A New Voyage*, 271.
113. Esquemeling, *Bucaniers*, Part III, 68. 关于埃斯奎默林和其他文献之间的关系，详见 Peter Earle, *The Sack of Panamá* (London, 1981), 265-266。我把我的英文版《美洲海盗》（*Bucaniers*）中的引文同企鹅出版社翻译的荷兰原文版本（Exquemelin, *The Buccaneers of America*, transl. Alexis Brown, Penguin Books, 1969）进行比照，发现只有一处不同，我将在下一个注释中提到。
114. Esquemeling, *Bucaniers*, Part I, 43.
115. See Esquemeling, *Bucaniers*, Part I, 81, and Le Pers, in Margry, *Relations et mémoires inédits*, 286.
116. Esquemeling, *Bucaniers*, Part II, 38.
117. Esquemeling, *Bucaniers*, Part II, 116–117.
118. Esquemeling, *Bucaniers*, Part II, 124.
119. Esquemeling, *Bucaniers*, Part I, 106, and Part II, 33.
120. Esquemeling, *Bucaniers*, Part I, 106.
121. Esquemeling, *Bucaniers*, Part I, 106.
122. See Esquemeling, *Bucaniers*, Part I, 107–108.
123. Esquemeling, *Bucaniers*, Part II, 56.
124. Esquemeling, *Bucaniers*, Part I, 86. 在企鹅出版社翻译的荷兰原文中没有这句口号的对应翻译，详见 *Buccaneers*(Penguin Books, 1969), 71。
125. Esquemeling, *Bucaniers*, Part I, 87.
126. 摩根的传记作者与埃斯奎默林对摩根的抱怨持不同意见。详见 Dudley Pope, *Harry Morgan's Way:The Biography of Sir Henry Morgan 1635–1684* (London, 1977), 246, 243，这里能够读到摩根在巴拿马事件中的欺诈行为和他对一名被俘的西班牙女士产生的厚颜无耻的热情。
127. Henry Morgan, 'A True Accompt and Relation of this my last Expedition agst the Spaniards by virtue of a Comission given unto mee by his Excy Sr Tho: Modyford', 31 January 1671, MS, British Library, Add. 11268, fo. 78.
128. Sir Thomas Lynch, to Sec. Lord Arlington, 17 December 1671, *CSP, CS, AGWI, 1669–1674*, ed. Noel Sainsbury (London, 1889), 299.
129. John Evelyn, *The Diary*, ed. E. S. de Beer (6 vols; Oxford, 1955), IV, 46.
130. Hans Sloane, *A Voyage to the Islands Madera, Barbados, Nieves, S. Christophers and*

Jamaica (2 vols; London, 1707), Introduction, I, xcviii.

131. John Flavel, 'To All Masters, Mariners, and Seamen', *Navigation Spiritualized: or, A New Compass for Seamen* (eighth edition, London, 1760), v.

132. James Boswell, *Journal of a Tour to the Hebrides*, ed. F. A. Pottle and C. H. Bennett (New York, 1936), 104.

133. Boswell, *Journal*, 211.

134. On European ideas of the sea as well as the shore, see, e.g., Alain Courbin, *Le Territoire du vide: L'Occident et le désir du rivage 1750–1840* (Paris, 1988).

135. Flavel, 'To All Masters, Mariners, and Seamen', iii.

136. Edward Barlow, *Journal of his Life at Sea*, ed. Basil Lubbock (2 vols; London, 1934), I, 60.

137. Jeremy Roch, Journals, in *Three Sea Journals of Stuart Times*, ed. Bruce S. Ingram (London, 1936), 104; Barlow, *Journal*, I, 214.

138. Richard Brathwait, 'A Sayler', *Whimzies: Or, A New Cast of Characters* [1631], in *A Critical Edition of Richard Brathwait's 'Whimzies'*, ed. Allen H. Lanner (New York and London, 1991), 213–217, at 217.

139. John Morris, letter, Liverpool, 6 November 1739, in J.H. Davies, ed., *The Letters of Lewis, Richard,William and John Morris, 1728–1765* (2 vols; Aberystwyth, 1907, 1909), I, 13.

140. Morris, letter, in Davies, ed., *The Letters of Lewis, Richard,William and John Morris*, I, 13.

141. On the fate of John Morris, see Frank R. Lewis, 'John Morris and the Carthagena Expedition, 1739–1740', *Mariner's Mirror*, XXVI (1940), 257–269, at 265.

142. See William Phillips, account, fo. 128v.

143. John Dann, Examination, in Jameson, ed., *Privateering and Piracy*, 167.

144. Middleton, Narrative, 199.

145. Middleton, Narrative, 199.

146. Dann, testimony, *Tryals of Joseph Dawson*, 18.

147. See John J. Richetti, *Defoe's Narratives: Situations and Structures* (Oxford, 1975).

148. *The Life and Adventures of Capt. John Avery* (London, 1709), iv. A briefer version of *The Life and Adventures*, without the Van Broeck authorial frame, was published in *The Monthly Miscellany: or, Memoirs for the Curious*, November, 1708, II (London, 1708), 344–353.

149. *The Life and Adventures*, 18.

150. *The Life and Adventures*, 20.

151. *The Life and Adventures*, 25.

152. *The Life and Adventures*, 28.

153. *The Life and Adventures*, 30.

154. *The Life and Adventures*, 30.

155. *The Life and Adventures*, 31.

156. *The Life and Adventures*, 31–32.
157. *The Life and Adventures*, 32.
158. See *The Life and Adventures*, 37. 法国东印度公司在马达加斯加的主要度假胜地据说"位于该岛北部"，被命名为"圣玛丽港"，详见 *The Life and Adventures*, 57。
159. *The Life and Adventures*, 39.
160. *The Life and Adventures*, 40, 41.
161. *The Life and Adventures*, 43.
162. *The Life and Adventures*, 45.
163. *The Life and Adventures*, 46.
164. *The Life and Adventures*, 55.
165. *The Life and Adventures*, 56.
166. See *The Life and Adventures*, 58.
167. *The Life and Adventures*, 64.
168. *The Life and Adventures*, 39.
169. 这其实有很多例子，但是，如道格拉斯·博廷书中对埃夫里的描述，都是来自 *The Life and Adventures*，详见 Douglas Botting, *The Pirates* (Amsterdam, 1979), 80, and in David Cordingly, *Life Among the Pirates:The Romance and the Reality* (London, 1995)。
170. Rogers, *A Cruising Voyage*, 125, 419.
171. Charles Johnson, *The Successful Pyrate* (London, 1713), Prologue.
172. Johnson, *The Successful Pyrate*, 3.
173. Johnson, *The Successful Pyrate*, 6.
174. Johnson, *The Successful Pyrate*, 27.
175. John Dennis, 'To the Master of the Revels. Writ upon the first acting of a Play call'd *the Successful Pyrate*', *The Critical Works*, ed. E. N. Hooker (2 vols; Baltimore, 1939–1943), II, 398. 'Flip, Sea Drink, of small Beer (chiefly) and Brandy, sweetened and Spiced upon occasion' (*A New Dictionary of the Terms Ancient and Modern of the Canting Crew* [London, 1699]).
176. Dennis, 'To the Master of Revels', *The Critical Works*, 398.
177. 福尔班克（Furbank）和欧文斯（Owens）就其归属问题产生过争议，但是他们的理由并没有说服力，详见 P. N. Furbank and W. R. Owens, *Defoe De-Attributions:A Critique of J. R. Moore's 'Checklist'* (London and Rio Grande, 1994), 122。
178. *The King of Pirates: Being an Account of the Famous Enterprises of Captain Avery, The Mock King of Madagascar. With his Rambles and Piracies; wherein all the Sham Accounts formerly publish'd of him, are detected. In Two Letters from himself; one during his Stay at Madagascar, and one since his Escape from thence* (London, 1720), iii.
179. *The King of Pirates*, iv.
180. *The King of Pirates*, iv.
181. *The King of Pirates*, vi.

182. *The King of Pirates*, vi.

183. *The King of Pirates*, l.

184. 乔·H. 贝尔曾经追踪了埃夫里的海上生涯（尽管关于他出生的一些史实并不可信）。详见 See Joel H. Baer, ' "Captain John Avery" and the Anatomy of a Mutiny', *Eighteenth-Century Life*, 18 (1994), 1–26。

185. *The King of Pirates*, 28.

186. *The King of Pirates*, 57.

187. *The King of Pirates*, 57–58.

188. *The King of Pirates*, 58.

189. Barlow, *Journal*, 472.

190. Alexander Hamilton, *A New Account of the East Indies, Being the Observations and Remarks of Capt.Alexander Hamilton,Who spent his Time there from the Year 1688 to 1723* (2 vols; Edinburgh, 1727), I, 43.

191. *The King of Pirates*, 63.

192. *The King of Pirates*, 71.

193. *The King of Pirates*, 73, 74.

194. *The King of Pirates*, 74.

195. *The King of Pirates*, 44.

196. *The King of Pirates*, 93.

197. John Stow, *A Survey of London*, corrected [etc.] by John Strype, in 6 Books (London, 1720), Book III, 93. For the conjectured etymology of Grub Street, see Pat Rogers, *Grub Street: Studies in a Subculture* (London, 1972), 24.

198. Samuel Johnson, *A Dictionary of the English Language* (2 vols; London, 1755). For Defoe and Grub Street, see Rogers, *Grub Street*, 311–327.

199. See Frank W. Chandler, *The Literature of Roguery*, I (London, 1907), 139ff.

200. 弗里曼（Freeman）是在《航海图集》一书中被命名的（这本书可能是笛福写的，也可能不是），而且他曾经在皇家非洲公司（the Royal African Company）的档案馆中被发现，详见 *Atlas Maritimus* (London, 1728), 252, and Peter Knox-Shaw, *The Explorer in English Fiction* (London, 1987), 51, 62–63。

201. [Daniel Defoe,] *The Life, Adventures, and Pyracies, of the Famous Captain Singleton* (London, 1720), 179.

202. [Defoe,] *Captain Singleton*, 180.

203. [Defoe,] *Captain Singleton*, 217, but cf. 201, where such things are received as 'Stories'.

204. See Part IV of Robert Knox, *An Historical Relation of the Island Ceylon, in the East-Indies: Together, With an Account of the Detaining in Captivity the Author and divers other Englishmen now Living there, and of the Author's Miraculous Escape* (London, 1681); [Defoe,] *Captain Singleton*, 292–293.

205. [Defoe,] *Captain Singleton*, 238; William Dampier, *A New Voyage Round the World* (London, 1697), 497.

206. [Defoe,] *Captain Singleton*, 316.
207. [Defoe,] *Captain Singleton*, 317.
208. [Defoe,] *Captain Singleton*, 319. (Cf. repentance in *Moll Flanders*.)
209. [Defoe,] *Captain Singleton*, 327, 337.
210. [Defoe,] *Captain Singleton*, 344.
211. [Daniel Defoe,] *A New Voyage Round the World, by a Course never sailed before* (London, 1725), 62.
212. See P. N. Furbank and W. R. Owens, *The Canonisation of Daniel Defoe* (New Haven and London, 1988), 100–109.
213. Charles Johnson, *A General History of the Robberies and Murders of the most notorious Pyrates* (first edition, London, 1724), 25.
214. Johnson, *A General History*, 25.
215. Johnson, *A General History*, 26.
216. Johnson, *A General History*, 31.
217. Johnson, *A General History*, 31.
218. Johnson, *A General History*, 35.
219. Johnson, *A General History*, 35–36.
220. Johnson, *A General History*, 36.

第二章

1. 'Captain Kid's Farewel to the Seas', reprinted in Jameson, ed., *Privateering and Piracy*, 254.
2. Claude Lévi-Strauss, 'Le Champ de l'Anthropologie', in *Anthropologie Structurale Deux* (Paris, 1973), 38.
3. Lévi-Strauss, 'Le Champ de l'Anthropologie', 38.
4. Stuart Beattie, '*Pirates of the Caribbean*: The True Story', Channel 5, UK,
29 May 2011.
5. 基德在苏格兰出生和他的大概年纪出自 Paul Lorrain, *The Ordinary of Newgate* (London, 1701)，格里诺克和牧师父亲出自 Robert C. Ritchie, *Captain Kidd and the War Against the Pirates* (Cambridge, Massachusetts, and London, 1986), 27。
6. See Robert Culliford, Examination, 2 October 1701, ADM, 1/3666, fo. 255, PRO.
7. See Ritchie, *Captain Kidd*, 36, 37.
8. See Kidd, 'Narrative', 7 July 1699, in Jameson, ed., *Privateering and Piracy*, 206. 这份"自述"因需要为其作者洗脱罪名而受到限制，但仍是一份可用材料，需谨慎使用。
9. 在基德不可靠的"自述"中，他声称"大约有 50 人在一周内死在那里"，详见 'Narrative', in Jameson, ed., *Privateering and Piracy*, 206。
10. Barlow, *Journal*, 484.

11. 罗伯特·布拉丁汉姆描述了在"加利探险号"（*Adventure Galley*）上与巴洛"杖权号"（*Sceptre*）相遇的事情，详见 Examination, 25 April 1701, HCA, 1/15, PRO。

12. See Bradinham, Examination, 25 April 1701.

13. See Barlow, *Journal*, 491.

14. See testimony of Robert Bradinham, ship's doctor, *The Arraignment, Tryal, and Condemnation of Captain William Kidd, for Murther and Piracy, upon Six several Indictments, at the Admiralty-Sessions, held ... at the Old-Baily, on Thursday the 8th. and Friday the 9th. of May, 1701. Who, upon full Evidence, was found Guilty, receiv'd Sentence, and was accordingly Executed at Execution Dock, May the 23d.* (London, 1701), 9. Much the same exchange is recorded in the Examination of Joseph Palmer, 25 April 1701, HCA, 1/15, PRO.

15. Bradinham, testimony, 19.

16. On the lease of the *Quedah* to a member of Aurangzeb's court, see Ritchie, *Captain Kidd*, 127.

17. Bradinham, testimony, 27. Similar dialogue recorded in Joseph Palmer, Examination, 25 April 1701, HCA, 1/15, PRO.

18. Bradinham, testimony, 27.

19. Bradinham, testimony, 27. 根据约瑟夫·帕尔默（Joseph Palmer）的证词，波波酒（bumbo）是由水、青柠和糖制成的，但他肯定漏了酒精，详见 *The Arraignment, Tryal* (1701), 58。波酒是一种由朗姆酒、糖、水和肉豆蔻制成的酒，详见 Tobias Smollett, *The Adventures of Roderick Random* (2 vols; London, 1748), footnote, I, 301。

20. Theophilus Turner, Deposition, 8 June 1699, CO, 5/714, 70 iv, PRO, and in Jameson, ed., *Privateering and Piracy*. For the piloting of the *Adventure Galley*, see Joseph Palmer, Examination, 25 April 1701, HCA, 1/15, PRO.

21. Abel Owen and Samuel Arris, crewmen of the *Adventure*, Deposition, 4 July 1699, CO, 5/860, 64 xxiii, PRO.

22. 逃犯人数，详见 Kidd, 'Narrative', 210。

23. Edward Buckmaster, Examination, 6 June 1699, in Jameson, ed., *Privateering and Piracy*, 198.

24. Kidd, 'Narrative', 209.

25. Kidd, 'Narrative', 209–210.

26. Kidd, 'Narrative', 210.

27. Kidd, 'Narrative', 210.

28. Kidd, 'Narrative', 210.

29. Kidd, 'Narrative', 210.

30. Kidd, 'Narrative', 211.

31. See Kidd, 'Narrative', 211.

32. Primary sources differ. See Jameson, ed., *Privateering and Piracy*, 218, n.11.

33. See Ritchie, *Captain Kidd*, 167, 这些细节，在基德的"自述"里没有提及。

34. See Kidd, 'Narrative', 211–212.

35. See Ritchie, *Captain Kidd*, 176.

36. Bellomont, to the Board of Trade, Boston, 8 July 1699, CO 5/860, PRO; Bellomont, to Council of Trade and Plantations, Boston, 26 July 1699, *CSPC,CS, AGWI, 1699*, ed. Cecil Headlam (London, 1908), 374. 关于基德得到的男孩和女孩，详见 information of Joseph Palmer, Minutes of Navy Board, 15 April 1700, quoted in Harold T. Wilkins, *Captain Kidd and His Skeleton Island* (London, 1935), 153。关于贝洛蒙特勋爵拒绝了礼物，详见 Bellomont, to the Council of the Board of Trade, undated, quoted in Wilkins, *Captain Kidd*, 125。

37. See, e.g., John Gardiner, 'Narrative', 17 July 1699, CO, 5/860, 64 xxi, PRO, and in Jameson, ed., *Privateering and Piracy*, 220–223.

38. Gardiner, 'Narrative'.

39. Kidd, 'Narrative', 213. See also Gardiner,'Narrative'.

40. Bellomont, to the Board of Trade, 8 July 1699, CO 5/860, PRO.

41. Kidd, Declaration, CO 5/860, 65 xix, PRO.

42. Joseph Palmer, Examination, 25 April 1701, 其中他的年龄 "约为 32 岁"，见 HCA, 1/15, PRO。

43. Joseph Palmer, Examination, 29 July 1699, CO, 5/15, PRO.

44. Bellomont, to the Council of Trade and Plantations, 24 October 1699, CO 5/860, PRO.

45. Bradinham, Examination, *CSP, CS, AGWI, 1700*, ed. Cecil Headlam (London, 1910), 277.

46. Bellomont, to the Council of Trade, Boston, 25 May 1700, *CSP, CS, AGWI, 1700*, ed. Cecil Headlam (London, 1910), 269; William Penn, to Mr Secretary Vernon, 26 February 1700, *CSP, CS, AGWI, 1700*, 83.

47. Kidd, MS letter to the Earl of Orford, 11 April 1700, British Library, Add. MSS, 70036, fo. 104.

48. Undated record, quoted in Wilkins, *Captain Kidd*, 153.

49. See Examinations of Bradinham and Palmer, 25 April 1701.

50. Palmer, in *The Arraignment, Tryal*, 8; Cf. Bradinham, in *The Arraignment, Tryal*, 9.

51. Bradinham, in *The Arraignment,Tryal*, 9.

52. Kidd, in *The Arraignment,Tryal*, 8.

53. Kidd, in *The Arraignment,Tryal*, 12.

54. *The Arraignment,Tryal*, 14.

55. *The Arraignment,Tryal*, 14.

56. Bradinham, in *The Arraignment,Tryal*, 18.

57. Palmer, in *The Arraignment, Tryal*, 23; Bradinham, in *The Arraignment, Tryal*, 39.

58. Palmer, in *The Arraignment,Tryal*, 23. 布拉丁汉姆在他的审讯中给出了相同的描述，详见 Examination, 25 April 1701。基德通过殴打来获取被藏匿起来的钱财的信息的做法经常被反复提及，详见 Depositions by Nicholas Alderson, Benjamine Franks, Jonathan Fredway, MSS, British Library, E/3/53, fos. 147, 153, 200v。

59. Bradinham, in *The Arraignment, Tryal*, 21.

60. Palmer, in *The Arraignment, Tryal*, 23, 25.

61. *The Arraignment, Tryal*, 58.

62. Palmer, in *The Arraignment, Tryal*, 58.

63. Bradinham, in *The Arraignment, Tryal*, 21.

64. Kidd, in *The Arraignment, Tryal*, 25.

65. Kidd, in *The Arraignment, Tryal*, 28.

66. Kidd, in *The Arraignment, Tryal*, 48.

67. Sir Charles Hedges, undated, HCA, 15/1, PRO.

68. *The Arraignment, Tryal*, 60.

69. Kidd, *The Arraignment, Tryal*, 60.

70. Kidd, New Gate, 12 May 1701, to Robert Harley, in Jameson ed., *Privateering and Piracy*, 253.

71. Paul Lorrain, *The Ordinary of Newgate his Account of the Behaviour, Confession, and Dying-Words of Captain William Kidd, and other Pirates that were Executed at the Execution-Dock in Wapping, on Friday May 23 1701* (London, 1701).

72. Lorrain, *The Ordinary*.

73. Lorrain, *The Ordinary*.

74. *A True Account of the Behaviour, Confession and last Dying Speeches, of Captain William Kidd, and the rest of the Pirates, that were Executed at Execution Dock in Wapping, on Friday the 23d of May 1701* (London, 1701).

75. Lorrain, *The Ordinary*.

76. Lorrain, *The Ordinary*.

77. Lorrain, *The Ordinary*.

78. See Jo. Clerke, 'The Marshalls farther Account of Charges', ADM, 1/3666, fos. 210–211, PRO.

79. For 'Captain Kid's Farewel', see Jameson, ed., *Privateering and Piracy*, 253–257, and for treasure diggers and authors see Willard Bonner, *Pirate Laureate: The Life and Legends of Captain Kidd* (New Brunswick, 1947), in particular 137, about the confusion of Kidd and Avery, on which see also Wilkins, *Captain Kidd*, 297.

80. *The Pirates Own Book, or Authentic Narratives of the Lives, Exploits and Executions of the Most Celebrated Sea Robbers* (Philadelphia, 1837), 188.

81. 'An Account of some of the Traditions and Experiments respecting Captain Kidd's Piratical Vessel' (New York, 1844), quoted in Wilkins, *Captain Kidd*, 297–298; *The Pirates Own Book*, 188.

82. Mrs H. P. Spofford, quoted in Wilkins, *Captain Kidd*, 281.

83. Wilkins, *Captain Kidd*, 316, 317, and see photographs, facing 180, 181, 337.

84. See Ritchie, *Captain Kidd* and Peter Earle, *The Pirate Wars* (London, 2003).

85. For evidence of Trott's bribery, see, e.g., William Phillips, account, fo. 130r.

86. *Piracy destroy'd: Or, A short Discourse shewing the Rise, Growth and Causes of Piracy*

of late... *In a letter from an Officer of an East-India Ship lately arriv'd in the River* (London, 1701), 2.

87. [Defoe,] *Captain Singleton*, 226.
88. [Defoe,] *Captain Singleton*, 265.
89. *The Boston News-Letter*, 18 July to 25 July 1723.
90. *The Boston News-Letter*, 25 July to 1 August 1723.
91. See S. Charles Hill, *Notes on Piracy in Eastern Waters* (Bombay, 1923), 147–148.
92. John Vickers, Deposition, enclosed in Lt. Governor Spotswood to the Council of Trade and Plantations, *CSP, CS, AGWI, January 1716–July 1717*, ed. Headlam (London, 1930), 140–141.
93. Vickers, Deposition, 141.
94. Capt. Mathew Musson to the Council of Trade and Plantations, received London 5 July 1717, *CSP, CS, AGWI, January 1716–July 1717*, ed. Headlam (London, 1930), 338.
95. Capt. Mathew Musson to the Council of Trade and Plantations.
96. David Herriot, 'The Information of David Herriot and Ignatius Pell', Appendix, *The Tryals of Major Stede Bonnet, and other Pirates* (London, 1719), 45.
97. 在第 1 版的《通史》中（1724，86 页），爱德华·萨奇（经常被称为"黑胡子"），出生在牙买加；而到了第 2 版，这个信息就改为："爱德华·萨奇是在布里斯托尔出生的。"（1724，70 页）
98. Governor Hamilton to Council of Trade and Plantations, received London 6 January 1718, *CSP, CS, AGWI, August 1717–December 1718*, ed. Cecil Headlam (London, 1930), 149.
99. 斯特德·邦尼特（Stede Bonnet）的背景不详，但是罗伯特·里奇（Robert Ritchie）在《牛津国家人物生平词典》中写道："他很可能是那个在 1709 年的 11 月 21 日与玛丽·阿兰比（Mary Allamby）在巴巴多斯的圣米歇尔教区结婚的斯特德·邦尼特。"
100. *The Boston News-Letter*, 4 November to 11 November 1719.
101. *The Boston News-Letter*, 4 November to 11 November 1719.
102. *The Boston News-Letter*, 4 November to 11 November 1719.
103. *The Boston News-Letter*, 4 November to 11 November 1719.
104. *The Boston News-Letter*, 4 November to 11 November 1719.
105. *The Boston News-Letter*, 4 November to 11 November 1719.
106. *The Boston News-Letter*, 4 November to 11 November 1719.
107. Archives nationales, Paris, Colonies, C9 A5, fo. 27, quoted by Jean-Pierre Moreau, *Une Histoire des pirates des mers du Sud à Hollywood* (Paris, 2007), 206.
108. 亨利·博斯托克是单桅帆船"玛格丽特号"的船长，他的 1717 年 12 月 19 日的证词，附在汉密尔顿总督提交给贸易与殖民委员会的信件中，详见 *CSP, CS, AGWI, August 1717–December 1718*, ed. Cecil Headlam (London, 1930), 150。
109. Bostock, Deposition.
110. Bostock, Deposition, 150–151.
111. Stephen Godin, 13 June 1718, with Extracts of several letters from Carolina, *CSP, CS,*

AGWI, August 1717–December 1718, ed. Cecil Headlam (London, 1930), 337.

112. 来自一名被放逐者的证词，详见 *TheTryals of Major Stede Bonnet*, 46。

113. *The Tryals of Major Stede Bonnet*, v. See also Mr Gale to Thomas Pitt, junr., Carolina, 4 November 1718, enclosed with Mr Secretary Craggs to the Council of Trade and Plantations, *CSP, CS, AGWI, March 1720–December 1721*, ed. Cecil Headlam (London, 1933), 10.

114. *The Tryals of Major Stede Bonnet*, 7.

115. *The Tryals of Major Stede Bonnet*, 13.

116. *The Tryals of Major Stede Bonnet*, 19.

117. *The Tryals of Major Stede Bonnet*, 40.

118. *The Tryals of Major Stede Bonnet*, 40.

119. *The Tryals of Major Stede Bonnet*, 43.

120. 地方长官伍德·罗杰斯致贸易和种植委员会的信，详见 *CSP, CS, AGWI, August 1717–December 1718*, ed. Cecil Headlam (London, 1930), 372。关于罗杰斯时期对拿骚的描述，以及一幅 1729 年或 1730 年的画，详见 Michael Craton, *A History of the Bahamas* (London, 1962), 111–112 and illustration facing 193。

121. Rogers, to the Council of Trade and Plantations, 376.

122. Rogers, to the Council of Trade and Plantations, 377.

123. For the French ship, see, e.g., Governor Spotswood, to Secretary of State James Craggs, 22 October 1718, *The Official Letters of Alexander Spotswood*, ed. R. A. Brock (2 vols; Richmond, Virginia, 1882 and 1885), II, 305.

124. Governor Spotswood, to the Council of Trade and Plantations, 22 December 1718, *CSP, CS, AGWI, August 1717–December 1718*, ed. Cecil Headlam (London, 1930), 431.

125. Spotswood, to the Council of Trade and Plantations.

126. 'Abstract of a letter from Mr. Maynard, first Lieutenant of His Majesty's Ship the Pearl, the Station-Ship at Virginia, to Mr. Symonds, Lieutenant of His Majesty's Ship the Phoenix, the Station-Ship at New York', *The Weekly Journal or British Gazetteer*, 25 April 1719.

127. *The Boston News-Letter*, 23 February to 2 March 1719.

128. *The Boston News-Letter*, 23 February to 2 March 1719.

129. *The Boston News-Letter*, 23 February to 2 March 1719.

130. *The Boston News-Letter*, 23 February to 2 March 1719.

131. Maynard, 'Abstract of a letter'.

132. Maynard, 'Abstract of a letter'.

133. *The Boston News-Letter*, 23 February to 2 March 1719.

134. See Spotswood, to Council of Trade and Plantations, 431.

135. See Angus Konstam, *Blackbeard:America's Most Notorious Pirate* (Hoboken, New Jersey, 2006), 286–293.

136. 'The Tryal and Condemnation of ten Persons for Piracy Eight of wch. were Executed two repriev'd till his Majestys Pleasure be known Dec 13th 1718', CO 23/1, fo. 79v,

PRO.

137. 'Tryal and Condemnation', fo. 79v.

138. 'Tryal and Condemnation', fo. 79v.

139. 'Tryal and Condemnation', fo. 79v.

140. 'Tryal and Condemnation', fo. 80r.

141. 'Tryal and Condemnation', fo. 80r.

142. 'Tryal and Condemnation', fo. 79v.

143. Hosea Tisdell, testimony, trial of Robert Deal, 18 January 1720, *The Tryals of Captain John Rackam, and other Pirates* (Jamaica, 1721), 24.

144. Trial of Charles Vane, *The Tryals of Captain John Rackam*, 40.

145. *General History*, 'Appendix to the First Volume', II [1728], 280. For Vane's 'mutual Civilities' with Blackbeard, see *General History* (first edition, 1724), 107.

146. Woodes Rogers, Proclamation of 5 September, *The Boston Gazette*, 10–17 October 1720.

147. See Rogers, Proclamation.

148. Rogers, Proclamation.

149. See news from 'New Providence, September 4th.', *The Boston Gazette*, 10–17 October 1720.

150. *The Tryals of Captain John Rackam, and other Pirates... As Also, the Tryals of Mary Read and Anne Bonny* (Jamaica, 1721), 8.

151. See *The Tryals of Captain John Rackam*, 9, 17.

152. *The Tryals of Captain John Rackam*, 10.

153. See *The Tryals of Captain John Rackam*, 14.

154. See *The Tryals of Captain John Rackam*, 10, 13.

155. See *The Tryals of Captain John Rackam*, 18.

156. *The Tryals of Captain John Rackam*.

157. Dorothy Thomas, testimony, *The Tryals of Captain John Rackam*, 18.

158. Thomas, testimony, *The Tryals of Captain John Rackam*, 18.

159. John Eaton, testimony, *The Tryals of Captain John Rackam*, 33.

160. See testimonies of John Besneck and Eaton, *The Tryals of Captain John Rackam*, 33.

161. James Spatchears, testimony, *The Tryals of Captain John Rackam*, 11, and see Besneck, testimony, *The Tryals of Captain John Rackam*, 33.

162. Spatchears, testimomy, *The Tryals of Captain John Rackam*, 11.

163. See Spatchears, testimomy, *The Tryals of Captain John Rackam*, 11.

164. Spatchears, testimomy, *The Tryals of Captain John Rackam*, 9.

165. Spatchears, testimomy, *The Tryals of Captain John Rackam*, 10.

166. Spatchears, testimomy, *The Tryals of Captain John Rackam*, 10.

167. Spatchears, testimomy, *The Tryals of Captain John Rackam*, 14.

168. Spatchears, testimomy, *The Tryals of Captain John Rackam*, 16.

169. Spatchears, testimomy, *The Tryals of Captain John Rackam*, 16.

170. Spatchears, testimomy, *The Tryals of Captain John Rackam*, 18.

171. Spatchears, testimomy, *The Tryals of Captain John Rackam*, 19.

172. Thomas, testimony, *The Tryals of Captain John Rackam*, 18.

173. Thomas, testimony, *The Tryals of Captain John Rackam*, 18.

174. Thomas, testimony, *The Tryals of Captain John Rackam*, 18.

175. William Falconer, *An Universal Dictionary of the Marine: or, A Copious Explanation of the Technical Terms and Phrases employed in the Construction, Equipment, Furniture, Machinery, Movements, and Military Operations of a Ship* (London, 1769).

176. See N. A. M. Rodger, *The Wooden World: An Anatomy of the Georgian Navy* (London, 1988), 64, and Peter Earle, *Sailors: English Merchant Seamen 1650–1775* (London, 1998), 34.

177. Besneck and Peter Cornelian, testimonies, *The Tryals of Captain John Rackam*, 18.

178. *The Tryals of Captain John Rackam*, 19.

179. *The Tryals of Captain John Rackam*, 19.

180. *The Tryals of Captain John Rackam*, 19.

181. *The Tryals of Captain John Rackam*, 20.

182. See Clinton V. Black, *Pirates of the West Indies* (Cambridge, 1989), 117.

183. Eaton and Besneck, testimonies, *The Tryals of Captain John Rackam*, 33.

184. Verdict and list of those executed, *The Tryals of Captain John Rackam*.

185. 详见本书第八章，这并没有涵盖我读过的所有小说。

第三章

1. *A General History of the Robberies and Murders of the most notorious Pyrates* (first edition, London, 1724), 117.

2. *General History*, II [1728], 65, 70.

3. *General History*, II [1728], 75.

4. *General History* (first edition, 1724), 60; 关于邦尼特"已婚状态"的评论是在第 2 版增加的，详见 *General History* (London, 1724), 91。

5. *General History* (first edition, 1724), 62.

6. *General History* (first edition, 1724), 88.

7. 黑胡子最近的传记作者安格斯·康斯塔姆（Angus Konstam）对《通史》中关于"黑胡子"性行为的描述持怀疑态度，详见 Konstam, *Blackbeard*, 199。

8. *General History* (first edition, 1724), 89.

9. *General History* (first edition, 1724), 92.

10. *General History* (first edition, 1724), 94. Cf. *Boston News-Letter*, February 23 to 2 March 1719.

11. *General History* (first edition, 1724), 95.

12. *General History* (first edition, 1724), 96; *General History* (second edition, 1724), 84.

13. See *General History* (first edition,1724), 92–93, and Spotswood, to Council of Trade and Plantations, 22 December 1718, loc. cit, 431.

14. Maynard, letter.

15. *General History* (first edition, 1724), 99–100. On the Ramillies wig, see Aileen Ribeiro, *Dress in Eighteenth-Century Europe 1715–1789* (New Haven & London, 2002), 28–9.

16. Cf. *General History* (second edition, 1724), 87.

17. See illustrations of 'Blackbeard the Pirate', first edition (1724), facing 86, and second edition (1724), facing 70.

18. *General History* (first edition, 1724), 99.

19. *General History* (first edition, 1724), 99.

20. *General History* (first edition, 1724), 100.

21. *General History* (first edition, 1724), 100.

22. *General History* (first edition, 1724), 117.

23. *General History* (first edition, 1724), 117.

24. *General History* (first edition, 1724), 213.

25. *General History* (first edition, 1724), 119.

26. *General History* (first edition, 1724), 120.

27. *General History* (first edition, 1724), 121.

28. 安妮（Anne）或者安（Ann）两种拼法在《关于拉克姆的审判》（*The Tryals of Captain John Rackam*, 1721）中都存在。

29. *General History* (first edition, 1724), 122.

30. *General History* (first edition, 1724), 122.

31. *General History* (first edition, 1724), 123.

32. *General History* (first edition, 1724), 123.

33. *General History* (first edition, 1724), 123.

34. *General History* (first edition, 1724), 123.

35. *General History* (first edition, 1724), 124.

36. *General History* (first edition, 1724), 126.

37. *General History* (first edition, 1724), 129.

38. *General History* (first edition, 1724), 130.

39. *General History* (first edition, 1724), 130.

40. *General History* (first edition, 1724), 130, 131.

41. *General History* (first edition, 1724), 131.

42. *General History* (first edition, 1724), 131.

43. *General History* (first edition, 1724), 131.

44. 'Appendix', *General History*, II [1728], 285.

45. 'Appendix', *General History*, II [1728], 287.

46. 'Appendix', *General History*, II [1728], 286.

47. *General History* (first edition, 1724), 133.

48. *General History* (first edition, 1724), 133.

49. *General History* (first edition, 1724), 117.

50. *General History* (first edition, 1724), Preface, [v].

51. *General History* (first edition, 1724), 117.

52. 两份关于 9 个捕龟人的描写，在词汇、短语甚至停顿方式上都太过接近，所以这两份材料都不太可能是对庭审记录的独立逐字记录。《关于拉克姆的审判》是《通史》（第 1 版，1724）部分的文学材料来源。

53. 《通史》中关于玛丽·里德的描述有些矛盾。在《玛丽·里德的生平》（"The Life of Mary Read"）一章中，《通史》说关于这个女人的故事"得到了成千上万人的支持和见证"，但在《通史》的序言中，又说"如果我们创造了一些不为人所知的细节，那是因为我们比别人更好奇他过往生活的情况"（《通史》第 1 版，1724, 117, [v]）。一方面，审判中的证据被证明是《通史》中记载的证据，另一方面，《通史》中矛盾的描写也得到了解释。

54. See David Cordingly, lives of Mary Read and of Anne Bonny, *The Oxford Dictionary of National Biography* (Oxford, 2004).

55. Thomas Phillips,'A Journal of a Voyage made in the Hannibal of London, Ann. 1693, 1694', in A. Churchill, ed., *A Collection of Voyages and Travels* (London, 1732),VI, 179.

56. Thomas Philips, 'A Journal', in Churchill, ed., *A Collection*.

57. Thomas Court, 'A Naval Diary', *Transactions of the Cumberland and Westmorland Antiquarian and Archaeological Society*, N.S. XXXVIII (1938), 241. 海军历史学家 N. A. M. 罗杰（N. A. M. Rodger）接受了托马斯·考特（Thomas Court）的说法，但另一位历史学家苏珊娜·J. 斯塔克（Suzanne J. Stark）对所谓的"妇女出海寻找失散恋人的可疑说法"持怀疑态度，详见 Suzanne J. Stark, *Female Tars:Women Aboard Ship in the Age of Sail* (London, 1996), 86, 以及 Rodger, *The Wooden World*, 77。

58. See Neil Rennie, *Far-Fetched Facts: The Literature of Travel and the Idea of the South Seas* (Oxford, 1995), 88; John Dunmore, *Monsieur Baret* (Auckland, 2002).

59. See John Harold Wilson, *All the King's Men: Actresses of the Restoration Stage* (Chicago, 1958), 73.

60. Thomas Heywood, *The Fair Maid of the West*, Part I (London, 1631), IV, i [pp. 47, 52]. For more about piracy in Renaissance England, see Claire Jowitt, *The Culture of Piracy, 1580–1630: English Literature and Seaborne Crime* (Farnham, Surrey, 2010).

61. Daborn, *A Christian turn'd Turke*, stage direction, Scene 2.

62. Francis Beaumont and John Fletcher, *The Double Marriage*, II, i, in *Comedies and Tragedies* (London, 1647). On the conjectured date of first performance, see Cyrus Hoy, Introduction, *The Double Marriage*, in *The Dramatic Works in the Beaumont and Fletcher Canon*, IX (Cambridge, 1994), 97.

63. Beaumont and Fletcher, *The Double Marriage*, II, i (1647).

64. William Wycherley, *The Plain-Dealer* (London, 1677), 'The Persons'.

65. John Gay, *Polly: An Opera. Being the Second Part of The Beggar's Opera* (London, 1729), III, xii (p. 58).

66. Marcus Rediker, *Villains of All Nations: Atlantic Pirates in the Golden Age* (London and New York, 2004), 121.

67. *General History*, II [1728], 1.

68. *General History*, II [1728], 1.

69. *General History*, II [1728], 2.

70. *General History*, II [1728], 3.

71. *General History*, II [1728], 8.

72. *General History*, II [1728], 10, 11.

73. *General History*, II [1728], 12.

74. *General History*, II [1728], 12, and see Manuel Schonhorn, ed., *General History* (London, 1999), 684, n.8.

75. *General History*, II [1728], 12–13.

76. *General History*, II [1728], 13.

77. *General History*, II [1728], 16.

78. *General History*, II [1728], 16.

79. *General History*, II [1728], 22.

80. *General History*, II [1728], 28.

81. *General History*, II [1728], 34.

82. *General History*, II [1728], 34.

83. Henry Watson, Narrative, *CSP, CS, AGWI, 27 October 1697–31 December 1698*, ed. J. W. Fortescue (London, 1905), 108.

84. *General History*, II [1728], 47.

85. See Baldridge, Deposition, in Jameson, ed., *Privateering and Piracy*, 185.

86. *General History*, II [1728], 94.

87. *General History*, II [1728], 97.

88. *General History*, II [1728], 106, 107.

89. *General History*, II [1728], 107.

90. *General History*, II [1728], 109.

91. See Hubert Deschamps, *Les Pirates à Madagascar* ([1949] Paris, 1972), 73–99.

92. See John Robert Moore, *Defoe in the Pillory and Other Studies* (Bloomington, Indiana, 1939), 126–188; Furbank and Owens, *The Canonisation*, 100–109.

93. Maximillian E. Novak, Introduction, Defoe, *Of Captain Misson*, ed. Novak, Augustan Reprint Society, No. 87 (Los Angeles, 1961), i. See also John Richetti, *The Life of Daniel Defoe* (London, 2005), 232–233.

94. See Marcus Rediker, 'Libertalia: The Pirate's Utopia', in David Cordingly, ed., *Pirates: An Illustrated History of Privateers, Buccaneers, and Pirates from the Sixteenth Century to the Present* (London, 1996), 124–139, at 126–127.

95. [Defoe?], *Weekly Journal or Saturday's Post*, Saturday, 23 May 1724.

96. [Defoe?], *Weekly Journal*.

97. [Defoe?], *Weekly Journal*.

98. [Thomas Avory,] *The Life of John Buncle* (2 vols; London, 1765), II, 383.

99. [Jonathan Swift], *Travels into Several Remote Nations of the World ...... By Lemuel Gulliver* (2 vols; London, 1726), II, iv, 192–193.

100. Rogers, *A Cruising Voyage*, 419.

101. Rogers, *A Cruising Voyage*, 419.

102. Rogers, *A Cruising Voyage*, 419.

103. See, e.g., Culliford, Examination, fo. 255r.

104. Culliford, Examination, fo. 255r, 255v.

105. See Letter from Fort St George, 19 January 1697, *CSP, CS, AGWI, 27 October 1697–31 December 1698*, ed. J. W. Fortescue (London, 1905), 112–113.

106. 约翰·比达尔夫（John Biddulph）给出了一份关于这次冒险的描述，但并没有指出它的来源，如果它有来源的话（The Pirates of Malabar and An Englishwoman in India Two Hundred Years Ago [London, 1907], 14-15)。

107. Bellomont, Boston, 29 November 1699, CO, 5/861, PRO;William Cuthbert, Narrative, *CSP, CS,AGWI, 1699*, ed. Cecil Headlam (London, 1908), 373–374, at 374.

108. Letters, from Bombay, 15 January 1697, and from Calicut, 30 November 1696, *CSP, CS, AGWI, 27 October 1697–31 December 1698*, ed. J. W. Fortescue (London, 1905), 69–70, at 70.

109. Letter, from the President and Council at Surat, 21 April 1697, MS, British Library, E/3/52, fo. 30v. Letter from Bombay, 11 April 1697, *CSP, CS, AGWI, 27 October 1697–31 December 1698*, ed. J. W. Fortescue (London, 1905), 113–114, at 114.

110. William Willock, Narrative, *CSP, CS, AGWI, 27 October 1697–31 December 1698*, ed. J. W. Fortescue (London, 1905), 366–367, at 366.

111. Willock, Narrative, *CSP, CS, AGWI, 27 October 1697–31 December 1698*, 366.

112. Willock, Narrative, *CSP, CS, AGWI, 27 October 1697–31 December 1698*, 366; William Willock, Narrative, MS, British Library, E/3/53, fo. 248r, 248v.

113. William Willock, Narrative (of which there are variant versions), as printed in Charles Grey, *Pirates of the Eastern Seas (1618–1723)* (London, n. d.), 143–144, at 144.

114. William Reynolds, Atchin, 20 August 1697, MS, British Library, E/3/53, fo. 125.

115. Reynolds, Atchin, fo. 125v.

116. Reynolds, Atchin, fo. 125v.

117. Reynolds, Atchin, fo. 125v.

118. Reynolds, Atchin, fo. 125v.

119. Reynolds, Atchin, fo. 125v.

120. Willock, in Grey, *Pirates*, 144.

121. Willock, in Grey, *Pirates*, 144.

122. Reynolds, Atchin, fo. 125v.

123. Reynolds, Atchin, fo. 125v.

124. Reynolds, Atchin, fo. 125v.

125. Reynolds, Atchin, fo. 125v; Willock, in Grey, *Pirates*, 144.

126. Reynolds, Atchin, fo. 126.

127. Reynolds, Atchin, fo. 126.

128. Turner, Deposition.

129. Turner, Deposition; Culliford, at Doctors' Commons, June 1700, in Wilkins, *Captain Kidd*, 77–78, at 77.

130. Joseph Palmer, Examination, 25 April 1701, HCA, 1/15, PRO.

131. Samuel Annesley, 5 December 1698, *Home Miscellaneous Series*, vol. 36, p. 450, quoted in Harihar Das, *The Norris Embassy to Aurangzeb (1699–1702)* (Calcutta, 1959), 33. On the commerical and political context in India, see Harihar Das, *The Norris Embassy to Aurangzeb (1699–1702)*, 32–33.

132. Annesley, 5 December 1698, in Das, *The Norris Embassy*.

133. Turner, Deposition.

134. Turner, Deposition.

135. See Samuel Burgess, Deposition, 3 May 1698, *CSP, CS, AGWI, 1697–1698*, ed. J. W. Fortescue, 227–228, and Robert Ritchie, 'Samuel Burgess, Pirate', in *Authority and Resistance in Early New York*, ed. William Pencak and Conrad Edick Wright (New York, 1988), 118.

136. Frederick Philipse, to Adam Baldridge, New York, 25 February 1695, HCA, 1/98, Pt. 1, fo. 57r., PRO.

137. Philipse, to Baldridge, 25 February 1695, fo. 57r., 57v. (Cf. Baldridge's own record, Deposition, 5 May 1699, in Jameson, ed., *Privateering and Piracy*, 183.)

138. Philipse, to Baldridge, 25 February 1695, fo. 58r.

139. Philipse, New York, 9 June 1698, HCA, 1/98, Pt. 1, fo. 136, PRO.

140. Giles Shelley, to Stephen Delaney, from Cape May, New Jersey, 27 May 1699, in *Manuscripts of the House of Lords* (London, 1908), 330–331.

141. Bellomont, to the Council of Trade and Plantations, 22 July 1699, *CSP, CS, AGWI, 1699*, ed. Cecil Headlam (London, 1908), 360–361, at 361.

142. Bellomont, to the Council of Trade and Plantations, 22 July 1699.

143. Shelley, to Delaney, 27 May 1699, 331.

144. Governor Basse, to William Popple, 9 June 1699, *CSP, CS, AGWI, 1699*, ed. Cecil Headlam (London, 1908), 280–281, at 280.

145. Basse, to Popple, 9 June 1699, 280.

146. James Kelly, *A full and true Discovery of all the Robberies, Pyracies, and other Notorious Actions, of the Famous English Pyrate, Capt. James Kelly, who was Executed on Friday the 12th. of July 1700* (London, 1700); Bellomont, to the Board of Trade, 29 November 1699, in Jameson, ed., *Privateering and Piracy*, 238.

147. Bellomont, to the Board of Trade, 29 November 1699, in Jameson, ed., *Privateering and Piracy*, 239, 240.

148. Kelly, *A full and true Discovery*.

149. Shelley, to Delaney, 27 May 1699, 331.

150. See Baldridge, Deposition, in Jameson, ed., *Privateering and Piracy*, 186–187, and mention of his arrival at New York in HCA, 1/98, Pt. 1, fo. 48, PRO. In 1700 he fraudulently married another pirate's wife with a doctored licence (see Jameson, ed., *Privateering and Piracy*, 197, n.1). Burgess, HCA, 1/98, Pt.1, fo. 50, PRO; Culliford, Examination, fo. 256r.

151. Turner, Deposition.

152. On Chivers, see Hill, *Notes on Piracy*, 126.

153. Matthew Lowth, 'Journal of *Loyall Merchant*', MS, British Library, L/MAR/A/CXXXII.

154. I refer generally to HCA, 1/98, Pts. 1–2, PRO, and particularly to Lowth, HCA, 1/98, Pt. 2, fo. 257r, PRO.

155. Lowth, 'Journal'.

156. Lowth, 'Journal'.

157. Lowth, 'Journal'.

158. Council of Trade and Plantations, to Mr Secretary Vernon, 13 January 1698, *CSP, CS, AGWI, 27 October 1697–31 December 1698*, ed. J. W. Fortescue (London, 1905), 88.

159. Council of Trade and Plantations, to Vernon, 13 January 1698, 88.

160. Council of Trade and Plantations, to Vernon, 26 February 1698, 121.

161. Narcissus Luttrell, *A Brief Relation of State Affairs from September 1678 to April 1714* (6 vols; Oxford, 1857), IV, 428 and see 429.

162. Thomas Warren, 23 December 1700, HCA, 1/15, PRO.

163. Robert Culliford, 'Petition of Robt. Collover', HCA, 1/15, PRO.

164. Lowth, 'Journal'. On Chivers's death in Bombay, see Richard Zacks, *The Pirate Hunter:The True Story of Captain Kidd* (London, 2003), 300.

165. On the problematic pardon, see Jan Rogozinski, *Honor Among Thieves: Captain Kidd, Henry Every, and the Pirate Democracy in the Indian Ocean* (Mechanicsburg, Pennsylvania, 2000), 148.

166. ADM, 1/3666, fo. 250r., PRO.

167. 'Examination of Captain Robert Collover Prisoner in Newgate', 2 October 1701, ADM, 1/3666, fos. 255v, 256r, PRO.

168. Sir Charles Hedges, to my Lord High Admiral, 2 April 1702, British Libraray, Add. MSS. 24107, fo. 207.

169. For further legal details, see Jacob Judd, 'Frederick Philipse and the Madagascar Trade', *New York Historical Society Quarterly,* LV (1971), 354–374, and Ritchie, 'Samuel Burgess, Pirate', 114–137.

170. See Henry Brooke, to Col. Quary, Port Lewis, 12 November 1703, in *CSP, CS, AGWI, 1702–1703*, ed. Cecil Headlam (London, 1913), 741–744.

171. See entry for 28 February 1704, 'A Journal of our voyage... in her Majesties ship Scarborrow', British Library, Sloane MS, 3674.

172. Robert Drury, *Madagascar; or Robert Drury's Journal, During Fifteen Years Captivity*

on that Island (London, 1729), 291.

173. For Deaan Toakoffu's nickname, see Mervyn Brown, *Madagascar Rediscovered: A History from Early Times to Independence* (Hamden, Connecticut, 1979), 71.

174. Drury, *Madagascar*, 432.

175. Drury, *Madagascar*, 432.

176. Drury, *Madagascar*, 433, 435.

177. Drury, *Madagascar*, 434.

178. Drury, *Madagascar*, 435.

179. Drury, *Madagascar*, 436.

180. Drury, *Madagascar*,436. For Thomas Collins's possible background with Every, see Manuel Schonhorn, ed., *A General History of the Pyrates*, note, 688.

181. There are some further details about Burgess (at second hand) in Drury, *Madagascar*, 323–324.

182. Drury, *Madagascar*, 438.

183. Drury, *Madagascar*, 439–440. On the authorship debate, see Moore, *Defoe*, 104–125; A. W. Secord, *Robert Drury's Journal and Other Studies* (Urbana, Illinois, 1961), 1–71; Furbank and Owens, *The Canonisation* (New Haven and London, 1988), 109–113; Rennie, *Far-Fetched Facts*, 55–58.

184. See *General History*, II [1728], 270–271.

185. See Drury, *Madagascar*, 439; *General History*, II [1728], 271.

186. *General History*, II [1728], 272.

187. 一位历史学家认为，下毒的故事"毫无疑问是作为喜剧化的插曲被插入《通史》的"，看起来有点过于教条化了，详见 Rogozinski, *Honor Among Thieves*, 268, n.74。最可靠的伯吉斯研究者犯了一个不寻常的错误，他把下毒的故事按在了德鲁里身上，详见 Ritchie, 'Samuel Burgess, Pirate', 130。

188. William Snelgrave, *A New Account of some Parts of Guinea, and the Slave–Trade* (London, 1734), 198.

189. *The Weekly Journal or British Gazetteer*, 10 October 1719.

190. Snelgrave, *A New Account*, 211–212.

191. Snelgrave, *A New Account*, 234.

192. Snelgrave, *A New Account*, 234.

193. Snelgrave, *A New Account*, 211.

194. Snelgrave, *A New Account*, 277.

195. Snelgrave, *A New Account*, 235–236.

196. Snelgrave, *A New Account*, 236.

197. Snelgrave, *A New Account*, 236–237.

198. Snelgrave, *A New Account*, 237.

199. Snelgrave, *A New Account*, 237–238.

200. Snelgrave, *A New Account*, 238.

201. Snelgrave, *A New Account*, 284, 272.

202. See Snelgrave, *A New Account*, 281, 284.

203. See Captain Macrae, letter, Bombay, 16 November 1720, in *The Post Boy*, 22–25 April 1721.

204. Macrae, letter, 16 November 1720.

205. Macrae, letter, 16 November 1720.

206. Macrae, letter, 16 November 1720.

207. See J. H. Parry, *Trade and Dominion: English Overseas Empires in the Eighteenth Century* ([1971] London, 1974), 94.

208. Richard Lasinby, 'Narrative of the Proceedings of the Pyrates', MS, British Library, Miscellaneous Letters Received, 1722, E/1/13, fos. 165–171v, at 166v.

209. Lasinby, 'Narrative', fo. 167.

210. Lasinby, 'Narrative', fo. 168.

211. Voltaire, *Le Mondain*, in *Mélanges*, ed. Jacques van den Heuvel (Pléiade edition, 1961), 203.

212. Macrae, letter, 16 November 1720, fos. 168v–169.

213. Second MS of Lasinby's account, in third person, British Library, Miscellaneous Letters Received, 1722, E/1/13, fos. 175–177v, at 176.

214. Lasinby, 'Narrative', fo. 170.

215. Lasinby, 'Narrative', fo. 170v. 我猜（或者预测）爱德华·英格兰参与了俘虏"卡博圣母号"的行动。杜瓦尔称"幻想号"（也就是"卡桑德拉号"）的船长为"西赫尔"（Siger）（并且叫泰勒为"事务长"），而且莱辛比说"西格"（Seeger）是海盗联盟的"总指挥"，详见 Duval, *Lettres curieuses* (1725), reprinted in Albert Lougnon, *Sous le signe* (Paris, 1958), 168, 170, 169; Lasinby, Second MS of 'Narrative', fo. 175。泰勒对德比夸那不能让人信服的描述（也许是不够可靠的）把泰勒本人置于行动的中心位置，并且还偶然地提到了拉布斯，但其并没有说到爱德华·英格兰，详见 Jacob de Bucquoy, *Zestien Jaarige reize naa de Indien* (1744), transl. into French and published in part in Alfred and Guillaume Grandidier, *Collection des ouvrages anciens concernant Madagascar* (Paris, 1907),V, 109–112。

216. Lasinby, 'Narrative', fo. 170v.

217. See [François Duval,] *Lettres curieuses sur divers sujets* (1725), reprinted in part in Albert Lougnon, *Sous le signe de la tortue: Voyages anciens à l'Ile Bourbon (1611–1725)* (Paris, 1958), 167ff.

218. Lasinby, 'Narrative', fo. 170v.

219. Lasinby, 'Narrative', fo. 171. Bucquoy (at second hand) gave the takings from the capture of the *Nostra Senhora* as 30 million 'gulden' (Bucquoy, *Zestien Jaarige*, 110).

220. Jacques-Henri Bernardin de Saint-Pierre, *Voyage à l'Isle de France, à l'Isle de Bourbon* (2 vols; Amsterdam, 1773), II, 18.

221. Bernardin de Saint-Pierre, *Voyage*, II, 18.

222. Bernardin de Saint-Pierre, *Voyage*, II, 18, transl. mine.

223. See Lasinby, 'Narrative', fo. 171, and [Duval,] *Lettres curieuses*, 170.

224. John Freeman, Second Mate of the *Ostend Galley*, 'An Account of the Pyrates', MS, British Library, Miscellaneous Letters Received, 1723, E/1/14, fo. 205. Cf. — 或许可对比罗伯特（并非目击者）的报告，他将"超过 80 名最优秀的人员损失"归因于嫉妒和内讧，详见 Robert, 'Description en générale et en détail de l'ile de Madagascar', MS, published in part in Alfred and Guillaume Grandidier, *Collection des ouvrages anciens concernant Madagascar* (Paris, 1907),V, 64。

225. See Robert, 'Description', 64–65. I give the date supplied by M. I. Guet, *Les Origines de l'Ile Bourbon et de la colonisation française à Madagascar* (Paris, 1888), 219, but Lougnon, *L'Ile Bourbon pendant la Régence* (Paris, 1956), gives 30 December 1721 (179, n. 53).

226. See Freeman,'An Account', fo. 205, and Guet, *Les Origines*, 219.

227. Bucquoy, *Zestien Jaarige*, 107, English transl. mine. For disputes between Taylor and La Buse, see Robert, 'Description', 67.; for the capture of the Dutch fort, see also Freeman,'An Account', fo. 205.

228. Letter from Jamaica, 12 May 1723, MS, British Library, Miscellaneous Letters Received, 1723, E/1/14, fo. 161v.

229. Captain David Greenhill, reported in letter from Captain Jeremy Pearce, Letter from Jamaica, 19 June 1723, MS, British Library, Miscellaneous Letters Received, 1723, E/1/14, fo. 163.

230. Bucquoy, *Zestien Jaarige*, 114, transl. mine.

231. Clement Downing, *A Compendious History of the Indian Wars... Also the Transactions of Men of War under Commodore Matthews, sent to the East-Indies to suppress the Pyrates... With an Account of the Life and Actions of John Plantain, a notorious Pyrate at Madagascar* (London, 1737), 135.

232. Desforges Boucher, Governor of Réunion, c. September 1724, quoted in Moreau, *Une Histoire*, 232, transl. mine; and see also unidentified source quoted at 233. For the capture of La Buse, see De Valgny, MS, quoted in Grandidier, *Collection*, V, 66, n.1, and for the hanging of La Buse, see Dumas, Governor of Réunion, 20 December 1730, *Archives Coloniales, Correspondence générale de Bourbon*,V, 1727–1731, in Grandidier, *Collection*, V, 65, n. 1.

233. 克里斯托弗·希尔（Christopher Hill）在其《激进海盗？》（"Radical Pirates?"）中描述的是想象中的米松和卡拉乔利（Caraccioli），以及想象中的艾弗里的"海盗共和国"中的海盗们。马库斯·雷迪克（Marcus Rediker）知道米松是想象中的人物，却争辩说，他的自由王国是根据"历史事实"虚构的，详见 Christopher Hill, 'Radical Pirates?', in *The Collected Essays*, III, *People and Ideas in 17th Century England* (Brighton, 1986), 161-187, and Rediker, 'Libertalia', 127。

234. 在研究海盗的同性之爱方面走在最前沿的历史学家是 B. R. 伯格（B. R. Burg，详见其专著，*Sodomy and the Pirate Tradition* [New York and London, 1984]，但是，正如汉斯·特利（Hans Turley）之后指出的那样，"关于海盗同性之爱的文献太少，以至于这种情形等同于不存在"。尽管特利解决了这个问题，但是，"因为海盗的

世界是脱离于正常世界并近乎都是由同性组成的，所以海盗行为和隐晦的同性之
爱经常一起出现"。特利的意思是说，在一个没有女性的同性世界中，同性之爱
是隐晦的，尽管（也许是因为）缺少证据，但可以从材料的字里行间读出来，详
见 Hans Turley, *Rum, Sodomy and the Lash: Piracy, Sexuality, and Masculine Identity*
(New York and London, 1999), 2, 9。

235. Downing, *A Compendious History* (London, 1737), 62–63.

236. Downing, *A Compendious History*, 63. For identification of 'Ranter-Bay', see Mervyn
Brown, *Madagascar Rediscovered: A History from Early Times to Independence*
(Hamden, Connecticut, 1979), 291, n.3.

237. Downing, *A Compendious History*, 64.

238. Downing, *A Compendious History*, 115–116.

239. Downing, *A Compendious History*, 64.

240. Downing, *A Compendious History*, 64.

241. Downing, *A Compendious History*, 64.

242. Sir John Fielding, *A Brief Description of the Cities of London and Westminster* (London,
1776), xv.

243. Samuel Nobber, signed statement, HCA, 1/18, 10, PRO.

244. Magnus Dessen, signed statement, HCA, 1/18, 11, PRO.

245. Dessen, signed statement.

246. See Downing, *A Compendious History*, 116ff.

247. 休伯特·德尚认为唐宁"构建了一个关于普兰廷的故事，看起来是可信的"（a
bâti une histoire de Plantain, dont le point du départ seul paraît vraisemblable, *Pirates
à Madagascar*, 174），而唐宁在 20 世纪的编辑保守地承认，唐宁的作品中包括
"不准确的地方，有故意的，也有不是故意的"，详见 William Foster, Introduction,
Clement Downing, *A History of the Indian Wars*, ed.William Foster (Oxford, 1924),
xxxi。

第四章

1. John Gow, Examination of John Smith [alias Gow], 2 April 1725, HCA, 1/55, fo. 105v,
PRO.

2. Gow, Examination, fo. 105v.

3. James Belbin, Examination, 2 April 1725, HCA, 1/55, fo. 107v, PRO; Peter Rollson,
Examination, 2 April 1725, HCA, 1/55, fo. 108r, PRO.

4. Rollson, Examination, fo. 108r.

5. William Melvin, Examination, 3 April 1725, HCA, 1/55, fo. 116v, PRO; and see Belbin,
Examination, fo. 106v.

6. Melvin, Examination, fo. 106v.

7. Melvin, Examination, fo. 107r. The stabbing by Winter and shooting by Gow/Smith are confirmed by Melvin, Examination, fo. 116v.

8. Rollson, Examination, fo. 108r.

9. Melvin, Examination, fo. 116v.

10. Melvin, Examination, fo. 117r.

11. Rollson, Examination, fo. 108v. 罗尔森声称他拒绝参与判乱中的"协议"，见 fo. 108r，但梅尔文（他自己并不无辜）将罗尔森卷入暴力事件，详见 Melvin, Examination, fo. 116v。

12. Rollson, Examination. 迈克尔·摩尔证实了威廉斯的话和谋杀行为，详见 Michael Moor, Examination, HCA, 1/55, fo. 120r。

13. Belbin, Examination, fo. 107r.

14. Smith, Examination fo. 105v.

15. Smith, Examination, fo. 106r.

16. Rollson, Examination, fo. 108v.

17. Smith, Examination, fo. 106r.

18. See Robert Porrenger, Examination, 10 April 1725, HCA, 1/55, fo. 136v, PRO.

19. See Porrenger, Examination, fo. 136v.

20. See J. Gaynam, 'A full and true Account of the Behaviour and Dying Words of Alexander Rob, the Pyrate', *Parker's Penny Post*, Monday, 5 July 1725, 2–3.

21. Gaynam, 'A full and true Account', 2.

22. Gaynam, 'Account', 2.

23. Porrenger, Examination, fo. 136v. See James Fea, to John Gow, 15 February 1725, in Alexander Peterkin, *Notes on Orkney and Zetland* (Edinburgh, 1822), 214.

24. Gaynam, 'A full and true Account', 3.

25. Porrenger, Examination, fo. 136v.

26. Porrenger, Examination, fo. 137r.

27. James Laing, Deposition, Kirkwall, Orkney, 11 March 1725, in *The Literary and Statistical Magazine for Scotland*, vol. 3 (Edinburgh, 1819), 408.

28. James Fea, to John Gow, '10 Mattin of the cloack', 15 February 1725, in Peterkin, *Notes*, 213.

29. Laing, Deposition, 408.

30. Laing, Deposition, 408.

31. Laing, Deposition, 408.

32. Laing, Deposition, 408.

33. Gaynam, 'A full and true Account', 2.

34. James Fea, to John Gow, '10 of the cloack, mattin', 15 February 1725, in Peterkin, *Notes*, 214.

35. John Gow, to James Fea, 15 February 1725, in Peterkin, *Notes*, 214.

36. Gow, to Fea, 15 February 1725, 217.

37. John Gow, to James Fea, 16 February 1725, in Peterkin, *Notes*, 218. For signalling

arrangements and 'chince gown', see Laing, Deposition, 409.

38. William Scollay, Deposition, Kirkwall, Orkney, 11 March 1725, in *The Literary and Statistical Magazine for Scotland*, vol. 3 (Edinburgh, 1819), 406.
39. Scollay, Deposition, 407.
40. See *The London Journal*, 12 February 1724–5, 3.
41. *The Daily Post*, 13 March 1725. See also *The London Journal*, 13 March 1724–5, 3.
42. *The Daily Post*, 13 March 1725.
43. See *The London Journal*, 3 April 1724–5, 3.
44. See *The London Journal*, 27 March 1724–5, 3.
45. Gow, Examination, HCA, 1/55, fo. 106r, PRO.
46. See *The London Journal*, 29 May 1725, 2.
47. *The Daily Post,* 27 May 1725.
48. *The Daily Journal*, 27 May 1725.
49. *The London Journal*, 29 May 1725, 2.
50. See *The London Journal*, 5 June 1725, 1.
51. *The London Journal*, 5 June 1725, 1. See also *The Daily Post,* 10 June 1725.
52. James Guthrie, *A True and Genuine Account of the Last Dying Words of John Gow, alias Smith, Captain of the Pirates. As Likewise of the Eight others, who were Executed with him, on June 11th, 1725.At Execution Dock, for Murder and Piracy* (London, n. d. [1725]), 14.
53. Guthrie, *A True and Genuine Account*, 11.
54. Guthrie, *A True and Genuine Account*, 12.
55. *The Daily Journal*, 9 June 1725.
56. *The Daily Journal*, 10 June 1725.
57. *The Daily Post*, 11 June 1725.
58. *The Daily Journal*, 11 June 1725.
59. *The Weekly Journal; or, the British Gazetteer*, 12 June 1725.
60. *The Weekly Journal*, 12 June 1725.
61. *The Daily Post*, 12 June 1725.
62. *Mist's Weekly Journal*, 12 June 1725.
63. Gaynam,'A full and true Account', 3.
64. Alexander Rob, quoted in Gaynam,'A full and true Account', 3.
65. *General History of the Pyrates* (third edition, London, 1725), 419.
66. *General History* (third edition, 1725), 421.
67. Rollson, Examination, and Moor, Examination, HCA, 1/55, fos. 108v, 120r.
68. *General History* (third edition, 1725), 425.
69. *General History* (third edition, 1725), 427.
70. *General History* (third edition, 1725), 426–427.
71. Elizabeth Moodie, to James Fea, 22 April 1725, in Peterkin, *Notes*, 223.
72. James Fea, to Elizabeth Moodie, 4 May 1725, in Peterkin, *Notes*, 224.

73. Publication was announced for 'This day about Noon' in *The Daily Post*, 1 July 1725. For the authorship, see Furbank and Owens, *The Canonisation*, 103–104, and *Defoe De-Attributions: A Critique of J. R. Moore's 'Checklist'* (London, 1994), 140.

74. Advertisement, in *The True and Genuine Account of the Life and Actions of the Late Jonathan Wild* (London, 1725).

75. See Furbank and Owens, *Defoe De-Attributions*, 139.

76. *The True and Genuine Account... Wild*, 21.

77. *The True and Genuine Account... Wild*, 33, 40. For a modern account of Wild, see Gerald Howson, *Thief-Taker General: The Rise and Fall of Jonathan Wild* (London, 1970).

78. See F. W. Chandler, *The Literature of Roguery* (2 vols; London, 1907), I, 111ff.

79. [Richard Savage,] as Iscariot Hackney, *An Author to Lett* (London, 1729), 4.

80. *An Account of the Conduct and Proceedings of the late John Gow alias Smith* (London [1725]), 10.

81. *An Account... Gow alias Smith*, 20.

82. *An Account... Gow alias Smith*, 45.

83. See *An Account... Gow alias Smith*, 41.

84. *An Account... Gow alias Smith*, 20.

85. *An Account... Gow alias Smith*, iv.

86. *An Account... Gow alias Smith*, 23.

87. *An Account... Gow alias Smith*, 23.

88. *An Account... Gow alias Smith*, 48, 49.

89. *An Account... Gow alias Smith*, 51.

90. [Henry Fielding,] as Scriblerus Secundus, *The Author's Farce* (London, 1730), II, iv.

91. Fielding, *The Author's Farce*, II, iv.

92. *An Account... Gow alias Smith*, 33, 34, 33; *General History*, I (1726), 429, 430, 429.

93. *An Account... Gow alias Smith*, 33; *General History*, I (1726), 429.

94. *An Account... Gow alias Smith*, 39; *General History*, I (1726), 431, 432.

95. *General History*, I (1726), 426.

96. *General History*, I (1726), 427.

97. *General History*, I (1726), 426.

98. *General History*, I (1726), 428.

99. *General History*, I (1726), 429.

100. *General History*, I (1726), 431.

101. *General History*, I (1726), 434.

102. *An Account... Gow alias Smith*, 86.

103. Walter Scott, Diary, in J. G. Lockhart, *Memoirs of the Life of Sir Walter Scott* (7 vols; Edinburgh, 1837–1838), III, 203–204.

104. Scott, Diary, 17 August 1814, in Lockhart, *Memoirs*, III, 203–204.

105. W. S. 克罗克特（W. S. Crockett）在其作品中声称与约翰·高订婚的不是凯瑟琳·戈登（Katherine Gordon）而是凯瑟琳·罗里森（Katherine Rorieson），详见 *The Sir*

Walter Scott Originals (Edinburgh, 1912), 308。阿兰·菲亚（Allan Fea）在其作品中写道，凯瑟琳·罗里森在约翰·高的感情中被凯瑟琳·戈登取代，详见 *The Real Captain Cleveland* (London, 1912), 53。

106. Archibald Constable, to Scott, 25 December 1820, *The Letters of Sir Walter Scott*, ed. H. J. C. Grierson (12 vols; London, 1932–1937), VII, 12, n. 2.

107. For the duration of composition, see Byron to Thomas Moore, 3 March 1814, *Letters and Journals*, ed. Leslie Marchand, IV (London, 1975), 77.

108. Byron, *The Corsair, a Tale* (London, 1814), I, ii.

109. For more on the 'topos', see Neil Rennie, *Pocahontas, Little Wanton: Myth, Life and Afterlife* (London, 2007), 42–43.

110. Byron, *The Corsair, a Tale* (London, 1814), I, xii. 康拉德以另一个名字在拜伦的诗《拉拉》（*Lara*）中，但那是另一个故事，与海盗无关。

111. Byron, Note, *The Corsair*, in *The Complete Poetical Works*, ed. Jerome J. McGann, III (Oxford, 1981), 449. On the historical Jean Lafitte and his brother, see William C. Davis, *The Pirates Lafitte: The Treacherous World of the Corsairs of the Gulf* (Orlando, etc., 2005).

112. On the influence of *Die Räuber*, see Peter L. Thorslev, *The Byronic Hero: Types and Prototypes* (Minneapolis, 1962), 75–76. On the development of the Byronic hero, see also Mario Praz, *The Romantic Agony* (Oxford, 1933).

113. Byron, Note, *The Corsair*, in *Complete Poetical Works*, ed. McGann, III, 450. J. J. McGann says that Byron's source 'was probably the *Boston Weekly Intelligencer*' (note, *Complete Poetical Works*, 451).

114. [J. H. Ingraham,] *The Pirate of the Gulf, or Lafitte* (2 vols; London, 1837).

115. Byron, *The Corsair*, I, xvi.

116. Byron, *The Corsair*, I, viii–ix.

117. For the sales of *The Corsair*, see Murray's letter to Byron, quoted in L. A. Marchand, *Byron: A Biography* (3 vols; New York, 1958), I, 433.

118. John Ballantyne, note, in Scott, *Letters*, VI, 427, n.1.

119. Scott, to William Erskine, 27 September 1821, *Letters*, VII, 12.

120. Lockhart, *Memoirs*, V, 126.

121. [Scott,] *The Pirate* (3 vols; Edinburgh, 1822), I, 153; Scott, Diary, 9 August 1814, in *Memoirs*, III, 170.

122. [Scott,] *The Pirate* (1822), I, 5.

123. [Scott,] Note, *The Pirate* (Paris, 1832), 92.

124. [Scott,] Advertisement, *The Pirate*, I, [i].

125. [Scott,] Advertisement, I, ii.

126. [Scott,] Advertisement, I, iii.

127. [Scott,] Advertisement, I, iii.

128. Scott, Diary, in *Memoirs*, III, 204.

129. [Scott,] Advertisement, I, v.

130. [Scott,] Advertisement, I, v–vi.

131. [Scott,] *The Pirate*, II, 217; and Note, *The Pirate* (1832), 279; for Scott's visit, see Diary, 16 August 1814, III.

132. See NLS, MS 3831, fo. 44r, cited in Mark Weinstein and Alison Lumsden, eds., *The Pirate* (Edinburgh, 2001), 495, n.10.

133. See Peterkin, *Notes*, 212–224.Weinstein and Lumsden state in the 'Historical Note' to their edition of *The Pirate* that Scott saw an account of Gow by Peterkin (see *The Pirate* [Edinburgh, 2001], 490).

134. Robert Stevenson, NLS, MS 3831, fos. 44r–45r, cited in Weinstein and Lumsden, eds., *The Pirate*, 490.

135. [Scott,] *The Pirate*, III, 258; Gow, to Fea, 15 February 1725, in Peterkin, *Notes*, 215.

136. See [Cochrane,] *Catalogue of the Library at Abbotsford* (Edinburgh, 1838), 127, 129.

137. See [Scott,] *The Pirate*, III, 90; *General History* (second edition, 1724), 308, 307.

138. *General History* (second edition, 1724), 260; [Scott,] *The Pirate*, III, 207.

139. [Scott,] *The Pirate*, III, 195.

140. [Scott,] *The Pirate*, III, 195.

141. [Scott,] *The Pirate*, III, 165.

142. [Scott,] *The Pirate*, III, 156; *General History* (second edition, 1724), 87, and see revised illustration of 'Blackbeard the Pyrate', facing 70.

143. [Scott,] *The Pirate*, III, 150.

144. [Scott,] footnote, *The Pirate*, 403; *General History* (second edition, 1724), 87.

145. [Scott,] *The Pirate* (1832), III, 157.

146. Byron, *The Corsair*, I, ix, quoted in [Scott,] *The Pirate*, II, 196; [Scott,] *The Pirate*, II, 216.

147. [Scott,] *The Pirate*, I, 170.

148. [Scott,] *The Pirate*, III, 299.

149. [Scott,] *The Pirate*, II, 222.

150. [Scott,] *The Pirate*, III, 91.

151. [Scott,] *The Pirate*, III, 331.

152. See [Scott,] *The Pirate*, III, 344–345.

153. See Thomas Dibdin, *The Reminiscences of Thomas Dibdin* (2 vols; London, 1827), II, 212.

154. Thomas Dibdin, *The Pirate: A Melodramatic Romance, taken from the Novel of that Name* (London, 1822), I, iv, p. 22.

155. Dibdin, *The Pirate*, III, i, 44.

156. Dibdin, *The Pirate*, III, vii, 56.

157. Dibdin, *The Pirate*, III, viii, 63.

158. Dibdin, *The Pirate*, III, viii, 63, 64.

159. Dibdin, *The Pirate*, III, viii, 64.

160. Dibdin, *The Pirate* (London, 1822) BL: 841.E.26.

161. See Henry White, *Sir Walter Scott's Novels on the Stage* ([1927] reprinted Hamden, Connecticut, 1973), 164–165.

第五章

1. 我在之后的注释中会提到，在欧文的引文中，第二行中的"年轻"（youth）替换了马洛原文中的"财富"（wealth）。
2. See Washington Irving, 'Abbotsford', written some 17 years later, in *The Crayon Miscellany*, ed. D. K. Terrel (Boston, 1979), 125–168. 欧文给他兄弟彼得的信件，让阿伯茨福德给人留下更直观的印象，详见 Irving to Peter Irving, 1, 6, 20 September 1817, *Letters,* I, 1802–1823, ed. R. M. Aderman, et al. (Boston, 1978), 500–505。
3. The recollection of Coleridge comes from Charles Robert Leslie, *Autobiographical Recollections*, ed. Tom Taylor (2 vols; London, 1860), I, 34–35. 斯科特的赞美来自他写给享利·布雷沃特的信，享利曾将欧文的《纽约外史》一书寄给斯科特，引自 Pierre M. Irving, *The Life and Letters of Washington Irving* (New York, 1863), I, 240。
4. Pierre M. Irving, 'Abbotsford', 139, 140.
5. For Irving's father's background, see Stanley T.Williams, *The Life of Washington Irving* (2 vols; New York, 1935), I, 3, and Appendix I, at II, 241 ff.
6. On the sources of 'Rip Van Winkle' and 'Sleepy Hollow', see Walter A. Reichart, *Washington Irving and Germany* (Ann Arbor, 1957), 25–30, and also Williams, *Life*, I, 183–184.
7. For the composition of 'Wolfert Webber' and 'Tom Walker', see Washington Irving, *Journals and Notebooks*, III, 1819–1827, ed. Walter A. Reichart (Madison, 1970), 262–265, 327–334.
8. [Washington Irving,] as Geoffrey Crayon, Gent., *Tales of a Traveller* (2 vols; London, 1824), II, 237.
9. [Washington Irving,] *Tales*, II, 245–246.
10. Bellomont, to the Board of Trade, 26 July 1699, CO, 5/860, PRO.
11. Bellomont, to Board of Trade, 26 July 1699.
12. Washington Irving, 3 May 1824 (and see 2 June 1824), *Journals*, III, 326 (and 340). See also Pierre M. Irving, to Peter Irving, 31 May 1824, *Letters*, II, 1823–1838, ed. R.M. Aderman, et al. (Boston, 1979), 50.
13. [Washington Irving], *Tales*, II, 250, 251.
14. [Washington Irving,] *Tales*, II, 251.
15. [Washington Irving,] *Tales*, II, 252.
16. [Washington Irving,] *Tales*, II, 258.
17. [Washington Irving,] *Tales*, II, 275, 276.
18. [Washington Irving,] *Tales*, II, 281.

19. [Washington Irving,] *Tales*, II, 282, 283, 282.

20. [Washington Irving,] *Tales*, II, 288.

21. [Washington Irving,] *Tales*, II, 316.

22. [Washington Irving,] *Tales*, II, 301.

23. [Washington Irving,] *Tales*, II, 301, 302.

24. [Washington Irving,] *Tales*, II, 303.

25. [Washington Irving,] *Tales*, II, 316, 315, 313.

26. [Washington Irving,] *Tales*, II, 317, 326, 327.

27. [Washington Irving,] *Tales*, II, 328.

28. [Washington Irving,] *Tales*, II, 336.

29. [Washington Irving,] *Tales*, II, 339.

30. [Washington Irving,] *Tales*, II, 345.

31. [Washington Irving,] *Tales*, II, 363.

32. [Washington Irving,] *Tales*, II, 383–384.

33. [Washington Irving,] *Tales*, II, 387.

34. [Washington Irving,] *Tales*, II, 392.

35. Susan Fenimore Cooper, *The Cooper Gallery; or, Pages and Pictures from the Writings of James Fenimore Cooper, with Notes* (New York, 1865), 72. Cf.: Susan Fenimore Cooper, 'Small Family Memories', in *Correspondence of James Fenimore Cooper*, ed. James Fenimore Cooper (2 vols; New Haven, 1922), I, 52–53; James Fenimore Cooper, to Rufus Wilmot Griswold [10–18 January 1843?], *The Letters and Journals of James Fenimore Cooper*, ed. J. F. Beard, IV (Cambridge, Massachusetts, 1964), 343; James Fenimore Cooper, 1849 Preface to *The Pilot*, ed. Kay Seymour House (Albany, New York, 1986), 5–6. See also Wayne Franklin, *James Fenimore Cooper: The Early Years* (New Haven and London, 2007).

36. James Fenimore Cooper, quoted in Susan Fenimore Cooper, *The Cooper Gallery*, 73.

37. James Fenimore Cooper, Preface, *The Pilot; A Tale of the Sea* (2 vols; New York, 1823), I, vi. 海军历史学家 N. A. M. 罗杰也避开了斯莫利特的小说现实主义，认为"它只是一种贫乏的，或者说过于丰富的替代品，无法替代文献证据"，详见 Rodger, *The Wooden World*, 14。

38. Scott, to Maria Edgeworth, 24 February 1824, in Lockhart, *Memoirs*, V, 342.

39. On the locations of *The Red Rover*'s composition, see James Fenimore Cooper, *Letters and Journals*, ed. Beard, I, 215, 212, etc., and see Susan Fenimore Cooper, *The Cooper Gallery*, 178–179.

40. James Fenimore Cooper, *The Red Rover, a Tale* (3 vols; Paris, 1827), II, 210.

41. Cooper, *The Red Rover*, II, 209.

42. Cooper, *The Red Rover*, II, 210.

43. Cooper, *The Red Rover*, II, 242.

44. Cooper, *The Red Rover*, III, 25. For the cabin decor, see *The Red Rover*, I, 137–139, III, 23.

45. Cooper, *The Red Rover*, III, 20.
46. Byron, *Don Juan*, II, 70, *Complete Poetical Works*, ed. Jerome McGann, V (Oxford, 1986).
47. Cooper, *The Red Rover*, III, 92.
48. Cooper, *The Red Rover*, III, 174, 168.
49. Cooper, *The Red Rover*, III, 215.
50. Cooper, *The Red Rover*, III, 226.
51. Cooper, *The Red Rover*, III, 264.
52. Cooper, *The Red Rover*, III, 279, 285, 287.
53. Cooper, *The Red Rover*, III, 287.
54. Cooper, *The Red Rover*, III, 291.
55. Cooper, *The Red Rover*, III, 292.
56. Cooper, *The Red Rover*, III, 293.
57. Cooper, *The Red Rover*, III, 297.
58. Cooper, *The Red Rover*, III, 308.
59. Cooper, *The Red Rover*, III, 312.
60. [John] N[eal], 'Late American Books', *Blackwood's Edinburgh Magazine*, XVIII (September, 1825), 316–334, at 323.
61. Cooper, *The Red Rover*, I, 86.
62. See 'Textual Commentary', *The Red Rover*, ed. Thomas and Marianne Philbrick (Albany, New York, 1991), 464–465.
63. Scott, 14 January 1828, *The Journal*, ed. W. E. K. Anderson (Oxford, 1972), 415.
64. Sue's Préface was for *Plik et Plok*, joint edition of *Kernok le Pirate* and *El Gitano* (1831). On *Kernok*, see Georgette Bosset, *Fenimore Cooper et le Roman d'Aventure en France vers 1830* (Paris, 1928), 117, 121–122; on the cultural history of the pirate in France, see Gérard Jaeger, *Pirates, flibustiers et corsaires (Histoire G Légendes d'une société d'exception)* (Avignon, 1987).
65. See Scott, 21 October 1826, *The Journal*, 219.
66. Edward Fitzball, *Thirty-Five Years of a Dramatic Author's Life* (2 vols; London, 1859), I, 194. On the American and British productions of *The Red Rover*, see John D. Gordan, '*The Red Rover* Takes the Boards', *American Literature*, 10 (March, 1938), 66–75. Edward Fitzball's rendering, entitled *The Red Rover; or the Mutiny of the Dolphin: A Nautical Drama*, was performed at the Adelphi, London, in 1828 and again in 1831.
67. In a letter Cooper specifies the year 1711 (see Cooper, to Horatio Greenborough, 30 December 1829, *Letters and Journals*, ed. Beard, I, 399).
68. Cooper, *The Water Witch; or, The Skimmer of the Seas* (3 vols; London, 1830), III, 285, 284.
69. Cooper, *The Water Witch*, III, 290.
70. Charles Maturin, *Bertram; or, The Castle of St. Aldobrand; a Tragedy* (London, 1816).
71. J. C. Cross, *Blackbeard; or, The Captive Princess*, in *The Dramatic Works of J. C. Cross*

(2 vols; London, 1812), I, sc. i.

72. Cross, *Blackbeard*, Castlist; sc. ii.

73. Cross, *Blackbeard*, Castlist; sc. ii.

74. Cross, *Blackbeard*, sc. iii.

75. Cross, *Blackbeard*, sc. iv; J. C. Cross, *Blackbeard*, with 'a Description of the Costume' (Dunscombe's Edition, London, n. d.), 5.

76. Cross, *Blackbeard* (n. d.), 5; Cross, *Blackbeard* (1812), sc. iv. On 'sailor's petticoat trousers', see: Rodger, *The Wooden World*, 64; Earle, *Sailors*, 34.

77. Cross, *Blackbeard* (1812), sc. v.; Cross, *Blackbeard* (n. d.), 5.

78. Cross, *Blackbeard* (1812), sc. v.

79. Cross, *Blackbeard* (1812), sc. vii.

80. Cross, *Blackbeard* (1812), sc. vii.

81. Cross, *Blackbeard* (1812), sc. x; sc. v.

82. Cross, *Blackbeard* (1812), sc. x.

83. Cross, *Blackbeard* (1812), sc. x.

84. Cross, *Blackbeard* (1812), sc. x.

85. Cross, *Blackbeard* (1812), sc. xii.

86. Cross, *Blackbeard* (1812), sc. xii.

87. Cross, *Blackbeard* (1812), sc. xiii.

88. Cross, *Blackbeard* (1812), sc. xiii.

89. Royal Circus playbill, 1798, illustration in Douglas Botting, *The Pirates* (Amsterdam, 1978), 154.

90. James Fenimore Cooper, Preface (1850), in *The Red Rover*, ed. Warren S. Walker (Lincoln, 1963), 9.

91. J. S. Jones, *Captain Kyd or the Wizard of the Sea. A Drama* (New York, n. d.), I, iii, 14.

92. Jones, *Captain Kyd*, I, iii, 14.

93. Jones, *Captain Kyd*, I, iii, 16.

94. See Cordingly, *Life Among the Pirates*, 155. A case of walking the plank was reported as taking place on 18 July 1822, as cited in Earle, *The Pirate Wars*, 222.

95. Jones, *Captain Kyd*, IV, iii, p. 44.

96. 我获得的有关作品的信息来自琼斯的《基德船长》(*Captain Kyd*) 中的 "演员表"。

97. See J. H. Ingraham, *Captain Kyd:The Wizard of the Sea. A Romance* (London, 1842), in *The Novel Newspaper*, III (London, 1839 [sic]).

98. Captain Marryat, *The Pirate and The Three Cutters* (Paris, 1836), 75.

99. 欧文得到格林兄弟的《德国传说》的时间和地点被写在他的手稿中，详见 Reichart, *Washington Irving*, 146。欧文于 1823 年 12 月 24 日在巴黎的日记中写道，他 "阅读了格林兄弟的德语作品"，详见 *Journals and Notebooks*, III, 1819–1827, ed. Walter A. Reichart (Madison, 1970), 261。

100. Jacob and Wilhelm Grimm, *Deutsche Sagen* (2 vols; Berlin, 1816–18), I, 435–436.

101. Washington Irving, *Wolfert's Roost and Other Tales* (London, 1855), 174.

102. Irving, *Wolfert's Roost*, 176.
103. Irving, *Wolfert's Roost*, 169.
104. Irving, *Wolfert's Roost*, 171, 172.
105. Irving, *Wolfert's Roost*, 172.
106. Irving, *Wolfert's Roost*, 173.
107. Irving, *Wolfert's Roost*, 175.
108. Irving, *Wolfert's Roost*, 176.
109. Irving, *Wolfert's Roost*, 177.
110. Irving, *Wolfert's Roost*, 178, 179.
111. Edgar A. Poe, 'The Gold-Bug', *Tales* (London, 1845), 4.
112. Poe, 'The Gold-Bug', 6.
113. Poe, 'The Gold-Bug', 19.
114. Poe, 'The Gold-Bug', 21, 22, 21.
115. Poe, 'The Gold-Bug', 22.
116. Poe, to Philip P. Cooke, 9 August 1846, *The Letters of Edgar Allan Poe*, ed. J. W. Ostrom (2 vols; Cambridge, Massachusetts, 1948), II, 328.
117. Poe, 'The Gold-Bug', 26.
118. Poe, 'The Gold-Bug', 24, 26.
119. Poe, 'The Gold-Bug', 27.
120. Poe, 'The Gold-Bug', 26.
121. See Poe, 'A Few Words on Secret Writing', *Graham's Magazine*, July 1841, reprinted (with addenda) in Poe, *Complete Works*, ed. James A. Harrison (New York, 1902–1903), XIV–XV, 114–149.
122. Poe, 'The Gold-Bug', 36.
123. Poe, 'The Gold-Bug', 36.
124. See A. H. Quinn, *Edgar Allan Poe: A Critical Biography* (New York and London, 1942), 129.
125. Poe, 'The Gold-Bug', 2.
126. Poe, 'The Gold-Bug', 1.
127. Poe, 'The Murders in the Rue Morgue' and 'The Purloined Letter', in *Tales* (London, 1845), 121, 202.
128. [Poe], 'Edgar Allan Poe', *Aristidean*, October 1845, in *Essays and Reviews*, ed. G. R. Thompson (New York, 1984), 869.
129. George Graham published Poe's own accounting of this transaction, 'The Late Edgar Allan Poe', *Graham's Magazine*, XXXVI (March 1850), quoted in Quinn, *Edgar Allan Poe*, 343.
130. See Quinn, *Edgar Allen Poe*, 392.
131. See Henry Nash Smith, *Virgin Land: The American West as Symbol and Myth* (London, 1950), 87.
132. [Maturin M. Ballou,] *Fanny Campbell, the Female Pirate Captain* (Boston, 1845), 15.

133. [Ballou,] *Fanny Campbell*, 43.

134. See Ralph Admiri, 'Ballou, the Father of the Dime Novel', *The American Book Collector*, IV (September–October, 1933), 121.

135. See Jay Monaghan, *The Great Rascal: The Life and Adventures of Ned Buntline* (Boston, 1951), 127.

136. E. Z. C. Judson, review of J. H. Ingraham, *The Midshipman*, quoted by Jay Monaghan, *The Great Rascal*, 88.

137. Ned Buntline, *The Black Avenger of the Spanish Main: or,The Fiend of Blood* (Boston, 1847), Preface and illus., facing 12.

138. Buntline, *The Black Avenger*, 17.

139. Buntline, *The Black Avenger*, 36, 58, 40.

140. Buntline, *The Black Avenger*, 28.

141. Buntline, *The Black Avenger*, 17, 21.

142. Buntline, *The Black Avenger*, Preface.

143. Buntline, *The Black Avenger*, Preface.

144. Buntline, *The Black Avenger*, 64.

145. Patten, 'Dime-Novel Days', *Saturday Evening Post*, CCV, 36 (7 March 1931), 33; quoted by Jay Monaghan, *The Great Rascal*, 250.

146. Cooper, *The Deerslayer: A Tale* (3 vols; London, 1841), I, 15.

147. Cooper, *The Deerslayer*, III, 98.

148. Cooper, *The Sea Lions; or, The Lost Sealers* (3 vols; London, 1849), I, 32, 33.

149. Cooper, *The Sea Lions*, I, 96.

150. For the mention of Kidd, see Cooper, *The Sea Lions*, I, 110. For Cooper's knowledge of Kidd and Gardiner's Island, see Cooper, *The History of the Navy of the United States of America* (2 vols; second edition, Philadelphia, 1840), I, 32–33.

151. For the value, see Cooper, *The Sea Lions*, III, 268.

152. Cooper, *The Sea Lions*, III, 263.

153. Cooper, *The Sea Lions*, III, 273, 299.

154. R. M. Ballantyne, *The Coral Island: A Tale of the Pacific Ocean* (London, 1858), 247.

155. Ballantyne, *The Coral Island*, 248, 247.

156. [Charlotte Brontë], *Jane Eyre: An Autobiography* (3 vols; London, 1847), II, 56.

157. Anthony Trollope, *The Eustace Diamonds* (New York, 1872), 29, 195.

158. Douglas Stewart, *The Pirate Queen: or, Captain Kidd and the Treasure* (London, 1867), 18.

159. Stewart, *The Pirate Queen*, 34, 36, 37.

160. Stewart, *The Pirate Queen*, 38.

161. Stewart, *The Pirate Queen*, 39–40.

162. Stewart, *The Pirate Queen*, 142.

163. Stewart, *The Pirate Queen*, 143–144.

164. Stewart, *The Pirate Queen*, 144.

165. Stewart, *The Pirate Queen*, 146.
166. Stewart, *The Pirate Queen*, 158.
167. Stewart, *The Pirate Queen*, 168.
168. Stewart, *The Pirate Queen*, 174.
169. Stewart, *The Pirate Queen*, 191.
170. Stewart, *The Pirate Queen*, 191.
171. Stewart, *The Pirate Queen*, 235.
172. Stewart, *The Pirate Queen*, 242, 243.
173. Stewart, *The Pirate Queen*, 257.
174. Harriet Beecher Stowe, *Oldtown Fireside Stories* (London, 1871), 148, 151.
175. Stowe, *Oldtown Fireside Stories*, 152–153.
176. Stowe, *Oldtown Fireside Stories*, 153.
177. Stowe, *Oldtown Fireside Stories*, 153.
178. Stowe, *Oldtown Fireside Stories*, 157.
179. Stowe, *Oldtown Fireside Stories*, 168, 169.
180. Stowe, *Oldtown Fireside Stories*, 171.
181. Stowe, *Oldtown Fireside Stories*, 171.
182. Stowe, *Oldtown Fireside Stories*, 171.
183. See: Joan D. Hendrick, *Harriet Beecher Stowe:A Life* (NewYork, 1994), 392; Justin Kaplan, *Mr Clemens and Mark Twain* (Pelican edition, 1970), 278.
184. Mark Twain, *The Adventures of Tom Sawyer* (London, 1876), 86.
185. Twain, *Tom Sawyer*, 131.
186. Twain, *Tom Sawyer*, 131.
187. Twain, *Tom Sawyer*, 137.
188. Twain, *Tom Sawyer*, 160.
189. Twain, *Tom Sawyer*, 232.
190. Twain, *Tom Sawyer*, 232.
191. Twain, *Tom Sawyer*, 232–233.
192. Twain, *Tom Sawyer*, 233.
193. Twain, *Tom Sawyer*, 233.
194. The date of performance derives from John Gordan, 'The Red Rover Takes the Boards', *American Literature*, 10 (March, 1938), 74.
195. Francis C. Burnand, *An Entirely New and Original Burlesque, Being the very latest edition of a Nautical Tradition told by one of the floating population to the Marines who entitled it The Red Rover; or, I Believe You, My Buoy!* (London, n. d.), 5.
196. Burnand, *The Red Rover*, 8.
197. Mark Twain, *Tom Sawyer* (1876), 137.
198. Francis C. Burnand, *The Red Rover*, 8.
199. Burnand, *The Red Rover*, 21.
200. Burnand, *The Red Rover*, 12, 19.

201. Burnand, *The Red Rover*, Dramatis Personae, and 25.
202. Burnand, *The Red Rover*, 26.
203. Burnand, *The Red Rover*, 39.
204. Burnand, *The Red Rover*, 39.
205. Burnand, *The Red Rover*, 39.
206. Burnand, *The Red Rover*, Dramatis Personae.
207. Burnand, *The Red Rover*, 40.
208. Burnand, *The Red Rover*, 40.
209. Burnand, *The Red Rover*, 40.
210. Burnand, *The Red Rover*, 44.
211. Burnand, *The Red Rover*, 44, 33.
212. Burnand, *The Red Rover*, 45.
213. Burnand, *The Red Rover*, 46.
214. Burnand, *The Red Rover*, Dramatis Personae.
215. Burnand, *The Red Rover*, 46.
216. See Michael Ainger, *Gilbert and Sullivan: A Dual Biography* (Oxford, 2002), 60, 354, 149.
217. Gilbert and Sullivan, *The Pirates of Penzance or The Slave of Duty*, in *The Complete Annotated Gilbert and Sullivan*, ed. Ian Bradley (Oxford, 1996), I, 195.
218. Gilbert and Sullivan, *The Pirates of Penzance*, I, 577, 572.
219. Gilbert and Sullivan, *The Pirates of Penzance*, I, 15.
220. Gilbert and Sullivan, *The Pirates of Penzance*, II, 304–305.
221. Gilbert and Sullivan, *The Pirates of Penzance*, II, 333.
222. Gilbert and Sullivan, *The Pirates of Penzance*, II, 402–404.
223. Gilbert and Sullivan, *The Pirates of Penzance*, II, 426–428.
224. Gilbert and Sullivan, *The Pirates of Penzance*, II, 480.
225. Gilbert and Sullivan, *The Pirates of Penzance*, II, 528.
226. Gilbert and Sullivan, *The Pirates of Penzance*, II, 569.
227. Gilbert and Sullivan, *The Pirates of Penzance*, II, 574, 575.
228. Gilbert and Sullivan, *The Pirates of Penzance*, II, 582–583.

第六章

1. Robert Louis Stevenson, 'My First Book—*Treasure Island*', *The Idler*, vol. 6 (August, 1894), 5.
2. Stevenson, 'My First Book', 5.
3. Stevenson, 'My First Book', 5–6.
4. Lloyd Osbourne, 'Note', *Treasure Island*, Tusitala Edition, II (London, 1923), xviii.

5. Stevenson, to W. E. Henley, [24 August 1881], *The Letters of Robert Louis Stevenson*, ed. Bradford A. Booth and Ernest Mehew, III (New Haven and London, 1994), 224. Also Stevenson, to W. E. Henley, [late June, 1881], *Letters*, III, 199.

6. Stevenson, to W. E. Henley, [25 August 1881], *Letters*, III, 225.

7. Stevenson, 'My First Book', 7.

8. Stevenson, 'My First Book', 7.

9. Stevenson, to W. E. Henley, [24–25 August 1881], *Letters*, III, 225. For the generic tradition, see Kevin Carpenter, *Desert Isles and Pirate Islands: The Island Theme in Nineteenth-Century English Juvenile Fiction* (Frankfurt am Main, 1984).

10. Stevenson, to W. E. Henley, [*c.*3 July 1881], *Letters*, III, 206.

11. 在 18 岁那年，史蒂文森就同他的父亲一起，去奥克尼群岛和设得兰群岛检查岛上的灯塔，并且已经知道斯科特先于他去过那里并写成了《海盗》一书，详见 Stevenson, to his Mother, 18–19 June 1869, and 20–22 June 1869, *Letters*, I (New Haven and London, 1994), 177, 186–187。另外史蒂文森的一些介绍性"注释"，详见 *The Scottish Stories and Essays*, ed. Kenneth Gelder (Edinburgh, 1989), 277–280。

12. Stevenson, 'My First Book', 6.

13. [Defoe,] *The Life and Strange Surprising Adventures of Robinson Crusoe* (London, 1719), 213 (and see 330, where Crusoe 'carry'd on board... my Parrot').

14. Thomas Stevenson, to Stevenson, 26 February 1882, in Paul Maixner, ed., *Robert Louis Stevenson:The Critical Heritage* (London, 1981), 127.

15. Rogers, *A Cruising Voyage*, 125.

16. Stevenson, *Treasure Island, Young Folks*, 'Textual Notes', *Treasure Island*, ed. Wendy R. Katz (Edinburgh, 1998), 253; Stevenson, *Treasure Island* (London, 1883), 120, 126; see also Stevenson, to his Father, [early March, 1882], *Letters*, III, 291.

17. Stevenson, 'My First Book', 9.

18. Stevenson, 'My First Book', 6, 7.

19. Stevenson, chapter heading to Chapter I, *Treasure Island*.

20. Stevenson, *Treasure Island*, [vi].

21. See Eric Quayle, *Ballantyne the Brave: A Victorian Writer and his Family* (London, 1967), 217.

22. Stevenson, *Treasure Island*, 2; Charles Kingsley, *At Last: A Christmas in the West Indies* (2 vols; London and New York, 1871), I, 20.

23. Stevenson, to Henley, [25 August 1881], *Letters*, III, 225.

24. Stevenson, to Henley, [early September, 1881], *Letters*, III, 226.

25. Stevenson, *Treasure Island*, 81.

26. *General History of the Pyrates* (second edition, 1724), 27, and *General History* (first edition, 1724), 103. Kip Wagner and L. B. Taylor, *Pieces of Eight: Recovering the Riches of a Lost Spanish Treasure Fleet* (London, 1967)。这是一部小说化的叙述，讲述了 20 世纪在佛罗里达州东岸进行的海洋考古冒险。

27. See *General History* (first edition, 1724), 140.

28. Stevenson, *Records of a Family of Engineers*, in *The Works of Robert Louis Stevenson*, Edinburgh Edition, XVIII (Edinburgh, 1896), 187–389, at 241.

29. Stevenson, *Treasure Island*, 85.

30. *General History* (first edition, 1724), 213.

31. *General History* (first edition, 1724), 213.

32. *General History* (first edition, 1724), 240, 217. 在科尔索角（Cape Corso）受审时，斯丘达莫尔否认了对他的控告，而且，据人们引用的他的话，他不想要"去科尔索角然后像狗一样被绞死"，并且也"没有去科尔索角被处以绞刑，然后被太阳晒干的任何想法"，详见 *A Full and Exact Account, of the Tryal of all the Pyrates lately taken by Captain Ogle, on Board the 'Swallow' Man of War, on the Coast of Guinea* (London, 1723), 36, 35。

33. *A Full and Exact Account*, 53.

34. Stevenson, 'My First Book', 7; and see *General History* (first edition, 1724), 138.

35. Stevenson, to W. E. Henley, [late May, 1883], *Letters*, IV, 129.

36. *General History* (second edition, 1724), 123.

37. Stevenson, *Treasure Island*, 85.

38. *General History* (first edition, 1724), 195, 196.

39. Stevenson's reuse of Israel Hands was noticed in 1943 by Tom Haber, 'Robert Louis Stevenson and Israel Hands', *The English Journal*, 32, 7 (1943), 399. The fullest account of Stevenson's use of the *General History of the Pyrates* is in Harold F. Watson, *Coasts of Treasure Island* (San Antonio, Texas, 1969), 150–156, but Watson consulted an edition of 1932.

40. *General History* (first edition, 1724), 98.

41. *General History* (first edition, 1724), 98.

42. *General History* (first edition, 1724), 99.

43. 《金银岛》一书中有两个明确的文本材料是来自约翰逊的《通史》，即本·冈恩和西尔弗"像狗一样被绞死，并在太阳下面被晒干了"，但这两个材料在 1914 年与史蒂文森遗物一起出售的一本经删减和重订的《通史》版本中并未找到，却作为附录出现在另外一个 18 世纪的传记选集中，并且这个选集被认为是查尔斯·约翰逊船长所作，被命名为《关于最著名的杀人犯、强盗的生活与冒险通史，在此基础上，还加上了最著名的海盗的航行与劫掠的真实记录》(*The History of the Lives and Actions of the most famous Highwaymen, Street-Robbers, &c. &c. &c. To which is added, A Genuine Account of the Voyages and Plunders of the Most Noted Pirates* [Edinburgh, 1814])（sold as Anderson 1914, II, 261: see Roger Swearingen, *The Prose Writings of Robert Louis Stevenson: A Guide* [London, 1980], 69）。我们不知道史蒂文森在《金银岛》中用了约翰逊作品的哪个版本，但是我们可以确定的是，它肯定不是在 1914 年拍卖目录中列出来的 1814 年的版本。

44. Stevenson, to W. E. Henley, [24 August 1881], *Letters*, III, 224.

45. Wycherley, *The Plain-Dealer*, III, 50; Herman Melville, *Moby-Dick*, ed. Hayford and Parker (New York, 1967), 110. 史蒂文森知道梅尔维尔的小说化的游记《泰皮》

（*Typee*）和《奥穆》（*Omoo*），并称赞梅尔维尔"是一个了不起的家伙"，但没有迹象表明他知道《白鲸》，详见 Stevenson, to Charles Baxter, 6 September 1888, *Letters*, VI (New Haven and London, 1995), 207。

46. On disabled sea-cooks, see, for example, Rodger, *The Wooden World*, 122.

47. Stevenson, *Treasure Island*, 1.

48. Stevenson, *Treasure Island*, 48, 52.

49. On *Treasure Island* and *King Solomon's Mines*, see: Henry Rider Haggard, *The Days of My Life* (2 vols; London, 1926), I, 220; Lilias Rider Haggard, *The Cloak That I Left: A Biography of the Author Henry Rider Haggard K.B.E.* (London, 1951), 121–122.

50. Stevenson, *Treasure Island*, 259.

51. R. L. Stevenson, *The Master of Ballantrae: A Winter's Tale* (London, Paris, etc., 1889), 51.

52. Stevenson, *Treasure Island*, 276.

53. Stevenson, *Treasure Island*, 181, 222.

54. Stevenson, *Treasure Island*, 178.

55. For 'gentlemen of fortune', see, e.g., *Treasure Island* (1883), 87, and *General History of the Pyrates* (first edition, 1724), 163, 203. For 'rules', see, e.g., *Treasure Island* (1883), 239, and *General History* (first edition, 1724), 169–172.

56. Stevenson, 'A Humble Remonstrance', reprinted from *Longman's Magazine* in *Henry James and Robert Louis Stevenson: A Record of Friendship and Criticism*, ed. Janet Adam Smith (London, 1948), 95.

57. Stevenson, *Treasure Island* (1883), 260.

58. Stevenson, *Treasure Island*, 101, 203.

59. Stevenson, *Treasure Island*, 216–217.

60. 在早些时候，大约是 1881 年 9 月 6 日，史蒂文森确实提到了"续集"的可能性，尽管他还没有很确定，因为"这种事的可行性只是出自故事讲述者的视角"，详见 Stevenson, to Alexander H. Japp, [6 September 1881], *Letters*, III, 228。

61. See Stevenson, *Treasure Island*, 87, 291.

62. See James Henderson's recollection, reprinted in J. A. Hammerton, ed., *Stevensoniana* (Edinburgh, 1907), 60; James Dow, 'Robert Louis Stevenson and the *Young Folks* Reader', in Rosaline Masson, ed., *I Can Remember Robert Louis Stevenson* (Edinburgh and London, 1922), 209.

63. Stevenson, to his Parents, 5 May [1883], *Letters*, IV, 119.

64. J. M. Barrie, *Margaret Ogilvy* (London, 1896), 12.

65. Barrie, *Margaret Ogilvy*, 12.

66. Barrie, *Margaret Ogilvy*, 19.

67. Barrie, *Margaret Ogilvy*, 46.

68. J. M. Barrie, Preface, R.M. Ballantyne, *The Coral Island* (London, 1913), vi.

69. Barrie, Preface, vii.

70. J. M. Barrie, 'The Freedom of Dumfries', M'Connachie and J. M. Barrie, *Speeches by J.*

M. *Barrie* (London, 1938), 83–84.

71. Barrie, *Peter Pan*, IV, in *The Plays*, ed. A. E. Wilson (London, 1942), 558.

72. Barrie, *Peter Pan*, I, 521.

73. For Sylvia's smile, see Dolly Parry, unpublished diary, 1890–1914, quoted by Andrew Birkin, *J. M. Barrie and The Lost Boys* (London, 1979), 51 (and cf. 69) and see also photographs of Sylvia, e.g. 74.

74. 关于巴里和西尔维娅·卢埃林·戴维斯的会面和谈话，一位传记作者珍妮特·邓巴（Janet Dunbar）将其记述为"家庭记载"（family accounts），另外一位传记作者莉萨·钱尼（Lisa Chaney）将其记述为"家族传奇"（family legend）。尤其是第一位传记作家将与巴里会面的人物记为玛格丽特·卢埃林·戴维斯，也就是西尔维娅的嫂子。第三位作家安德鲁·伯金（Andrew Birkin）将其记为彼得·卢埃林·戴维斯的妻子玛格丽特，也就是西尔维娅的儿媳。详见 Janet Dunbar, *J. M. Barrie: The Man Behind the Image* [London, 1970], 115; Lisa Chaney, *Hide-and-Seek with Angels: A Life of J. M. Barrie* [London, 2005], 150; Birkin, *J. M. Barrie and the Lost Boys*, 305。For Porthos, see George du Maurier, *Peter Ibbetson* [2 vols; London, 1892], I, 162–163.

75. J. M. Barrie, *The Little White Bird* (London, 1902), 142.

76. Barrie, *The Little White Bird*, 149.

77. Barrie, *The Little White Bird*, 217.

78. 关于古典潘神及其后期化身（不是彼得·潘）的内容，详见 John Boardman, *The Great God Pan: The Survival of an Image* (London, 1997)。

79. 'The Child's Map of Kensington Gardens', frontispiece, *The Little White Bird*.

80. See Birkin, *J. M. Barrie and the Lost Boys*, 79.

81. See Denis Mackail, *The Story of J. M. B.* (London, 1941), 309.

82. Barrie, *The Little White Bird*, 268.

83. Barrie, *The Little White Bird*, 268–269.

84. 我的引文出自罗杰·兰斯林·格林所说的"第一稿"和"完成于 1904 年 3 月 1 日的第一个完整稿"，详见 Green, *Fifty Years of 'Peter Pan'* (London, 1954), 58, 65, transcribed in *Fifty Years*, 59–65, at 60。

85. Barrie, 'first draft', transcribed in Green, *Fifty Years*, 61.

86. Barrie, 'first draft', transcribed in Green, *Fifty Years*, 61, 63.

87. For the date of the first drafting of *Peter Pan*, see the photograph of the MS page, dated 'November 23 - 1903', in Birkin, *J. M. Barrie and the Lost Boys*, 100.

88. 但是，在阿瑟·卢埃林·戴维斯在一个疗养院里刚刚结束面部癌症手术后，他确实要了另一本《黑湖岛的漂流男孩》，详见 see Birkin, *J. M. Barrie and the Lost Boys*, 138。

89. The chapter headings of *The Boy Castaways* are conveniently reprinted in Green, *Fifty Years*, 24–25.

90. 标题引用自格林，他正确地指出"狗"这个词的含义模棱两可，详见 Green, *Fifty Years*, 26。

91. J. M. Barrie, 'To the Five: A Dedication', *Peter Pan or The Boy Who Would Not Grow Up*, in *The Plays*, ed. A. E. Wilson (London, 1942), 497.

92. 这张附有标题的照片转载于巴里的书, 详见 Birkin, *J. M. Barrie and the Lost Boys*, 91。

93. 巴里在格利佛街 (Guilford Street) 短暂居住过, 随后搬到了格兰维尔街 (Grenville Street), 详见 J. M. Barrie, *The Greenwood Hat: A Memoir of James Anon, 1885-1887* (London, 1937), 18, 19。

94. 正如彼得·霍林代尔 (Peter Hollindale) 在他的《彼得·潘》版本中提到的那样, 彼得·潘之岛的名称在巴里的作品中有很多形式, 如在已出版的戏剧中被称为 "永无乡" (Never Land), 在《彼得和温迪》(1911) 一书中则被称为 "梦幻岛" (Neverland)。详见 Peter Hollindale, ed., *Peter Pan and Other Plays* (Oxford World's Classics, 1995), 311, note。

95. 温迪这个名字, 在《彼得·潘》之前并不是个人人皆知的名字, 详见 Barrie, *The Greenwood Hat*, 195。可怜的玛格丽特·亨利 (Margaret Henley) 早夭, 正如巴里指出的那样, "当时她大约五岁; 人们可能会说这是她在嬉戏玩耍时突然想到的一个主意"。详见 *The Greenwood Hat*, 197。

96. Barrie, *Peter Pan*, I, 522.

97. 在巴里为《彼得·潘》电影所写的剧本当中, 他认为电影中海盗们和印第安人之间的打斗应该比戏剧里的 "更真实"。"在戏剧中可以有很多假动作, 但是在电影里, 我们应该看到真正的印第安人战争, 让所有读过费尼莫尔·库珀等人作品的读者都能认出来的战争。" 让人印象深刻的是, 印第安人的真实性需要被费尼莫尔·库珀等人的读者认识。这也就是说, 印第安人的 "假动作" 和费尼莫尔·库珀的 "现实主义" 并无二致。详见 Barrie, 'Scenario', reprinted in Green, *Fifty Years*, 171-218, at 201。

98. Stevenson, to J. M. Barrie, [early December 1892], *Letters*, VII, 447.

99. Stevenson, *Sydney Morning Herald*, 14 February 1890, reprinted in R. C. Terry, ed., *Robert Louis Stevenson: Interviews and Recollections* (London, 1996), 153.

100. Barrie, *Peter Pan*, II, 526.

101. Barrie, *Peter Pan*, IV, 554.

102. Barrie, *Peter Pan*, II, 526.

103. Barrie, *Peter Pan*, II, 526.

104. Barrie, *Peter Pan*, III, 541.

105. Marguerite Steen [Jane Nicholson], *William Nicholson* (London, 1943), 98.

106. Steen, *William Nicholson*, 98–99.

107. Daphne du Maurier, *Gerald: A Portrait* (London, 1934), 110.

108. A photograph of Gerald du Maurier as Hook can be seen in Birkin, *J. M. Barrie and the Lost Boys*, 110.

109. 我想到弗洛伊德在《性学三论》(*Three Essays on the Theory of Sexuality*, 1905) 中提到的关于进化论的故事, 也想到了精神分析学和更广泛意义上的心理学。我所说的 "浪漫主义意识形态" (特别是作为一个意义重大的例证), 指的是华兹华斯的《序曲或一位诗人心灵的成长》(*The Prelude, or Growth of a Poet's Mind*, 1805)，这是一部一个世纪以前的无性作品。

110. Stevenson, to Henley, [25 August 1881], *Letters*, III, 225.

111. 我赞同杰奎琳·罗斯（Jacqueline Rose）的观点："《彼得·潘》是一部经典，其中成年人和孩童之间的关系问题无疑是其核心。"详见 Rose, *The Case of Peter Pan* (London, 1984), 5。然而，对我来说，与华兹华斯的《序曲或一位诗人心灵的成长》一样，弗洛伊德的《性学三论》并不能算是一本心理学教科书，尽管两部书都是关于"心灵成长"的浪漫主义描述。

112. Barrie, *Peter Pan*, IV, 546.

113. Barrie, *Peter Pan*, IV, 550.

114. Barrie, *Peter Pan*, IV, 550.

115. Barrie, *Peter Pan*, III, 539.

116. Barrie, *Peter Pan*, III, 541, 539.

117. Barrie, *Peter Pan*,V, 568.

118. Barrie, *Peter Pan*,V, 574.

119. J. M. Barrie, *When Wendy Grew Up: An Afterthought* (London, 1957), 15.

120. Barrie, *When Wendy*, 31.

121. Barrie, *When Wendy*, 32.

122. For the two latter suggestions, see Birkin, *J. M. Barrie and the Lost Boys*, 105.

123. J. M. Barrie, *Peter and Wendy* (London, n.d. [1911]), 56.

124. Barrie, *Peter and Wendy*, 68.

125. Barrie, *Peter and Wendy*, 69.

126. Barrie, *Peter and Wendy*, 139, 202.

127. Barrie, *Peter and Wendy*, 172.

128. Barrie, *Peter and Wendy*, 227.

129. Barrie, *Peter and Wendy*, 234. See Stevenson, *Treasure Island*, e.g., 96.

130. Barrie, *Peter and Wendy* (1911), 201. See Stevenson, *Treasure Island*, 64.

131. Barrie, *Peter and Wendy*, 203.

132. Barrie, *Peter and Wendy*, 204.

133. Barrie, *Peter and Wendy*, 206.

134. Barrie, *Peter and Wendy*, 210.

135. Barrie, *Peter and Wendy*, 229.

136. Barrie, *Peter and Wendy*, 230.

137. Barrie, *Peter and Wendy*, 233–234.

138. For the dating of the 'Scenario', see Green, *Fifty Years*, 169. The 'Scenario' was unpublished (as well as unfilmed) but is transcribed in Green, *Fifty Years*, 171–218.

139. J. M. Barrie, 'Scenario', in Green, *Fifty Years*, 183.

140. Barrie, 'Scenario', in Green, *Fifty Years*, 196–197.

141. Barrie, 'Scenario', in Green, *Fifty Years*, 197.

142. See Birkin, *J. M. Barrie and the Lost Boys*, 278.

143. J. M. Barrie, 'Captain Hook at Eton', in M'Connachie and J. M. Barrie, *Speeches by J. M. Barrie* (London, 1938), 115–129, at 115.
144. Barrie, 'Captain Hook at Eton', 115.
145. Barrie, 'Captain Hook at Eton', 116.
146. Barrie, 'Captain Hook at Eton', 116.
147. Barrie, 'Captain Hook at Eton', 118.
148. Barrie, 'Captain Hook at Eton', 117.
149. Barrie, 'Captain Hook at Eton', 122.
150. Barrie, 'Captain Hook at Eton', 123.
151. Barrie, 'Captain Hook at Eton', 125.
152. Barrie, 'Captain Hook at Eton', 126.

第七章

1. Leslie Baily, *Gilbert and Sullivan and their World* (London, 1973), 63.
2. J. M. Barrie, to R. Golding Bright, 31 October 1912, *Letters of J. M. Barrie*, ed. Viola Meynell (London, 1942), 60.
3. J. M. Barrie, to R. Golding Bright, 4 December 1918, *Letters*, 61.
4. J. M. Barrie, to Lady Cynthia Asquith, 27 April 1921, *Letters*, 189.
5. Nicholas Llewelyn Davies, interview by Andrew Birkin, 1 January 1976, J. M. Barrie website, http://www.jmbarrie.co.uk, accessed 14 January 2013.
6. See Roger Lancelyn Green, *Fifty Years of 'Peter Pan'* (London, 1954), 170.
7. Cynthia Asquith, *Portrait of Barrie* (London, 1954), 160.
8. Asquith, *Portrait*, 160.
9. Asquith, *Portrait*, 160.
10. Asquith, *Portrait*, 160.
11. See Jack Lodge, 'The Career of Herbert Brenon', *Griffithiana*, 57/58, October 1996, 71; Frederick C. Szebin, '*Peter Pan* Escapes Cinematic Neverland', *American Cinematographer*, October 1995, 97–101.
12. J. M. Barrie, to Cynthia Asquith, 14 November 1924, *Letters*, 201.
13. Barrie, to Asquith, 14 November 1924, *Letters*, 201.
14. Barrie, 'Scenario for a Proposed Film of *Peter Pan*', in Green, *Fifty Years*, 171.
15. See Barrie, 'Scenario', 178, 189.
16. See Barrie, 'Scenario', 181, 186.
17. See Barrie, 'Scenario', 194.
18. Barrie, 'Scenario', 195, 196.
19. Barrie, 'Scenario', 182.
20. Barrie, 'Scenario', 172.

21. Barrie, 'Scenario', 183, and see 201.
22. Barrie, 'Scenario', 183.
23. Quotations from *Peter Pan*, screenplay by Willis Goldbeck [and James Barrie], Paramount Picture, 1924.
24. Goldbeck and Barrie, *Peter Pan*.
25. Goldbeck and Barrie, *Peter Pan*.
26. Goldbeck and Barrie, *Peter Pan*.
27. Goldbeck and Barrie, *Peter Pan*.
28. Goldbeck and Barrie, *Peter Pan*.
29. See *Peter Pan*, V, 2, in J. M. Barrie, *The Plays*, ed. A. E. Wilson (London, 1942), 568.
30. Barrie, 'Scenario', 209.
31. Goldbeck and Barrie, *Peter Pan*, and see *Peter Pan*, V, 2, in *The Plays*, 574.
32. Goldbeck and Barrie, *Peter Pan*, and see *Peter Pan*, V, 2, in Barries, *The Plays*, 575; and 'Scenario', 214.
33. See Lodge, 'The Career', 73.
34. See Lodge, 'The Career', 75.
35. *Variety*, 31 December 1924.
36. *Variety*, 31 December 1924.
37. *Variety*, 31 December 1924.
38. 'Peter Pan as a Film', *The Times*, 15 January 1925.
39. Barrie, to Asquith, 14 November 1924, *Letters*, 201.
40. Llewelyn Davies, interview.
41. 我要特别感谢凯文·布朗洛（Kevin Brownlow）慷慨地把他私人珍藏的默片之一《海鹰》借给我。
42. Rafael Sabatini, *The Sea-Hawk* (London, 1915), 28.
43. Sabatini, *The Sea-Hawk*, 19.
44. Sabatini, *The Sea-Hawk*, 216.
45. Sabatini, *The Sea-Hawk*, 98.
46. Sabatini, *The Sea-Hawk*, 225.
47. *Variety*, 11 June 1924.
48. *Variety*, 11 June 1924.
49. *Variety*, 11 June 1924.
50. Rafael Sabatini, *Captain Blood: His Odyssey* (London, 1922), 162. Sabatini himself cites Morgan and Esquemeling's *Bucaniers* as historical sources for his *Captain Blood* (see Sabatini, 'Historical Fiction', in *What is a Book?*, ed. Dale Warren [New York, 1935], 23–39, at 39).
51. Sabatini, *Captain Blood*, 183, 165.
52. Sabatini, *Captain Blood*, 192.
53. Sabatini, *Captain Blood*, 201.
54. Sabatini, *Captain Blood*, 211.

55. Sabatini, *Captain Blood*, 284.
56. Sabatini, *Captain Blood*, 286.
57. See Maurice Trace, 'Captain Blood', *Screen 9.5*, No. 104,Winter 2001, 7.
58. See Trace, 'Captain Blood', 6.
59. Steve Smith, Jr,'Pictorial Side of *Captain Blood*', *American Cinematographer*, September 1924, 20.
60. Smith, 'Pictorial Side', 6.
61. Smith, 'Pictorial Side', 20.
62. Smith, 'Pictorial Side', 20.
63. The *Daily Graphic*, quoted in Jeffrey Richards, *Swordsmen of the Screen: From Douglas Fairbanks to Michael York* (London, Henley, and Boston, Massachusetts, 1977), 251.
64. Richards, *Swordsmen*, 6.
65. *Variety*, 10 September 1924.
66. *Variety*, 10 September 1924.
67. *Variety*, 10 September 1924.
68. Albert Smith, quoted in Trace, 'Captain Blood', 7.
69. *The Black Pirate* (1926), dir. Albert Parker.
70. 那些经典海盗电影的片名并没有出现在托马斯·沙茨（Thomas Schatz）的《好莱坞类型电影》一书中，详见 *The Hollywood Genre: Formulas, Filmmaking and the Studio System* (New York, 1981)；也没有出现"侠盗"（Swashbuckler）一词。
71. Flavel, 'To All Masters, Mariners, and Seamen', iii.
72. Le Comte de Lautréamont [Isidore Ducasse], *Les Chants de Maldoror* (Paris and Bruxelles, 1874), 31–32, transl. mine.
73. Fairbanks, quoted in Edwin Schallert, 'Yo, Ho, and a Bottle of Rum', *Picture-Play Magazine*, XXIII, 6 (February, 1926), 16.
74. Fairbanks, in Schallert,'Yo, Ho', 16.
75. Fairbanks, in Schallert,'Yo, Ho', 16.
76. Fairbanks, in Schallert,'Yo, Ho', 17.
77. Fairbanks, in Schallert,'Yo, Ho', 17.
78. Barbara Little,'The Pirates Are Coming', *Picture-Play Magazine*, XVIII, 1 (March 1923), 46.
79. Little, 'The Pirates', 46–47.
80. Little, 'The Pirates', 47.
81. Little, 'The Pirates', 47.
82. Little, 'The Pirates', 47.
83. Schallert, 'Yo, Ho', 17.
84. John C. Tibbetts and James M. Welsh, *His Majesty the American:The Films of Douglas Fairbanks, Sr.* (South Brunswick, New York and London, 1977), 150.
85. See Jeffrey Vance, *Douglas Fairbanks* (Berkeley, Los Angeles and London, 2008), 204.
86. David Michaelis, *W. C. Wyeth: A Biography* (New York, 1998), 274.

87. R. J. B. Denby, 'Doug Shoots Tomorrow's Perfect Film', *Liberty*, 15 May 1926, quoted in Vance, *Douglas Fairbanks*, 209.

88. See Vance, *Douglas Fairbanks*, 213.

89. Fairbanks, quoted in Schallert, 'Yo, Ho', 108.

90. See David Niven, *Bring On the Empty Horses* (London, 1975), 196. Further, more reliable, details are provided by Douglas Fairbanks, Jr, in interview with Jeffrey Vance, cited in Vance, *Douglas Fairbanks*, 217. For a careful analysis of the stunt, see Rudy Behlmer, '*The Black Pirate* Weighs Anchor', *American Cinematographer* (May, 1992), 34–40, at 34.

91. Allene Talmey, *Doug and Mary and Others* (New York, 1927), 35.

92. A story confirmed by Billie Dove, in 1994 interview with Jeffrey Vance, cited in Vance, *Douglas Fairbanks*, 220.

93. *Variety*, quoted in Behlmer, '*The Black Pirate*', 37.

94. Mordaunt Hall, 'Fairbanks's Pirate Film Whimsical and Beautiful', *New York Times*, 14 March 1926, 5, quoted in James Robert Parish and Don E. Stanke, *The Swashbucklers* (New Rochelle, New York, 1976), 64–65, and in Vance, *Douglas Fairbanks*, 222.

95. *Treasure Island* (1934), dir. Victor Fleming.

96. On Beery, see Niven, *Bring On the Empty Horses*, 329.

97. See Frank Thompson, ed., *Between Action and Cut: Five American Directors* (Metuchen, New Jersey, and London, 1985), 43.

98. See Thompson, ed., *Between Action and Cut*, 43.

99. *Treasure Island* (1934).

100. Victor Fleming, quoted in Frank Thompson, ed. *Between Action and Cut*, 43.

101. See Thompson, ed., *Between Action and Cut*, 43.

102. See Stevenson, to Charles Scribner, ?20 October 1887, *Letters*, VI, 40 (and see 49); Swearingen, *The Prose Writings*, 63.

103. *Treasure Island* (1934).

104. *Treasure Island* (1934).

105. *Kinematograph Weekly*, no. 1431 (20 September 1934), 19.

106. *Monthly Film Bulletin*, vol. 1, no. 8 (1 September 1934), 70.

107. See Vance, *Douglas Fairbanks*, 13.

108. F. Scott Fitzgerald, *The Last Tycoon* (London, 1949), 43.

109. Fitzgerald, *The Last Tycoon*, 43.

110. *Variety*, 29 January 1935 (or 1936?), quoted in John Davis, 'Captain Blood', *The Velvet Light Trap*, *Review of Cinema* (1971), 1, 27.

111. Warner to Hearst, 20 February 1935, in *Inside Warner Bros. (1935–1951)*, ed. Rudy Behlmer (New York, 1985), 20.

112. Harry Joe Brown to Hal Wallis, 11 June 1935, in *Inside Warner Bros.*, 21.

113. Hal Wallis to Mervyn LeRoy, 11 June 1935, in *Inside Warner Bros.*, 21.

114. See Errol Flynn, *My Wicked, Wicked Ways* ([1959] London, 1961), 178; Jack L. Warner

with Dean Jennings, *My First Hundred Years in Hollywood* (New York and Toronto, 1964), 235.

115. Warner, *My First Hundred Years*, 234, 235.

116. According to cameraman Hal Mohr, interviewed by John Davis, in Davis, 'Captain Blood', 29.

117. See Davis, 'Captain Blood', 30–31.

118. See Davis, 'Captain Blood', 28; Jeffrey Richards, *Swordsmen*, 253.

119. Wallis to Curtiz, 28 August 1935, in *Inside Warner Bros.*, 23.

120. Wallis to Curtiz, 28 August 1935, in *Inside Warner Bros.*, 23.

121. Wallis to Curtiz, 30 September 1935, in *Inside Warner Bros.*, 24.

122. Wallis to Curtiz, 9 September 1935, in *Inside Warner Bros.*, 24.

123. Rafael Sabatini, *Captain Blood: His Odyssey* (London, 1922), 39, 166.

124. *Captain Blood* (1935).

125. *Captain Blood* (1935).

126. *Captain Blood* (1935).

127. *Film Daily*, undated, quoted in Davis,'Captain Blood', 31.

128. *Variety*, 1 January 1936.

129. *Variety*, 1 January 1936.

130. See Rudy Behlmer, Introduction to Howard Koch and Seton I. Miller, *The Sea Hawk* (Screenplay), ed. Rudy Behlmer (Madison,Wisconsin, and London, 1982), 14.

131. Words from a popular song, 'Music, Music, Music', sung by Teresa Brewer, topping the charts in 1950.

132. Wallis to Harry Joe Brown, 14 December 1935, quoted in Behlmer, Introduction, 15.

133. Delmer Daves to Rudy Behlmer, 1968, quoted in Behlmer, Introduction, 16.

134. See Ian Hamilton, *Writers in Hollywood 1915–1951* (London, 1991), 115.

135. See Harry Kelsey, *Sir Francis Drake: The Queen's Pirate* (New Haven and London, 1998), 63.

136. See the list, compiled from Warner files, of books used for research by the Warner screen writers, in Behlmer, Introduction, 43.

137. Seton Miller to Walter MacEwen, 18 March 1940, in Behlmer, ed., *Inside Warner Bros.*, 111.

138. See Behlmer, ed., *The Sea Hawk* (Screenplay), note 5, 209.

139. Henry Blanke to Wallis, 6 September 1938, quoted in Rudy Behlmer, Introduction, 19.

140. See Behlmer, Introduction, 20.

141. Seton Miller to Walter MacEwen, 18 March 1940, quoted in Behlmer, ed., *Inside Warner Bros.*, 110.

142. Miller to MacEwen, 18 March 1940, quoted in Behlmer, ed., *Inside Warner Bros.*, 110.

143. Miller to MacEwen, 18 March 1940, quoted in Behlmer, ed., *Inside Warner Bros.*, 111.

144. See Behlmer, Introduction, 26.

145. See Behlmer, Introduction, 37–38 and fig. 2, 44.

146. See Behlmer, Introduction, 29, 37.

147. See Behlmer, Introduction, 36–37.

148. See Behlmer, Introduction, 29, 37.

149. Flynn, *My Wicked, Wicked Ways*, 182.

150. Flynn, *My Wicked, Wicked Ways*, 184.

151. Wallis to Curtiz, quoted in Behlmer, Introduction, 30.

152. Henry Blanke to Wallis, 14 March 1940, in Behlmer, ed., *Inside Warner Bros.*, 109.

153. Wallis to Blanke and Tenny Wright, 3 April 1940, quoted in Behlmer, ed., *Inside Warner Bros*, 36.

154. Frank Mattison to Tenny Wright, *c.*19 February 1940, quoted in Behlmer, ed., *Inside Warner Bros*, 32.

155. Added scene for British prints of *The Sea Hawk* (1940).

156. *The Sea Hawk* (1940).

157. *The Sea Hawk* (1940).

158. Poster, illustration to documentary, 'The Sea Hawk: Flynn in Action', accompanying *The Sea Hawk* film.

159. See Behlmer, Introduction, 41.

第八章

1. 'Jack (I won't mention his name)', a film producer at Universal, quoted by Richard Brooks, Interview, *Movie*, 12, Spring 1965, 3.

2. Rafael Sabatini, *The Black Swan* (London, 1932), 186.

3. Sabatini, *The Black Swan*, 13, 178.

4. Sabatini, *The Black Swan*, 198.

5. *The Black Swan* (1942).

6. Script of *The Spanish Main*, Reel 2, Section 2B, p. 5, BFI Library, London.

7. Script of *The Spanish Main*, Reel 3, Section 3A, p. 3.

8. Script of *The Spanish Main*, Reel 4, Section 4A, p. 4.

9. Script of *The Spanish Main*, Reel 4, Section 4A, p. 4.

10. Script of *The Spanish Main*, Reel 4, Section 4A, p. 2.

11. Script of *The Spanish Main*, Reel 4, Section 4A, p. 2.

12. *Kinematograph Weekly*, 31 January 1946, 22.

13. *Today's Cinema*, 29 January 1946, 26.

14. *Today's Cinema*, 29 January 1946, 26.

15. *Kinematograph Weekly*, 18 March 1943, 21; E. A. Cunningham, *Motion Picture Herald*, 17 October 1942, 958.

16. Cunningham, *Motion Picture Herald*, 17 October 1942, 958.

17. Maureen O'Hara, with John Nicoletti, *'Tis Herself: An Autobiography* ([1997] London, 2005), 214; and see Flynn, *My Wicked,Wicked Ways*, 214.

18. Douglas Stewart, *The Pirate Queen; or, Captain Kidd and the Treasure* (London, 1867), 38.

19. Stewart, *The Pirate Queen*, 39–40.

20. Bret Harte, *The Queen of the Pirate Isle* (1886), 14.

21. Richard Hughes, *A High Wind in Jamaica* (London, 1929), 145–146.

22. Gustave Alaux, 'La Régate du capitaine Borgnefesse', *Bulletin du Cercle nautique de Chatou*, December 1935, quoted in Gérard Jaeger, *Pirates, flibustiers et corsaires* (Avignon, 1987), 157.

23. Charles de La Roncière, *Le Flibustier mysterieux: Histoire d'un trésor caché* (Paris, 1934), 109.

24. Robert Desnos, 'Lament for the Pirate' (unpublished?), quoted in Jaeger, *Pirates*, 157.

25. Desnos, 'Lament', quoted in Jaeger, *Pirates*, 158, translation mine.

26. Henri Musnik, *Les Femmes pirates: Aventures et légendes de la mer* (Paris, 1934), 19.

27. See Musnik, *Les Femmes pirates*, 23–56.

28. James Bridie and Claude Gurney, *Mary Read* (London, 1935), III, iii, p. 75.

29. Bridie and Gurney, *Mary Read*, III, iii, p. 75.

30. Bridie and Gurney, *Mary Read*, III, iii, p. 75.

31. Bridie and Gurney, *Mary Read*, III, iii, p. 75.

32. Frank Shay, *Mary Read:The Pirate Wench* (London, 1934), 149.

33. For Skinner, see *General History* (first edition, 1724), 135.

34. Shay, *Mary Read*, 152.

35. Shay, *Mary Read*, 162, 189, 236.

36. Shay, *Mary Read*, 285, 286.

37. Philip Rush, *Mary Read, Buccaneer* (London and New York, 1945), Note, 6.

38. Shay, *Mary Read*, 51; Rush, *Mary Read*, 43.

39. Rush, *Mary Read*, 97.

40. Rush, *Mary Read*, 97.

41. Rush, *Mary Read*, 97.

42. Rush, *Mary Read*, 104.

43. Rush, *Mary Read*, 128.

44. Rush, *Mary Read*, 146, 163, 128.

45. Rush, *Mary Read*, 134.

46. Rush, *Mary Read*, 170.

47. Rush, *Mary Read*, 170–171.

48. Rush, *Mary Read*, 171.

49. Rush, *Mary Read*, 172.

50. Rush, *Mary Read*, 172.

51. Rush, *Mary Read*, 176.

52. Rush, *Mary Read*, 192, 198.
53. Hergé, *Le Trésor de Rackham le Rouge* ([1945] 1973), 62.
54. [Gustave Alaux,] *Cahiers de Louis-Adhémar-Timothée Le Golif, dit Borgnefesse* (Paris, 1952), 55.
55. See Jenifer G. Marx, 'Brethren of the Coast', in David Cordingly, ed., *Pirates: An Illustrated History* (London, 1996), 37. Jenifer Marx gives a false (and hoaxing?) attribution for Le Golif to P. Labat, *Memoirs 1693–1705* (1734, reprinted 1971), 35.
56. Manuel Schonhorn, Commentary and Notes, *General History* (London, 1999), 674; John Carlova, *Mistress of the Seas* (New York, 1964), Introduction, 11.
57. Carlova, *Mistress of the Seas*, 11.
58. Carlova, *Mistress of the Seas*, 13.
59. Carlova, *Mistress of the Seas*, 97, 163, 234.
60. Carlova, *Mistress of the Seas*, 82, 80.
61. Carlova, *Mistress of the Seas*, 87.
62. Carlova, *Mistress of the Seas*, 179.
63. Carlova, *Mistress of the Seas*, 179.
64. Carlova, *Mistress of the Seas*, 179.
65. Carlova, *Mistress of the Seas*, 180.
66. Carlova, *Mistress of the Seas*, 178.
67. Carlova, *Mistress of the Seas*, 184–185.
68. Steve Gooch, Prefatorial remarks, *The Women Pirates Ann Bonney and Mary Read* (London, 1978).
69. Gooch, Prefatorial remarks, *The Women Pirates*.
70. Carlova, *Mistress of the Seas*, 47, 57.
71. Gooch, *The Women Pirates*, 57.
72. Gooch, *The Women Pirates*, 39.
73. Gooch, *The Women Pirates*, 45.
74. Gooch, *The Women Pirates*, 64, 72.
75. Gooch, *The Women Pirates*, 73.
76. George MacDonald Fraser, *The Pyrates* (London, Glasgow, etc., 1983), 15, 69, 16, 56.
77. Fraser, *The Pyrates*, 17, 23, 295, 51.
78. Fraser, *The Pyrates*, 192, 82, 95.
79. Robert Desnos, 'Lament', quoted in Jaeger, *Pirates*, 158.
80. Fraser, *The Pyrates*, 142.
81. Fraser, *The Pyrates*, 308–309.
82. Fraser, *The Pyrates*, 308.
83. Fraser, *The Pyrates*, 301.
84. Fraser, *The Pyrates*, 309.
85. Fraser, *The Pyrates*, 309–310.
86. Fraser, *The Pyrates*, 319, 360, 403.

87. Fraser, Afterthought, *The Pyrates*, 406.

88. Fraser, Afterthought, *The Pyrates*, 408.

89. Pamela Jekel, *Sea Star: The Private Life of Anne Bonny, Pirate Queen* (New York, 1983), 62.

90. Jekel, *Sea Star*, 303, 277, 280.

91. Jekel, *Sea Star*, 283.

92. Jekel, *Sea Star*, 283.

93. Jekel, *Sea Star*, 283.

94. Jekel, *Sea Star*, 283.

95. Jekel, *Sea Star*, 331–332.

96. Jekel, Acknowlegements, *Sea Star*, 390.

97. Mace Taxco, Preface, *Anne Bonney and Mary Read: Women Buccaneers* (Albuquerque, New Mexico, 1998), vi.

98. Taxco, Preface, *Anne Bonney and Mary Read*, vi.

99. Taxco, *Anne Bonney and Mary Read*, 260.

100. Taxco, *Anne Bonney and Mary Read*, 261–262.

101. Taxco, *Anne Bonney and Mary Read*, 150.

102. Taxco, *Anne Bonney and Mary Read*, 304.

103. Taxco, *Anne Bonney and Mary Read*, 304.

104. Taxco, *Anne Bonney and Mary Read*, 321.

105. Taxco, *Anne Bonney and Mary Read*, 347. For William Cormac, see Carlova, *Mistress of the Seas*, 17; Jekel, *Sea Star*, 5.

106. Taxco, *Anne Bonney and Mary Read*, 341.

107. Taxco, *Anne Bonney and Mary Read*, 348, 335, 362.

108. See Taxco, *Anne Bonney and Mary Read*, 30.

109. Jacqueline Church Simonds, *Captain Mary, Buccaneer* (Simsbury, Connecticut, 2000), 26, 178, 43.

110. Simonds, *Captain Mary*, 57, 58.

111. Simonds, *Captain Mary*, 202.

112. Simonds, *Captain Mary*, 280.

113. 关于普通船上 "痛苦、极端" 的条件的第一手资料，详见 Barlow, *Journal*, I, 60–61。关于船上的情况，另见 Rodger, *The Wooden World*, 60–68, and Earle, *Sailors*, 85–86。

114. *The Pirates Own Book, or Authentic Narratives of the Lives, Exploits and Executions of the Most Celebrated Sea Robbers* (Philadelphia, 1837), 387.

115. Philip Gosse, *The History of Piracy* (London and New York, 1932), 204, 202, 203.

116. See Carlova, *Mistress of the Seas*, 96.

117. Gosse, *The History of Piracy*, 203, 205. 戈斯在其《海盗史》中对《通史》的明显误读令人费解，因为他此前曾出版过《通史》的一个版本，即 1725 年第 3 版的重印本，题为《海盗通史》(*A General History of the Pirates*)。详见 Philip Gosse (Kensington, London, 1925), and *A Bibliography of the Works of Capt. Charles Johnson*

(London, 1927)。

118. John Robert Moore, *Defoe in the Pillory and Other Studies* (Bloomington, Indiana, 1939), 127.

119. Moore, *Defoe in the Pillory*, 188.

120. See Daniel Defoe, *A General History of the Pyrates*, ed. Manuel Schonhorn (London, 1999) and—on Moore's arguments about the work—see Furbank and Owens, *The Canonisation*, 100–109.

121. See Linda Grant De Pauw, *Seafaring Women* (Boston, 1982), 57–59, 33. Cf. Carlova, *Mistress of the Seas*, 17, 18.

122. De Pauw, *Seafaring Women*, 33.

123. See Moore, *Defoe*, 127 and 235, n. 4.

124. Cordingly, *Life Among the Pirates*, 74.

125. Cordingly, *Life Among the Pirates*, 76, and see 75.

126. See Julie Wheelwright, 'Tars, tarts and swashbucklers', in *Bold in Her Breeches: Women Pirates Across the Ages*, ed. Jo Stanley (London, 1995), 180, 184.

127. Ulrike Klausmann and Marion Meinzerin, *Women Pirates and the Politics of the Jolly Roger*, transl. Austin and Levis (Montreal, etc., 1997), 192.

128. Klausmann and Meinzerin, *Women Pirates*, 192.

129. Klausmann and Meinzerin, *Women Pirates*, 192.

130. See Carlova, *Mistress of the Seas*, 81 and 78.

131. David Cordingly, *Heroines and Harlots: Women at Sea in the Great Age of Sail* (London, 2001), 89.

132. Cordingly, *Heroines and Harlots*, 92.

133. Cordingly, *Heroines and Harlots*, 92–93.

134. Cordingly, *Heroines and Harlots*, 93.

135. Cordingly, *Heroines and Harlots*, 96.

136. Cordingly, *Heroines and Harlots*, 97.

137. Cordingly, *Heroines and Harlots*, note 33, p. 298.

138. See Carlova, *Mistress of the Seas*, 17, and also, for example, Elizabeth Garrett (aka James L. Nelson), *The Sweet Trade* (New York, 2001), in which Anne Bonny's mother and father are William Cormac and Peg Brennan, the names and characters invented by Carlova.

139. See Gilles Lapouge, *Pirates, boucaniers, flibustiers* (Paris, 2002), 160–165.

140. David Cordingly, 'Bonny, Anne', *The Oxford Dictionary of National Biography* (2004).

141. Rediker, *Villains*, 103–104.

142. Rediker, *Villains*, 111–112.

143. Rediker, *Villains*, 107.

144. See Rediker, *Villains*, 115–117.

145. Rediker, *Villains*, 118.

146. Rediker, *Villains*, 121.

147. John Gay, *Polly: An Opera* (London, 1729), I, xiv.

148. J. M. Barrie, *Peter Pan*, IV, 558, in *The Plays*, ed. A. E. Wilson (London, 1942).

149. The sail-splitting stunt is in *Pirates of the Caribbean: Dead Man's Chest* (2006). For the Disney history, see, e.g., Jason Surrell, *Pirates of the Caribbean: From the Magic Kingdom to the Movies* (New York, 2005).

参考文献

ABBREVIATIONS
ADM: Admiralty Papers
BFI: British Film Institute
CS: Colonial Papers
CSP, CS, AGWI: Calendar of State Papers, Colonial Series, America and West Indies
HCA: High Court of Admiralty
PRO: Public Record Office (The National Archives)
SP: State Papers

Account of the Conduct and Proceedings of the Late John Gow alias Smith, An (London, [1725]).

Account of the Behaviour, Dying Speeches, and Execution of ... William May, John Sparcks, William Bishop, James Lewis, and Adam Foreseith, for Robbery, Piracy and Felony; at the Execution-Dock: On Wednesday the 25th of November, 1696, An (London, 1696).

Admiri, Ralph, 'Ballou, the Father of the Dime Novel', *The American Book Collector*, IV (September–October, 1933), 121–129.

Ainger, Michael, *Gilbert and Sullivan: A Dual Biography* (Oxford, 2002). [Alaux, Gustave,] *Cahiers de Louis-Adhémar-Timothée Le Golif, dit Borgnefesse* (Paris, 1952).

Alderson, Nicholas, Benjamine Franks, Jonathan Fredway, Depositions, MSS, British Library, E/3/53, fos. 147, 153, 200v.

Arraignment, Tryal, and Condemnation of Captain William Kidd, for Murther and Piracy, upon Six several Indictments, at the Admiralty-Sessions, held... at the Old-Baily, on Thursday the 8th. and Friday the 9th. of May, 1701.Who, upon full Evidence, was found Guilty, receiv'd Sentence, and was accordingly Executed at Execution-Dock, May the 23d., The (London, 1701).

'Asiatic campaigns of Thut-mose III, The', in *Ancient Near Eastern Texts*, ed. James B. Pritchard (Princeton, 1955).

Asquith, Cynthia, *Portrait of Barrie* (London, 1954).

Atlas Maritimus (London, 1728).

Augustine, *The City of God*, transl. Henry Bettenson (Penguin edition, 1972).

[Avory, Thomas,] *The Life of John Buncle* (2 vols; London, 1765).

Baer, Joel H., ' "Captain John Avery" and the Anatomy of a Mutiny', *Eighteenth-Century*

Life, 18 (1994), 1–26.

Baily, Leslie, *Gilbert and Sullivan and their World* (London, 1973).

Baldridge, Adam, Deposition, 1699, in J. F. Jameson, ed., *Privateering and Piracy* (New York, 1923), 180–187.

Ballantyne, John, note, in Scott, *Letters* (1932–1937),VI, 427, n.1.

Ballantyne, R. M., *The Coral Island: A Tale of the Pacific Ocean* (London, 1858).

[Ballou, Maturin M.,] *Fanny Campbell, the Female Pirate Captain* (Boston, 1845).

Barlow, Edward, *Journal of his Life at Sea in King's Ships, East and West Indiamen and other Merchantmen from 1659 to 1703*, transcribed by Basil Lubbock (2 vols; London, 1934).

Barrie, J. M., 'Captain Hook at Eton', in M'Connachie and J. M. Barrie, *The Speeches by J. M. Barrie* (London, 1938).

Barrie, J. M., Preface, R. M. Ballantyne, *The Coral Island* (London, 1913).

Barrie, J. M., 'The Freedom of Dumfries', in M'Connachie and J. M. Barrie, *Speeches by J. M. Barrie* (London, 1938).

Barrie, J. M., *The Greenwood Hat: A Memoir of James Anon, 1885–1887* (London, 1937).

Barrie, J. M., *The Letters of J.M. Barrie*, ed. Viola Meynell (London, 1942).

Barrie, J. M., *The Little White Bird* (London, 1902).

Barrie, J. M., *Margaret Ogilvy* (London, 1896). Barrie, J. M., *Peter and Wendy* (London, n.d. [1911]).

Barrie, J. M., *Peter Pan or The Boy Who Would Not Grow Up*, in *The Plays*, ed. A. E.Wilson (London, 1942).

Barrie, J. M., 'Scenario for a Proposed Film of *Peter Pan*', in Roger Lancelyn Green, *Fifty Years of 'Peter Pan'* (London, 1954), 171–218.

Barrie, J. M., *When Wendy Grew Up: An Afterthought* (London, 1957).

Basse, Jeremiah, to William Popple, 9 June 1699, *CSP, CS, AGWI, 1699*, ed. Cecil Headlam (London, 1908), 280–281.

Beattie, Stuart, '*Pirates of the Caribbean*: The True Story', Channel 5, UK, 29 May 2011.

Beaumont, Francis, and John Fletcher, *The Double Marriage*, in *Comedies and Tragedies* (London, 1647).

Behlmer, Rudy, '*The Black Pirate* Weighs Anchor', *American Cinematographer* (May, 1992), 34–40.

Behlmer, Rudy, ed., *Inside Warner Bros. (1935–1951)* (New York, 1985).

Behlmer, Rudy, Introduction to Howard Koch and Seton I. Miller, *The Sea Hawk* (Screenplay), ed. Rudy Behlmer (Madison, Wisconsin, and London, 1987).

Belbin, James, Examination, 2 April 1725, HCA, 1/55, fo. 107, PRO.

Bellomont, Governor the Earl of, to the Board of Trade, Boston, 8 July 1699, CO 5/860, PRO, and in J. F. Jameson, ed., *Privateering and Piracy* (New York, 1923), 213–218.

Bellomont, Lord, to the Board of Trade, 26 July 1699, CO, 5/860, PRO, and in J. F. Jameson, ed., *Privateering and Piracy* (New York, 1923), 224–232.

Bellomont, Lord, to the Board of Trade, Boston, 29 November 1699, CO, 5/861, PRO, and in

J. F. Jameson, ed., *Privateering and Piracy* (New York, 1923), 237–244.

Bellomont, Lord, to the Council of Trade, Boston, 25 May 1700, *CSP, CS, AGWI, 1700*, ed. Cecil Headlam (London, 1910), 269.

Bellomont, Lord, to the Council of Trade and Plantations, 22 July 1699, *CSP, CS, AGWI, 1699*, ed. Cecil Headlam (London, 1908), 360–361.

Bellomont, Lord, to the Council of Trade and Plantations, 24 October 1699, CO 5/860, PRO.

Bellomont, Lord, to the Council of Trade and Plantations, Boston, 24 August 1699, *CSP, CS, AGWI, 1699*, ed. Cecil Headlam (London, 1908).

Bellomont, Lord, to the Council of Trade and Plantations, Boston, 26 July 1699, in *CSP, CS, AGWI, 1699*, ed. Cecil Headlam (London, 1908), 374.

Bernardin de Saint-Pierre, Jacques-Henri, *Voyage à l'Isle de France, à l'Isle de Bourbon* (2 vols; Amsterdam, 1773).

Besneck, John, Peter Cornelian, and John Eaton, testimonies, *The Tryals of Captain John Rackam* (Jamaica, 1721).

Biddulph, John, *The Pirates of Malabar and An Englishwoman in India Two Hundred Years Ago* (London, 1907).

Birkin, Andrew, *J. M. Barrie and the Lost Boys* (London, 1979).

Black, Clinton V., *Pirates of the West Indies* (Cambridge, 1989).

Boardman, John, *The Great God Pan:The Survival of an Image* (London, 1997).

Boccaccio, Giovanni, *Il Decameron*, ed. Aldo Rossi (Bologna, 1977).

Bonner, Willard, *Pirate Laureate: The Life and Legends of Captain Kidd* (New Brunswick, 1947).

Bosset, Georgette, *Fenimore Cooper et le Roman d'Aventure en France vers 1830* (Paris, 1928).

Bostock, Henry, Master of the sloop *Margaret*, Deposition, 19 December 1717, enclosure with Governor Hamilton, to the Council of Trade and Plantations, in *CSP, CS, AGWI, August 1717–December 1718*, ed. Cecil Headlam (London, 1930), 150.

Boston News-Letter, The: 23 February to 2 March 1719; 4 November to 11 November 1719; 18 July to 25 July 1723; 25 July to 1 August 1723.

Boswell, James, *Journal of a Tour to the Hebrides*, ed. F. A. Pottle and C.H. Bennett (New York, 1936).

Botting, Douglas, *The Pirates* (Amsterdam, 1978).

Bradinham, Robert, Examination, 25 April 1701, HCA, 1/15, PRO.

Bradinham, Robert, Examination, *CSP, CS, AGWI, 1700*, ed. Cecil Headlam (London, 1910), 277.

Bradinham, Robert, testimony, *The Arraignment, Tryal, and Condemnation of Captain William Kidd* (London, 1701).

Brathwait, Richard, 'A Sayler', *Whimzies: Or, a New Cast of Characters* [1631], in *A Critical Edition of Richard Brathwait's 'Whimzies'*, ed. Allen H. Lanner (New York and London, 1991), 213–217.

Bridie, James, and Claude Gurney, *Mary Read* (London, 1935).

[Brontë, Charlotte,] *Jane Eyre: An Autobiography* (3 vols; London, 1847).

Brooke, Henry, to Col. Quary, Port Lewis, 12 November 1703, *CSP, CS, AGWI, 1702–1703*, ed. Cecil Headlam (London, 1913), 741–744.

Brooks, Richard, Interview, *Movie*, 12, Spring 1965.

Brown, Mervyn, *Madagascar Rediscovered: A History from Early Times to Independence* (Hamden, Connecticut, 1979).

Brownlow, Kevin, *The Parade's Gone By* (London, 1968).

Buckmaster, Edward, Examination, 6 June 1699, in J. F. Jameson, ed., *Privateering and Piracy* (New York, 1923), 197–200.

Bucquoy, Jacob de, *Zestien Jaarige reize naa de Indien* [1744], transl. into French and published in part in Alfred and Guillaume Grandidier, *Collection des ouvrages anciens concernant Madagascar* (Paris, 1907),V, 103–139.

Buntline, Ned, *The Black Avenger of the Spanish Main: or, The Fiend of Blood* (Boston, 1847).

Burg, B. R., *Sodomy and the Pirate Tradition* (New York and London, 1984).

Burgess, Samuel, Deposition, 3 May 1698, *CSP, CS, AGWI, 27 October 1697–31 December 1698*, ed. J. W. Fortescue (London, 1905), 227–228.

Burgess, Samuel, HCA, 1/98, Pt.1, fo. 50, PRO.

Burnand, Francis C., *An Entirely New and Original Burlesque, Being the very latest edition of a Nautical Tradition told by one of the floating population to the Marines who entitled it The Red Rover; or, I Believe You, My Buoy!* (London, n. d.).

Byron, George Gordon, *The Corsair*, in *Complete Poetical Works*, ed. Jerome McGann, III (Oxford, 1981).

Byron, George Gordon, *Don Juan*, in *Complete Poetical Works*, ed. Jerome McGann, V (Oxford, 1986).

Byron, George Gordon, *The Corsair, a Tale* (London, 1814).

Byron, George Gordon, to Thomas Moore, 3 March 1814, *Letters and Journals*, ed. Leslie Marchand, IV (London, 1975).

Byron, William, *Cervantes: A Biography* (London, 1979).

'Captain Kid's Farewell to the Seas', in J. F. Jameson, ed., *Privateering and Piracy* (New York 1923), 253–257.

Carlova, John, *Mistress of the Seas* (New York, 1964).

Carpenter, Kevin, *Desert Isles and Pirate Islands:The Island Theme in Nineteenth-Century English Juvenile Fiction* (Frankfurt am Main, 1984).

Casson, Lionel, *Ships and Seafaring in Ancient Times* (London, 1994).

Cervantes Saavedra, Miguel de, *El Ingenioso Hidalgo Don Quixote de la Mancha* (Lisboa, 1695).

Chandler, Frank W., *The Literature of Roguery* (2 vols; London, 1907).

Chaney, Lisa, *Hide-and-Seek with Angels: A Life of J. M. Barrie* (London, 2005).

Charlevoix, Pierre-Francois-Xavier de, *Histoire de l'Isle Espagnole ou de S. Domingue* (2 vols; Paris, 1730).

Cicero, *De officiis* (Loeb edition, 1913). Cicero, *De re publica* (Loeb edition, 1988).

Clerke, Jo., 'The Marshalls farther Account of Charges', ADM, 1/3666, fos. 210–211, PRO.

[Cochrane,] *Catalogue of the Library at Abbotsford* (Edinburgh, 1838).

Constable, Archibald, to Scott, 25 December 1820, *The Letters of Walter Scott*,ed. H. J. C. Grierson (12 vols; London, 1932–1937),VII, 12, n. 2.

Cooper, James Fenimore, *The Deerslayer: A Tale* (3 vols; London, 1841).

Cooper, James Fenimore, *The History of the Navy of the United States of America* (2 vols; second edition, Philadelphia, 1840).

Cooper, James Fenimore, *The Letters and Journals of James Fenimore Cooper*, ed. J. F. Beard (6 vols; Cambridge, MA, 1960–1968).

Cooper, James Fenimore, Preface, *The Pilot;A Tale of the Sea* (2 vols; New York, 1823).

Cooper, James Fenimore, 1849 Preface to *The Pilot*, ed. Kay Seymour House (Albany, New York, 1986).

Cooper, James Fenimore, Preface (1850), in *The Red Rover*, ed. Warren S. Walker (Lincoln, 1963).

Cooper, James Fenimore, *The Red Rover, a Tale* (3 vols; Paris, 1827).

Cooper, James Fenimore, *The Sea Lions; or, The Lost Sealers* (3 vols; London, 1849).

Cooper, James Fenimore, *The Water Witch; or, The Skimmer of the Seas* (3 vols; London, 1830).

Cooper, Susan Fenimore, *The Cooper Gallery; or, Pages and Pictures from the Writings of James Fenimore Cooper, with Notes* (New York, 1865).

Cooper, Susan Fenimore,'Small Family Memories', in *Correspondence of James Fenimore Cooper*, ed. James Fenimore Cooper (2 vols; New Haven, 1922), I, 52–53.

Cordingly, David, 'Bonny, Anne', *The Oxford Dictionary of National Biography* (Oxford, 2004).

Cordingly, David, *Heroines and Harlots: Women at Sea in the Great Age of Sail* (London, 2001).

Cordingly, David, *Life Among the Pirates:The Romance and the Reality* (London, 1995).

Cordingly, David, 'Read, Mary', *The Oxford Dictionary of National Biography* (Oxford, 2004).

Council of Trade and Plantations, to Mr Secretary Vernon, 13 January 1698, *CSP, CS, AGWI, 27 October 1697–31 December 1698*, ed. J. W. Fortescue (London, 1905), 88.

Council of Trade and Plantations, to Mr Secretary Vernon, 26 February 1698, *CSP, CS, AGWI, 27 October 1697–31 December 1698*, ed. J. W. Fortescue (London, 1905), 121.

Courbin, Alain, *Le Territoire du vide: L'Occident et le désir du rivage 1750–1840* (Paris, 1988).

Court, Thomas, 'A Naval Diary', *Transactions of the Cumberland and Westmorland Antiquarian and Archaeological Society*, N. S. XXXVIII (1938).

Craton, Michael, *A History of the Bahamas* (London, 1962).

Creagh, David, testimony, *The Tryals of Joseph Dawson, Edward Forseith,* [etc.]. *For several Piracies and Robberies by them committed, in the Company of Every, the Grand Pirate* (London, 1696).

Crockett, W. S., *The Sir Walter Scott Originals* (Edinburgh, 1912).

Cross, J. C., *Blackbeard; or, The Captive Princess*, in *The Dramatic Works of J. C. Cross* (2 vols; London, 1812).

Cross, J. C., *Blackbeard*, with 'a Description of the Costume' (Dunscombe's Edition, London, n. d.).

Culliford, Robert, at Doctors' Commons, June 1700, in Harold T. Wilkins, *Captain Kidd and His Skeleton Island* (London,Toronto, etc., 1935), 77–78.

Culliford, Robert, 'Examination of Captain Robert Collover Prisoner in Newgate', 2 October 1701, ADM, 1/3666, fos. 255–256, PRO.

Culliford, Robert, 'Petition of Robt. Collover', HCA, 1/15, PRO. Cunningham, E. A., *Motion Picture Herald*, 17 October 1942.

Cuthbert, William, Narrative, *CSP, CS, AGWI, 1699*, ed. Cecil Headlam (London, 1908), 373–374.

Daborn, Robert, *A Christian Turn'd Turke: or, The Tragicall Liues and Deaths of the Two Famous Pyrates,Ward and Dansiger* (London, 1612).

Daily Journal, The: 27 May 1725; 9 June 1725; 10 June 1725; 11 June 1725.

Daily Post, The: 13 March 1725; 27 May 1725; 10 June 1725; 11 June 1725; 12 June 1725; 1 July 1725.

Dampier, William, *A New Voyage Round the World* (London, 1697).

Dann, John, testimony, *The Tryals of Joseph Dawson* [etc.] (London, 1696).

Dann, John, Examination, 3 August 1696, in J. F. Jameson, ed., *Privateering and Piracy* (New York, 1923), 165–171.

Das, Harihar, *The Norris Embassy to Aurangzeb (1699–1702)* (Calcutta, 1959).

Davis, John, 'Captain Blood', *The Velvet Light Trap, Review of Cinema* (1971), 1.

Davis, William C., *The Pirates Lafitte:The Treacherous World of the Corsairs of the Gulf* (Orlando, etc., 2005).

De Pauw, Linda Grant, *Seafaring Women* (Boston, 1982).

de Souza, Philip, *Piracy in the Graeco-Roman World* (Cambridge, 1999).

[Defoe, Daniel,] *The Life and Strange Surprising Adventures of Robinson Crusoe* (London, 1719).

[Defoe, Daniel,] *The Life, Adventures, and Pyracies, of the Famous Captain Singleton* (London, 1720).

[Defoe, Daniel,] *Weekly Journal or Saturday's Post*, Saturday, 23 May 1724.

[Defoe, Daniel,] *A New Voyage Round the World, by a Course never sailed before* (London, 1725).

[Defoe, Daniel,] 'A Review of the State of the British Nation', 18 October 1707, in Defoe's *Review*, ed. A. W. Secord, Facsimile Book 10 (New York, 1938), vol. IV, no. 107.

Dekker, Rudolf, and Lotte Van de Pol, *The Tradition of Female Transvestism in Early Modern Europe*, transl. (London, 1989).

Dennis, John, 'To the Master of the Revels.Writ upon the first acting of a Play call'd *the Successful Pyrate*', *The Critical Works*, ed. E. N. Hooker (2 vols; Baltimore, 1939–1943), II.

Deschamps, Hubert, *Les Pirates à Madagascar* ([1949] Paris, 1972). Dessen, Magnus, Statement, HCA, 1/18, 11, PRO.

Dibdin,Thomas, *The Pirate: A Melodramatic Romance, taken from the Novel of that Name* (London, 1822).

Dibdin,Thomas, *The Reminiscences of Thomas Dibdin* (2 vols; London, 1827).

Doh, Herman, *A Critical Edition of 'Fortune by Land and Sea'* (New York and London, 1980).

Dow, James, 'Robert Louis Stevenson and the *Young Folks* Reader', in Rosaline Masson, ed., *I Can Remember Robert Louis Stevenson* (Edinburgh and London, 1922), 206–209.

Downing, Clement, *A Compendious History of the Indian Wars... Also the Transactions of Men of War under Commodore Matthews, sent to the East-Indies to suppress the Pyrates... With an Account of the Life and Actions of John Plantain, a notorious Pyrate at Madagascar* (London, 1737).

Drury, Robert, *Madagascar; or Robert Drury's Journal, During Fifteen Years Captivity on that Island* (London, 1729).

du Maurier, Daphne, *Gerald: A Portrait* (London, 1934). du Maurier, George, *Peter Ibbetson* (2 vols; London, 1892).

Dunbar, Janet, *J. M. Barrie:The Man Behind the Image* (London, 1970).

Dunmore, John, *Monsieur Baret* (Auckland, 2002).

[Duval, François,] *Lettres curieuses sur divers sujets* [1725], reprinted in part in Albert Lougnon, *Sous le signe de la tortue: Voyages anciens à l'Ile Bourbon (1611– 1725)* (Paris, 1958), 167ff.

Earle, Peter, *The Sack of Panamá* (London, 1981).

Earle, Peter, *Sailors: English Merchant Seamen 1650–1775* (London, 1998).

Earle, Peter, *The Pirate Wars* (London, 2003).

East India Company, Letter from President and Council, Surat, 21 April 1697, Abstract, MS, British Library, E/3/53, fo. 27.

Eaton, John, and John Besneck, testimonies, *The Tryals of Captain John Rackam* (Jamaica, 1721).

Elston, John, Deposition, 27 May 1698, in *Archives of the State of New Jersey*, First Series, II, 225.

Esquemeling, John, *Bucaniers of America: or, a true Account of the most remarkable Assaults committed of late upon the Coasts of the West Indies, by the Bucaniers of Jamaica and Tortuga, both English and French* (London, 1684).

Evelyn, John, *The Diary*, ed. E. S. de Beer (6 vols; Oxford, 1955).

Every, Henry, 'A Copy of Verses Composed by Capt. Henry Every now gone to Sea to Seek his Fortune', 388/4, fo. 59, PRO.

Exquemelin, A. O., *The Buccaneers of America*, transl. Alexis Brown (Penguin Books, 1969).

Falconer, William, *An Universal Dictionary of the Marine: or, A Copious Explanation of the Technical Terms and Phrases employed in the Construction, Equipment, Furniture, Machinery, Movements, and Military Operations of a Ship* (London, 1769).

Fea, Allan, *The Real Captain Cleveland* (London, 1912).

Fea, James, to John Gow, '10 Mattin of the cloack', 13 February 1725, in Alexander Peterkin, *Notes on Orkney and Zetland* (Edinburgh, 1822), 213.

Fea, James, to John Gow, '10 of the cloack, mattin', 15 February 1725, in Alexander Peterkin, *Notes on Orkney and Zetland* (Edinburgh, 1822), 214–215.

Fea, James, to John Gow, 15 February 1725, in Alexander Peterkin, *Notes on Orkney and Zetland* (Edinburgh, 1822), 216.

Fea, James, to Elizabeth Moodie, 4 May 1725, in Alexander Peterkin, *Notes on Orkney and Zetland* (Edinburgh, 1822), 224.

[Fielding, Henry,] as Scriblerus Secundus, *The Author's Farce* (London, 1730).

Fielding, Sir John, *A Brief Description of the Cities of London and Westminster* (London, 1776).

Fitzball, Edward, *Thirty-Five Years of a Dramatic Author's Life* (2 vols; London, 1859).

Fitzgerald, F. Scott, *The Last Tycoon* (London, 1949).

Flavel, John, *Navigation Spiritualized; or, A New Compass for Seamen* (eighth edition, London, 1760).

Flynn, Errol, *My Wicked, Wicked Ways* ([1959] London, 1961).

Foster, William, Introduction, Clement Downing, *A History of the Indian Wars*, ed. William Foster (Oxford, 1924).

Franklin, Wayne, *James Fenimore Cooper: The Early Years* (New Haven and London, 2007).

Fraser, George MacDonald, *The Pyrates* (London, Glasgow, etc., 1983).

Full and Exact Account, of the Tryal of all the Pyrates lately taken by Captain Ogle, on Board the 'Swallow' Man of War, on the Coast of Guinea, A (London, 1723).

Freeman, John, Second Mate of the *Ostend Galley*, 'An Account of the Pyrates', MS, British Library, Miscellaneous Letters Received, 1723, E/1/14, fo. 205.

Freud, Sigmund, *Three Essays on the Theory of Sexuality* [1905], transl. James Strachey ([1949] London, 1974).

Furbank, P. N. and W. R. Owens, *The Canonisation of Daniel Defoe* (New Haven and London, 1988).

Furbank, P. N. and W. R. Owens, *Defoe De-Attributions: A Critique of J. R. Moore's 'Checklist'* (London and Rio Grande, 1994).

Gale, to Thomas Pitt, junr., Carolina, 4 November 1718, enclosed with Craggs to Council of Trade and Plantations, *CSP, CS, AGWI, March 1720–December 1721*, ed. Cecil Headlam (London, 1933), 10.

Gardiner, John, 'Narrative', 17 July 1699, CO, 5/860, 64 xxi, PRO, and in J. F. Jameson, ed., *Privateering and Piracy* (New York, 1923), 220–223.

Garrett, Elizabeth, *The Sweet Trade* (New York, 2001).

Gay, John, *Polly: An Opera. Being the Second Part of The Beggar's Opera* (London, 1729).

Gaynam, J., 'A full and true Account of the Behaviour and Dying Words of Alexander Rob, the Pyrate', *Parker's Penny Post*, Monday, 5 July 1725, 2–3.

General History of the Robberies and Murders of the most notorious Pyrates, and also their Policies, Discipline and Government, from their first Rise and Settlement in the Island of Providence, in 1717, to the present Year 1724. With the remarkable Actions and Adventures of the two Female Pyrates, Mary Read and Anne Bonny, A ([first edition] London, 1724).

General History of the Pyrates, from their first Rise and Settlement in the Island of Providence, to the present Time. With the remarkable Actions and Adventures of the two Female Pyrates Mary Read and Anne Bonny, A (the second Edition, with considerable Additions, London, 1724).

General History of the Pyrates, from their first Rise and Settlement in the Island of Providence, to the present Time. With the remarkable Actions and Adventures of the two Female Pyrates Mary Read and Anne Bonny, A (the third Edition, London, 1725).

General History of the Pyrates,... A, I (the fourth Edition, London, 1726).

[*General*] *History of the Pyrates,... The*, II (London, n. d. [1728]).

Gilbert, W. S., and A. Sullivan, *The Pirates of Penzance or The Slave of Duty*, in *The Complete Annotated Gilbert and Sullivan*, ed. Ian Bradley (Oxford, 1996), I.

Godin, Stephen, 13 June 1718, Extracts of several letters from Carolina, *CSP, CS, AGWI, August 1717–December 1718*, ed. Cecil Headlam (London, 1930), 336–337.

Goldbeck, Willis, and J. M. Barrie, Screenplay for *Peter Pan*, Paramount Picture, 1924.

Gooch, Steve, *The Women Pirates Ann Bonney and Mary Read* (London, 1978).

Gordan, John D., '*The Red Rover* Takes the Boards', *American Literature*, 10 (March, 1938), 66–75.

Gosse, Philip, *The History of Piracy* (London and New York, 1932).

Gow, John, Examination of John Smith [alias Gow], 2 April 1725, HCA, 1/55, fo. 105, PRO.

Gow, John, to James Fea, 15 February 1725, in Alexander Peterkin, *Notes on Orkney and Zetland* (Edinburgh, 1822), 215.

Gow, John, to James Fea, 16 February 1725, in Alexander Peterkin, *Notes on Orkney and Zetland* (Edinburgh, 1822), 218–219.

Green, Roger Lancelyn, *Fifty Years of 'Peter Pan'* (London, 1954).

Grey, Charles, *Pirates of the Eastern Seas 1618–1723* (London, n.d.).

Grimm, Jacob and Wilhelm, *Deutsche Sagen* (2 vols; Berlin, 1816–18).

Guet, M. I., *Les Origines de l'Ile Bourbon et de la colonisation française à Madagascar* (Paris, 1888).

Guthrie, James, *A True and Genuine Account of the Last Dying Words of John Gow, alias*

Smith, Captain of the Pirates. As Likewise of the Eight others, who were Executed with him, on June 11th, 1725. At Execution Dock, for Murder and Piracy (London, n. d. [1725]).

Haber, Tom, 'Robert Louis Stevenson and Israel Hands', The English Journal, 32, 7 (1943), 399.

Haggard, Henry Rider, The Days of My Life (2 vols; London, 1926).

Haggard, Lilias Rider, The Cloak That I Left: A Biography of the Author Henry Rider Haggard K. B. E. (London, 1951).

Hamilton, Alexander, A New Account of the East Indies, Being the Observations and Remarks of Capt.Alexander Hamilton,Who spent his Time there from the Year 1688 to 1723 (2 vols; Edinburgh, 1727).

Hamilton, Governor, to Council of Trade and Plantations, received London 6 January 1718, CSP, CS, AGWI, August 1717–December 1718, ed. Cecil Headlam (London, 1930), 149.

Hamilton, Ian, Writers in Hollywood 1915–1951 (London, 1991). Hammerton, J. A., ed., Stevensoniana (Edinburgh, 1907).

Harte, Bret, The Queen of the Pirate Isle (1886).

Heywood, Thomas, The Fair Maid of the West, Part I (London, 1631).

Heywood, Thomas, and William Rowley, Fortune by Land and Sea. A Tragi Comedy (London, 1655).

Hedges, Sir Charles, undated MS, HCA, 15/1, PRO.

Hedges, Sir Charles, to my Lord High Admiral, 2 April 1702, British Library, Add. MSS. 24107, fo. 207.

Heller-Roazen, Daniel, The Enemy of All: Piracy and the Law of Nations (New York, 2009).

Hendrick, Joan D., Harriet Beecher Stowe: A Life (New York, 1994). Hergé, Le Trésor de Rackham le Rouge ([1945] 1973).

Herriot, David, in 'The Information of David Herriot and Ignatius Pell', Appendix, The Tryals of Major Stede Bonnet, and other Pirates (London, 1719).

Hill, Charles, Notes on Piracy in Eastern Waters (Bombay, 1923).

Hill, Christopher, 'Radical Pirates?', in The Collected Essays, III, People and Ideas in 17th Century England (Brighton, 1986), 161–187.

Holinshed, Raphaell, The First and second volumes of Chronicles (London, 1587).

Hollindale, Peter, ed., Barrie, Peter Pan and Other Plays (Oxford, 1995). Homer, The Odyssey, transl. A.T. Murray (Loeb edition, 1919).

Houblon, James, 10 August 1694, 388/4, fo. 55, PRO.

Howson, Gerald, Thief-Taker General:The Rise and Fall of Jonathan Wild (London, 1970).

Hoy, Cyrus, Introduction, The Double Marriage, in The Dramatic Works in the Beaumont and Fletcher Canon, IX (Cambridge, 1994).

Hughes, Richard, A High Wind in Jamaica (London, 1929).

Ingraham, J. H., Captain Kyd: The Wizard of the Sea. A Romance (London, 1842), in The Novel Newspaper, III (London, 1839 [sic]).

Ingraham, J. H., *The Pirate of the Gulf, or Lafitte* (2 vols; London, 1837).

Irving, Pierre M., *The Life and Letters of Washington Irving* (4 vols; New York, 1862–1864).

Irving, Washington, 'Abbotsford', in *The Crayon Miscellany*, ed. D. K. Terrel (Boston, 1979), 125–168.

Irving, Washington, *Journals and Notebooks* (3 vols), III, 1819–1827, ed. Walter A. Reichart (Madison, 1970), in *The Complete Works of Washington Irving*.

Irving, Washington, *Letters*, I (1802–1823), II (1823–1838), ed. R. M. Aderman, et al. (Boston, 1978, 1979), in *The Complete Works of Washington Irving*.

[Irving, Washington,] as Geoffrey Crayon, Gent., *Tales of a Traveller* (2 vols; London, 1824).

Irving,Washington, *Wolfert's Roost and Other Tales* (London, 1855).

Jaeger, Gérard, *Pirates, flibustiers et corsaires (Histoire G Légendes d'une société d'exception)* (Avignon, 1987).

Jameson, J. F., ed., *Privateering and Piracy in the Colonial Period: Historical Documents* (New York, 1923).

Jekel, Pamela, *Sea Star: The Private Life of Anne Bonny, Pirate Queen* (New York, 1983).

Johnson, Charles, *The Successful Pyrate* (London, 1713).

Johnson, Samuel, *A Dictionary of the English Language* (2 vols; London, 1755).

Jones, J. S., *Captain Kyd or the Wizard of the Sea. A Drama* (New York, n.d.).

'Journal of our voyage... in her Majesties ship Scarborrow, A', British Library, Sloane MS, 3674.

Jowitt, Claire, *The Culture of Piracy, 1580–1630: English Literature and Seaborne Crime* (Farnham, Surrey, 2010).

Judd, Jacob, 'Frederick Philipse and the Madagascar Trade', *New York Historical Society Quarterly*, LV (1971), 354–374.

Kaplan, Justin, *Mr Clemens and Mark Twain* (Pelican edition, 1970).

Katz, Wendy R., ed., *Treasure Island* (Edinburgh, 1998).

Kelly, James, *A full and true Discovery of all the Robberies, Pyracies, and other Notorious Actions, of the Famous English Pyrate, Capt. James Kelly, who was Executed on Friday the 12th. of July 1700* (London, 1700).

Kelsey, Harry, *Sir Francis Drake: The Queen's Pirate* (New Haven and London, 1998).

Khán, Kháfi, 'Muntakhabu-l Lubáb', in *The History of India, as Told by its Own Historians*, ed. H. M. Elliot and John Dowson (8 vols; London, 1867–1877),VII.

Kidd, William, Declaration, CO 5/860, 65 xix, PRO.

Kidd, William, letter to the Earl of Orford, 11 April 1700, British Library, Add. MSS, 70036, fo. 104.

Kidd, William, 'Narrative', 7 July 1699, in J. F. Jameson, ed., *Privateering and Piracy* (New York, 1923), 205–213.

Kidd,William, New Gate, 12 May 1701, to Robert Harley, in J. F. Jameson, ed., *Privateering and Piracy* (New York, 1923), 252–253.

Kinematograph Weekly: 20 September 1934; 18 March 1943; 31 January 1946.

King of Pirates: Being an Account of the famous Enterprises of Captain Avery, The Mock King of Madagascar. With his Rambles and Piracies; wherein all the Sham Accounts formerly publish'd of him, are detected. In Two Letters from himself; one during his Stay at Madagascar, and one since his Escape from thence,The (London, 1720).

Kingsley, Charles, *At Last: A Christmas in the West Indies* (2 vols; London and New York, 1871).

Klausmann, Ulrike, and Marion Meinzerin, *Women Pirates and the Politics of the Jolly Roger*, transl. Austin and Levis (Montreal, etc., 1997).

Knox, Robert, *An Historical Relation of the Island Ceylon, in the East Indies: Together, With an Account of the Detaining in Captivity the Author and divers other Englishmen now Living there, and of the Author's Miraculous Escape* (London, 1681).

Knox-Shaw, Peter, *The Explorer in English Fiction* (London, 1987).

Koch, Howard, and Seton I. Miller, *The Sea Hawk* (screenplay), ed. Rudy Behlmer (Madison,Wisconsin, and London, 1982).

Konstam, Angus, *Blackbeard: America's Most Notorious Pirate* (Hoboken, New Jersey, 2006).

La Roncière, Charles de, *Le Flibustier mysterieux: Histoire d'un trésor caché* (Paris, 1934).

Labat, R. P., *Nouveau Voyage aux isles de l'Amerique* (8 vols; Paris, 1742).

Laing, James, Deposition, Kirkwall, Orkney, 11 March 1725, in *The Literary and Statistical Magazine for Scotland*, vol. 3 (Edinburgh, 1819).

Lapouge, Gilles, *Pirates, boucaniers, flibustiers* (Paris, 2002).

Lasinby, Richard, 'Narrative of the Proceedings of the Pyrates', MS, British Library, Miscellaneous Letters Received, 1722, E/1/13, fos. 165–171v.

Lasinby, Richard, Second MS of Lasinby's 'Narrative', in third person, British Library, Miscellaneous Letters Received, 1722, E/1/13, fos. 175–177v.

Lautréamont, le Comte de [Isidore Ducasse], *Les Chants de Maldoror* (Paris and Bruxelles, 1874).

Le Pers, MS, printed in Pierre Margry, *Relations et mémoires inédits pour servir à l'histoire de la France dans les pays d'Outre-mer* (Paris, 1867), 282–289.

Léry, Jean de, *Histoire d'un voyage fait en la terre du Bresil* (La Rochelle, 1578).

Leslie, Charles Robert, *Autobiographical Recollections*, ed. Tom Taylor (2 vols; London, 1860).

Letters, from Bombay, 15 January 1697, and from Calicut, 30 November 1696, *CSP, CS, AGWI, 27 October 1697–31 December 1698*, ed. J. W. Fortescue (London, 1905), 69–70.

Letter from Bombay, 11 April 1697, *CSP, CS, AGWI*, ed. J. W. Fortescue (London, 1905), 113–114.

Letter from Fort St. George, 19 January 1697, *CSP, CS, AGWI, 27 October 1697–31 December 1698*, ed. J. W. Fortescue (London, 1905), 112–113.

Letter from the President and Council at Surat, 21 April 1697, MS, British Library, E/3/52, fo. 30v.

Letter from Jamaica, 12 May 1723, MS, British Library, Miscellaneous Letters Received, 1723, E/1/14, fo. 161v.

Lévi-Strauss, Claude, 'Le Champ de l'Anthropologie', in *Anthropologie Structurale Deux* (Paris, 1973), 11–44.

Lewis, Frank R., 'John Morris and the Carthagena Expedition, 1739–1740', *Mariner's Mirror*, XXVI (1940), 257–269.

'Life and Adventures of Capt. John Avery, The', in *The Monthly Miscellany: or, Memoirs for the Curious*, November, 1708, II (London, 1708), 344–353.

Life and Adventures of Capt. John Avery, The (London, 1709).

Lithgow, William, *The Totall Discourse, of the Rare Adventures, and Painefull Peregrinations of Long Nineteenn Yeares Travayles* (London, 1632).

Little, Barbara, 'The Pirates Are Coming', *Picture-Play Magazine*, XVIII, 1 (March 1923).

Llewelyn Davies, Nicholas, interview by Andrew Birkin, 1 January 1976, J. M. Barrie website, http://www.jmbarrie.co.uk, accessed 14 January 2013. Lockhart, John G., *Memoirs of the Life of Sir Walter Scott* (7 vols; Edinburgh, 1837–1838).

Lodge, Jack, 'The Career of Herbert Brenon', *Griffithiana*, 57/58 (October 1996).

Loff, Gabriel, Examination, *CSP, CS, AGWI, 1699*, ed. Cecil Headlam (London, 1908), 372.

London Journal, The: 12 February 1724–1725; 13 March 1725; 27 March 1725; 3 April 1725; 29 May 1725; 5 June 1725.

Longus, *Daphne and Chloe*, ed. J. M. Edmonds (Loeb edition, 1916).

Longus, *Daphne and Chloe*, transl. Paul Turner (Penguin edition, 1968).

Lorrain, Paul, *The Ordinary of Newgate his Account of the Behaviour, Confession, and Dying Words of Captain William Kidd, and other Pirates that were Executed at the Execution-Dock in Wapping, on Friday May 23 1701* (London, 1701).

Lougnon, Albert, *L'Ile Bourbon pendant la Régence* (Paris, 1956).

Lowth, Matthew, HCA, 1/98, Pt. 2, fo. 257, PRO.

Lowth, Matthew, 'Journal of *Loyal Merchant*', MS, British Library, L/MAR/A/CXXXII.

Luttrell, Narcissus, *A Brief Relation of State Affairs from September 1678 to April 1714* (6 vols; Oxford, 1857).

Lynch, Sir Thomas, to Sec. Lord Arlington, 17 December 1671, *CSP, CS, AGWI, 1669–1674*, ed. Noel Sainsbury (London, 1889).

Mackail, Denis, *The Story of J. M. B.* (London, 1941).

Macrae, Captain, letter, Bombay, 16 November 1720, in *The Post Boy*, 22–25 April 1721.

Marchand, L. A., *Byron: A Biography* (3 vols; New York, 1958).

Marlowe, Christopher, *The Jew of Malta*, in *The Complete Plays*, ed. J. B. Steane (Penguin edition).

Marryat, Captain, *The Pirate and the Three Cutters* (Paris, 1836).

Marx, Jenifer G., 'Brethren of the Coast', in David Cordingly, ed., *Pirates: An Illustrated History* (London, 1996), 36–57.

Maturin, Charles, *Bertram; or, The Castle of St. Aldobrand: a Tragedy* (London, 1816).

Maynard, Lieutenant Robert, 'Abstract of a letter from Mr. Maynard, first Lieutenant of His Majesty's Ship the Pearl, the Station-Ship at Virginia, to Mr. Symonds, Lieutenant of His Majesty's Ship the Phoenix, the Station-Ship at New York', *The Weekly Journal or British Gazetteer*, 25 April 1719.

Melville, Herman, *Moby-Dick*, ed. H. Hayford and Hershel Parker (New York, 1967).

Melvin,William, Examination, 3 April 1725, HCA, 1/55, fo. 116, PRO.

Michaelis, David, *W. C. Wyeth: A Biography* (New York, 1998).

Middleton, Philip, Narrative, 4 August 1696, MS, British Library, 10R/H/36, 199.

Middleton, Philip, testimony, *The Tryals of Joseph Dawson* [etc.] (London, 1696).

Mist's Weekly Journal, 12 June 1725.

Monaghan, Jay, *The Great Rascal: The Life and Adventures of Ned Buntline* (Boston, 1951).

Monthly Film Bulletin, vol. 1, 8 (1 September 1934).

Moodie, Elizabeth, to James Fea, 22 April 1725, in Alexander Peterkin, *Notes on Orkney and Zetland* (Edinburgh, 1822).

Moor, Michael, Examination, HCA, 1/55, fo. 120, PRO.

Moore, John Robert, *Defoe in the Pillory and Other Studies* (Bloomington, Indiana, 1939).

Morgan, Henry, 'A True Accompt and Relation of this my last Expedition agst the Spaniards by virtue of a Comission given unto mee by his Excy Sr Tho. Modyford', 31 January 1671, MS, British Library, Add. 11268, fo. 78.

Moreau, Jean-Pierre, *Une Histoire des pirates des Mers du Sud à Hollywood* (Paris, 2007).

Morison, S. E., *The European Discovery of America: The Northern Voyages* (New York, 1971).

Morris, John, letter, Liverpool, 6 November 1739, in J. H. Davies, ed., *The Letters of Lewis, Richard, William and John Morris, 1728–1765* (2 vols; Aberystwyth, 1907, 1909).

Musnik, Henri, *Les Femmes pirates: Aventures et légendes de la mer* (Paris, 1934).

Musson, Captain Mathew, to the Council of Trade and Plantations, received London 5 July 1717, *CSP, CS, AGWI, January 1716–July 1717*, ed. Cecil Headlam (London, 1930), 338.

[Neal, John], 'Late American Books', *Blackwood's Edinburgh Magazine*, XVIII (September, 1825), 316–334.

New Dictionary of the Terms Ancient and Modern of the Canting Crew, A (London, 1699).

'New Providence, Sept. 4th', news from, *The Boston Gazette*, 10–17 October 1720.

Niven, David, *Bring On the Empty Horses* (London, 1975).

Nobber, Samuel, Statement, HCA, 1/18, 10, PRO.

Novak, Maximillian E., Introduction, Defoe, *Of Captain Misson*, ed. Novak, Augustan Reprint Society, No. 87 (Los Angeles, 1961).

O'Hara, Maureen, with John Nicoletti, *'Tis Herself: An Autobiography* ([1997] London, 2005).

Osbourne, Lloyd, 'Note', *Treasure Island*, Tusitala Edition, II (London, 1923).

Owen, Abel, and Samuel Arris, Deposition, 4 July 1699, CO, 5/860, 64xxiii, PRO.

Palmer, Joseph, Examination, 29 July 1699, CO, 5/15, PRO.

Palmer, Joseph, Examination, 25 April 1701, HCA, 1/15, PRO.

Parish, James Robert, and Don E. Stanke, *The Swashbucklers* (New Rochelle, New York, 1976).

Parry, J. H., *Trade and Dominion: English Overseas Empires in the Eighteenth Century* ([1971] London, 1974).

Paul, 'Titus', *The New English Bible* (New York, 1971).

Pepys Ballads, The, ed. W. G. Day (5 vols; Cambridge, 1987).

Pearce, Captain Jeremy, Letter from Jamaica, 19 June 1723, MS, British Library, Miscellaneous Letters Received, 1723, E/1/14, fo. 163.

Penn, William, to Mr Secretary Vernon, 26 February 1700, *CSP, CS, AGWI, 1700*, ed. Cecil Headlam (London, 1910), 83.

Perkins, Samuel, Deposition, 1698, in J. F. Jameson, ed., *Privateering and Piracy* (New York, 1923), 175–178.

Peterkin, Alexander, *Notes on Orkney and Zetland* (Edinburgh, 1822).

'*Peter Pan* as a Film', *The Times*, 15 January 1925.

Philbrick, Thomas and Marianne, eds, *The Red Rover* (Albany, New York, 1991).

Philipse, Frederick, New York, 9 June 1698, HCA, 1/98, Pt. 1, fo. 136, PRO.

Philipse, Frederick, to Adam Baldridge, New York, 25 February 1695, HCA, 1/98, Pt. 1, fo. 57, PRO.

Phillips, Thomas, 'A Journal of a Voyage made in the Hannibal of London, Ann. 1693, 1694', in A. Churchill, ed., *A Collection of Voyages and Travels* (6 vols; London, 1732),VI.

Phillips, William, account, Dublin, 8 August 1696, SP 63/358, fos. 127v–130r, PRO.

'Plan du Port de l'isle Ste Marie', British Library, Add. MSS, 15319, fo. 34.

Piracy destroy'd: Or,A short Discourse shewing the Rise, Growth and Causes of Piracy of late... In a letter from an Officer of an East-India Ship lately arriv'd in the River (London, 1701).

Pirates Own Book, or Authentic Narratives of the Lives, Exploits and Executions of the Most Celebrated Sea Robbers,The (Philadelphia, 1837).

[Poe, Edgar Allan,] 'Edgar Allan Poe', *Aristidean*, October 1845, in *Essays and Reviews*, ed. G. R.Thompson (New York, 1984).

Poe, Edgar Allan,'A Few Words on Secret Writing', reprinted (with addenda) in Poe, *Complete Works*, ed. James A. Harrison (New York, 1902–1903).

Poe, Edgar Allan,'The Gold Bug', *Tales* (London, 1845).

Poe, Edgar Allan, *The Letters of Edgar Allan Poe*, ed. J. W. Ostrom (2 vols; Cambridge, MA, 1948).

Poe, Edgar Allan, 'The Murders in the Rue Morgue', *Tales* (London, 1845), 116–150.

Poe, Edgar Allan, 'The Purloined Letter', *Tales* (London, 1845), 200–218.

Pope, Dudley, *Harry Morgan's Way: The Biography of Sir Henry Morgan 1635–1684* (London, 1977).

Porrenger, Robert, Examination, 10 April 1725, HCA, 1/55, fo. 136, PRO.

Praz, Mario, *The Romantic Agony* (Oxford, 1933).

Quayle, Eric, *Ballantyne the Brave: A Victorian Writer and his Family* (London, 1967).

Quinn, A. H., *Edgar Allan Poe: A Critical Biography* (New York and London, 1942).

Randolph, Edward,'To the Honourable Commissioners of his Majesty's Custom', 10 November 1696, in *Colonial Records of North Carolina*, ed. William L. Saunders, I (Raleigh, North Carolina, 1886).

Reasons for Reducing the Pyrates at Madagascar: And Proposals Humbly Offered to the Honourable House of Commons, for Effecting the Same (London, 1707).

Rediker, Marcus, 'Libertalia: The Pirate's Utopia', in David Cordingly, ed., *Pirates: An Illustrated History of Privateers, Buccaneers, and Pirates from the Sixteenth Century to the Present* (London, 1996), 124–139.

Rediker, Marcus, *Villains of All Nations: Atlantic Pirates in the Golden Age* (London and New York, 2004).

Reichart, Walter A., *Washington Irving and Germany* (Ann Arbor, 1957).

Rennie, Neil, *Far-Fetched Facts:The Literature of Travel and the Idea of the South Seas* (Oxford, 1995).

Rennie, Neil, *Pocahontas, Little Wanton: Myth, Life and Afterlife* (London, 2007).

Reynolds, William, Atchin, 20 August 1697, MS, British Library, E/3/53, fo. 125.

Ribeiro, Aileen, *Dress in Eighteenth-Century Europe 1715–1789* (New Haven and London, 2002).

Richards, Jeffrey, *Swordsmen of the Screen: From Douglas Fairbanks to Michael York* (London, Henley, and Boston, Massachusetts, 1977).

Richetti, John, *Defoe's Narratives: Situations and Structures* (Oxford, 1975).

Richetti, John, *The Life of Daniel Defoe* (London, 2005).

Riley, Sandra, *Bloody Bay* (New York, 1980).

Ringrose, Basil, 'The Dangerous Voyage and Bold Attempts of Captain Bartholemew Sharp, and others', in John Esquemeling, *Bucaniers of America* (2 vols; London, 1684–1685), II.

Ritchie, Robert C., *Captain Kidd and the War Against the Pirates* (Cambridge, Massachusetts, and London, 1986).

Ritchie, Robert C., 'Samuel Burgess, Pirate', in *Authority and Resistance in Early New York*, ed. William Pencak and Conrad Edick Wright (New York, 1988), 114–137.

Ritchie, Robert C.,'Stede Bonnet', *The Oxford Dictionary of National Biography* (Oxford, 2004).

Robert, 'Description en générale et en détail de l'ile de Madagascar', MS, published in part in Alfred and Guillaume Grandidier, *Collection des ouvrages anciens concernant Madagascar*,V (Paris, 1907).

Robert: Dictionnaire historique de la langue française, Le (3 vols; Paris, 2000).

Roch, Jeremy, Journals, in *Three Sea Journals of Stuart Times*, ed. Bruce S. Ingram (London, 1936).

Rodger, N. A. M., *The Wooden World: An Anatomy of the Georgian Navy* (London, 1988).

Rogers, Pat, *Grub Street: Studies in a Subculture* (London, 1972).

Rogers, Woodes, *A Cruising Voyage Round the World* (London, 1712).

Rogers, Woodes, Proclamation of 5 September, *The Boston Gazette*, 10–17 October 1720.

Rogers, Woodes, to the Council of Trade and Plantations, *CSP, CS, AGWI, August 1717–December 1718*, ed. Cecil Headlam (London, 1930).

Rogozinski, Jan, *Honor Among Thieves: Captain Kidd, Henry Every, and the Pirate Democracy in the Indian Ocean* (Mechanicsburg, Pennsylvania, 2000).

Rollson, Peter, Examination, HCA, 1/55. fo. 108, PRO.

Rose, Jacqueline, *The Case of Peter Pan or The Impossibility of Children's Fiction* (London, 1984).

Rush, Philip, *Mary Read, Buccaneer* (London and New York, 1945).

Sabatini, Rafael, *The Black Swan* (London, 1932).

Sabatini, Rafael, *Captain Blood: His Odyssey* (London, 1922).

Sabatini, Rafael, 'Historical Fiction', in *What is a Book?* ed. Dale Warren (New York, 1935), 23–39.

Sabatini, Rafael, *The Sea-Hawk* (London, 1915).

[Savage, Richard,] as Iscariot Hackney, *An Author to Lett* (London, 1729).

Schallert, Edwin, 'Yo, Ho, and a Bottle of Rum', *Picture-Play Magazine*, XXIII, 6 (February, 1926), 16–17.

Schatz,Thomas, *The Hollywood Genre: Formulas, Filmmaking and the Studio System* (New York, 1981).

Schonhorn, Manuel, ed., *A General History of the Pyrates* (London, 1999).

Scollay, William, Deposition, Kirkwall, Orkney, 11 March 1725, in *The Literary and Statistical Magazine for Scotland*, vol. 3 (Edinburgh, 1819).

Scott, Walter, Diary, in J. G. Lockhart, *Memoirs of the Life of Sir Walter Scott* (7 vols; Edinburgh, 1837–1838), III.

Scott,Walter, *The Journal*, ed. W. E. K. Anderson (Oxford, 1972).

[Scott,Walter,] *The Pirate* (3 vols; Edinburgh, 1822).

Scott,Walter, to William Erskine, 27 September 1821, *Letters*, ed. H. J. C. Grierson (12 vols; 1932–1937),VII, 12.

'Seaman's Song of Captain Ward, the Famous Pirate of the World, and an Englishman Born, The', Appendix I, in Daniel J. Victus, ed., *Three Turk Plays from Early Modern England* (New York, 2000), 345–348.

Secord, A. W., *Robert Drury's Journal and Other Studies* (Urbana, Illinois, 1961).

Shay, Frank, *Mary Read: The Pirate Wench* (London, 1934).

Shelley, Giles, to Stephen Delaney, from Cape May, New Jersey, 27 May 1699, in *Manuscripts of the House of Lords* (London, 1908), 330–331.

Simonds, Jacqueline Church, *Captain Mary, Buccaneer* (Simsbury, Connecticut, 2000).

Sloane, Hans, *A Voyage to the Islands Madera, Barbados, Nieves, S. Christophers and*

Jamaica (2 vols; London, 1707).

Smith, Steve, Jr, 'Pictorial Side of *Captain Blood*', *American Cinematographer*, September 1924.

Smollett, Tobias, *The Adventures of Roderick Random* (2 vols; London, 1748).

Snelgrave, William, *A New Account of some Parts of Guinea, and the Slave-Trade* (London, 1734).

Spanish Main, The, Script, British Film Institute Library, London.

Spatchears, James, testimony, *The Tryals of Captain John Rackam* (Jamaica, 1721).

Spotswood, Alexander, to the Council of Trade and Plantations, 22 December 1718, *CSP, CS, AGWI, August 1717–December 1718*, ed. Cecil Headlam (London, 1930), 431.

Spotswood, Alexander, to Secretary of State James Craggs, 22 October 1718, in *The Official Letters of Alexander Spotswood*, ed. R. A. Brock (2 vols; Richmond, Virginia, 1882 and 1885), II, 305.

Stark, Suzanne J., *Female Tars: Women Aboard Ship in the Age of Sail* (London, 1996).

Steen, Marguerite [Jane Nicholson], *William Nicholson* (London, 1943).

Stevenson, Robert Louis, 'A Humble Remonstrance', reprinted from *Long-man's Magazine* in *Henry James and Robert Louis Stevenson: A Record of Friendship and Criticism*, ed., Janet Adam Smith (London, 1948), 86–100.

Stevenson, Robert Louis, Interview, *Sydney Morning Herald*, 14 February 1890, reprinted in *Robert Louis Stevenson: Interviews and Recollections*, ed. R. C. Terry (London, 1996).

Stevenson, Robert Louis, *The Letters of Robert Louis Stevenson*, ed. Bradford A. Booth and Ernest Mehew (8 vols; New Haven and London, 1994–1995).

Stevenson, Robert Louis, *The Master of Ballantrae: A Winter's Tale* (London, Paris, etc., 1889).

Stevenson, Robert Louis, 'My First Book—*Treasure Island*', *The Idler*, vol. 6 (August, 1894).

Stevenson, Robert Louis, 'Note', reprinted in *The Scottish Stories and Essays*, ed. Kenneth Gelder (Edinburgh, 1989), 277–280.

Stevenson, Robert Louis, *Records of a Family of Engineers*, in *The Works of Robert Louis Stevenson*, Edinburgh Edition, XVIII (Edinburgh, 1896), 187–389.

Stevenson, Robert Louis, *Treasure Island* (London, 1883).

Stevenson, Thomas, to Stevenson, 26 February 1882, in Paul Maixner, ed., *Robert Louis Stevenson: The Critical Heritage* (London, 1981).

Stewart, Douglas, *The Pirate Queen; or, Captain Kidd and the Treasure* (London, 1867).

Stow, John, *The Annales of England* (London, 1605).

Stow, John, *A Survey of London* (London, 1598).

Stow, John, *A Survey of London*, corrected [etc.] by John Strype, in 6 books (London, 1720).

Stowe, Harriet Beecher, *Oldtown Fire Stories* (London, 1871).

Sue, Eugène, *Plik et Plok* (1831).

Surrell, Jason, *Pirates of the Caribbean: From the Magic Kingdom to the Movies* (New York, 2005).

Swearingen, Roger, *The Prose Writings of Robert Louis Stevenson: A Guide* (London, 1980).

[Swift, Jonathan,] *Travels into Several Remote Nations of the World... By Lemuel Gulliver* (2 vols; London, 1726).

Szebin, Frederick C., '*Peter Pan* Escapes Cinematic Neverland', *American Cinematographer*, October 1995, 97–101.

Talmey, Allene, *Doug and Mary and Others* (New York, 1927).

Taxco, Mace, *Anne Bonney and Mary Read: Women Buccaneers* (Albuquerque, New Mexico, 1998).

Tertre, Jean Baptiste du, *Histoire generale des Antilles* (4 vols; Paris, 1667–1671).

Thomas, Dorothy, testimony, *The Tryals of Captain John Rackam* (Jamaica, 1721).

Thompson, Frank, ed., *Between Action and Cut: Five American Directors* (Metuchen, New Jersey, and London, 1985).

Thorslev, Peter L., *The Byronic Hero: Types and Prototypes* (Minneapolis, 1962).

Tibbetts, John C., and James M. Welsh, *His Majesty the American: The Films of Douglas Fairbanks, Sr.* (South Brunswick, New York and London, 1977).

Tisdell, Hosea, testimony, *The Tryals of Captain John Rackam* (Jamaica, 1721).

Today's Cinema, 29 January 1946.

Trace, Maurice, 'Captain Blood', *Screen 9. 5*, No. 104,Winter 2001, 5–8.

Trollope, Anthony, *The Eustace Diamonds* (New York, 1872).

True Account of the Behaviour, Confession and last Dying Speeches, of Captain William Kidd, and the rest of the Pirates, that were Executed at Execution Dock in Wapping, on Friday the 23d of May 1701, A (London, 1701).

True and Genuine Account of the Life and Actions of the Late Jonathan Wild, The (London, 1725).

True Relation, of the Lives and Deaths of two most Famous English Pyrats, Purser, and Clinton, A (London, 1639).

'Tryal and Condemnation of ten Persons for Piracy Eight of wch. were Executed two repriev'd till his Majestys Pleasure be known Dec 13th 1718, The', CO 23/1 fos. 79v–80r, PRO.

Tryals of Captain John Rackam, and other Pirates... As Also, the Tryals of Mary Read and Anne Bonny, The (Jamaica, 1721).

Tryals of Joseph Dawson, Edward Forseith, William Day, William Bishop, James Lewis, and John Sparkes, The. For Several Piracies and Robberies by them committed, in the Company of Every the Grand Pirate (London, 1695).

Tryals of Major Stede Bonnet, and other Pirates,The (London, 1719).

Turley, Hans, *Rum, Sodomy and the Lash: Piracy, Sexuality, and Masculine Identity* (New York and London, 1999).

Turner, Theophilus, Deposition, *CSP, CS, AGWI, 1699*, ed. Cecil Headlam (London, 1908), 289.

Turner, Theophilus, Deposition, British Library, Sloane MS., 2902, fo. 230.

Turner, Theophilus, Deposition, 8 June 1699, CO, 5/714, 70, PRO, and in J. F. Jameson, ed.,

Privateering and Piracy (New York, 1923), 200–201.

Twain, Mark, *The Adventures of Tom Sawyer* (London, 1876).

Vaissiere, Pierre de, *Saint-Domingue: La Société et la vie créoles sous l'ancien régime (1629–1789)* (Paris, 1909).

Vance, Jeffrey, *Douglas Fairbanks* (Berkeley, Los Angeles and London, 2008).

Variety, 11 June 1924; 10 September 1924; 31 December 1924; 1 January 1936.

Vickers, John, Deposition, enclosed in Lt. Governor Spotswood to the Council of Trade and Plantations, *CSP, CS, AGWI, January 1716–July 1717*, ed. Cecil Headlam (London, 1930), 140–141.

Villon, François, *Le Grand Testament* (Paris, 1489).

[Voltaire,] *Candide, ou l'optimisme* (1759).

Voltaire, *Le Mondain*, in *Mélanges*, ed. Jacques van den Heuvel (Pléiade edition, 1961).

Wagner, Kip, and L. B. Taylor, *Pieces of Eight: Recovering the Riches of a Lost Spanish Treasure Fleet* (London, 1967).

Waith, Eugene M., *The Pattern of Tragicomedy in Beaumont and Fletcher* (New Haven, 1952).

Ward and Danseker, Two Notorious Pyrates, Ward an Englishman, and Danseker a Dutchman (London, 1609).

Warner, Jack, with Dean Jennings, *My First Hundred Years in Hollywood* (New York and Toronto, 1964).

Warren, Thomas, 23 December 1700, HCA, 1/15, PRO.

Watson, Harold F., *Coasts of Treasure Island* (San Antonio,Texas, 1969).

Watson, Henry, Narrative, *CSP, CS, AGWI, 27 October 1697–31 December 1698*, ed. J. W. Fortescue (London, 1905), 106–108.

Weekly Journal; or British Gazetteer,The, 10 October 1719; 12 June 1725.

Weinstein, Mark, and Alison Lumsden, eds., Scott, *The Pirate* (Edinburgh, 2001).

Wheelwright, Julie, 'Tars, tarts and swashbucklers', in *Bold in Her Breeches: Women Pirates Across the Ages*, ed. Jo Stanley (London, 1995).

White, Henry, *Sir Walter Scott's Novels on the Stage* ([1927] reprinted Hamden, CT, 1973).

Williams, Stanley T., *The Life of Washington Irving* (2 vols; New York, 1935).

Willock, William, Narrative, MS, British Library, E/3/53, 6484.

Willock, William, Narrative, *CSP, CS, AGWI, 27 October 1697–31 December 1698*, ed. J. W. Fortescue (London, 1905), 366–367.

Willock, William, Narrative, in Charles Grey, *Pirates of the Eastern Seas (1618–1723)* (London, n. d.), 143–144.

Wilkins, Harold T., *Captain Kidd and His Skeleton Island* (London, 1935).

Wilson, John Harold, *All the King's Men: Actresses of the Restoration Stage* (Chicago, 1958).

Wordsworth, William, *The Prelude, or Growth of a Poet's Mind* [1805], in *The Prelude: A Parallel Text*, ed. J. C. Maxwell (Penguin edition, 1972).

Wycherley, William, *The Plain-Dealer* (London, 1677).

Zacks, Richard, *The Pirate Hunter: The True Story of Captain Kidd* (London, 2003).

索 引

（条目后页码为原书页码，即本书页边码）

A

B

C

H

M

N

Q

R

S

W